Einführung in die Wirtschaftsmathematik

Herbert Vogt, *1940, Dr.rer.nat.habil., apl. Professor. Studium (Mathematik, Physik, Wirtschaftswissenschaft) 1959 – 1965, Promotion 1968, Habilitation 1979 in Würzburg. Akad. Direktor am Institut für Angewandte Mathematik und Statistik. Vorlesungen über Statistik, Stochastische Prozesse, Biomathematik und bis 1980 Übungen zur Mathematik für Wirtschaftswissenschaftler.

Herbert Vogt

Einführung in die Wirtschaftsmathematik

Sechste, durchgesehene Auflage

Springer-Verlag Berlin Heidelberg GmbH

Professor Dr. Herbert Vogt
Institut für Angewandte Mathematik
und Statistik, Universität Würzburg
Sanderring 2, D-8700 Würzburg

ISBN 978-3-7908-0398-3 ISBN 978-3-642-61394-4 (eBook)
DOI 10.1007/978-3-642-61394-4

CIP-Titelaufnahme der Deutschen Bibliothek

Vogt, Herbert:
Einführung in die Wirschaftsmathematik / Herbert Vogt. - 6.,
durchges. Aufl. - Springer-Verlag Berlin Heidelberg, 1988

7120/7130-54

Vorwort

Diese Einführung ist für Studierende der Wirtschaftswissenschaften gedacht. Sie soll insbesondere dem Anfänger die mathematischen Grundkenntnisse vermitteln, die ihm für das Verstehen vieler wichtiger Zusammenhänge in seinem Fach nötig sind. Dabei wurde versucht, mit einem Minimum an mathematischen Begriffen auszukommen. Der damit verbundene Verzicht auf ein vollständiges theoretisches Fundament wird dem auf Anwendungen bedachten Wirtschaftswissenschaftler willkommen sein; dafür muß aber in Kauf genommen werden, daß manche Sätze nicht oder nur unvollständig hergeleitet werden können. Auf solche Lücken in der Beweisführung wird ausdrücklich hingewiesen; der an einer Vervollständigung Interessierte findet Literaturhinweise auf weiterführende Werke.

Die Fähigkeit, Mathematik sinnvoll anzuwenden, beruht nicht allein auf mathematischen Kenntnissen, sondern auch auf einer gewissen Urteilskraft, mit deren Hilfe zu entscheiden ist, ob und wie reale Vorgänge mathematisch beschreibbar sind. Häufig wird die Aussagekraft rechnerischer Ergebnisse überschätzt, weil nicht streng genug geprüft wurde, wie weit die tatsächlichen Gegebenheiten in Einklang mit den Voraussetzungen des mathematischen Modells stehen. In diesem Sinne möge man die einschränkenden Bemerkungen beachten, mit denen manche der angeführten Anwendungsbeispiele versehen sind.

Bei dem geplanten Umfang dieses Bandes war eine Übersicht über alle Anwendungsbereiche der Mathematik in den Wirtschaftswissenschaften nicht möglich; in der modernen wirtschaftswissenschaftlichen Literatur werden z.T. auch schon mathematische Verfahren verwendet, die den hier abgesteckten Rahmen weit überschreiten – ein Motiv mehr für den Anfänger, sich wenigstens die unerläßlichen Grundkenntnisse anzueignen.

Ein Teil des hier Vorgetragenen wird dem Leser nicht neu sein, sofern er an der Schule bereits in Differential- und Integralrechnung unterrichtet wurde. In diesem Fall geben die betreffenden Kapitel Gelegenheit zu einer Wiederholung unter wirtschaftsmathematischen Aspekten.

Die Auswahl des Stoffs wurde in Anlehnung an die beiden Vorlesungen über Mathematik für Wirtschaftswissenschaftler (Analysis und lineare Optimierung) getroffen, die mein Lehrer, Herr Professor Dr. W. Uhlmann, in den letzten Jahren an der Universität Würzburg hielt. Auch in der Art der Darstellung ist sein Beispiel nicht ohne Einfluß geblieben und schließlich verdanke ich ihm nicht nur die Ermunterung zu dieser Arbeit, sondern auch manchen Verbesserungsvorschlag. Auch mein Kollege Dr. H. BASLER hat durch seinen willkommenen Rat an mehreren Stellen klarere Formulierungen veranlaßt. Herr E. HÖNIGER hat die Beispiele rechnerisch überprüft. Mein Dank gilt ferner dem Verleger, Herrn A. LIEBING, und den Mitarbeitern des Physica-Verlags für die gute Zusammenarbeit.

Vorwort zur 4. Auflage

Seit dem Erscheinen der ersten Auflage haben mathematische Modelle mit diskreter Zeit in der Wirtschaftswissenschaft an Bedeutung gewonnen. Häufig führen solche Modelle zu Differenzengleichungen – im Gegensatz zu den Modellen mit stetiger Zeit, aus denen i.a. Differentialgleichungen abgeleitet werden. Letztere liegen außerhalb des Bereichs dieser Einführung; es lag aber nahe, weitere Ausführungen zu den rekursiv gegebenen Folgen in Form eines eigenen Abschnitts über Differenzengleichungen anzufügen, wie dies nun als Anhang geschehen ist. Dazu hat mich auch die Überzeugung veranlaßt, daß ökonomische Modelle mit diskreter Zeit häufig wirklichkeitsnäher sind als entsprechende Modelle mit stetiger Zeit.

Um den Umfang dieser Einführung nicht zu sehr anwachsen zu lassen, verzichte ich weiterhin auf Abschnitte über Spieltheorie und über ganzzahlige Optimierung. Für beides gibt es inzwischen auch in deutscher Sprache hervorragende Darstellungen. Um wenigstens je eine zu nennen, verweise ich für die Spieltheorie auf die ebenfalls als „physica paperback" erschienene Übersetzung der klassischen „Theory of Games and Economic Behavior" von J. v. NEUMANN und O. MORGENSTERN; einen ausgezeichneten Einblick in die Lösungsverfahren und die praktischen Anwendungen der ganzzahligen Optimierung bietet das Büchlein „Diskrete Optimierung" von W. DÜCK. Beide Gebiete sollte der mathematisch interessierte Wirtschaftswissenschaftler wohl auch intensiver kennenlernen, als es hier in diesem doch sehr auf den Anfänger zugeschnittenen Buch möglich wäre.

Die Anzahl der Übungsaufgaben wurde nicht vermehrt; diesem Zweck dient die 1976 erschienene Aufgabensammlung: „Aufgaben und Beispiele zur Wirtschaftsmathematik". Dort wird übrigens auch mit Hilfe von Beispielen die Einführung der komplexen Zahlen motiviert und Lösungsmengen von Systemen linearer Bedingungen werden unter dem Gesichtspunkt ihrer Konvexität behandelt.

Würzburg, im Februar 1981 H. VOGT

Inhaltsverzeichnis

1. Der Funktionsbegriff und seine Anwendung in den Wirtschaftswissenschaften

2. Vektoren und Matrizen

3. Lineare Optimierung

1. Der Funktionsbegriff und seine Anwendung in den Wirtschaftswissenschaften

1.1 Grundbegriffe und Symbole

Den in den Wirtschaftswissenschaften betrachteten Größen kann man meistens Zahlenwerte zuschreiben, etwa für Menge, Dauer oder Entfernung. Man kommt dabei mit reellen Zahlen aus, also solchen, mit denen jeder zu rechnen gewohnt ist. Die reellen Zahlen lassen sich als Längen deuten; wählen wir auf einer Geraden einen Punkt als Nullpunkt und einen weiteren Punkt, dessen Abstand vom Nullpunkt wir als Längeneinheit festlegen, dann entspricht jeder reellen Zahl ein Punkt auf der Geraden.

Funktionen beschreiben gesetzmäßige Zusammenhänge zwischen verschiedenen Größen. Wird jedem Zahlenwert, den eine Größe haben kann, genau ein Zahlenwert einer anderen Größe zugeordnet, dann heißt letztere eine *Funktion einer Variablen.* Diese Größe, deren Werte durch eine solche Zuordnung bestimmt werden, wird auch *abhängige Variable* genannt; im Gegensatz dazu nennt man dann die andere Größe die *unabhängige Variable,* doch wird mit „abhängig" und „unabhängig" lediglich die Richtung der Zuordnung angedeutet. Die Zuordnung geschieht mit der sog. *Funktionsvorschrift.*

Definition: *Ist eine Menge D von Zahlen gegeben, die als Werte für eine Größe x in Frage kommen, und hat man eine Funktionsvorschrift, die jeder Zahl aus D genau eine Zahl zuordnet, die als Wert einer anderen Größe y aufgefaßt wird, dann nennen wir y eine* Funktion *von x und D den* Definitionsbereich *der Funktion.*
Ist x_0 eine Zahl aus D und wird diesem x_0 durch die Funktionsvorschrift die Zahl y_0 zugeordnet, dann nennen wir y_0 den Funktionswert *von x_0 und schreiben*

$$y_0 = f(x_0).$$

Die Menge aller Funktionswerte nennen wir den Wertebereich *der Funktion.*

Die Tatsache, daß y eine Funktion von x ist, wird durch die Schreibweise $y = f(x)$ ausgedrückt. Dabei ist f ein Symbol für die Funktionsvorschrift; genauso verwendet man auch andere kleine und große Buchstaben und schreibt $g(x)$, $h(x)$, $F(x)$ usw.

Statt y könnte auch x die abhängige Variable sein (Schreibweise z. B.: $x = g(y)$), oder es könnte eine Funktion $z = H(u)$ gegeben sein.

Im übrigen ist es nicht üblich, streng zwischen Funktion und Funktionsvorschrift zu unterscheiden. Lautet etwa die Funktionsvorschrift: „jedem Wert von x sei der y-Wert $1-x^2$ zugeordnet", wofür man kürzer

$$y=1-x^2$$

schreibt, dann ist es praktisch unerheblich, ob man nun die abhängige Variable y oder den Ausdruck $1-x^2$ als Funktion von x ansieht. Die Gleichung $y=1-x^2$ rechtfertigt beides.

Bevor wir uns einige Beispiele näher ansehen, erläutern wir kurz die bei sog. Ungleichungen verwendeten Zeichen:

Die Ungleichung $a>0$ bedeutet, daß a eine positive Zahl ist,

die Ungleichung $a \geqq 0$ bedeutet, daß a eine positive Zahl oder gleich 0 ist. Man sagt, a ist nichtnegativ.

Für $a>0$ liest man „a größer 0", $a \geqq 0$ wird „a größer gleich 0" gelesen.

Analog bedeuten die Ungleichungen $a<0$ bzw. $a \leqq 0$, daß a eine negative bzw. eine nichtpositive Zahl ist.

$a<0$ liest man „a kleiner 0", $a \leqq 0$ liest man „a kleiner gleich 0".

Die Ungleichung $a<b$ ist gleichbedeutend mit $b>a$ und ist genau dann richtig, wenn $b-a>0$ ist. $a \geqq b$ ist gleichbedeutend mit $b \leqq a$ und ist genau dann richtig, wenn $b-a \leqq 0$ ist.

Mit Hilfe von Ungleichungen lassen sich Zahlenbereiche beschreiben. So können wir uns etwa die Menge aller Zahlen zwischen a und $b>a$ durch die Schreibweise

$$\{x|a<x<b\}$$

vorgeben. a und b selbst gehören nicht zu dieser Menge, die wir als *offenes Intervall* bezeichnen. Im Gegensatz hierzu wäre $\{x|a \leqq x \leqq b\}$ ein *abgeschlossenes Intervall*, da hier die Endpunkte mit dazugehören. Eine kürzere Schreibweise für ein offenes Intervall ist (a, b), für ein abgeschlossenes $[a, b]$.

Ferner sei an die folgenden Rechenregeln für Ungleichungen erinnert:

aus $a<b$ folgt $a+c<b+c$ für beliebiges c;

aus $a<b$ und $c>0$ kann man $ac<bc$ schließen, dagegen folgt $bc<ac$ aus $a<b$ und $c<0$;

aus $a<b$ und $b<c$ folgt $a<c$ und

aus $a<b$ und $c<d$ folgt $a+c<b+d$, aber nicht etwa $a-c<b-d$,

denn sonst wäre z.B. mit $3<4$ und $2<7$ auch die offensichtlich falsche Ungleichung $1<-3$ erfüllt.

Die Regeln bleiben richtig, wenn man die Bedingung $c>0$ durch $c \geqq 0$ und überall das $<$-Zeichen durch $\leqq$ ersetzt.

Häufig verwendet man die Schreibweise $|a|$ für den Betrag einer Zahl a. Wenn $a \geqq 0$ ist, so ist $|a| = a$, ist aber $a < 0$, so ist $|a| = -a$. Der Betrag einer Zahl ist also stets nichtnegativ. Eine Bedingung der Form: $-d < a < d$ mit $d > 0$ läßt sich auch in der Form $|a| < d$ schreiben.

Für beliebige Zahlen a und b gilt die sog. *Dreiecksungleichung* $|a+b| \leqq |a| + |b|$.

Beispiele für Funktionen

1. Beispiel: Der Definitionsbereich sei die Menge aller reellen Zahlen, d.h. $D = \{x \mid -\infty < x < \infty\}$. ($-\infty$ und $+\infty$ sind bekanntlich keine reellen Zahlen!) Die Funktionsvorschrift sei $y = 1 + (x-2)^2$. Da $(x-2)^2 \geqq 0$ ist und jeden Wert $\geqq 0$ auch annimmt, ist der Wertebereich dieser Funktion die Menge

$$W = \{y \mid y \geqq 1\} \qquad \text{(vgl. Fig. 1a).}$$

Jedem x aus D ist durch die Funktionsvorschrift genau ein y aus W zugeordnet.

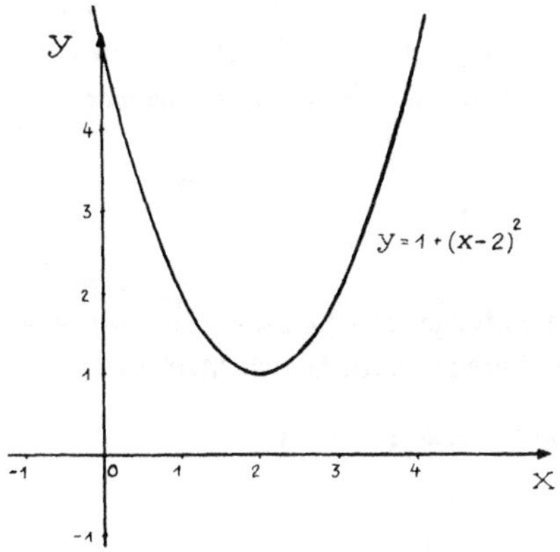

Figur 1a

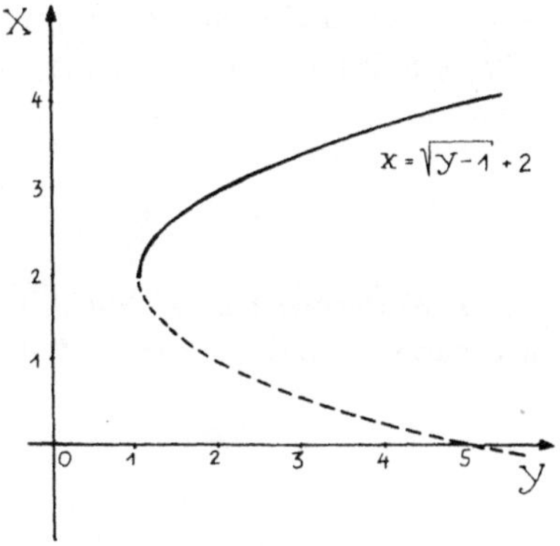

Figur 1b

2. Beispiel: Der im 1. Beispiel gegebene Zusammenhang zwischen x und y könnte umkehrbar sein; wenn wir versuchen, die Richtung der Zuordnung umzukehren, also x als Funktion von y auszudrücken, dann erhalten wir

$$x = \pm\sqrt{y-1} + 2;$$

wegen der Doppeldeutigkeit von $\pm\sqrt{y-1}$ ist dies keine Funktion. Wenn wir aber vereinbaren, unter $\sqrt{a}$ stets die nichtnegative Wurzel einer Zahl $a \geqq 0$ zu verstehen, dann wird durch die Funktion $\sqrt{y-1} + 2$ jedem $y \geqq 1$ genau ein $x \geqq 2$ zugeordnet.

Wertebereich dieser Funktion ist also die Menge $\{x \mid x \geqq 2\}$, der Definitionsbereich ist die Menge $\{y \mid y \geqq 1\}$ (s. Fig. 1b).

Zeichnerische Darstellung:

Um den Funktionsverlauf zu skizzieren, berechnet man einige Funktionswerte, die man zweckmäßigerweise in einer sog. Wertetabelle zusammenstellt. Den Definitionsbereich wählt man als Punktmenge auf der x-Achse eines kartesischen Koordinatensystems. Der Wertebereich liegt dann auf der y-Achse. Jedes Wertepaar $(x, f(x))$ wird dann als Koordinatenpaar aufgefaßt und stellt einen Punkt der x, y-Ebene dar. Ist der Definitionsbereich ein Intervall, so zeichnet man zunächst die sich aus der Wertetabelle ergebenden Punkte ein und verbindet diese dann durch eine Kurve. Diese Kurve ist i. allg. eine gute Annäherung für die wahre *Funktionskurve*, die aus *allen* Punkten $(x, f(x))$ mit x aus D besteht.

Besteht D aus diskret liegenden Punkten (vgl. 4. Beispiel), so besteht auch die Skizze der Funktion aus diskreten Punkten.

3. Beispiel: Die Funktionsvorschrift sei $z=\frac{1+u}{1-u}$; zwar könnte man nach dieser Vorschrift jedem $u \neq 1$ einen z-Wert zuordnen, wir wollen aber hier nur u-Werte <1 zulassen und wählen daher als Definitionsbereich die Menge $D=\{u \mid u<1\}$. Für die Skizze (s. Fig. 2) kann man etwa die folgende Wertetabelle anlegen:

u	0,5	-1	-2	-4	-5	0,6	0
z	3	0	$-\frac{1}{3}$	$-0{,}6$	$-\frac{2}{3}$	4	1

Der Wertebereich dieser Funktion ist die Menge $\{z \mid -1<z<\infty\}$; um dies exakt nachzuweisen, zerlegen wir den Definitionsbereich in die beiden Mengen

$$D_1=\{u \mid -1 \leqq u<1\} \quad \text{und} \quad D_2=\{u \mid u<-1\}.$$

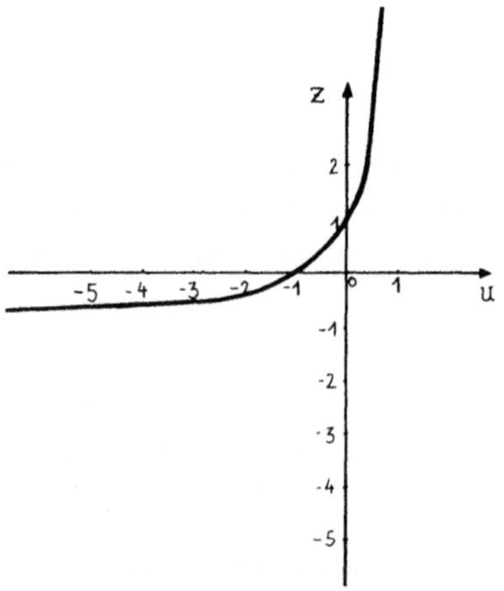

Figur 2

Wenn u aus D_1 ist, so ist $z \geqq 0$, und umgekehrt gibt es zu jedem $z \geqq 0$ ein u aus D_1, nämlich $u=(z-1)/(z+1)$, für das $z=z(u)$ gilt.

Ist u aus D_2, so ist $z(u)<0$, weil der Nenner von $(1+u)/(1-u)$ positiv, der Zähler negativ ist. Da außerdem der Betrag des Zählers kleiner als der des Nenners ist, muß $-1<z(u)<0$ gelten.

Umgekehrt gibt es für jedes z mit $-1<z<0$ ein u mit $z=z(u)$; wir müssen nur wieder $u=(z-1)/(z+1)$ wählen. Ersichtlich ist dieses u dann aus D_2.

4. Beispiel: D sei die Menge der natürlichen Zahlen 1, 2, 3, ... Jeder natürlichen Zahl n sei als Funktionswert die Zahl $f(n)=1/n$ zugeordnet.
Der Wertebereich dieser Funktion besteht also aus den Zahlen, die in der Folge $\frac{1}{1}, \frac{1}{2}, \frac{1}{3}, \ldots$ auftreten. Die Folge ist also eine Funktion, deren Definitionsbereich die Menge der natürlichen Zahlen ist.

Auch diese Funktion läßt sich darstellen, doch kann man keine ununterbrochene Kurve skizzieren, sondern nur diskret liegende Punkte.

5. Beispiel: Bei gegebener Anbaufläche und gegebenen klimatischen Bedingungen wird der Ertrag an einem landwirtschaftlichen Produkt eine Funktion der dafür aufgewendeten Arbeitszeit a sein. Hier wird man den Definitionsbereich der Ertragsfunktion von vorneherein „vernünftig" wählen, d.h. als ein Intervall auf der a-Achse, dessen Grenzen im Rahmen der gegebenen Verhältnisse noch als realisierbar erscheinen. Empirische Beobachtungen haben zu Graphen mit einem ähnlichen Verlauf wie in Fig. 3 geführt.

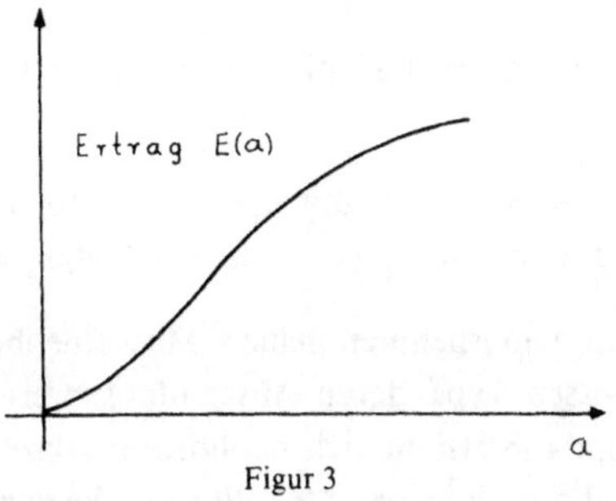

Figur 3

Am 4. Beispiel konnten wir erkennen, daß die Folgen einen speziellen Typ von Funktionen darstellen.

Bedingt durch die Unterteilung der Zeit in Tage, Wochen, Monate oder Jahre ist man bei vielen wirtschaftswissenschaftlichen Untersuchungen gehalten, sog. Zeitreihen zu untersuchen. Diese Zeitreihen sind keine Reihen im mathematischen Sinne (vgl. 1.2.5), sondern Folgen, die aus Werten für irgendeine ökonomische Größe bestehen. Diese Werte werden den fortlaufend numerierten Zeitintervallen zugeordnet. Als Beispiel möge man etwa an die sattsam bekannte Zinseszinsrechnung denken. Aber auch viele neuere Untersuchungen über Lagerhaltung oder auch über Investitions- und Abschreibungsprogramme (man vergleiche etwa KÄFER und EISELE) basieren auf der Untersuchung von Folgen. Einige wirtschaftlich relevante Beispiele werden wir in 1.2.6 näher behandeln.

1. Übungsaufgabe: Welchen Wertebereich hat die Funktion $z=\frac{1+u}{1-u}$, wenn wir als Definitionsbereich die Menge $D=\{u|u>1\}$ wählen?

1.2. Folgen und Reihen

1.2.1 Verschiedene Typen von Folgen

Die Folge der natürlichen Zahlen $k=1,2,3,\ldots$ ist bekannt; allgemein besteht jede Folge aus einer Menge von Zahlen a_k, die fortlaufend mit dem *Folgenindex* k numeriert sind, wobei den natürlichen Zahlen $k=1,2,3,\ldots$ der Reihe nach die sog. *Folgenglieder* a_k zugeordnet werden. Als Schreibweise für Folgen ist üblich: $(a_k)_{k=1,2,\ldots}$ oder auch $(b_i)_{i=1,2,\ldots}$, oft schreibt man aber auch einfach a_k, c_n oder d_i, wenn aus dem Zusammenhang ersichtlich ist, daß es sich nicht um einzelne Zahlen, sondern um Folgen handelt.

Eine Folge kann aus aufeinanderfolgenden Beobachtungen bestehen. Numeriert man z.B. alle auf einen gewissen Zeitpunkt folgenden Wochen und ordnet ihnen irgendwelche Daten, etwa Umsätze, Lohnkosten oder den Personalstand zu, so entsteht eine sog. *empirische Folge*. Bei diesen ist es nicht möglich, für jedes k das zugehörige Folgenglied a_k auszurechnen, sondern man muß warten, bis man es beobachten kann.

Mathematisch interessanter sind die Folgen, deren Glieder berechnet werden können.

1. Beispiel: Eine Folge $(a_i)_{i=1,2,\ldots}$ mit $a_i=a+(i-1)d$ heißt *arithmetische Folge*. Ihre Glieder lauten also $a_1=a$, $a_2=a+d$, $a_3=a+2d$, $a_4=a+3d$, usw.

Erweitert etwa ein Unternehmen seinen Maschinenbestand jährlich um eine Maschine eines gewissen Typs, deren Anschaffungspreis p und deren Nutzungsdauer m Jahre seien, dann erhöht sich bei linearer Abschreibung der abzuschreibende Betrag von Jahr zu Jahr um p/m. War vor Beginn der Expansion jährlich der Betrag a abzuschreiben, so sind es dann die Beträge $a+p/m$, $a+2p/m$, $a+3p/m$, usw., also Glieder einer arithmetischen Folge mit $d=p/m$.

Bei einer Folge gibt es zu jeder natürlichen Zahl k ein a_k. Besteht eine solche Zuordnung nur für endlich viele natürliche Zahlen $k=1,2,\ldots,n$, dann sprechen wir von einer *endlichen Folge*.

2. Beispiel: Bei Verzinsung mit $p\%$ jährlich wächst ein Kapital K in einem Jahr auf den Betrag $K(1+p/100)$, nach zwei Jahren hat man $K(1+p/100)^2$, nach drei

Jahren $K(1+p/100)^3$ usw.; nach Ablauf von n Jahren hat sich der Betrag $K(1+p/100)^n$ angesammelt. Die Beträge

$$K, K(1+p/100), K(1+p/100)^2, \ldots, K(1+p/100)^n$$

bilden eine *endliche geometrische Folge.*

Die allgemeine Form der *geometrischen Folge* lautet

$$a_k = a\,q^{k-1} \qquad \text{für } k=1,2,3,\ldots,$$

die einzelnen Glieder lauten also $a_1=a$, $a_2=a\,q$, $a_3=a\,q^2$ usw. In unserem Beispiel war der Faktor q gleich $1+p/100$.

Ist das allgemeine Folgenglied a_k durch eine Formel gegeben, mit der man a_k für beliebiges k direkt berechnen kann, dann spricht man von einer *explizit gegebenen Folge.*

Die arithmetische Folge $a_k=a+(k-1)\,d$ und die geometrische Folge $a_k=a\,q^{k-1}$ sind explizit gegeben.

Man kann aber Folgen auch durch ein oder mehrere Anfangsglieder und durch Formeln vorgeben, die es erlauben, die weiteren Folgenglieder Schritt für Schritt aus den vorhandenen zu berechnen. Man spricht dann von einer *rekursiv gegebenen Folge.* Die dabei gegebenen Formeln heißen *Rekursionsformeln.*

Wir hätten die obige arithmetische Folge auch rekursiv durch das Anfangsglied $a_1=a$ und die Rekursionsformel

$$a_k = a_{k-1} + d \qquad \text{für } k=2,3,\ldots$$

vorgeben können.

Auch die geometrische Folge könnte man durch das Glied $a_1=a$ und die Rekursionsformel

$$a_k = (a_{k-1})\,q \qquad \text{für } k=2,3,\ldots$$

rekursiv vorgeben.

In diesen beiden Fällen gelangt man von der rekursiven Form mühelos zur expliziten Form. Dies ist jedoch nicht immer so leicht.

3. Beispiel: Durch $a_1=1$, $a_i=1/(a_{i-1}+1)$ für $i=2,3,\ldots$ ist eine Folge rekursiv gegeben. Ihre ersten 8 Glieder sind $1, \frac{1}{2}, \frac{2}{3}, \frac{3}{5}, \frac{5}{8}, \frac{8}{13}, \frac{13}{21}, \frac{21}{34}$; ist $a_{i-1}=m/n$, so ist

$$a_i = \frac{1}{\dfrac{m}{n}+1} = n/(n+m),$$

also ist a_i für alle $i=2,3,\ldots$ ein Bruch, dessen Zähler gleich dem Nenner von a_{i-1} ist und dessen Nenner gleich der Summe von Zähler und Nenner des Bruches a_{i-1} ist. Kürzen der Brüche, wenn es möglich wäre, würde an der Folge nichts ändern.

Betrachtet man die Differenzen $a_i - a_{i-1}$ für $i=2,3,\ldots$, so wird man vielleicht vermuten, daß sich die Folgenglieder a_i für wachsendes i immer mehr einem bestimmten Wert annähern, denn die Beträge dieser Differenzen werden immer kleiner:

$$a_2 - a_1 = -\tfrac{1}{2}; \quad a_3 - a_2 = \tfrac{1}{6}; \quad a_4 - a_3 = -\tfrac{1}{15};$$
$$a_5 - a_4 = \tfrac{1}{40}; \quad a_6 - a_5 = -\tfrac{1}{104} \quad \text{usw.}$$

Dies reicht jedoch bei weitem nicht hin, um die Vermutung auch zu beweisen, und überdies fehlt uns noch der Begriff der Konvergenz, mit dessen Hilfe man das Verhalten einer Folge a_i für immer größer werdende i präzis erfassen kann.

1.2.2 Konvergenz von Folgen

Definition: *Eine Folge* $(a_k)_{k=1,2,3,\ldots}$ *heißt* konvergent, *wenn es eine Zahl* α *mit der folgenden Eigenschaft gibt:*

Zu jedem beliebig klein gewählten $\varepsilon > 0$ *existiert eine – im allgemeinen von* ε *abhängende – Schranke* k_ε, *so daß*

$$|a_k - \alpha| < \varepsilon, \quad \textit{falls } k > k_\varepsilon.$$

Die Zahl α *heißt dann der* Grenzwert *der Folge. Man schreibt dafür auch* $\alpha = \lim_{k\to\infty} a_k$ *und nennt* α *auch den* Limes von a_k für k gegen Unendlich.

Jede nicht konvergente Folge nennen wir *divergent*.

Laien empfinden diese Definition oft als unanschaulich. Jede „anschauliche" Definition müßte aber mehr oder weniger weitschweifig genau dasselbe aussagen, wenn sie denselben Konvergenzbegriff exakt wiedergeben soll.

1. Beispiel: Die Folge $a_k = 1 + 2/k$, $k = 1, 2, 3, \ldots$ konvergiert gegen den Grenzwert 1.

Beweis: $|a_k - 1| = |1 + 2/k - 1| = 2/k$, und $2/k$ ist kleiner als jedes beliebige $\varepsilon > 0$, wenn k größer als $k_\varepsilon = 2/\varepsilon$ gewählt wird.

Eine konvergente Folge kann nur gegen einen einzigen Grenzwert konvergieren. Wären nämlich α und β zwei verschiedene Grenzwerte einer Folge a_k, dann könnte man $\varepsilon = \frac{1}{2}|\beta - \alpha|$ wählen und k so groß wählen, daß gleichzeitig $|a_k - \alpha| < \varepsilon/2$ und $|a_k - \beta| < \varepsilon/2$ gilt. Daraus und nach der Dreiecksungleichung könnten wir schließen, daß

$$|\beta - \alpha| = |\beta - a_k + a_k - \alpha| \leqq |\beta - a_k| + |a_k - \alpha| = |a_k - \beta| + |a_k - \alpha| < 2\varepsilon$$

gilt, während andererseits $|\beta - \alpha| = 2\varepsilon$ gilt. Aus diesem Widerspruch folgt die Eindeutigkeit des Grenzwertes.

2. Beispiel: Jede arithmetische Folge $a_k = a + (k-1)\,d$ mit $d \neq 0$ ist divergent. Denn für jede Zahl α muß $|a_k - \alpha|$ für wachsende k schließlich größer als jede Schranke $\varepsilon > 0$ werden, also kann es keinen Grenzwert geben.

Satz 1.2.1: *Sind a_k und b_k konvergente Folgen mit $\lim_{k\to\infty} a_k = \alpha$ und $\lim_{k\to\infty} b_k = \beta$, dann sind auch die Folgen*

$$c_k = (a_k + b_k), \quad d_k = (a_k - b_k) \quad \text{und} \quad e_k = (a_k b_k)$$

konvergent, und zwar ist

$$\lim_{k\to\infty} c_k = \alpha + \beta, \quad \lim_{k\to\infty} d_k = \alpha - \beta \quad \text{und} \quad \lim_{k\to\infty} e_k = \alpha\beta.$$

Wir führen den Beweis nur für die durch Addition der Folgenglieder a_k und b_k entstehende Folge c_k:

Zu zeigen ist, daß es zu jedem $\varepsilon > 0$ ein k_ε gibt mit

$$|c_k - (\alpha + \beta)| < \varepsilon \quad \text{für } k > k_\varepsilon.$$

Nun ist aber $|c_k - (\alpha+\beta)| = |a_k + b_k - \alpha - \beta| = |(a_k - \alpha) + (b_k - \beta)|$, also gilt nach der Dreiecksungleichung

$$|c_k - (\alpha+\beta)| \leqq |a_k - \alpha| + |b_k - \beta|.$$

Laut Voraussetzung gibt es eine Schranke $k_{\varepsilon/2}$ für die Folge a_k mit

$$|a_k - \alpha| < \varepsilon/2 \quad \text{für } k > k_{\varepsilon/2},$$

und ebenso gibt es eine Schranke $k'_{\varepsilon/2}$ für die Folge b_k mit

$$|b_k - \beta| < \varepsilon/2 \quad \text{für } k > k'_{\varepsilon/2}.$$

Die größere der beiden Zahlen $k_{\varepsilon/2}$ und $k'_{\varepsilon/2}$, bei Gleichheit ihr gemeinsamer Wert, ist also eine Schranke k_ε für die Folge c_k. Kürzer ausgedrückt: man wähle $k_\varepsilon = \max(k_{\varepsilon/2}, k'_{\varepsilon/2})$.

Für die durch Subtraktion entstehende Folge $d_k = a_k - b_k$ verläuft der Beweis ganz analog.

Um auch die Konvergenz von $e_k = a_k b_k$ zu zeigen, formt man $|a_k b_k - \alpha\beta|$ etwa folgendermaßen um:

$$|a_k b_k - \alpha\beta| = |a_k b_k - \alpha b_k + \alpha b_k - \alpha\beta| = |b_k(a_k - \alpha) + \alpha(b_k - \beta)|;$$

dann wendet man wieder die Dreiecksungleichung an und gelangt nach einigen Abschätzungen zu einer Schranke k_ε für die Folge $a_k b_k$.

Wählen wir speziell $b_k = c$ für alle k, dann ist trivialerweise $\lim_{k\to\infty} b_k = c$.

Nach unserem Satz 1.2.1 ist dann mit jeder konvergenten Folge a_k auch die Folge $(c\,a_k)_{k=1,2,3,\dots}$ konvergent, und zwar gegen $c \lim_{k\to\infty} a_k$.

Satz 1.2.2: *Sind $(a_k)_{k=1,2,\dots}$ und $(b_k)_{k=1,2,\dots}$ konvergente Folgen mit den Grenzwerten α bzw. β und sind alle b_k sowie β von 0 verschieden, dann ist $(a_k/b_k)_{k=1,2,\dots}$ eine gegen den Grenzwert α/β konvergente Folge.*

Der Beweis verläuft ähnlich wie bei der Multiplikation.

Ist eine Folge durch eine Formel für das allgemeine Glied a_k explizit gegeben, so kann man häufig sofort einen vermutlichen Grenzwert angeben, und der Beweis, daß a_k tatsächlich gegen diese Zahl konvergiert, ist dann meist nicht allzu schwer.

Es gibt aber auch Kriterien, aus denen die Konvergenz einer Folge geschlossen werden kann, ohne daß man den Grenzwert zu bestimmen braucht. Sehr wichtig ist das Konvergenzkriterium für monotone und beschränkte Folgen, das wir als erstes anführen werden.

Definition: *Eine Folge a_k heißt* monoton wachsend, *wenn* $a_k \leqq a_{k+1}$ *für* $k=1,2,3,\ldots$, *sie heißt* monoton fallend, *wenn* $a_k \geqq a_{k+1}$ *für* $k=1,2,\ldots$. *Gilt* $a_k < a_{k+1}$ *für* $k=1,2,\ldots$, *so heißt die Folge* streng monoton wachsend, *gilt* $a_k > a_{k+1}$ *für alle k, so heißt sie* streng monoton fallend.

Definition: *Eine Folge a_k heißt* nach oben beschränkt, *wenn man irgendeine Zahl K angeben kann mit* $a_k \leqq K$ *für alle* $k=1,2,3,\ldots$. *K heißt dann eine* obere Schranke *der Folge.*

Eine Folge a_k heißt nach unten beschränkt, *wenn man irgendeine Zahl S mit* $a_k \geqq S$ *für* $k=1,2,\ldots$ *angeben kann. S heißt dann* untere Schranke *der Folge.*

1. Konvergenzkriterium: Eine monoton wachsende und nach oben beschränkte Folge ist konvergent; eine monoton fallende und nach unten beschränkte Folge ist konvergent.

Dieses Kriterium ist hinreichend, d.h. man kann auf die Konvergenz schließen, wenn es erfüllt ist. Es ist aber nicht notwendig, denn es gibt Folgen, bei denen es nicht erfüllt ist und die trotzdem konvergieren, z.B. konvergiert $a_i=(-1)^i/i$ gegen 0 und ist weder monoton wachsend noch monoton fallend.

Noch wichtiger ist das nach A. CAUCHY benannte

2. Konvergenzkriterium (CAUCHYsches Konvergenzkriterium): Eine Folge a_k ist genau dann konvergent, wenn es zu jedem $\varepsilon>0$ eine Schranke k_ε gibt mit $|a_k - a_{k'}| < \varepsilon$, sofern nur k und k' beide größer als k_ε sind.

Das CAUCHYsche Kriterium ist also nicht nur hinreichend, sondern auch notwendig. Beide Konvergenzkriterien können nur über etwas tiefer liegende Eigenschaften der reellen Zahlen bewiesen werden, von denen wir hier keinen Gebrauch machen wollen.

Allerdings ist leicht einzusehen, daß die Bedingung des CAUCHYschen Kriteriums notwendig ist: wenn a_k gegen α konvergiert, so ist stets $|a_k-\alpha|<\varepsilon/2$ und $|a_{k'}-\alpha|<\varepsilon/2$, wenn wir k und k' größer wählen als eine Schranke $k_{\varepsilon/2}$; dann gilt wegen

$$|a_k - a_{k'}| = |(a_k-\alpha)+(\alpha-a_{k'})| \leqq |a_k-\alpha| + |a_{k'}-\alpha|$$

auch

$$|a_k - a_{k'}| < \varepsilon, \quad \text{falls } k > k_{\varepsilon/2} \text{ und } k' > k_{\varepsilon/2}.$$

Schwieriger ist der Nachweis, daß die Bedingung des CAUCHYschen Kriteriums auch hinreichend ist. Hierfür und auch für den Beweis des 1. Konvergenzkriteriums sei auf die Lehrbücher der Analysis für Mathematiker verwiesen (z.B. MAAK).

3. Beispiel: Gegeben sei die Folge $a_k = k^2/2^k$, $k=1, 2, \ldots$; die ersten 5 Glieder sind $\frac{1}{2}, 1, \frac{9}{8}, 1, \frac{25}{32}$; für alle k ist

$$a_k - a_{k+1} = \frac{k^2}{2^k} - \frac{(k+1)^2}{2^{k+1}} = \frac{2k^2 - k^2 - 2k - 1}{2^{k+1}} = \frac{(k-1)^2 - 2}{2^{k+1}}.$$

Für $k \geqq 3$ sind also alle diese Differenzen positiv, d.h., die Folge fällt ab $k=3$ streng monoton (und damit natürlich auch monoton). Da alle $a_k > 0$ sind, ist 0 untere Schranke der Folge. Also konvergiert die Folge nach dem 1. Konvergenzkriterium.

Daß die Folge erst ab $k=3$ monoton fällt, ist für das Konvergenzverhalten natürlich unerheblich. Ganz allgemein gilt der

Satz 1.2.3: *Läßt man endlich viele Folgenglieder weg, oder ändert man endlich viele Folgenglieder ab, so bleibt das Konvergenzverhalten der Folge davon unberührt.*

Der Beweis ist trivial.

3. Konvergenzkriterium: Wenn bei einer Folge a_k die Differenzen $a_k - a_{k-1}$ abwechselnde Vorzeichen haben und die Beträge $|a_k - a_{k-1}|$ monoton fallend gegen 0 konvergieren, dann ist die Folge a_k konvergent.

Beweis: Wir zeigen, daß hier das CAUCHYsche Konvergenzkriterium erfüllt ist. Ist nämlich k_ε eine Schranke mit $|a_k - a_{k-1}| < \varepsilon$ für $k > k_\varepsilon$, so liegen alle auf ein k mit $k > k_\varepsilon$ folgenden Glieder in dem durch a_k und a_{k+1} bestimmten Intervall, dessen Länge $< \varepsilon$ ist.

Also gilt $|a_k - a_{k'}| < \varepsilon$, wenn k und k' größer als k_ε sind.

4. Beispiel: $a_1 = 1$; $a_k = a_{k-1} + (-1)^k/k$; die ersten 6 Glieder dieser rekursiv gegebenen Folge sind $1, 1{,}5, \frac{7}{6}, \frac{17}{12}, \frac{73}{60}, \frac{83}{60}$; hier ist das 3. Konvergenzkriterium erfüllt, also wissen wir, daß die Folge konvergiert, ohne daß wir dazu den Grenzwert bestimmen müssen.

Wir werden im Anhang Folgen behandeln, deren Rekursionsformel eine sog. Differenzengleichung ist. Dabei treten auch komplexe Zahlen auf, die hier am Anfang auf manchen Leser abschreckend wirken könnten. Deshalb und auch aus drucktechnischen Gründen wurde dieser (in den ersten drei Auflagen fehlende) Abschnitt an das Ende gesetzt.

1.2.3 Die vollständige Induktion

Im Zusammenhang mit Folgen und Reihen verwendet man häufig die sog. vollständige Induktion. Dies ist ein Beweisprinzip, welches besagt, daß eine die natürlichen Zahlen $n = 1, 2, 3, \ldots$ betreffende Aussage für *alle* natürlichen Zahlen bewiesen ist, wenn es gelingt

1. *die Richtigkeit für $n=1$ zu zeigen und*
2. *unter der Annahme, die Aussage sei für $k=1, 2, \ldots, n-1$ richtig, die Richtigkeit der Aussage auch für $k=n$ zu folgern.*

Jeder Induktionsbeweis zerfällt also in zwei Schritte; den ersten bezeichnet man auch bisweilen als die „Verankerung“, die beim zweiten Schritt zu treffende Annahme als *Induktionsannahme.*

1. Beispiel: Wir beweisen die sog. BERNOULLIsche Ungleichung durch vollständige Induktion:

Es wird behauptet, daß für jedes $d > -1$ und $n = 1, 2, \ldots$ die Ungleichung

$$(1+d)^n \geqq 1 + nd$$

erfüllt ist.

Beweis durch vollständige Induktion:

1. Die Ungleichung gilt für $n=1$, denn $(1+d)^1 = 1 + 1 \cdot d$; damit ist auch $(1+d)^1 \geqq 1 + 1 \cdot d$ erfüllt.
2. Wir nehmen an (Induktionsannahme), die Ungleichung sei richtig für alle Zahlen $k = 1, 2, \ldots, n-1$; dann ist $(1+d)^{n-1} \geqq 1 + (n-1)\,d$; durch Multiplikation dieser Ungleichung mit dem positiven Faktor $(1+d)$ auf beiden Seiten folgt

$$\begin{aligned}(1+d)^n &\geqq \bigl(1+(n-1)\,d\bigr)(1+d) = 1 + (n-1)\,d + d + (n-1)\,d^2 \\ &= 1 + nd + (n-1)\,d^2;\end{aligned}$$

da der letzte Ausdruck größer oder gleich $1 + n \cdot d$ ist, folgt also aus der Induktionsannahme

$$(1+d)^n \geqq 1 + nd.$$

Also muß die Ungleichung auch für $k = n$ richtig sein, wenn sie für $k = 1, 2, \ldots, n-1$ richtig ist.

Damit ist der Induktionsbeweis vollendet und wir wissen nun, daß die Ungleichung

$$(1+d)^n \geqq 1 + nd$$

für *jede* natürliche Zahl n richtig ist, wenn $d > -1$.

Wir verwenden dieses Ergebnis, um zu zeigen, daß jede geometrische Folge

$$a_k = a\,q^{k-1}, \qquad k = 1, 2, \ldots,$$

bei der $|q| < 1$ ist, gegen 0 konvergiert:

Für alle hinreichend großen k muß $|a_k - 0| = |a| \cdot |q^{k-1}| = |a| \cdot |q|^{k-1}$ kleiner als jedes beliebig klein vorgegebene $\varepsilon > 0$ werden. Wenn $0 < |q| < 1$, so gibt es ein $d > 0$ mit $|q| = 1/(1+d)$. (Für $q = 0$ konvergiert die Folge trivialerweise gegen 0, da ab $k = 2$ alle a_k gleich 0 sind.)

Nun ist also $|a_k - 0| = |a|/(1+d)^{k-1} = |a|(1+d)/(1+d)^k$ und wegen

$$(1+d)^k \geqq 1 + kd \qquad \text{folgt } |a_k - 0| \leqq |a|(1+d)/(1+kd);$$

weil aber $1/(1+kd)$ wegen $d > 0$ kleiner ist als $1/kd$, erhalten wir $|a_k - 0| < |a|(1+d)/kd$; daher können wir als Schranke k_ε den Wert

$$k_\varepsilon = |a|(1+d)/d\varepsilon$$

angeben. Für alle $k > k_\varepsilon$ ist $|a_k - 0| < \varepsilon$.

2. Übungsaufgabe: Man beweise die Konvergenz der bereits in 1.2.1 als 3. Beispiel betrachteten, rekursiv gegebenen Folge:

$$a_1 = 1, \quad a_i = 1/(a_{i-1}+1) \quad \text{für } i = 2, 3, \ldots.$$

Hinweis: Man beweise durch vollständige Induktion, daß die Differenzen $a_i - a_{i-1}$ abwechselnde Vorzeichen haben und daß die Beträge $|a_i - a_{i-1}|$ monoton gegen 0 konvergieren. Nach dem 3. Konvergenzkriterium ist dann die Folge konvergent.

Für den Grenzwert muß die Gleichung $\alpha = 1/(\alpha+1)$ oder $\alpha : 1 = 1 : (\alpha+1)$ erfüllt sein. Also ist der Grenzwert unserer Folge gleich dem Verhältnis des kleineren Teiles zum größeren Teil bei der Teilung nach dem goldenen Schnitt.

Aus der Gleichung berechnet man $\alpha = \frac{1}{2}(-1+\sqrt{5}) = 0{,}618\ldots$.

1.2.4 Endliche Reihen

Definition: *Die Summe aus endlich vielen aufeinanderfolgenden Gliedern einer Folge ist eine* endliche Reihe.

Sei S_n die aus den ersten n Gliedern einer Folge a_k gebildete endliche Reihe, d.h.

$$S_n = a_1 + a_2 + \cdots + a_n;$$

dafür schreibt man auch

$$S_n = \sum_{k=1}^{n} a_k.$$

1. Beispiel: Die endliche arithmetische Reihe.

Die Summe der ersten n Glieder der arithmetischen Folge $a_k = a + (k-1)\,d$ ist

$$S_n = \sum_{k=1}^{n} (a + (k-1)\,d) = n\,a + d \sum_{k=1}^{n} (k-1).$$

$\sum_{k=1}^{n} (k-1)$ ist die Summe aus den ersten $n-1$ natürlichen Zahlen.

Die Summe $1+2+\cdots+m$ ist bekanntlich gleich $m(m+1)/2$ (man sieht dies sofort ein, wenn man diese Summe noch einmal in entgegengesetzter Reihenfolge darunterschreibt und dann die jeweils untereinander stehenden Zahlen addiert, wodurch man m-mal die Summe $m+1$ erhält. Natürlich kann man diese Formel auch durch vollständige Induktion beweisen; man vergleiche die 3. Übungsaufgabe!).

Für $m = n-1$ ergibt sich $(n-1)\,n/2$; damit erhalten wir für die endliche arithmetische Reihe den einfachen Ausdruck

$$S_n = n\,a + d(n-1)\,n/2.$$

2. Beispiel: Die endliche geometrische Reihe.

Die Addition der ersten n Glieder einer geometrischen Folge $a_k = a\,q^{k-1}$, $k = 1, 2, \ldots$ ergibt die

endliche geometrische Reihe $\quad S_n = \sum_{k=1}^{n} a\,q^{k-1}.$

Ausführlicher geschrieben ist

$$S_n = a1 + aq + aq^2 + \cdots + aq^{n-1}$$

und

$$qS_n = \quad aq + aq^2 + \cdots + aq^{n-1} + aq^n;$$

daraus folgt $S_n(1-q) = a(1-q^n)$, also ist

$$S_n = a(1-q^n)/(1-q) \quad \text{falls } q \neq 1.$$

(Für $q=1$ ist $S_n = na$.)

Mit Hilfe dieser Formel kann man S_n für jede natürliche Zahl n berechnen, ohne die einzelnen Folgenglieder berechnen und aufaddieren zu müssen.

Endliche geometrische Reihen treten sehr oft auf; zu nennen sind als Anwendungsfälle vor allem die Renten-, Zins- und Tilgungsrechnung sowie Rentabilitätsbetrachtungen. Auch bei vielen theoretischen Untersuchungen verwendet man geometrische Reihen. So sind z.B. mikroökonomische Wachstumsmodelle häufig so angelegt, daß geometrische Reihen auftreten (vgl. KÄFER).

Das sog. Diskontieren von Geldbeträgen gibt oft Anlaß zur Betrachtung geometrischer Folgen oder Reihen. Man diskontiert, um den Wert von Geldbeträgen für beliebige Zeitpunkte zu berechnen. Wert und Nominalbetrag stimmen nur dann überein, wenn der Betrag zu dem Zeitpunkt, auf den man sich bezieht, gerade fällig ist. Zu einem früheren Zeitpunkt ist der Wert geringer, denn es wächst ja z.B. ein Kapital K bei Verzinsung mit jährlich $p\%$ in n Jahren auf $K(1+p/100)^n$ an; man kann also einen in n Jahren fälligen Betrag B ersetzen durch einen sofort fälligen Betrag in Höhe von $B/(1+p/100)^n = B(1+p/100)^{-n}$, denn letzterer wächst in n Jahren gerade auf die Höhe B an, wenn der Zinsfuß $p\%$ zugrunde gelegt wird.

Als Beispiel wählen wir eine Rentabilitätsbetrachtung:

Rentabilität einer Investition

Der Einsatz einer Maschine würde jährlich Einsparungen in Höhe von e DM bringen. Man rechnet mit einem internen Zinsfuß von $p\%$. Dieser Zinsfuß wird auch Kalkulationszinsfuß genannt. Er ist i.allg. höher als der Zinsfuß des Kapitalmarkts, denn man erwartet von dem investierten Kapital eine höhere Verzinsung als diejenige, die man selbst für Fremdkapital aufzubringen hat. Näheres hierzu bei SCHNEIDER, Bd. II, S. 233ff.

Die Nutzungsdauer werde auf n Jahre veranschlagt, danach habe die Maschine noch einen Restwert r.

Wie hoch darf der Anschaffungspreis A höchstens sein, damit die Investition noch lohnend erscheint?

Wir nehmen dabei an, daß A sofort zu entrichten ist; die Einsparungen behandeln wir bei der Diskontierung so, als würden sie nicht während des Jahres, sondern erst jeweils am Ende eines Jahres anfallen.

Um den Anschaffungspreis einerseits und die Einsparungen sowie den Restwert andererseits vergleichen zu können, beziehen wir alle Beträge auf einen gemeinsamen Zeitpunkt, sagen wir auf den Zeitpunkt nach n Jahren.

Setzen wir $q=(1+p/100)$, so hat dann der jetzt zu entrichtende Betrag A den Wert Aq^n; die erste Einsparung hat dann den Wert eq^{n-1}, die zweite hat dann den Wert eq^{n-2} usw.; die letzte Einsparung und der Restwert fallen nach n Jahren an und gehen daher mit ihren Nominalbeträgen e und r in die Betrachtung ein.

Die Investition erscheint genau dann als lohnend, wenn

$$Aq^n \leqq eq^{n-1}+eq^{n-2}+\cdots+eq+e+r,$$

d.h.

$$Aq^n \leqq e\sum_{k=1}^{n} q^{k-1}+r.$$

Nach unserer Formel ist die rechts stehende endliche geometrische Reihe gleich $e(1-q^n)/(1-q)$; setzen wir dies ein und multiplizieren wir die letzte Ungleichung beiderseits mit q^{-n}, so ergibt sich als Bedingung für den Anschaffungspreis

$$A \leqq e(q^{-n}-1)/(1-q)+rq^{-n}=e\cdot\frac{1-q^{-n}}{q-1}+rq^{-n}.$$

Dieselbe Bedingung erhält man bei Diskontierung auf einen anderen Zeitpunkt, etwa auf den Anschaffungszeitpunkt. Dies hätte nämlich lediglich eine Multiplikation aller in der obigen ersten Ungleichung auftretenden Ausdrücke mit einer Potenz von q zur Folge. Wählt man den Anschaffungszeitpunkt, so erhält man zunächst die Bedingung

$$A \leqq eq^{-1}+eq^{-2}+\cdots+eq^{-n}+rq^{-n},$$

die durch Multiplikation mit q^n in unsere erste Ungleichung übergeht. Man kann aber auch direkt die Formel für die endliche geometrische Reihe anwenden, indem man die rechte Seite in der Form

$$q^{-1}(e+e(1/q)+e(1/q)^2+\cdots+e(1/q)^{n-1})+rq^{-n}$$

schreibt.

Sei etwa $A=10000$, $e=1600$, $r=800$, $n=7$, $p=11\%$; dann ist zu prüfen, ob

$$10000 \leqq 1600\,\frac{1-1{,}11^{-7}}{1{,}11-1}+800\cdot 1{,}11^{-7}$$

erfüllt ist.

Die Berechnung der rechten Seite, bei der man $1{,}11^{-7}$ logarithmisch ermittelt oder einer Tabelle der Abzinsungsfaktoren entnimmt, ergibt, daß die Ungleichung nicht erfüllt ist. Die Investition lohnt also nicht, wenn man von einem Kalkulationszinsfuß von 11% ausgeht.

Als weiteres Anwendungsbeispiel betrachten wir die Umwandlung eines Kapitals in eine nachschüssige Rente.

Nachschüssige Rente

Ein Kapital K soll folgendermaßen in eine Rente umgewandelt werden: Jeweils nach Ablauf eines Jahres soll ein gleichbleibender Betrag R ausgezahlt werden, der so zu bemessen ist, daß das Kapital K bei Zugrundelegung eines Zinsfußes von $p\,\%$ genau nach n Jahren, wenn zum letzten Mal der Betrag R ausgezahlt wird, aufgebraucht ist.

Wir bezeichnen wieder den Aufzinsungsfaktor $1+p/100$ mit q und diskontieren auf die Gegenwart. R muß so groß sein, daß

$$\begin{aligned} K &= R\,q^{-1} + R\,q^{-2} + \cdots + R\,q^{-n} \\ &= R\,q^{-1}(1+(1/q)+(1/q)^2+\cdots+(1/q)^{n-1}); \end{aligned}$$

in der Klammer steht eine endliche geometrische Reihe mit dem Reihenfaktor $1/q$. Die Formel für die endliche geometrische Reihe liefert hier den Wert

$$\frac{1-(1/q)^n}{1-1/q} = q\,\frac{(q^n-1)}{(q-1)\,q^n}.$$

Also muß $K = R\,\dfrac{q^n-1}{(q-1)\,q^n}$ gelten, d.h.

$$R = K\,\frac{q^n(q-1)}{q^n-1} = K\,\frac{q-1}{1-(1/q)^n}.$$

Umgekehrt kann man zu gegebenem R und q auch das Kapital K berechnen, das in eine solche Rente umgewandelt werden kann. Dies ist der sog. *Barwert* der Rente.

So hat z.B. eine 6 Jahre lang nachschüssig zu zahlende Rente von 100 DM bei einem Zinsfuß von 5% den Barwert $K = \dfrac{100(1{,}05^6-1)}{0{,}05\cdot 1{,}05^6}$, das ist 507,57 DM.

3. Übungsaufgabe: Man beweise durch vollständige Induktion die Formeln

a) $$\sum_{i=1}^{m} i = m(m+1)/2 \qquad \text{für } m=1,2,3,\ldots \quad \text{und}$$

b) $$\sum_{i=1}^{m} i^2 = m(m+1)(2m+1)/6 \qquad \text{für } m=1,2,3,\ldots.$$

4. Übungsaufgabe: Bei monatlicher Verzinsung mit 0,5% soll ein Kapital von 2400 DM in eine nachschüssige Rente mit der Laufzeit 36 Monate umgewandelt werden. Wie hoch ist der Rentenbetrag R?

1.2.5 Konvergenz von Reihen

Der als *unendliche Reihe* oder auch einfach als *Reihe* bezeichnete Ausdruck

$$\sum_{k=1}^{\infty} a_k$$

wird einerseits als Abkürzung für $a_1+a_2+\cdots$ aufgefaßt, andererseits ist er eine kürzere Schreibweise für $\lim_{n\to\infty}\left(\sum_{k=1}^{n} a_k\right)$;

$\sum_{k=1}^{\infty} a_k$ ist also der Grenzwert der endlichen Reihen $\sum_{k=1}^{n} a_k$ für n gegen ∞, falls dieser Grenzwert existiert. In diesem Fall heißt die unendliche Reihe *konvergent*, andernfalls heißt sie *divergent*, und dann hat der Ausdruck $\sum_{k=1}^{\infty} a_k$ nur die formale Bedeutung $a_1+a_2+\cdots$, aber es kann ihm kein Zahlenwert zugeordnet werden.

Die endlichen Reihen $\sum_{k=1}^{n} a_k$ werden als *Teilsummen* oder *Partialsummen* der Reihe bezeichnet. Eine konvergente Reihe ist also gleich dem limes ihrer Partialsummen.

1. Beispiel: Für arithmetische Folgen a_k hatten wir die n-te Teilsumme zu

$$S_n=\sum_{k=1}^{n}(a+(k-1)\,d)=n\,a+d(n-1)\,n/2$$

berechnet. Die Folge der S_n ist divergent, wenn wir vom Trivialfall $a=d=0$ absehen; also hat hier der Ausdruck $\sum_{k=1}^{\infty} a_k$ keinen Wert.

2. Beispiel: Für endliche geometrische Reihen mit $q \neq 1$ gilt die Formel

$$S_n=a(1-q^n)/(1-q).$$

Ist $|q|<1$, so konvergiert q^n für $n\to\infty$ gegen 0, also ist $\lim_{n\to\infty} S_n$ gleich $a/(1-q)$, d.h.

$$\text{für} \quad |q|<1 \quad \text{ist} \quad \sum_{k=1}^{\infty} a\,q^{k-1}=\frac{a}{1-q}. \tag{1}$$

Um die Konvergenz einer Reihe nachzuweisen, hat man zu zeigen, daß ihre Teilsummen eine konvergente Folge sind. Der Nachweis ist z.B. erbracht, wenn man zeigen kann, daß eines der Konvergenzkriterien für Folgen auf die Folge der Teilsummen zutrifft.

Die Teilsummen S_n einer Reihe $\sum_{k=1}^{\infty} a_k$ können offensichtlich nur konvergieren, wenn die a_k gegen 0 konvergieren. Ist dies nicht der Fall, so ist die Reihe divergent, wie etwa die arithmetische Reihe oder geometrische Reihen mit $|q|>1$. Divergent ist z.B. auch die Reihe $\sum_{k=1}^{\infty}(-1)^k$, denn für beliebiges gerades n ist $S_n=0$, während $S_{n+1}=-1$ ist.

Aber bei weitem nicht alle Reihen, bei denen die Glieder a_k gegen 0 konvergieren, sind selbst konvergent! Das bekannteste Beispiel dafür ist die sog. *harmonische*

Reihe

$$1+\tfrac{1}{2}+\tfrac{1}{3}+\tfrac{1}{4}+\tfrac{1}{5}+\tfrac{1}{6}+\tfrac{1}{7}+\tfrac{1}{8}+\tfrac{1}{9}+\cdots,$$

durch Vergleich mit der Reihe

$$1+\tfrac{1}{2}+\tfrac{1}{4}+\tfrac{1}{4}+\tfrac{1}{8}+\tfrac{1}{8}+\tfrac{1}{8}+\tfrac{1}{8}+\tfrac{1}{16}+\cdots$$

kann man nämlich leicht zeigen, daß die Partialsummen S_n der harmonischen Reihe für $n=2^r$ stets größer oder gleich $1+r/2$ sind. Für n gegen ∞ wachsen die Teilsummen daher über alle Grenzen, also ist die harmonische Reihe divergent.

Oft kann man die Konvergenz einer Reihe auf einfache Weise zeigen, während ihr Grenzwert schwierig zu ermitteln ist.

3. Beispiel: Wir betrachten die Reihe

$$\begin{aligned}\sum_{k=1}^{\infty} 1/k^2 &= 1+1/2^2+1/3^2+1/4^2+\cdots\\ &=(1)+(1/2^2+1/3^2)+(1/4^2+1/5^2+1/6^2+1/7^2)+\cdots;\end{aligned}$$

wir fassen also das erste, dann die beiden folgenden, dann die vier folgenden, dann die nächsten 8, dann die nächsten 16 Glieder usw. in Klammern zusammen. Stehen in einer solchen Klammer 2^m Summanden, dann ist $1/2^{2m}$ der erste Summand und die in der Klammer folgenden Summanden sind alle kleiner. Folglich steht in einer solchen Klammer eine Summe, die kleiner ist als $2^m/2^{2m}=1/2^m$. Dies gilt für alle $m=1, 2, \ldots$.

Also ist jede Teilsumme S_n der Reihe durch den Wert der geometrischen Reihe

$$1+1/2+1/2^2+1/2^3+\cdots=1/(1-1/2)=2$$

nach oben beschränkt.

Da die Folge der Teilsummen außerdem monoton wachsend ist, folgt ihre Konvergenz nach dem 1. Konvergenzkriterium.

Der Grenzwert ist übrigens gleich $\pi^2/6$, wobei π die Kreiszahl 3,1415926 ... ist. Um ihn zu berechnen, benötigt man Kenntnisse über die Reihenentwicklung von Funktionen, die hier nicht vermittelt werden sollen.

5. Übungsaufgabe: Man berechne die Partialsummen S_n der Reihe $\sum_{i=1}^{\infty} iq^i$; gegen welchen Wert konvergiert die Folge der Partialsummen S_n für $n \to \infty$, wenn $|q|<1$?

1.2.6 Anwendungsbeispiele

a) Bedarfsprognose mit exponential smoothing

Es ist ein wichtiges Problem der Lagerhaltung, für künftige Zeitintervalle den Bedarf an Lagerartikeln zu schätzen. Theoretisch orientierte Lagerhaltungsmodelle arbeiten häufig mit Wahrscheinlichkeitsverteilungen für den Bedarf; in der heutigen Praxis ist es dagegen üblich, aus empirischen Bedarfswerten einen Schätzwert für den künftigen Bedarf zu ermitteln, mit dem dann weitergerechnet wird, als würde er tatsächlich eintreten. Ausgehend von diesem Schätzwert werden dann „optimale" Bestellmengen berechnet.

Ein Schätzverfahren, das wegen seines geringen Speicherbedarfs für EDV-Anlagen gut geeignet ist, wurde von R.G. BROWN unter der Bezeichnung „exponential smoothing" vorgeschlagen.

In seiner einfachsten Form (first order exponential smoothing oder auf deutsch: exponentielle Glättung 1. Art) liefert das Verfahren die folgenden Schätzwerte a_i für die tatsächlich eintretenden Bedarfswerte b_i in den Zeitintervallen $i=1, 2, 3, \ldots$:

b_1	wird nicht geschätzt, da noch kein Erfahrungswert vorliegt. Man wartet, bis b_1 festgestellt werden kann, und wählt dann
$a_2=b_1$	als Schätzung für b_2; ist b_2 festgestellt, dann nimmt man
$a_3=\alpha b_2+(1-\alpha) a_2$	als Schätzung für b_3. Dabei ist α eine zunächst willkürlich gewählte Zahl zwischen 0 und 1.

Mit diesem α wird nun weitergearbeitet: liegt b_i vor, so ist $a_{i+1}=\alpha b_i+(1-\alpha) a_i$ die Schätzung für b_{i+1}.

Obwohl jeder Schätzwert a_{i+1} explizit nur den letzten tatsächlichen Bedarfswert b_i enthält, hängt er doch von allen bisher bekannten Bedarfswerten ab; es ist nämlich für $i=3, 4, \ldots$

$$a_{i+1}=\alpha b_i+\alpha(1-\alpha) b_{i-1}+\alpha(1-\alpha)^2 b_{i-2}+\cdots+\alpha(1-\alpha)^{i-2} b_2+(1-\alpha)^{i-1} b_1;$$

wir beweisen diese Formel mit vollständiger Induktion, die hier aber nicht mit $i=1$, sondern erst mit $i=3$ beginnt:

1. Induktionsschritt: Die Formel ist richtig für $i=3$, denn

$$a_4=\alpha b_3+(1-\alpha) a_3=\alpha b_3+\alpha(1-\alpha) b_2+(1-\alpha)^2 b_1.$$

2. Induktionsschritt: Wenn die Formel richtig ist für alle $i=3, 4, 5, \ldots$ bis $i-1$, dann ist

$$a_i=\alpha b_{i-1}+\alpha(1-\alpha) b_{i-2}+\alpha(1-\alpha)^2 b_{i-3}+\cdots+\alpha(1-\alpha)^{i-3} b_2+(1-\alpha)^{i-2} b_1,$$

und dann ist

$$\begin{aligned} a_{i+1}&=\alpha b_i+(1-\alpha) a_i \\ &=\alpha b_i+\alpha(1-\alpha) b_{i-1}+\alpha(1-\alpha)^2 b_{i-2}+\cdots+\alpha(1-\alpha)^{i-2} b_2+(1-\alpha)^{i-1} b_1. \end{aligned}$$

Damit ist die Formel für alle $i=3, 4, \ldots$ bewiesen.

Jeder Schätzwert a_{i+1} für den Bedarf eines kommenden Zeitintervalls $i+1$ ist also ein gewichtetes arithmetisches Mittel aus allen bisher vorliegenden Erfahrungswerten. Wegen $0<\alpha<1$ werden die Gewichte um so kleiner, je weiter ein Erfahrungswert zurückliegt. In der Praxis wählt man α so, daß sich in der Vergangenheit eine möglichst gute durchschnittliche Übereinstimmung zwischen Schätzwerten und Bedarfswerten ergeben hätte, wenn man α bereits damals so gewählt hätte. α heißt der *Reaktionsparameter*. Ist α nahe bei 1, so nehmen die Gewichte rasch ab; a_{i+1} wird dann hauptsächlich durch den letzten Bedarfswert b_i bestimmt. In diesem Fall wird das Schätzverfahren zu stark auf rein zufällige Abweichungen reagieren.

Ist andererseits α nahe bei 0, so wird das Verfahren „träge", d.h., systematische Veränderungen des Bedarfs werden zu spät berücksichtigt. In der Praxis sind α-Werte von etwa 0,10 gebräuchlich.

6. Übungsaufgabe: Man weise nach, daß die Gewichte, mit denen die Bedarfswerte $b_i, b_{i-1}, \ldots, b_1$ bei exponential smoothing multipliziert werden, stets die Summe 1 ergeben.

7. Übungsaufgabe: In den 12 Monaten eines Jahres sind die folgenden Bedarfswerte aufgetreten:

J	F	M	A	M	J	J	A	S	O	N	D
71	65	70	69	57	68	65	73	61	79	81	77

Welche Schätzwerte hätte man bei exponential smoothing erhalten a) mit $\alpha=0{,}10$, b) mit $\alpha=0{,}20$? (Skizze!)

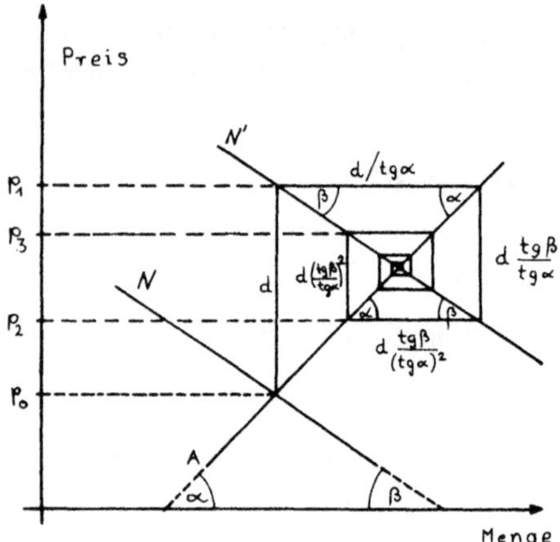

Figur 4

b) Das Cobweb-Theorem

Bisweilen nimmt man an, daß Angebots- und Nachfragekurven in einem gewissen Bereich durch Geraden angenähert werden können. So sei in Fig. 4 die mit *A* bezeichnete Gerade eine Angebotskurve. Die Anbieter sollen aber nicht sofort auf Preisänderungen durch Änderung der angebotenen Menge reagieren können, sondern erst nach einer gewissen Verzögerung. Gerade *A* ist also eine langfristige Angebotskurve.

Die Nachfrager sollen ihre Nachfrage sofort dem Preis anpassen können. Ihr Verhalten sei durch die Gerade N wiedergegeben. Zunächst wird das gesamte Angebot zum Gleichgewichtspreis p_0 gekauft.

Ändert sich nun plötzlich das Verhalten der Nachfrager derart, daß es durch die neue kurzfristige Nachfragekurve N' wiedergegeben werden kann, wobei N' die Gerade ist, die durch Parallelverschiebung um das Stück d nach oben aus N entsteht, so stellt sich zunächst der Preis

$$p_1 = p_0 + d$$

ein, denn kurzfristig kann sich das Angebot nicht ändern, und es sind genügend Nachfrager vorhanden, die zum Preis p_1 die gesamte angebotene Menge aufkaufen. In der Annahme, der höhere Preis p_1 werde weiterhin gelten, bringen die Anbieter nach einer Periode ein um $d/\mathrm{tg}\,\alpha$ höheres Angebot auf den Markt. Dabei ist α der Winkel, den die Gerade A mit der Mengenachse bildet. $\mathrm{tg}\,\alpha$ ist der Tangens des Winkels α, worunter man bekanntlich das Verhältnis der dem Winkel α in einem rechtwinkligen Dreieck gegenüberliegenden Kathete zur anderen Kathete versteht. Mit β bezeichnen wir den Winkel, den die Nachfragegeraden mit der Mengenachse bilden (s. Fig. 4). Das erhöhte Angebot wird nur zum Preis

$$p_2 = p_1 - (d/\mathrm{tg}\,\alpha)\,\mathrm{tg}\,\beta = p_0 + d(1 - \mathrm{tg}\,\beta/\mathrm{tg}\,\alpha)$$

aufgekauft. Nun geht in der nächsten Periode das Angebot um

$$d(\mathrm{tg}\,\beta/\mathrm{tg}\,\alpha)\frac{1}{\mathrm{tg}\,\alpha}$$

zurück, was zum Preis

$$p_3 = p_2 + d(\mathrm{tg}\,\beta/\mathrm{tg}\,\alpha)^2 = p_0 + d\big(1 - (\mathrm{tg}\,\beta/\mathrm{tg}\,\alpha) + (\mathrm{tg}\,\beta/\mathrm{tg}\,\alpha)^2\big)$$

führt usw.; man kann durch vollständige Induktion zeigen, daß eine Folge von Preisen p_i entsteht mit

$$p_i = p_0 + d\sum_{k=0}^{i-1} (-\mathrm{tg}\,\beta/\mathrm{tg}\,\alpha)^k \qquad \text{für } i = 1, 2, \ldots .$$

Die Folge der p_i konvergiert genau dann, wenn die Reihe

$$\sum_{k=0}^{\infty} (-\mathrm{tg}\,\beta/\mathrm{tg}\,\alpha)^k$$

konvergent ist, und dies ist genau dann der Fall, wenn $|\mathrm{tg}\,\beta/\mathrm{tg}\,\alpha| < 1$ ist, also wenn die Nachfragegeraden weniger steil gegen die Mengenachse geneigt sind als die Angebotsgerade.

Bei gleicher Neigung der Geraden N und A gegen die Mengenachse wäre p_2 wieder gleich p_0, und der Preis würde dann ewig von p_0 nach p_1 und wieder zurück springen. Die Folge der p_i ist dann divergent.

Ist aber $|\mathrm{tg}\,\beta/\mathrm{tg}\,\alpha| > 1$, dann werden die Preissprünge immer größer, die Folge der p_i ist dann auch divergent.

Natürlich muß man dabei voraussetzen, daß die Anbieter ihr Verhalten beibehalten und immer annehmen, daß der gerade gültige Preis auch für die kommende Periode gelten wird.

Im Fall der Konvergenz ist

$$\lim_{i\to\infty} p_i = p_0 + d\sum_{k=1}^{\infty}(-\operatorname{tg}\beta/\operatorname{tg}\alpha)^k = p_0 + d\cdot\frac{1}{1-(-\operatorname{tg}\beta/\operatorname{tg}\alpha)} = p_0 + \frac{d\operatorname{tg}\alpha}{\operatorname{tg}\alpha+\operatorname{tg}\beta},$$

und dies ist natürlich die Ordinate des Schnittpunkts der Geraden N' mit der Geraden A, wie man auch anhand der Fig. 4 direkt zeigen kann.

1.3 Stetige Funktionen

1.3.1 Stetigkeit und Unstetigkeit

Wir betrachten nun Funktionen, deren Definitionsbereich die ganze Zahlengerade oder Intervalle auf der Zahlengeraden sind. Wenn die Funktionskurve eine ununterbrochene Linie ist, so wird man solche Funktionen zunächst lediglich von der Anschauung her als stetig bezeichnen. Daß auch Funktionen mit unterbrochenem Kurvenverlauf praktische Bedeutung haben können, sehen wir am

1. Beispiel: Beim Kauf von Heizöl gelte bei Abnahme bis zu 1000 Liter ein Preis von 15 Pfennig pro Liter, ab 1000 Liter bis 5000 Liter ein Preis von 13 Pfennig, ab 5000 Liter ein Preis von 12 Pfennig pro Liter.

Der zu zahlende Betrag ist eine Funktion der gekauften Menge x. Definitionsbereich der Funktion ist ein Intervall $[x_1; x_2]$, wobei x_1 die Mindestabnahmemenge, x_2 eine durch die Lieferkapazität gegebene Schranke ist. Fig. 5 gibt den Funktionsverlauf wieder.

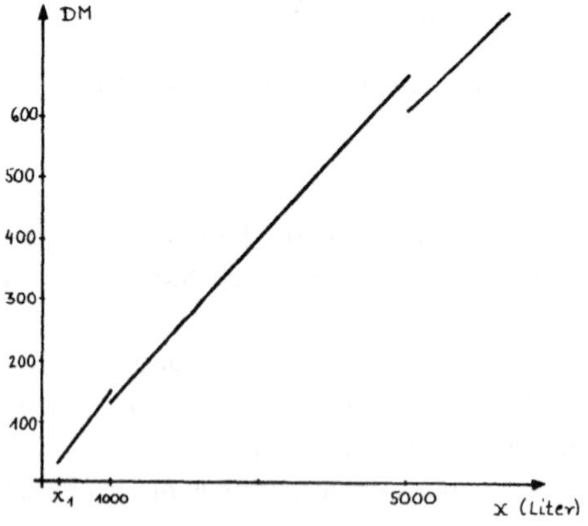

Figur 5

Einen Funktionsverlauf wie in Fig. 5 würden wir von der Anschauung her als unstetig bezeichnen.

Es ist jedoch aus verschiedenen Gründen nicht ratsam, einen fundamentalen Begriff wie den der Stetigkeit lediglich auf eine durch Skizzen vermittelte Anschauung zu stützen. Ein Grund ist z. B., daß man nicht alle Funktionen, die es gibt, auch zeichnen kann. Die Frage der Stetigkeit könnte dann in solchen Fällen nicht entschieden werden. Aber auch in allen anderen Fällen wäre ein exakter Nachweis der Stetigkeit bzw. der Unstetigkeit nicht möglich.

Wir werden daher eine mathematische Definition für die Stetigkeit angeben, in der außermathematische Begriffe wie Bleistift und Papier oder die Zeichenkunst des Menschen nicht vorkommen.

Bezeichnung: Unter einer *Umgebung* einer Zahl z_0 verstehen wir die Menge aller Zahlen z, für die $|z-z_0|$ kleiner als eine gegebene positive Schranke ist. Ist ε bzw. δ die Benennung für diese Schranke, dann sprechen wir von einer ε-Umgebung bzw. von einer δ-Umgebung. So ist z. B. eine ε-Umgebung von z_0 die Menge aller z mit $|z-z_0|<\varepsilon$.

Definition: *Eine Funktion $f(x)$ sei definiert in einer Umgebung eines Punkts x_0. Dann heißt $f(x)$* stetig *in x_0, wenn es zu jedem, beliebig klein gewählten $\varepsilon>0$ eine Zahl $\delta>0$ gibt mit*

$$|f(x)-f(x_0)|<\varepsilon, \quad \textit{wenn} \quad |x-x_0|<\delta.$$

$f(x)$ ist also stetig in x_0, wenn es zu jeder ε-Umgebung von $f(x_0)$ eine δ-Umgebung von x_0 gibt, so daß $f(x)$ in die ε-Umgebung fällt, wenn x aus der δ-Umgebung ist.

Die eben gegebene Definition erinnert an die Definition des Grenzwerts für Folgen. Es besteht in der Tat ein Zusammenhang, denn man kann zeigen, daß die folgende Definition der Stetigkeit äquivalent zu der eben gegebenen ist:

Definition: *Eine Funktion $f(x)$ sei definiert in einer Umgebung eines Punktes x_0. Dann heißt $f(x)$* stetig *in x_0, wenn für* jede *gegen x_0 konvergierende Folge $x_1, x_2, \ldots$ von Zahlen aus dem Definitionsbereich von $f(x)$ die zugehörige Folge $f(x_1), f(x_2), \ldots$ der Funktionswerte gegen $f(x_0)$ konvergiert.*

Äquivalenz heißt, daß die Bedingung der zweiten Definition genau dann erfüllt ist, wenn auch die Bedingung der ersten Definition erfüllt ist.

Man kann die Sätze 1.2.1 und 1.2.2 über konvergente Folgen benutzen, um den folgenden Satz über stetige Funktionen zu beweisen:

Satz 1.3.1: *Wenn $f(x)$ und $g(x)$ in x_0 stetig sind, so sind auch die Funktionen $f(x)+g(x)$, $f(x)-g(x)$ und $f(x)\,g(x)$ in x_0 stetig.
Ist $g(x_0)\neq 0$, so ist auch $f(x)/g(x)$ in x_0 stetig.*

2. Beispiel: Wir weisen nach, daß $h(x)=1/x$ für alle $x \neq 0$ stetig ist.
Sei $\varepsilon > 0$ vorgegeben; dann wählen wir zunächst eine δ-Umgebung für x_0 mit $\delta = |x_0|/2$. Für alle x aus dieser Umgebung ist $|x| > |x_0|/2$, folglich gilt:

$$|1/x - 1/x_0| = |x - x_0|/|x x_0| < |x - x_0| \cdot \frac{2}{x_0^2}.$$

Nun wählen wir δ endgültig als das Minimum der beiden Zahlen $|x_0|/2$ und $\varepsilon x_0^2/2$. Die eben hergeleitete Beziehung gilt dann nach wie vor, und wegen $|x - x_0| < \varepsilon x_0^2/2$ folgt nun

$$|1/x - 1/x_0| < \varepsilon, \quad \text{wenn} \quad |x - x_0| < \delta.$$

Einfacher wäre dieser Nachweis gewesen, wenn wir $h(x) = f(x)/g(x)$ mit $f(x) = 1$ und $g(x) = x$ gesetzt und den Satz 1.3.1 benutzt hätten. Diese beiden Funktionen sind trivialerweise überall stetig, daher folgt aus Satz 1.3.1 sofort die Stetigkeit von $1/x$ für $x \neq 0$.

Für $x = 0$ ist $1/x$ nicht definiert, kann also auch nicht stetig sein. Diese Unstetigkeitsstelle ist offenbar von anderer Art als die im 1. Beispiel betrachteten. Während hier keine gegen $x_0 = 0$ konvergierende Folge von x-Werten zu einer konvergenten Folge von zugehörigen Funktionswerten führt, gilt für die Unstetigkeitsstellen des 1. Beispiels folgendes:

für jede Unstetigkeitsstelle x_0 ist der Funktionswert $f(x_0)$ definiert. So ist z.B. $f(1000) = 13000$, $f(5000) = 60000$.
Wählt man eine gegen x_0 konvergierende Folge $x_1, x_2, \ldots$ von Werten aus, die sämtlich größer als x_0 sind, so konvergiert die zugehörige Folge der Funktionswerte $f(x_1)$, $f(x_2) \ldots$ stets gegen $f(x_0)$.
Auch für jede von links gegen x_0 konvergierende Folge $x_1, x_2, \ldots$ konvergiert die Folge der Funktionswerte $f(x_1), f(x_2), \ldots$, aber nicht gegen $f(x_0)$.

Unstetigkeitsstellen dieser Art werden als *Sprungstellen* bezeichnet, während solche wie $x = 0$ für $1/x$ *Polstellen* genannt werden.

Definition: *Eine Funktion, die als Unstetigkeitsstellen nur Sprungstellen besitzt und in jedem Intervall, das keine Sprungstelle enthält, konstant bleibt, nennen wir eine* Treppenfunktion.

3. Beispiel: Wenn man bei einem Lager die für Auffüll- und Entnahmevorgänge benötigte Zeit vernachlässigt, so ist der Lagerbestand eine Funktion der Zeit, bei der alle Zeitpunkte, in denen sich der Bestand ändert, Sprungstellen sind. Man erhält daher eine Treppenfunktion, etwa wie die in Fig. 6 gezeichnete.

Auch in der Wahrscheinlichkeitsrechnung betrachtet man Treppenfunktionen. Die Verteilungsfunktionen von zufälligen Variablen des diskreten Typs sind nämlich Treppenfunktionen (man vergleiche etwa BASLER, S. 46).

Es kann sein, daß $f(x)$ für alle x aus einer Umgebung von x_0 mit Ausnahme von x_0 definiert ist. Wenn dann für jede gegen x_0 konvergierende Folge $x_1, x_2, \ldots$ von Punkten aus dieser Umgebung die Folge $f(x_1), f(x_2)\ldots$ gegen ein und denselben Grenzwert α konvergiert, so brauchen wir nur nachträglich zu definieren, daß $f(x_0)=\alpha$ sein soll. Dann ist $f(x)$ in x_0 stetig, und man sagt, die Funktion sei in x_0 *stetig ergänzt.*

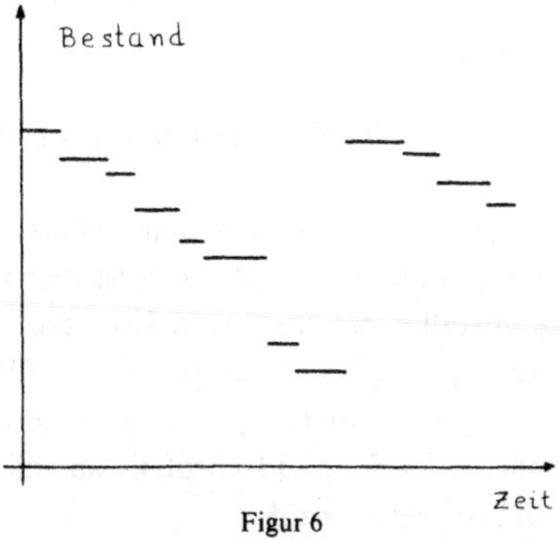

Figur 6

4. Beispiel: Die Funktion $f(x)=(x^2-1)/(x+1)$ ist nur für $x_0=-1$ nicht definiert. Für alle $x \neq -1$ ist $f(x)$ gleich $x-1$, da man für x^2-1 auch $(x-1)(x+1)$ schreiben und kürzen kann. Es konvergiert also jede Folge $f(x_1), f(x_2), \ldots$ gegen -2, wenn $x_1, x_2, \ldots$ gegen -1 konvergiert. Also setzen wir $f(-1)=-2$ und haben damit die Funktion in $x_0=-1$ stetig ergänzt.

Definition: *Eine in einem Intervall definierte Funktion $f(x)$ heißt dort* stetig, *wenn sie für jedes x aus dem Intervall stetig ist. (Zu jedem solchen x muß es dann eine Umgebung geben, in der $f(x)$ definiert ist.)*

Häufig nähert man Treppenfunktionen durch stetige Funktionen an; auch solche Funktionen, die nur für diskrete Werte definiert sind, ersetzt man für praktische Zwecke oft durch Funktionen, die stetig sind und für die diskreten Werte mit der eigentlich gegebenen Funktion übereinstimmen. So sind etwa Produktionskosten meist nur für ganze Stückzahlen definiert; sind die betrachteten Stückzahlen aber groß, so wird man die Produktionskosten als stetige Funktion $K(x)$ betrachten, wobei x alle reellen Zahlen eines gewissen Intervalls durchläuft.

1.3.2 Polynome

Viele Funktionen sind überall stetig, z.B. alle Polynome.

Definition: *Ein Polynom n-ten Grades ist eine Funktion der Form*

$$a_n x^n + a_{n-1} x^{n-1} + \cdots + a_1 x + a_0,$$

wobei $a_n \neq 0$. Die übrigen Koeffizienten $a_{n-1}, \ldots, a_1, a_0$ können irgendwelche reellen Zahlen, also auch gleich 0 sein.

Zum Beispiel ist $P(x) = -x^4 + 6x^2 - 3x + 7$ ein Polynom 4. Grades. Polynome 1. Grades haben die Form $f(x) = a_1 x + a_0$ mit $a_1 \neq 0$; ihre Funktionskurve ist daher stets eine Gerade, die nicht parallel zu einer der Koordinatenachsen verläuft.

Jede Konstante $a_0 \neq 0$ schließlich läßt sich als Polynom 0-ten Grades auffassen.

Satz 1.3.2: *Polynome sind überall stetig.*

Beweis: Wir zeigen zunächst durch vollständige Induktion, daß x^n für $n = 0, 1, 2, \ldots$ überall stetig ist.

Wegen $x^0 = 1$ für alle x (auch für $x = 0$, denn man definiert allgemein $0^0 = 1$, was für diesen Fall eine stetige Ergänzung bedeutet!) ist dies für $n = 0$ richtig. Auch $x^1 = x$ ist trivialerweise überall stetig, denn zu jedem $\varepsilon > 0$ brauchen wir nur $\delta = \varepsilon$ zu wählen, und damit folgt $|x - x_0| < \varepsilon$, wenn $|x - x_0| < \delta$ für jedes x_0.

Ist nun x^k überall stetig für $k = 0, 1, \ldots, n-1$, so ist $x^n = x \cdot x^{n-1}$ als Produkt zweier stetiger Funktionen nach Satz 1.3.1 ebenfalls überall dort stetig, wo x und x^{n-1} stetig sind, d. h. für alle reellen Zahlen.

Dann ist auch $a_n x^n$ als Produkt der stetigen Funktionen a_n und x^n überall stetig, und diese Aussage gilt ebenfalls für $n = 0, 1, 2, \ldots$. Nach Satz 1.3.1 ist dann jedes Polynom als Summe von überall stetigen Funktionen überall stetig.

Man kann Polynome addieren, subtrahieren und multiplizieren; das Ergebnis ist stets wieder ein Polynom.

1. Beispiel: Gegeben seien die Polynome $P(x) = 2x^3 - x^2 + 4$ und

$$Q(x) = 5x^2 - 3x + 2;$$

dann ist

$$P(x) + Q(x) = 2x^3 + 4x^2 - 3x + 6,$$

$$P(x) - Q(x) = 2x^3 - 6x^2 + 3x + 2,$$

$$\begin{aligned} P(x)\,Q(x) &= (2x^3 - x^2 + 4)(5x^2 - 3x + 2) \\ &= 10x^5 - 5x^4 + 20x^2 - 6x^4 + 3x^3 - 12x + 4x^3 - 2x^2 + 8 \\ &= 10x^5 - 11x^4 + 7x^3 + 18x^2 - 12x + 8. \end{aligned}$$

Auch die Division ist möglich. So ist z. B.

$$\begin{array}{l} P(x)/Q(x) = (2x^3 - \;\; x^2 + 4):(5x^2 - 3x + 2) = \frac{2}{5}x + \frac{1}{25} \\ \quad\underline{-(2x^3 - \frac{6}{5}x^2 + \frac{4}{5}x)\qquad\qquad} \\ \qquad\qquad \frac{1}{5}x^2 - \frac{4}{5}x + 4 \\ \qquad\quad \underline{-(\frac{1}{5}x^2 - \frac{3}{25}x + \frac{2}{25})} \\ \qquad\qquad\quad -\frac{17}{25}x + \frac{98}{25} \end{array}$$

Rest: $-\frac{17}{25}x+\frac{98}{25}$; das Divisionsergebnis ist also

$$\frac{2}{5}x+\frac{1}{25}+\frac{(-\frac{17}{25})x+\frac{98}{25}}{5x^2-3x+2}$$

Das Divisionsergebnis ist also im allgemeinen kein Polynom.

Wir wollen etwas näher die Division eines Polynoms

$$P(x)=a_n x^n+a_{n-1}x^{n-1}+\cdots+a_1 x+a_0$$

durch einen sog. Linearfaktor $x-c$ betrachten.

Auch diese Division muß nicht „aufgehen", als Rest kann jedoch nur eine Konstante r bleiben, d.h.

$$P(x):(x-c)=Q(x)+r/(x-c)$$

oder

$$P(x)=Q(x)(x-c)+r. \tag{1}$$

r ist der Wert von $P(x)$ für $x=c$, denn aus (1) folgt

$$P(c)=Q(c)(c-c)+r=r.$$

Das Polynom $Q(x)$ muß einen um 1 geringeren Grad als $P(x)$ haben, ist also vom Grad $n-1$, wenn $P(x)$ den Grad n hat. Also ist

$$Q(x)=a'_{n-1}x^{n-1}+a'_{n-2}x^{n-2}+\cdots+a'_1 x+a'_0.$$

Aus (1) kann man sukzessiv die Koeffizienten von $Q(x)$ bestimmen: Multipliziert man nämlich $Q(x)(x-c)$ aus, so müssen bei allen Potenzen von x dieselben Koeffizienten auftreten wie bei $P(x)$; wir erhalten daher die Gleichungen

$$\begin{aligned} a_n &= a'_{n-1} \\ a_{n-1} &= -c\,a'_{n-1}+a'_{n-2} \\ a_{n-2} &= -c\,a'_{n-2}+a'_{n-3} \\ &\vdots \\ a_1 &= -c\,a'_1+a'_0 \end{aligned}$$

aus denen sich sukzessiv zunächst a'_{n-1}, dann a'_{n-2} usw. bis a'_0 bestimmen lassen.

Da aber in (1) auch die Konstanten links und rechts übereinstimmen müssen, erhalten wir zusätzlich noch

$$a_0=-c\,a'_0+r,$$

woraus r, also $P(c)$ bestimmt werden kann.

Diese Rechnung kann mit dem sog. HORNER-*Schema* ausgeführt werden:

	a_n	a_{n-1}	$a_{n-2}\ \cdots$	a_1	a_0
$x=c$	—	$c\,a'_{n-1}$	$c\,a'_{n-2}\ \cdots$	$c\,a'_1$	$c\,a'_0$
	a'_{n-1}	a'_{n-2}	$a'_{n-3}\ \cdots$	a'_0	$r=P(c)$

In der obersten Zeile stehen die Koeffizienten von $P(x)$, in der untersten die Koeffizienten von $Q(x)$ und r. Man schreibt zuerst $a'_{n-1}=a_n$ an, dann berechnet man $c\,a'_{n-1}$ und schreibt dies in die zweite Zeile. a'_{n-2} ist dann die Summe der beiden darüber stehenden Zahlen.

Dann kommt $c\,a'_{n-2}$ in die zweite Zeile, und a'_{n-3} ist die Summe der beiden darüber stehenden Zahlen usw. bis r.

2. Beispiel: Wir berechnen den Wert des Polynoms

$$P(x)=-x^4+3x^2-2x+7 \quad \text{für } x=2{,}5.$$

Zu beachten ist, daß der Koeffizient von x^3 hier gleich 0 ist und nicht im Schema weggelassen werden darf. Das HORNER-Schema ist hier das folgende:

	-1	0	3	-2	7
$x=2{,}5$	—	$-2{,}5$	$-6{,}25$	$-8{,}125$	$-25{,}3125$
	-1	$-2{,}5$	$-3{,}25$	$-10{,}125$	$-18{,}3125=P(2{,}5)$

$P(x)$ nimmt also für $x=2{,}5$ den Wert $-18{,}3125$ an. Das HORNER-Schema liefert aber noch mehr, nämlich das bei der Division durch den Linearfaktor $x-2{,}5$ entstehende Polynom $Q(x)$. Es lautet

$$Q(x)=-x^3-2{,}5x^2-3{,}25x-10{,}125;$$

also ist

$$P(x)=(-x^3-2{,}5x^2-3{,}25x-10{,}125)(x-2{,}5)-18{,}3125.$$

Wenn der Rest r gleich 0 ist, dann gilt $P(x)=Q(x)(x-c)$, $x=c$ ist also Nullstelle von $P(x)$.

$Q(x)$ ist vom Grad $n-1$, wenn $P(x)$ vom Grad n ist. Hat $P(x)$ außer $x=c$ noch eine weitere Nullstelle, sagen wir $x=d$, so muß $x=d$ auch Nullstelle von $Q(x)$ sein.

Also liefert die Division von $Q(x)$ durch $(x-d)$ den Rest 0, d.h. $Q(x)=R(x)(x-d)$, wobei $R(x)$ vom Grad $n-2$ ist.

Man kann dieses Verfahren so oft fortsetzen, bis es keine weiteren Nullstellen von $P(x)$ mehr gibt. Spätestens tritt dies nach n solchen Divisionen ein, denn dann hat man ein Polynom vom Grad 0, also eine Konstante $\neq 0$ übrig. Dies führt also zu dem

Satz 1.3.3: *Ein Polynom vom Grad n kann höchstens n Nullstellen haben.*

Die Frage, wo ein Polynom den Wert 0 annimmt, ist an sich auch nicht interessanter als die Frage, wo es einen Wert $a \neq 0$ annimmt. Eine a-Stelle des Polynoms $P(x)$ ist aber Nullstelle des Polynoms $P(x)-a$, und daher kann man sich auf die Betrachtung von Nullstellen beschränken.

Kennt man von einer Funktion $f(x)$ lediglich einige Funktionswerte, etwa durch empirische Beobachtungen, dann kann man versuchen, die unbekannte Funktion durch ein möglichst einfaches Polynom anzunähern, das an den Stellen, für die Werte von $f(x)$ vorliegen, mit $f(x)$ übereinstimmt.

Liegen beispielsweise nur für x_0 und x_1 die Werte $f(x_0)$ und $f(x_1)$ vor, dann führt durch die Punkte $(x_0, f(x_0))$ und $(x_1, f(x_1))$ genau eine Gerade, nämlich die Gerade

$$y=f(x_0)+\frac{(x-x_0)}{(x_1-x_0)}(f(x_1)-f(x_0));$$

wie man an der Schreibweise

$$y=\left(\frac{f(x_1)-f(x_0)}{x_1-x_0}\right)x+\left(f(x_0)-x_0\,\frac{f(x_1)-f(x_0)}{x_1-x_0}\right)$$

erkennt, ist dies ein Polynom 1. Grades in x.

Liegen x_0 und x_1 nicht weit auseinander, dann wird man vermuten können, daß die Ordinatenwerte y der Geraden für die Zwischenwerte x mit $x_0<x<x_1$ nicht sehr von den tatsächlichen Funktionswerten $f(x)$ abweichen. Auf diese Frage werden wir im Abschnitt 1.9.4 noch zurückkommen, wenn wir die Genauigkeit der linearen Interpolation untersuchen.

Vielleicht weiß der Leser auch noch, daß drei Punkte in allgemeiner Lage genau eine Parabel bestimmen. Parabeln sind Polynome 2. Grades. Gibt man die drei Punkte auf einer Geraden vor, so entartet die Parabel zu dieser Geraden. Dies könnte uns auf die Vermutung bringen, daß der folgende Satz gilt:

Satz 1.3.4: *Durch $n+1$ vorgegebene Punkte führt genau ein Polynom mit einem Grad kleiner oder gleich n.*

Daß es nicht zwei verschiedene Polynome mit einem Grad $\leqq n$ geben kann, die an $n+1$ Stellen vorgegebene Werte annehmen, folgt unmittelbar aus Satz 1.3.3; wären nämlich $P_1(x)$ und $P_2(x)$ zwei solche Polynome und wäre $P_1(x) \neq P_2(x)$, dann wäre $P_1(x)-P_2(x)$ ein von 0 verschiedenes Polynom, das an $n+1$ Stellen den Wert 0 annähme, aber nur einen Grad $\leqq n$ hätte. Nach Satz 1.3.3 ist dies unmöglich.

Nun fehlt nur noch der Nachweis, daß es auch tatsächlich ein Polynom mit einem Grad $\leqq n$ gibt, das an $n+1$ beliebig vorgegebenen Stellen $x_0, x_1, \ldots, x_n$ beliebig vorgegebene Werte $f(x_0), f(x_1), \ldots, f(x_n)$ annimmt. Es ist möglich, eine allgemeine Formel für die Konstruktion eines solchen Polynoms anzugeben. Sie stammt von LAGRANGE, und daher heißen die so konstruierten Polynome die *Interpolationspolynome von* LAGRANGE.

Wir ziehen es vor, die Art der Konstruktion an je einem Beispiel für $n=2$ und $n=3$ zu erläutern.

3. Beispiel: Die Stückkosten seien bei einer Ausbringung von 4000 Stück gleich 120 DM, bei einer Ausbringung von 5000 Stück gleich 105 DM, bei 5500 Stück 102 DM.

Man sucht ein Polynom 2. Grades, das im betrachteten Bereich die Stückkosten genähert wiedergibt.

Wir wählen zunächst 1000 Stück als Einheit auf der x-Achse und 100 DM als Einheit auf der y-Achse. Gesucht ist also ein Polynom 2. oder geringeren Grades, das

für $x_0=4$ den Wert $f(x_0)=1{,}2$
für $x_1=5$ den Wert $f(x_1)=1{,}05$
für $x_2=5{,}5$ den Wert $f(x_2)=1{,}02$ annimmt.

Wir setzen das gesuchte Polynom $P(x)$ aus drei Polynomen $P_0(x)$, $P_1(x)$ und $P_2(x)$ additiv zusammen.

Dabei ist

$$P_0(x)=f(x_0)\frac{(x-x_1)(x-x_2)}{(x_0-x_1)(x_0-x_2)};$$

es ist also $P_0(x_0)=f(x_0)$, $P_0(x_1)=P_0(x_2)=0$; analog ist

$$P_1(x)=f(x_1)\frac{(x-x_0)(x-x_2)}{(x_1-x_0)(x_1-x_2)};$$

es ist also $P_1(x_1)=f(x_1)$, $P_1(x_0)=P_1(x_2)=0$; schließlich ist

$$P_2(x)=f(x_2)\frac{(x-x_0)(x-x_1)}{(x_2-x_0)(x_2-x_1)};$$

es ist also $P_2(x_2)=f(x_2)$, $P_2(x_0)=P_2(x_1)=0$.

$P_0(x)$, $P_1(x)$ und $P_2(x)$ sind Polynome 2. Grades in x; also ist

$$P(x)=P_0(x)+P_1(x)+P_2(x)$$

höchstens vom Grad 2. Ferner ist $P(x_0)=P_0(x_0)=f(x_0)$, $P(x_1)=P_1(x_1)=f(x_1)$ und $P(x_2)=P_2(x_2)=f(x_2)$.

$P(x)$ hat also die gewünschte Eigenschaft.

Setzen wir die Zahlenwerte unseres Beispiels ein, so erhalten wir

$$\begin{aligned} P(x) &= 1{,}2\frac{(x-5)(x-5{,}5)}{(4-5)(4-5{,}5)}+1{,}05\frac{(x-4)(x-5{,}5)}{(5-4)(5-5{,}5)}+1{,}02\frac{(x-4)(x-5)}{(5{,}5-4)(5{,}5-5)} \\ &= 0{,}06\,x^2-0{,}69\,x+3\,. \end{aligned}$$

Es hätte auch sein können, daß sich die quadratischen Glieder beim Zusammenfassen wegheben; nachträglich könnte man dann schließen, daß die gegebenen drei Punkte auf einer Geraden liegen.

Da es nur ein Polynom mit Grad 2 geben kann, das an den drei gegebenen Stellen die Werte $f(x_0)$, $f(x_1)$ und $f(x_2)$ annimmt, hätte man dasselbe Polynom $P(x)$ erhalten, wenn man den Ansatz $P(x)=a_2x^2+a_1x+a_0$ gemacht und die Koeffizienten a_2, a_1 und a_0 aus den drei Bedingungen bestimmt hätte. Es wären dabei drei Gleichungen für drei Unbekannte zu lösen, während wir mit der eben geschilderten Methode $P(x)$ sofort anschreiben konnten und nur noch umformen mußten.

4. Beispiel: Um die optimale Saatgutmenge pro qm herauszufinden, hat man auf drei gleich großen Parzellen gleicher Bodenqualität die Mengen 1 kg, 1,5 kg und 2 kg eines bestimmten Saatguts ausgesät.
Es ergeben sich die Erträge 4,6 dz von der ersten, 6,0 dz von der zweiten und 5,7 dz von der dritten Parzelle. Man möchte den Ertrag als Funktion der Saatgutmenge durch ein möglichst einfaches Polynom annähern.

Wir kennen hier noch einen vierten Wert der unbekannten Funktion, nämlich den Wert 0, der sich ergibt, wenn die Menge 0 ausgesät wird. Nach der LAGRANGEschen Methode können wir nun das eindeutig bestimmte Polynom mit Grad 3 angeben, das an den Stellen 0; 1; 1,5; 2 der Reihe nach die Werte 0; 4,6; 6,0; 5,7 annimmt.
Es ist

$$\begin{aligned}P(x) &= 0\cdot\frac{(x-1)(x-1{,}5)(x-2)}{(0-1)(0-1{,}5)(0-2)} + 4{,}6\,\frac{(x-0)(x-1{,}5)(x-2)}{(1-0)(1-1{,}5)(1-2)}\\ &\quad + 6{,}0\,\frac{(x-0)(x-1)(x-2)}{(1{,}5-0)(1{,}5-1)(1{,}5-2)} + 5{,}7\,\frac{(x-0)(x-1)(x-1{,}5)}{(2-0)(2-1)(2-1{,}5)}\\ &= -1{,}1\,x^3 + 1{,}55\,x^2 + 4{,}15\,x \quad \text{(s. Fig. 7!).}\end{aligned}$$

Für x-Werte zwischen 0 und 1 wird man allerdings eine geringere Übereinstimmung zwischen $P(x)$ und der tatsächlichen Ertragsfunktion vermuten als zwischen 1 und 2; denn im Intervall [1; 2] gibt es noch den Punkt 1,5, in dem völlige Übereinstimmung zwischen $P(x)$ und der Ertragsfunktion herrscht.

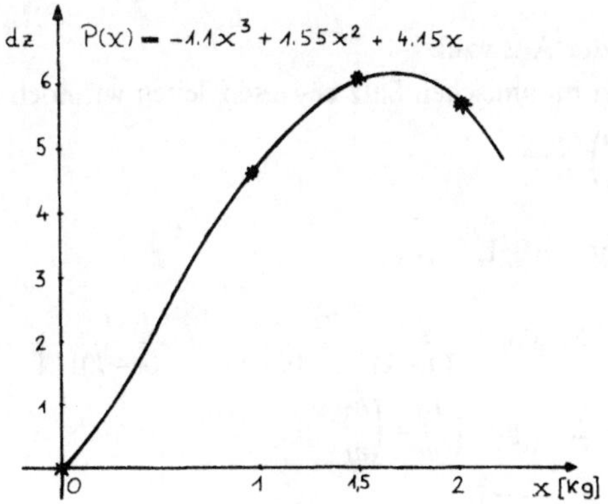

Figur 7

Der binomische Satz

Ein Binom ist ein Ausdruck der Form $(a+b)^n$.

Manchmal kann man Polynome zu Binomen zusammenfassen; so ist z.B.

$$x^2+6x+9=(x+3)^2 \quad \text{oder} \quad -x^3+3x^2-3x+1=(1-x)^3.$$

Häufig ist man auch gezwungen, Binome aufzulösen. Dabei treten bei den Potenzprodukten der Form $a^k b^{n-k}$ die sog. *Binomialkoeffizienten* auf.

Zunächst müssen wir einige Bezeichnungen kennenlernen:

a) mit $n!$, gelesen „n Fakultät", wird das Produkt $n(n-1)\ldots 2\cdot 1$ abgekürzt.
Es ist z.B. $5!=5\cdot 4\cdot 3\cdot 2\cdot 1=120$. Man definiert $0!=1$.
$n!$ ist die Anzahl der Möglichkeiten, die man bei der Anordnung von n Objekten hat. Man hat nämlich n Möglichkeiten bei der Besetzung der ersten Stelle, dann *jeweils* noch $n-1$ Möglichkeiten für die zweite Stelle, danach noch *jeweils* $n-2$ Möglichkeiten für die dritte Stelle, usw.

b) mit $\binom{n}{k}$ bezeichnen wir für $k=0,1,\ldots,n$ den Bruch $\dfrac{n!}{k!(n-k)!}$;
$\binom{n}{k}$ ist die Anzahl der Möglichkeiten, k Objekte aus n Objekten auszuwählen, wobei verschiedene Reihenfolgen der Auswahl nicht als verschiedene Möglichkeiten gezählt werden, sofern dabei dieselben Objekte ausgewählt werden.
Mit Berücksichtigung der Reihenfolge hätte man $n(n-1)\ldots(n-(k-1))$ Möglichkeiten, nämlich n für das erste, dann jeweils $n-1$ für das zweite usw., schließlich noch $n-(k-1)$ Möglichkeiten bei *jeder* bis dahin getroffenen Auswahl für das k-te Objekt.
Da aber je k Objekte in $k!$ verschiedenen Reihenfolgen ausgewählt werden können, hat man ohne Berücksichtigung der Reihenfolge

$$\frac{n(n-1)\ldots(n-(k-1))}{k!}=\frac{n!}{k!(n-k)!}=\binom{n}{k}$$

Möglichkeiten der Auswahl.

Ehe wir nun den binomischen Satz beweisen, leiten wir noch drei Eigenschaften der Ausdrücke $\binom{n}{k}$ her:

1. $\binom{n}{k}=\binom{n}{n-k}$ für $k=0,1,\ldots,n$;
denn $\dfrac{n!}{k!(n-k)!}$ ist gleich $\dfrac{n!}{(n-k)!(n-(n-k))!}=\dfrac{n!}{(n-k)!\,k!}$.

2. Für alle $n=0,1,2,\ldots$ gilt $\binom{n}{0}=\binom{n}{n}=1$;
denn $\dfrac{n!}{0!(n-0)!}=\dfrac{n!}{n!}=1$.

3. Für alle $n=2,3,\ldots$ und alle $k=1,2,\ldots,n$ gilt $\binom{n-1}{k-1}+\binom{n-1}{k}=\binom{n}{k}$. Denn $\frac{n!}{k!(n-k)!}=\frac{(n-1)!}{(k-1)!(n-1-(k-1))!}+\frac{(n-1)!}{k!(n-1-k)!}$, wie man leicht nachrechnen kann.

Der binomische Satz sagt aus, daß die Ausdrücke $\binom{n}{k}$ gerade die Binomialkoeffizienten sind.

Satz 1.3.5 (binomischer Satz):

$$(a+b)^n=\sum_{k=0}^{n}\binom{n}{k}a^k b^{n-k} \text{ für alle } n=1,2,\ldots.$$

Wir beweisen den Satz durch vollständige Induktion. Einen Beweis, der von der kombinatorischen Bedeutung der Binomialkoeffizienten als Anzahl der Auswahlmöglichkeiten für k Objekte aus n Objekten Gebrauch macht, findet man bei BASLER S. 21f.

Beweis: Der Satz ist für $n=1$ richtig, denn

$$(a+b)^1=\sum_{k=0}^{1}\binom{1}{k}a^k b^{1-k}=\binom{1}{0}a^0 b^1+\binom{1}{1}a^1 b^0=b+a;$$

wenn der Satz richtig ist für alle Zahlen $1,2,\ldots,n-1$, dann ist

$$(a+b)^n=(a+b)(a+b)^{n-1}=(a+b)\sum_{k=0}^{n-1}\binom{n-1}{k}a^k b^{n-1-k}$$

$$=\sum_{k=0}^{n-1}\binom{n-1}{k}a^{k+1}b^{n-(k+1)}+\sum_{k=0}^{n-1}\binom{n-1}{k}a^k b^{n-k};$$

an der ersten Summe ändert sich nichts, wenn wir den neuen Summationsindex $k'=k+1$ einführen und über k' von 1 bis n summieren, denn wir bekommen so der Reihe nach genau dieselben Summanden:

$$\sum_{k=0}^{n-1}\binom{n-1}{k}a^{k+1}b^{n-(k+1)}=\sum_{k'=1}^{n}\binom{n-1}{k'-1}a^{k'}b^{n-k'}$$

also ist

$$(a+b)^n=\sum_{k'=1}^{n}\binom{n-1}{k'-1}a^{k'}b^{n-k'}+\sum_{k=0}^{n-1}\binom{n-1}{k}a^k b^{n-k};$$

indem wir nun $k'=k$ setzen und die bei gleichen Potenzausdrücken $a^k b^{n-k}$ stehenden Koeffizienten zusammenfassen, erhalten wir

$$(a+b)^n=\binom{n-1}{0}a^0 b^n+\sum_{k=1}^{n-1}\left[\binom{n-1}{k-1}+\binom{n-1}{k}\right]a^k b^{n-k} + \binom{n-1}{n-1}a^n b^0.$$

Wegen der 2. Eigenschaft der Ausdrücke

$$\binom{n}{k} \quad \text{ist} \quad \binom{n-1}{0}=\binom{n}{0}=1 \quad \text{und} \quad \binom{n-1}{n-1}=\binom{n}{n}=1;$$

deshalb und wegen der 3. Eigenschaft, die

$$\binom{n-1}{k-1}+\binom{n-1}{k}=\binom{n}{k}$$

lautete, haben wir also

$$(a+b)^n=\sum_{k=0}^{n}\binom{n}{k}a^k b^{n-k},$$

wenn die entsprechende Formel für $n-1$ richtig ist.
Damit ist der binomische Satz für alle $n=1,2,3,\ldots$ bewiesen. Wir nennen die Ausdrücke $\binom{n}{k}$ nun *Binomialkoeffizienten.*

Die 2. und die 3. Eigenschaft der Binomialkoeffizienten wird übrigens auch bei der Anordnung dieser Zahlen im sog. PASCALschen *Dreieck* deutlich. Indem wir, beginnend mit $n=0$ und $\binom{0}{0}=1$, für jedes n die zugehörigen Binomialkoeffizienten $\binom{n}{k}$ für $k=0, 1, \ldots, n$ so in einer Zeile anordnen, daß $\binom{n}{k}$ für $k=1, 2, \ldots, n-1$ in die Mitte unter $\binom{n-1}{k-1}$ und $\binom{n-1}{k}$ geschrieben wird, erhalten wir das Zahlenschema:

$$\begin{array}{ccccccccccccc}
 & & & & & & 1 & & & & & & \\
 & & & & & 1 & & 1 & & & & & \\
 & & & & 1 & & 2 & & 1 & & & & \\
 & & & 1 & & 3 & & 3 & & 1 & & & \\
 & & 1 & & 4 & & 6 & & 4 & & 1 & & \\
 & 1 & & 5 & & 10 & & 10 & & 5 & & 1 & \\
 & \cdot & \cdot & \cdot & \cdot & \cdot & \cdot & \cdot & \cdot & \cdot & \cdot & \cdot & \\
\cdot & \cdot & \cdot & \cdot & \cdot & \cdot & \cdot & \cdot & \cdot & \cdot & \cdot & \cdot & \cdot
\end{array}$$

In jeder Zeile ist die erste und die letzte Zahl gleich 1; die übrigen Zahlen einer Zeile sind jeweils gleich der Summe aus den beiden darüber stehenden Zahlen. $\binom{n}{k}$ steht in der $(n+1)$-ten Zeile an $(k+1)$-ter Stelle. So kann man etwa $\binom{4}{2}=6$ ablesen.

8. Übungsaufgabe: Man bestimme den Funktionswert des Polynoms $P(x)=2x^4+x^3-2x^2+2x-12$ für $x=1{,}6$ und dividiere es durch den Linearfaktor $x-1{,}6$.

9. Übungsaufgabe: Wie lautet das Polynom, dessen Grad $\leqq 3$ ist und das

für	$x=2$	den Wert	$-6{,}5$,	
für	$x=-1$	den Wert	$3{,}25$,	
für	$x=1$	den Wert	$-0{,}75$	und
für	$x=-0{,}4$	den Wert	$-0{,}932$	annimmt?

1.3.3 Umkehrfunktionen

Eine Funktion $f(x)$ ordnet jedem x aus dem Definitionsbereich der Funktion in eindeutiger Weise genau einen Funktionswert zu. Wir beschäftigen uns nun mit der Frage, wann diese Zuordnung in eindeutiger Weise umkehrbar ist, d.h., wann man jedem Wert y aus dem Wertebereich der Funktion genau ein x zuordnen kann, für das $f(x)=y$ gilt.

Bei vielen Beispielen ist diese Frage leicht zu beantworten; stellt $f(x)$ etwa eine Gerade dar, also $f(x)=ax+b$, und ist dabei $a\neq 0$, so ist der Wertebereich dieser Funktion die ganze y-Achse, und zu jedem y gibt es genau ein x mit $y=ax+b$, nämlich $x=y/a-b/a$.

Etwas anders ist es bei der Funktion $y=f(x)=x^2$; hier gibt es zu jedem $y>0$ zwei in Frage kommende x-Werte, nämlich $x=+\sqrt{y}$ und $x=-\sqrt{y}$, denn für beide gilt $x^2=y$.

Zunächst zitieren wir den

Zwischenwertsatz für stetige Funktionen:

Ist $f(x)$ im Intervall $[a;b]$ stetig, so nimmt $f(x)$ im Intervall $[a;b]$ jeden Wert zwischen $f(a)$ und $f(b)$ mindestens einmal an.

Die Aussage dieses Satzes ist anschaulich klar und einleuchtend; trotzdem benötigt man für den Beweis Eigenschaften der reellen Zahlen, die uns hier nicht zur Verfügung stehen.

Definition: *Eine Funktion $f(x)$ heißt* monoton wachsend, *wenn für jedes Paar x_1, x_2 von Punkten aus ihrem Definitionsbereich mit $x_1<x_2$ die Ungleichung $f(x_1)\leqq f(x_2)$ erfüllt ist. Gilt dagegen $f(x_1)\geqq f(x_2)$ für jedes solche Punktepaar x_1, x_2, dann heißt $f(x)$* monoton fallend.
Streng monoton wachsend *bzw.* streng monoton fallend *nennen wir $f(x)$ dann, wenn mit $x_1<x_2$ stets die Ungleichung $f(x_1)<f(x_2)$ bzw. $f(x_1)>f(x_2)$ erfüllt ist.*

Eine streng monotone Funktion kann also jeden Funktionswert nur einmal annehmen. Ist sie stetig in einem Intervall $[a;b]$, so nimmt sie jeden Wert aus dem Intervall $[f(a);f(b)]$ nach dem Zwischenwertsatz mindestens einmal, wegen der strengen Monotonie höchstens einmal an. Also gibt es zu jedem y aus dem Intervall $[f(a);f(b)]$ genau ein x, für das $f(x)=y$ gilt. $[f(a);f(b)]$ ist daher der Definitionsbereich der eindeutig bestimmten Umkehrfunktion, die jedem dieser y ein x aus $[a;b]$ zuordnet und die wir mit $x=g(y)$ bezeichnen wollen.

Diese Umkehrfunktion ist wieder streng monoton wachsend bzw. fallend: Ist nämlich $y_1<y_2$ mit $y_1=f(x_1)$ und $y_2=f(x_2)$ und ist $f(x)$ streng monoton wachsend, dann kann nicht $x_1\geqq x_2$ gelten, denn das Gleichheitszeichen ist wegen $y_1\neq y_2$ nicht möglich und aus $x_1>x_2$ würde $y_2<y_1$ folgen. Also ist mit $y_1<y_2$ auch $x_1<x_2$, d.h. $g(y_1)<g(y_2)$.

Mit $f(x)$ ist also auch die Umkehrfunktion streng monoton wachsend. Ganz analog zeigt man, daß die Umkehrfunktion streng monoton fallend ist, wenn $f(x)$ streng monoton fallend ist.

Die Umkehrfunktion ist auch wieder stetig: Ist nämlich x_0 ein Punkt im Innern von $[a; b]$ und $\varepsilon > 0$ so klein, daß $x_0 - \varepsilon$ und $x_0 + \varepsilon$ noch in $[a; b]$ liegen, dann ist bei streng monotonem $f(x)$ das Intervall $[f(x_0 - \varepsilon); f(x_0 + \varepsilon)]$ eine Umgebung von $y_0 = f(x_0)$, die noch ganz im Intervall $[f(a); f(b)]$ enthalten ist. Wegen der Eindeutigkeit der Umkehrfunktion liegen dann alle $x = g(y)$ für y aus dieser Umgebung im Intervall $[x_0 - \varepsilon; x_0 + \varepsilon]$; wir brauchen also nur

$$\delta_\varepsilon = \min\{|f(x_0+\varepsilon) - f(x_0)|; |f(x_0-\varepsilon) - f(x_0)|\}$$

zu wählen und haben damit eine δ_ε-Umgebung für y_0 gefunden mit $|g(y) - g(y_0)| < \varepsilon$, wenn $|y - y_0| < \delta_\varepsilon$.

Daß $\delta > 0$ ist und wir somit eine echte Umgebung erhalten, folgt aus der strengen Monotonie von $f(x)$. Unsere Überlegung gilt für jedes y_0 im Innern von $[f(a); f(b)]$, denn $x_0 = g(y_0)$ ist dann innerer Punkt von $[a; b]$.

Wir haben also bewiesen:

Satz 1.3.6: *Wenn eine Funktion $f(x)$ in einem Intervall $[a; b]$ stetig und streng monoton ist, dann ist im Intervall $[f(a); f(b)]$ auf eindeutige Weise eine Umkehrfunktion $x = g(y)$ definiert, für die folgendes gilt:*

1. *wenn $x = g(y)$, so ist $y = f(x)$;*
2. *$g(y)$ ist ebenfalls streng monoton, und zwar im selben Sinne wie $f(x)$;*
3. *im Innern von $[f(a); f(b)]$, d.h., für alle y aus diesem Intervall, die nicht gleich einem der Randpunkte $f(a)$ oder $f(b)$ sind, ist $g(y)$ stetig.*

Bemerkung: Es ist üblich, daß in einem Intervall $[a; b]$ a die kleinere der beiden Zahlen bedeutet, d.h. $[a; b] = \{x | a \leqq x \leqq b\}$. Wenn nun $f(x)$ streng monoton fallend ist, so ist $f(a) > f(b)$; wir verstehen dann natürlich unter dem Intervall $[f(a); f(b)]$ die Menge $\{y | f(b) \leqq y \leqq f(a)\}$.

Daß $g(y)$ in den Randpunkten $f(a)$ und $f(b)$ nicht unbedingt stetig sein muß, sehen wir an dem folgenden

Beispiel: $f(x) = \begin{cases} 1 & \text{für } x < 1 \\ x^2 & \text{für } x \geqq 1; \end{cases}$

diese Funktion ist überall definiert und auch überall stetig.
Setzen wir $a = 1$, $b = 2$, so ist $f(x)$ in $[a; b]$ streng monoton wachsend. Da $f(1) = 1$, $f(2) = 4$, gibt es im Intervall $[1; 4]$ eine eindeutig bestimmte, streng monoton wachsende Umkehrfunktion $x = g(y)$, nämlich $x = +\sqrt{y}$. Für $y < 1$ läßt sich aber keine Umkehrfunktion definieren, daher können wir auch nicht sagen, daß $g(y)$

im Randpunkt 1 des Intervalls [1; 4] stetig sei (s. Fig. 8!). Nach der Definition in 1.3.1 müßte es nämlich eine Umgebung von $y=1$ geben, in der $g(y)$ definiert ist.

Man könnte hier zwar von „rechtsseitiger Stetigkeit" sprechen, doch wollen wir diesen Begriff nicht einführen.

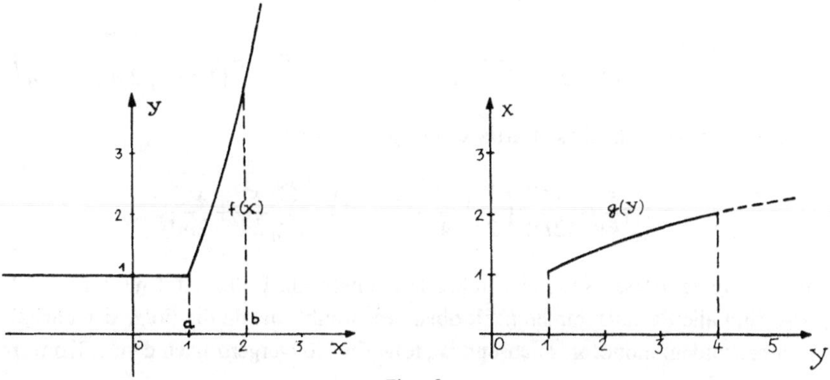

Figur 8

1.3.4 Die Exponentialfunktion

Es ist oft möglich, ein und dieselbe Funktion auf verschiedene Weise vorzugeben. So konnten wir etwa manche Polynome auch als Binome schreiben.

Ein anderes Beispiel wäre etwa die Funktion $f(x)=|x-1|+2$, die man auch in der Form

$$f(x)=\begin{cases} x+1 & \text{für } x\geqq 1 \\ 3-x & \text{für } x<1 \end{cases}$$

schreiben kann. (Übrigens ist diese Funktion überall, auch für $x=1$, stetig; der „Knick" des Funktionsverlaufs bei $x=1$ bedeutet keine Unstetigkeit. Man weise dies als Übung nach!)

Interessanter ist die Möglichkeit, Funktionswerte als Grenzwerte darzustellen. So ist z. B. für alle x mit $-1<x<1$ die Funktion $\frac{1}{1-x}$ gleich $\sum_{i=1}^{\infty} x^{i-1}$, denn diese geometrische Reihe hat für jedes dieser x denselben Wert wie die Funktion $\frac{1}{1-x}$.

Wir behaupten nun, daß die Reihe

$$\sum_{k=0}^{\infty} \frac{x^k}{k!} = 1 + \frac{x}{1!} + \frac{x^2}{2!} + \cdots$$

eine für alle x definierte Funktion darstellt. Das ist bewiesen, wenn wir zeigen können, daß diese Reihe für alle x konvergiert.

Sei also x beliebig, zunächst aber $x \geqq 0$; dann gibt es eine natürliche Zahl m mit $x < m$. Die Partialsummen $\sum_{k=0}^{n} \frac{x^k}{k!}$ mit $n > 2m$ sind dann gleich

$$\sum_{k=0}^{2m} \frac{x^k}{k!} + \frac{x^{2m+1}}{(2m+1)!} + \frac{x^{2m+2}}{(2m+2)!} + \cdots + \frac{x^n}{n!}$$

$$= \sum_{k=0}^{2m} \frac{x^k}{k!} + \frac{x^{2m}}{2m!} \left(\frac{x}{2m+1} + \frac{x^2}{(2m+1)(2m+2)} + \cdots + \frac{x^{n-m}}{(2m+1)(2m+2)\dots n} \right).$$

Wegen $x < m$ sind alle diese Partialsummen kleiner als

$$\sum_{k=0}^{2m} \frac{x^k}{k!} + \frac{x^{2m}}{2m!} \left(\frac{1}{2} + \frac{1}{4} + \frac{1}{8} + \cdots \right) = \sum_{k=0}^{2m} \frac{x^k}{k!} + \frac{x^{2m}}{2m!},$$

denn die in der letzten Klammer stehende geometrische Reihe hat den Grenzwert 1. Also sind alle Partialsummen nach oben beschränkt, und da die Folge der Partialsummen zudem monoton wachsend ist, folgt die Konvergenz nach dem 1. Konvergenzkriterium.

Also konvergiert $\sum_{k=0}^{\infty} \frac{x^k}{k!}$ für jedes $x \geqq 0$.

Sei nun $x < 0$; dann konvergiert zunächst, wie wir eben gezeigt haben, die Reihe $\sum_{k=0}^{\infty} \frac{|x|^k}{k!}$, denn $|x|$ ist positiv. Man sagt, die Reihe $\sum_{k=0}^{\infty} \frac{x^k}{k!}$ *konvergiert absolut*, weil die Absolutbeträge der Folgenglieder $\frac{x^k}{k!}$ eine konvergente Reihe ergeben.

Für absolut konvergierende Reihen gilt aber ganz allgemein der

Satz 1.3.7: Wenn die Reihe $\sum_{k=0}^{\infty} |a_k|$ konvergiert, so konvergiert auch die Reihe $\sum_{k=0}^{\infty} a_k$.

Denn wenn $\sum_{k=0}^{\infty} |a_k|$ konvergiert, dann müssen die Partialsummen $\sum_{k=0}^{n} |a_k| = S_n$ das CAUCHY*sche Konvergenzkriterium erfüllen, da dieses Kriterium notwendig ist. Dann ist dieses Kriterium aber erst recht für die Partialsummen $\sum_{k=0}^{n} a_k = S'_n$ der Reihe $\sum_{k=0}^{\infty} a_k$ erfüllt, und deshalb konvergiert auch diese Reihe, denn das Kriterium ist auch hinreichend.*

Also konvergiert $\sum_{k=0}^{\infty} \frac{x^k}{k!}$ auch für alle $x < 0$.

Die Reihe $\sum_{k=0}^{\infty} \frac{x^k}{k!}$ stellt also eine überall definierte Funktion dar, die wir $\exp(x)$ nennen wollen.

Durch eine ähnliche Zerlegung der unendlichen Reihe wie eben kann man zeigen, daß $\exp(x)$ überall stetig ist. Man darf die Stetigkeit aber nicht einfach aus der Stetigkeit der einzelnen Summanden $\frac{x^k}{k!}$ über den Satz 1.3.1 schließen; denn nur für *endlich viele* Summanden ist die Summe stets überall dort stetig, wo die einzelnen Summanden stetig sind. Eine unendliche Reihe aber wird im allgemeinen nicht einmal überall konvergieren, wo alle Summanden stetig sind. So sind z.B. in der geometrischen Reihe $\sum_{i=0}^{\infty} x^i$ die Summanden x^i überall stetig, die Reihe konvergiert aber nur für $|x|<1$ und stellt auch nur in diesem Bereich eine stetige Funktion, nämlich die Funktion $1/(1-x)$ dar. Selbst dann, wenn eine Reihe $\sum_{i=0}^{\infty} f_i(x)$ überall konvergiert und die $f_i(x)$ überall stetig sind, muß die durch die Reihe dargestellte Funktion nicht überall stetig sein:
so ist etwa

$$\sum_{i=0}^{\infty} \frac{x^2}{(1+x^2)^i} = \lim_{n\to\infty} x^2 \left(\frac{1-(1/(1+x^2)^{n+1})}{1-1/(1+x^2)}\right),$$

denn für jedes x ist dies eine geometrische Reihe mit $q=1/(1+x^2)$; der limes ist gleich $1+x^2$ für jedes $x\neq 0$, für $x=0$ ist der limes gleich 0. Also stellt die überall konvergente Reihe eine im Punkt 0 unstetige Funktion dar!

Wir wollen nun zeigen, daß $\exp(x)=\sum_{k=0}^{\infty}\frac{x^k}{k!}$ eine Potenzfunktion ist und benötigen dazu einen weiteren Satz über absolut konvergente Reihen:

Satz 1.3.8: *Wenn $\sum_{i=1}^{\infty} a_i$ und $\sum_{j=1}^{\infty} b_j$ absolut konvergente Reihen mit den Werten s und s' sind, so ist jede Reihe, die man durch Addition aller Produkte $a_i b_j$ (wobei jedes mögliche Indexpaar i, j genau einmal vorkommt) bilden kann, wieder absolut konvergent, also auch konvergent. Bei beliebiger Reihenfolge der Addition hat jede solche „Produktreihe“ den Wert $s s'$.*

Einen Beweis dieses Satzes findet man z.B. bei Knopp, S. 87.
Wir betrachten nun für zwei beliebige Zahlen x und u die Reihen

$$\exp(x)=\sum_{k=0}^{\infty}\frac{x^k}{k!}=1+x+\frac{x^2}{2!}+\frac{x^2}{3!}+\frac{x^4}{4!}+\cdots$$

und

$$\exp(u)=\sum_{j=0}^{\infty}\frac{u^j}{j!}=1+u+\frac{u^2}{2!}+\frac{u^3}{3!}+\frac{u^4}{4!}+\cdots;$$

alle Produkte $\frac{x^k u^j}{k!\,j!}$ kommen in folgendem Schema vor:

$$\begin{array}{llllll}
1 & \frac{x}{1!} & \frac{x^2}{2!} & \frac{x^3}{3!} & \frac{x^4}{4!} & \frac{x^5}{5!} \cdots \\
\frac{u}{1!} & \frac{x\,u}{1!\,1!} & \frac{x^2\,u}{2!\,1!} & \frac{x^3\,u}{3!\,1!} & \frac{x^4\,u}{4!\,1!} \cdots & \\
\frac{u^2}{2!} & \frac{x\,u^2}{1!\,2!} & \frac{x^2\,u^2}{2!\,2!} & \frac{x^3\,u^2}{3!\,2!} \cdots & & \\
\frac{u^3}{3!} & \frac{x\,u^3}{1!\,3!} & \frac{x^2\,u^3}{2!\,3!} \cdots & & & \\
\frac{u^4}{4!} & \frac{x\,u^4}{1!\,4!} \cdots & & & & \\
\frac{u^5}{5!} \cdots & & & & & \\
\cdots & & & & &
\end{array}$$

Nach Satz 1.3.8 erhalten wir eine konvergente Reihe mit dem Wert $\exp(x)\exp(u)$, wenn wir die in diesem Schema stehenden Zahlen in irgendeiner Reihenfolge aufaddieren. Wir addieren nacheinander die in den gestrichelt angedeuteten Diagonalen stehenden Zahlen und erhalten somit

$$\begin{aligned}
\exp(x)\exp(u) &= 1+(x+u)/1!+(x^2+2\,x\,u+u^2)/2! \\
&\quad +(x^3+3\,x^2\,u+3\,x\,u^2+u^3)/3! \\
&\quad +(x^4+4\,x^3\,u+6\,x^2\,u^2+4\,x\,u^3+u^4)/4!+\cdots \\
&= 1+\frac{(x+u)}{1!}+\frac{(x+u)^2}{2!}+\frac{(x+u)^3}{3!}+\frac{(x+u)^4}{4!}+\cdots,
\end{aligned}$$

also ist

$$\exp(x)\exp(u)=\exp(x+u). \tag{1}$$

Bevor wir daraus weitere Schlüsse ziehen, betrachten wir die Funktion $\exp(x)$ an den Stellen $x=0$ und $x=1$:

Für $x=0$ ergibt sich $\exp(0)=\frac{0^0}{0!}=1$, denn sowohl 0^0 als auch $0!$ sind gleich 1 definiert.

Für $x=1$ ergibt sich $\exp(1)=1+\frac{1}{1!}+\frac{1}{2!}+\frac{1}{3!}+\frac{1}{4!}+\cdots$, und diese Reihe konvergiert gegen den Grenzwert 2,7182818459 .... Diese Zahl bezeichnet man mit e.

Aus Gleichung (1) folgt $\exp(-x)\exp(x)=\exp(-x+x)=\exp(0)=1$, also

$$\exp(-x)=1/\exp(x), \qquad \text{für alle } x. \tag{2}$$

Weiterhin gilt für alle $n=1,2,3,\dots$

$$\exp(n)=\exp((n-1)+1)=\exp(1)\exp(n-1)=(\exp(1))^2\exp(n-2)=\cdots$$
$$=(\exp(1))^n=e^n$$

und $\exp(-n)=1/\exp(n)=e^{-n}$.

Aus

$$e=\exp(1)=\exp\left(\frac{1}{m}+\frac{1}{m}+\cdots+\frac{1}{m}\right)=\left(\exp\left(\frac{1}{m}\right)\right)^m$$

folgt:

$$\exp\left(\frac{1}{m}\right)=\sqrt[m]{e}=e^{1/m},$$

und schließlich ist noch

$$\exp\left(\frac{n}{m}\right)=\exp\left(\frac{1}{m}+\frac{1}{m}+\cdots+\frac{1}{m}\right),$$

wobei nun in der Klammer der Bruch $1/m$ n-mal steht, also

$$\exp\left(\frac{n}{m}\right)=(\exp(1/m))^n=(\sqrt[m]{e})^n=e^{n/m}.$$

Ist x also eine ganze Zahl oder ein Bruch, dann ist die durch die Reihe $\sum_{k=0}^{\infty}\frac{x^k}{k!}$ definierte Funktion $\exp(x)$ gleich e^x, wobei e die Zahl 2,7182818459 ... ist, die sich als Wert der Reihe $\sum_{k=0}^{\infty}1/k!$ ergibt.

Es gibt aber auch reelle Zahlen, z.B. $\sqrt{2}$ oder die Kreiszahl π, die *nicht* als Brüche dargestellt werden können. Auch für solche Zahlen ist $\exp(x)$ als Reihe definiert, die Potenz e^x zunächst nicht.

Für solche Zahlen definiert man nun $e^x=\exp(x)$, und damit ist e^x ebenfalls eine überall definierte und stetige Funktion, die überall mit der Reihe $\exp(x)=\sum_{k=0}^{\infty}\frac{x^k}{k!}$ übereinstimmt.

Die Funktion e^x nennen wir die *Exponentialfunktion* oder die *e-Funktion.*

Die unendliche Reihe $\sum_{k=0}^{\infty}\frac{x^k}{k!}$ ist übrigens nicht die einzige Möglichkeit, diese Funktion über einen Grenzwert zu gewinnen. Man kann nämlich zeigen, daß für jedes x der Grenzwert $\lim_{n\to\infty}\left(1+\frac{x}{n}\right)^n$ existiert und gleich e^x ist; speziell ist also $e=\lim_{n\to\infty}\left(1+\frac{1}{n}\right)^n$.

Der Beweis dafür wird erbracht werden, wenn uns die Differentialrechnung zur Verfügung steht.

10. Übungsaufgabe: Man vergleiche den sich nach 1 Jahr bei 6% Jahreszins ergebenden Endwert eines Kapitals K mit dem Endwert, der sich nach 1 Jahr ergibt, wenn jeden Monat 0,5% des jeweiligen Kontostandes als Monatszins gutgeschrieben und in der Folge mitverzinst werden.
Welcher Grenzwert ergibt sich für $n \to \infty$, wenn man das Jahr in n gleiche Teile zerlegt und nach Ablauf eines jeden solchen Teils $\frac{6}{n}$% des jeweiligen Kontostandes als Zinsen gutschreibt und in der Folge mitverzinst (sog. stetige Verzinsung!)?

1.3.5 Die Logarithmen

Ist $0 < x_1 < x_2$, so ist $e^{x_1} < e^{x_2}$, wie man anhand der Reihe für $\exp(x)$ sofort erkennt. Also ist e^x streng monoton wachsend für $x \geqq 0$.

Ebenfalls anhand der Reihe ist zu ersehen, daß e^x für $x \to \infty$ über alle Schranken anwächst.

Da e^x für alle x stetig ist, wird also nach dem Zwischenwertsatz (vgl. 1.3.3) jeder Wert y, der größer oder gleich $e^0 = 1$ ist, genau einmal im Bereich $x \geqq 0$ angenommen.

Wegen $\exp(-x) = e^{-x} = 1/\exp(x)$ ist e^x auch für negative x-Werte streng monoton wachsend und nimmt wegen der Stetigkeit jeden Wert y mit $0 < y < 1$ genau an einer Stelle $x < 0$ an (vgl. Fig. 9). Für alle x ist also $e^x > 0$ und streng monoton wachsend; jedes $y > 0$ wird an genau einer Stelle angenommen.

Nach Satz 1.3.6 existiert also im Bereich $y > 0$ eine eindeutig bestimmte Umkehrfunktion zu e^x, die wir mit $\ln y$ bezeichnen.

$x = \ln y$ heißt der *natürliche Logarithmus* von y;

er ist definiert für alle $y > 0$, und es ist

$x = \ln y$ genau dann, wenn $e^x = y$ ist (s. Fig. 9).

Alle Eigenschaften der Logarithmusfunktion folgen aus denen der e-Funktion:

$\ln y$ ist streng monoton wachsend und für alle $y > 0$ stetig; beides folgt aus Satz 1.3.6.

Für $y \to 0$ geht $\ln y$ gegen $-\infty$, für $y \to \infty$ geht $\ln y$ gegen ∞.

Wenn $x_1 = \ln y_1$ und $x_2 = \ln y_2$, so ist $y_1 y_2 = e^{x_1} e^{x_2} = e^{x_1 + x_2}$, also $x_1 + x_2 = \ln y_1 y_2$ oder allgemein

$$\ln(u v) = \ln u + \ln v.$$

Wenn $e^x = y$, so ist $e^{-x} = 1/y$, also gilt

$$\ln(1/y) = -\ln y.$$

Wegen $e^0 = 1$ und $e^1 = e$ gilt schließlich noch

$$\ln(1) = 0 \quad \text{und} \quad \ln e = 1 \qquad \text{(vgl. Fig. 9).}$$

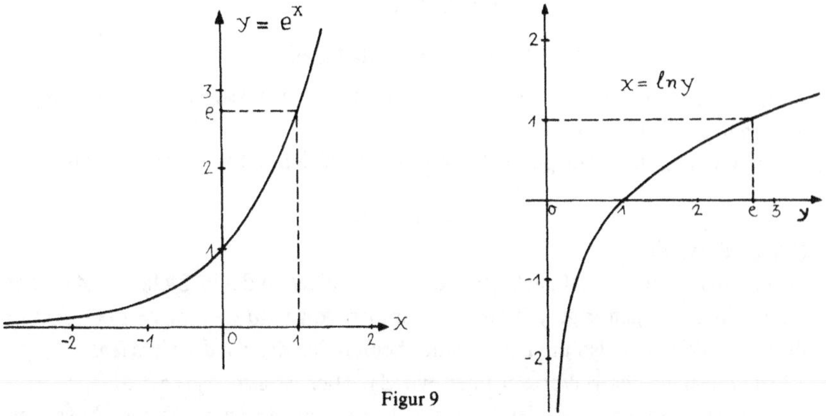

Figur 9

Nun sind wir in der Lage, für jedes $a>0$ die Funktion a^x zu definieren.

Für jedes $a>0$ gibt es eine Zahl $\ln a$ mit $e^{\ln a}=a$. Also setzen wir $a^x=(e^{\ln a})^x=e^{x\ln a}$.

Ist nun $y=a^x=e^{x\ln a}$, dann bezeichnen wir x als den *Logarithmus von y zur Basis a.* Der natürliche Logarithmus von y ist dann gleich $x\ln a$. Für x schreibt man $x={}^a\log y$. Es gibt also für die Logarithmen zu einer beliebigen Basis $a>0$ einen gemeinsamen Umrechnungsfaktor, nämlich $\ln a$, mit dem diese Logarithmen in natürliche umgerechnet werden können. Für alle $y>0$ gilt die Umrechnungsformel

$$\ln y=(\ln a)\cdot {}^a\log y.$$

Besonders einfach zu handhaben sind die *dekadischen Logarithmen*, das sind die Logarithmen zur Basis 10, die in den üblichen Logarithmentafeln tabelliert sind. Wenn $10^x=y$, dann nennen wir x den „Zehnerlogarithmus" von y und schreiben $x=\log y$. Auf die Angabe der Basis wird bei dieser Schreibweise verzichtet. Nach obigem ist

$$\ln y=(\ln 10)\log y;$$

der Umrechnungsfaktor von dekadischen zu natürlichen Logarithmen ist also $\ln 10$, sein Wert errechnet sich zu

$$\ln 10=2{,}302585\ldots.$$

Andererseits kann man auch die dekadischen Logarithmen aus den natürlichen Logarithmen über die Formel

$$\log y=\frac{1}{\ln 10}\ln y=(0{,}434294\ldots)\ln y$$

berechnen.

11. Übungsaufgabe: Aus $\log 2=0{,}30103$ und den angegebenen Umrechnungsfaktoren berechne man $\ln\sqrt{2}$, $\ln 5$ und $\log 0{,}08$.

1.4 Differentiation

1.4.1 Der Differentialquotient

Wir wollen uns jetzt mit dem Anstieg von Funktionen beschäftigen und betrachten zunächst die Geraden.

Jede Gerade, die nicht parallel zur y-Achse ist, kann durch eine Gleichung

$$y = a x + b$$

dargestellt werden.

Geht man von einer beliebigen Stelle x zu einer anderen Stelle $x + \Delta x$ über, dann geht der zugehörige y-Wert der Geraden von $y = a x + b$ in $y = a(x + \Delta x) + b$ über, er ändert sich also um $a \Delta x$. Daher heißt a der *Anstieg der Geraden.*

Den Zuwachs der y-Werte nennen wir Δy. Hier ist also $\Delta y = a \Delta x$.

Bei einer Geraden hängt der Zuwachs Δy nur von Δx ab, nicht vom Ausgangswert x. Er ist proportional Δx und proportional a. Ist $a > 0$, dann ist $y = a x + b$ streng monoton wachsend, ist $a < 0$, dann ist diese Funktion streng monoton fallend. Je größer der Betrag von a ist, um so steiler verläuft die Gerade. Ist $|a|$ klein, dann fällt bzw. steigt die Gerade nur wenig, wenn man sich auf der x-Achse von links nach rechts bewegt.

Gekrümmte Kurven haben keinen konstanten Anstieg, denn bei ihnen hängt der Zuwachs Δy nicht nur von Δx, sondern auch vom Ausgangswert x ab.

Zunächst ist aber noch gar nicht definiert, was der Anstieg einer Funktion $f(x)$ überhaupt sein soll, falls $f(x)$ keine Gerade darstellt.

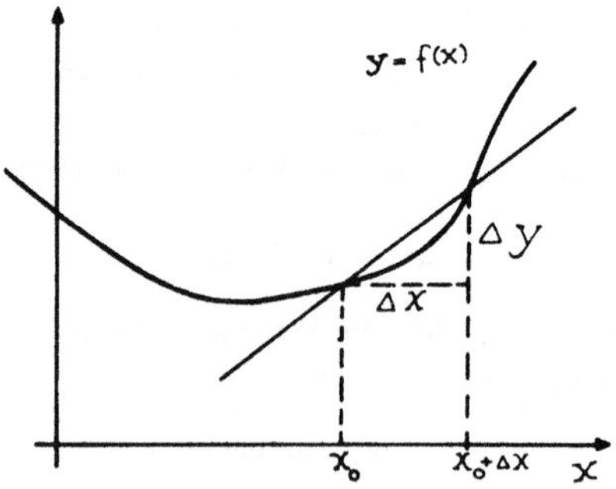

Figur 10

Um zu einer vorläufigen Vorstellung zu gelangen, betrachten wir Fig. 10: dort haben wir einen Wert x_0 herausgegriffen und vergleichen die Funktionswerte $f(x_0)$ und $f(x_0 + \Delta x)$. Δx muß nicht positiv sein wie bei unserer Figur, sondern könnte auch irgendeine negative Zahl sein.

Der Zuwachs von $f(x)$ ist also $\Delta y = f(x_0 + \Delta x) - f(x_0)$, wenn wir uns auf der x-Achse von x_0 nach $x_0 + \Delta x$ bewegen. Die durch die entsprechenden beiden Punkte der Funktionskurve gelegte Sehne hat daher den Anstieg

$$a = \Delta y / \Delta x = \big(f(x_0 + \Delta x) - f(x_0)\big) / \Delta x;$$

einen solchen Quotienten bezeichnet man als *Differenzenquotienten.*

Ein Differenzenquotient ist also der Anstieg einer Sehne.

Lassen wir x_0 zunächst fest, dann hängt der Differenzenquotient bei gegebener Funktion nur noch von Δx ab. Die in Fig. 10 gezeichnete Sehne verläuft offensichtlich steiler als die Funktion $f(x)$ an der Stelle x_0. Hätten wir aber Δx dem Betrag nach sehr klein gewählt, dann käme der Differenzenquotient $\Delta y / \Delta x$, d.h. der Anstieg der Sehne, unserer zunächst noch ganz naiven Vorstellung vom Anstieg der Funktion $f(x)$ an der Stelle x_0 schon wesentlich näher.

Bezeichnung: Unter einer Nullfolge Δx_i verstehen wir eine gegen 0 konvergierende Folge $(\Delta x_i)_{i=1,2,\ldots}$, deren Glieder Δx_i alle von 0 verschieden sind.

Betrachten wir für eine Funktion $f(x)$ die zu einer Stelle x_0 und zu einer Nullfolge Δx_i gehörende Folge der Differenzenquotienten

$$\Delta y_i / \Delta x_i = \frac{f(x_0 + \Delta x_i) - f(x_0)}{\Delta x_i} \qquad \text{für } i = 1, 2, 3, \ldots,$$

dann kann es sein, daß die Folge dieser Differenzenquotienten gegen einen Grenzwert konvergiert, es kann sogar sein, daß die Folge der Differenzenquotienten *für jede beliebige Nullfolge Δx_i gegen ein und denselben Grenzwert konvergiert.*

Bei der in Fig. 10 gezeichneten Funktion würden wir vermuten, daß dies eintritt; wenn nämlich die Beträge der Δx_i klein werden, dann nähert sich – auch für negative Δx_i – der Anstieg der Sehne immer mehr einem festen Wert, den wir später als den Anstieg der Tangente an die Funktionskurve für $x = x_0$ bezeichnen werden.

Definition: *Eine Funktion $f(x)$ heißt* differenzierbar an der Stelle x_0, *wenn für jede beliebige Nullfolge Δx_i die Folge der Differenzenquotienten*

$$\frac{f(x_0 + \Delta x_i) - f(x_0)}{\Delta x_i}$$

gegen ein und denselben Grenzwert konvergiert.

Diesen Grenzwert bezeichnen wir dann als den Differentialquotienten oder die 1. Ableitung der Funktion an der Stelle x_0 und schreiben dafür:

$$f'(x_0) \quad \textit{oder} \quad \left.\frac{df(x)}{dx}\right|_{x=x_0} \quad \textit{oder} \quad \left.\frac{dy}{dx}\right|_{x=x_0}.$$

Gelesen wird letzteres: „dy nach dx für $x = x_0$“.

Wenn man daran erinnern möchte, daß der Differentialquotient der Grenzwert der Differenzenquotienten ist, schreibt man auch statt $f'(x_0)$

$$\lim_{\Delta x \to 0} \frac{f(x_0+\Delta x)-f(x_0)}{\Delta x} \quad \text{oder} \quad \lim_{x \to x_0} \frac{f(x)-f(x_0)}{x-x_0}.$$

Beim letzten Ausdruck ist Δx gleich $x-x_0$ gesetzt. Durch das Weglassen des Index i wird bei beiden Schreibweisen zum Ausdruck gebracht, daß es gleichgültig ist, für welche Nullfolge Δx_i man den Grenzübergang ausführt.

Definition: *Wenn $f(x)$ an der Stelle x_0 differenzierbar ist, dann sagen wir, die Funktion hat* in x_0 den Anstieg $f'(x_0)$. *Diejenige Gerade, die durch den zu x_0 gehörenden Kurvenpunkt geht und den Anstieg $a=f'(x_0)$ hat, bezeichnen wir als die* Tangente *an die Funktionskurve für $x=x_0$.*

Nach dieser Definition ergibt sich die Gleichung der Tangente an die Funktionskurve für $x=x_0$ zu

$$y=f'(x_0)(x-x_0)+f(x_0).$$

Bezeichnung: Wenn $f(x)$ für jeden Punkt eines Intervalls differenzierbar ist, dann nennen wir $f(x)$ *differenzierbar* in dem betreffenden *Intervall.*

Man beachte, daß $f(x)$ in einer Umgebung von x_0 definiert sein muß, wenn $f(x)$ in x_0 differenzierbar sein soll. Denn nur so ist sichergestellt, daß die Differenzenquotienten für jede Nullfolge Δx_i wenigstens für hinreichend kleine Beträge der Δx_i sämtlich definiert sind. Wenn wir daher sagen, $f(x)$ sei in einem abgeschlossenen Intervall $[a, b]$ differenzierbar, so setzen wir damit voraus, daß es zu a und b Umgebungen gibt, in denen $f(x)$ noch definiert ist.

Sei nun $f(x)$ eine in einem Intervall $[a, b]$ differenzierbare Funktion; dann existiert zu jedem x_0 aus $[a, b]$ die 1. Ableitung $f'(x_0)$. Denken wir uns nun x_0 variabel, dann ist $f'(x_0)$ eine neue Funktion, deren Werte für jedes x_0 den Anstieg von $f(x)$ an der Stelle $x=x_0$ angeben. Da x_0 nun dieselbe Variable ist wie x, schreiben wir für x_0 wieder x und bezeichnen die 1. Ableitung mit $f'(x)$.

1. Beispiel: Wir wollen den Differentialquotienten $f'(x_0)$ an einer beliebigen Stelle x_0 für die Funktion $f(x)=x^2$ ausrechnen: Der Grenzwert

$$\lim_{\Delta x_i \to 0} \frac{f(x_0+\Delta x_i)-f(x_0)}{\Delta x_i}$$

ist hier gleich

$$\lim_{\Delta x_i \to 0} \frac{(x_0+\Delta x_i)^2-x_0^2}{\Delta x_i} = \lim_{\Delta x_i \to 0} \frac{2x_0\,\Delta x_i+(\Delta x_i)^2}{\Delta x_i}$$

und für *jede* Nullfolge Δx_i ist dies gleich $2x_0$. Da x_0 beliebig war, haben wir damit für jedes x die 1. Ableitung der Funktion $f(x)=x^2$ bestimmt: Sie lautet $f'(x)=2x$.

Wir können nun für jede beliebige Stelle den Anstieg der Funktion $f(x)=x^2$ angeben (und damit auch den Anstieg der Tangente an die Funktionskurve für diese Stelle). So ist z.B. für $x=0$ auch $f'(x)$ gleich 0, also hat die Funktion dort eine waagrechte Tangente.
Für $x=-2$ ist $f'(x)=2(-2)=-4$, das bedeutet eine stark fallende Tangente, für $x=1{,}5$ ist die 1. Ableitung gleich 3, was einen ziemlich steilen, positiven Anstieg bedeutet usw. (vgl. Fig. 11).

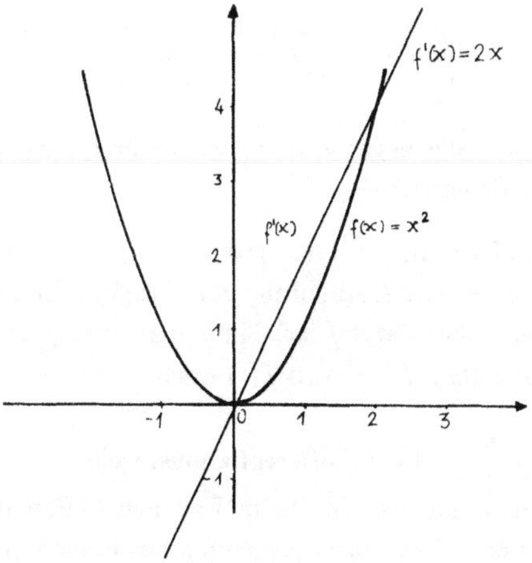

Figur 11

Daß die Stetigkeit eine allgemeinere Eigenschaft ist als die Differenzierbarkeit, macht der folgende Satz deutlich:

Satz 1.4.1: *Wo eine Funktion differenzierbar ist, ist sie auch stetig; aus der Stetigkeit folgt aber nicht die Differenzierbarkeit.*

Beweis: Wenn der Grenzwert

$$\lim_{\Delta x_i \to 0} \frac{f(x_0+\Delta x_i)-f(x_0)}{\Delta x_i}$$

für jede Nullfolge x_i existiert, dann muß mit dem Nenner auch der Zähler des Differenzenquotienten für jede solche Folge gegen 0 konvergieren.
Das bedeutet aber, daß die Folge $f(x_i)$, $i=1, 2, \ldots$ für jede gegen x_0 konvergierende Folge x_i gegen $f(x_0)$ konvergiert, d.h., $f(x)$ ist stetig an der Stelle x_0 nach der 2. Stetigkeitsdefinition (vgl. 1.3.1).
Um die zweite Aussage des Satzes zu beweisen, genügt ein Beispiel:

2. Beispiel: Die Funktion $f(x)=|x-1|$ ist an der Stelle $x=1$ stetig, aber nicht differenzierbar.

Die Stetigkeit ist klar, denn für jede gegen 1 konvergierende Folge x_i konvergiert $|x_i - 1|$ gegen 0. Aber der Grenzwert

$$\lim_{\Delta x_i \to 0} \frac{f(x_0 + \Delta x_i) - f(x_0)}{\Delta x_i}$$

ist nicht für jede Nullfolge Δx_i derselbe: rücken wir nämlich mit positiven Δx_i an $x_0 = 1$ heran, so ist der Grenzwert der Differenzenquotienten gleich

$$\lim_{\Delta x \to 0} \frac{|1 + \Delta x - 1| - 0}{\Delta x} = \lim_{\Delta x \to 0} \frac{\Delta x}{\Delta x} = 1.$$

Sind die Δx_i dagegen alle negativ, dann ist dieser Grenzwert gleich $\lim\limits_{\Delta x \to 0} \frac{|\Delta x|}{\Delta x}$, wobei $\Delta x < 0$; er ist also gleich -1.

Höhere Ableitungen: Es kann sein, daß die erste Ableitung $f'(x)$ einer Funktion $f(x)$ wieder differenzierbar ist. Die 1. Ableitung von $f'(x)$ bezeichnen wir als die *2. Ableitung* von $f(x)$ und schreiben dafür $f''(x)$. Kann man auch $f''(x)$ differenzieren, dann erhält man die *3. Ableitung* $f'''(x)$ von $f(x)$ usw.

1.4.2 Differentiationsregeln

Es wäre mühsam, wenn man in jedem Fall den Differentialquotienten durch Grenzübergang aus den Differenzenquotienten bestimmen müßte. Dies ist jedoch nicht nötig, weil die folgenden Sätze, die man die Differentiationsregeln nennt, in allen praktisch wichtigen Fällen die Berechnung der Ableitung ohne Grenzübergang erlauben. Dies dient jedoch nur der Arbeitserleichterung; nach wie vor ist jede Ableitung der limes der Differenzenquotienten, und wenn Zweifel bestehen, ob eine Funktion irgendwo differenzierbar ist oder nicht, dann hat man die Folge der Differenzenquotienten für beliebige Nullfolgen Δx_i zu betrachten!

1. Regel: Mit $f(x)$ ist auch $c\,f(x)$ für beliebiges c differenzierbar und es ist

$$\frac{d\big(c\,f(x)\big)}{dx} = c\,\frac{d f(x)}{dx};$$

Merkregel: $\boxed{(c\,f(x))' = c\,f'(x)}$.

Beweis: Mit $\lim\limits_{\Delta x_i \to 0} \frac{f(x + \Delta x_i) - f(x)}{\Delta x_i} = f'(x)$ existiert auch

$$\lim_{\Delta x_i \to 0} \frac{c\,f(x + \Delta x_i) - c\,f(x)}{\Delta x_i}$$

für jede Nullfolge Δx_i und ist gleich $c\,f'(x)$ (vgl. Abschnitt 1.2.2).

2. Regel: Mit $f(x)$ und $g(x)$ ist auch die Summe $f(x)+g(x)$ und die Differenz $f(x)-g(x)$ differenzierbar; die Ableitung der Summe ist $f'(x)+g'(x)$, die Ableitung der Differenz ist $f'(x)-g'(x)$.

Merkregel: $\boxed{(f\pm g)'=f'\pm g'}$.

Beweis: Die Regel folgt direkt, wenn man Satz 1.2.1 auf die Folgen der Differenzenquotienten anwendet.

3. Regel (Produktregel): Mit $f(x)$ und $g(x)$ ist auch $f(x)\,g(x)$ differenzierbar und die Ableitung des Produkts ist gleich $f'(x)\,g(x)+f(x)\,g'(x)$.

Merkregel: $\boxed{(fg)'=f'g+fg'}$.

Beweis: Zu jedem Δx ist der Differenzenquotient des Produkts an der Stelle x gleich

$$\frac{f(x+\Delta x)\,g(x+\Delta x)-f(x)\,g(x)}{\Delta x};$$

dies ist gleich

$$\frac{f(x+\Delta x)\,g(x+\Delta x)-f(x)\,g(x+\Delta x)+f(x)\,g(x+\Delta x)-f(x)\,g(x)}{\Delta x},$$

denn es wurde lediglich im Zähler $f(x)\,g(x+\Delta x)$ subtrahiert und wieder addiert. Man kann daher den Quotienten zerlegen in die Summe

$$\frac{f(x+\Delta x)\,g(x+\Delta x)-f(x)\,g(x+\Delta x)}{\Delta x}+\frac{f(x)\,g(x+\Delta x)-f(x)\,g(x)}{\Delta x}$$

$$=g(x+\Delta x)\cdot\frac{f(x+\Delta x)-f(x)}{\Delta x}+f(x)\cdot\frac{g(x+\Delta x)-g(x)}{\Delta x}.$$

Wenn nun $f'(x)$ und $g'(x)$ existieren, dann haben auch diese beiden Summanden für $\Delta x\to 0$ einen Grenzwert (d.h., beide konvergieren, wenn wir für Δx die Glieder Δx_i einer beliebigen Nullfolge Δx_i einsetzen), und zwar konvergiert der erste Summand gegen $g(x)\,f'(x)$, der zweite gegen $f(x)\,g'(x)$.

4. Regel (Quotientenregel): Mit $f(x)$ und $g(x)$ ist auch die Funktion $\frac{f(x)}{g(x)}$ überall dort differenzierbar, wo $g(x)\neq 0$ ist, und die Ableitung ist gleich

$$\frac{g(x)\,f'(x)-f(x)\,g'(x)}{(g(x))^2}.$$

Merkregel: $\boxed{\left(\frac{f}{g}\right)'=\frac{g\,f'-f\,g'}{g^2}}$.

Beweis: Wenn $g(x)$ differenzierbar und $\neq 0$ ist, dann existiert

$$\lim_{\Delta x\to 0}\frac{\frac{1}{g(x+\Delta x)}-\frac{1}{g(x)}}{\Delta x}=\lim_{\Delta x\to 0}\frac{-g(x+\Delta x)+g(x)}{g(x+\Delta x)\,g(x)\,\Delta x}$$

$$=\lim_{\Delta x\to 0}\frac{1}{g(x+\Delta x)\,g(x)}\cdot\frac{\big(-g(x+\Delta x)+g(x)\big)}{\Delta x}$$

$$=\frac{-g'(x)}{\big(g(x)\big)^2},$$

und dies ist die Ableitung der Funktion $1/g(x)$.

Nach der Produktregel ist dann die Ableitung von $f(x)\cdot\frac{1}{g(x)}$ gleich

$$f'(x)\cdot\frac{1}{g(x)}+f(x)\cdot\big(1/g(x)\big)'=\frac{f'(x)\,g(x)-f(x)\,g'(x)}{\big(g(x)\big)^2}.$$

5. Regel (Kettenregel): Ist $z(x)$ eine differenzierbare Funktion von x und $f(z)$ eine differenzierbare Funktion von z, dann ist $f\big(z(x)\big)$ eine differenzierbare Funktion von x, und für die Ableitung von $f\big(z(x)\big)$ nach x gilt:

$$\frac{d\big(f(z(x))\big)}{dx}=\frac{d\big(f(z)\big)}{dz}\cdot\frac{d\big(z(x)\big)}{dx},$$

oder kürzer, als

Merkregel: $\boxed{f'(x)=f'(z)\,z'(x)}$.

Dabei bedeutet $f\big(z(x)\big)$ diejenige Funktion von x, die man erhält, wenn man in $f(z)$ die Variable z durch x ausdrückt. Sei etwa $f(z)=z^2-3z$ und $z(x)=1-x$, dann ist

$$f\big(z(x)\big)=(1-x)^2-3(1-x)=x^2+x-2.$$

Wir wissen bereits, daß die Ableitung von x^2 gleich $2x$ ist, und der Leser überlegt sich ohne Mühe, daß die Ableitung von x nach x gleich 1 ist und daß die Ableitung einer jeden Konstanten gleich 0 ist. Dann ist also nach der 2. Regel

$$\frac{d f\big(z(x)\big)}{dx}$$

hier gleich $2x+1$ bei direkter Berechnung; bei Benutzung der Kettenregel erhalten wir dasselbe:

$$\frac{d\big(f(z(x))\big)}{dx}=\frac{d\big(f(z)\big)}{dz}\cdot\frac{d\big(z(x)\big)}{dx}=(2z-3)(-1)=2x+1$$

(dabei haben wir die 1. Regel benutzt und für z am Ende wieder $1-x$ eingesetzt).

Beweis der Kettenregel: Wir betrachten die Differenzenquotienten

$$\frac{f(z(x+\Delta x_i))-f(z(x))}{\Delta x_i};$$

es können nun zwei Fälle eintreten:

1. Beliebig nahe an x gibt es Werte $x+\Delta x$ mit $\Delta x \neq 0$, aber $z(x+\Delta x)=z(x)$; dann könnte man mit solchen Δx-Werten eine Nullfolge Δx_i bilden, für die jeder Differenzenquotient

$$\frac{z(x+\Delta x_i)-z(x)}{\Delta x_i}$$

gleich 0 ist. Da $z'(x)$ existiert, muß die Folge der Differenzenquotienten auch für diese spezielle Nullfolge Δx_i gegen $z'(x)$ konvergieren. Also ist $z'(x)=0$.

Es sei nun eine beliebige Nullfolge Δx_i gegeben; gibt es in dieser Nullfolge nur endlich viele Glieder Δx_i mit $z(x+\Delta x_i) \neq z(x)$, dann sind ab einem gewissen i_0 alle Differenzenquotienten

$$\frac{f(z(x+\Delta x_i))-f(z(x))}{\Delta x_i}$$

gleich 0. Die Folge der Differenzenquotienten konvergiert dann gegen 0, und wegen $z'(x)=0$ ist dies auch gleich $f'(z)\,z'(x)$.

Kommt es aber unendlich oft vor, daß $z(x+\Delta x_i) \neq z(x)$ ist, dann lassen sich die zugehörigen Differenzenquotienten folgendermaßen umformen:

$$\frac{f(z(x+\Delta x_i))-f(z(x))}{\Delta x_i}=\frac{f(z(x+\Delta x_i))-f(z(x))}{z(x+\Delta x_i)-z(x)}\cdot\frac{z(x+\Delta x_i)-z(x)}{\Delta x_i}.$$

Nach Voraussetzung und nach Satz 1.2.1 konvergieren diese Differenzenquotienten gegen $f'(z)\,z'(x)$, denn mit Δx_i geht auch $z(x+\Delta x_i)-z(x)$ wegen der Stetigkeit von $z(x)$ gegen 0 und sowohl $f'(z)$ als auch $z'(x)$ existieren. Da aber

$$f'(z)\,z'(x)=f'(z)\cdot 0=0$$

ist, konvergiert die Folge *aller* Differenzenquotienten gegen 0.

2. Gibt es eine Umgebung von x, so daß für alle $x+\Delta x$ mit $\Delta x \neq 0$ und $x+\Delta x$ aus dieser Umgebung $z(x+\Delta x) \neq z(x)$ ist, dann kann man die obige Umformung der Differenzenquotienten für jede Nullfolge Δx_i ab einem gewissen i_0 vornehmen, und laut Voraussetzung und Satz 1.2.1 konvergiert dann die Folge der Differenzenquotienten für jede Nullfolge Δx_i gegen $f'(z)\,z'(x)$.

Damit ist die Kettenregel bewiesen.

Wir können nun z.B. die Funktion

$$\left(\frac{x^2}{3}-1\right)^2=z^2 \quad \text{mit} \quad z=\frac{x^2}{3}-1$$

mit der Kettenregel nach x differenzieren: $\frac{d(z^2)}{dz} = 2z$, $\frac{d(x^2/3-1)}{dx} = 2x/3$,

also ist die gesuchte Ableitung gleich $2z\,(2x/3) = 2\left(\frac{x^2}{3}-1\right)\cdot\frac{2x}{3}$.

6. Regel (Ableitung der Umkehrfunktion): ist $g(y)$ Umkehrfunktion zu einer differenzierbaren Funktion $f(x)$, dann ist $g(y)$ an der Stelle y differenzierbar, wenn $f'(x)$ in einer Umgebung von $x = g(y)$ nur positive oder nur negative Werte hat.

Die Ableitung $\frac{dg(y)}{dy}$ ist dann gleich $\left.\frac{1}{f'(x)}\right|_{x=g(y)}$;

diese Schreibweise bedeutet, daß $\frac{1}{f'(x)}$ an der Stelle $x = g(y)$ gleich der Ableitung von $g(y)$ an der Stelle y ist. Will man den Zahlenwert von $g'(y)$ an einer bestimmten Stelle y_0 haben, so kann man nach dieser Regel auch $\frac{1}{f'(x)}$ an der Stelle $x_0 = g(y_0)$ nehmen und erhält denselben Wert.

Vor dem Beweis dieser Regel zeigen wir, daß der folgende Hilfssatz gilt:

Satz 1.4.2: Ist $f'(x) > 0$ in einer Umgebung U von x, dann ist $f(x)$ dort streng monoton wachsend. Ist $f'(x) < 0$ in U, dann ist $f(x)$ dort streng monoton fallend.

Beweis: Sei $f'(x) > 0$ in U. Wäre $f(x)$ dort nicht streng monoton wachsend, dann gäbe es Punkte x_1, x_2 in U mit $x_1 < x_2$ und $f(x_1) \geqslant f(x_2)$. Für den Mittelpunkt x_3 des Intervalls $[x_1, x_2]$ ist dann entweder $f(x_3) \geqslant f(x_2)$ oder $f(x_3) < f(x_2)$; also ist entweder $[x_3, x_2]$ oder $[x_1, x_3]$ wieder ein Intervall, dessen linker Endpunkt einen mindestens ebenso großen Funktionswert hat wie der rechte. Durch weiteres Halbieren erhalten wir eine Folge solcher Intervalle, deren Länge gegen 0 konvergiert; die linken Endpunkte konvergieren monoton wachsend, die rechten monoton fallend gegen einen Punkt x^* aus U. Sei nun x_l der linke, x_r der rechte Endpunkt des n-ten Teilintervalls. Dann wäre $f(x_l) \geqslant f(x_r)$. Andererseits müssen wegen $f'(x^*) > 0$ für hinreichend große n die Differenzenquotienten

$$\frac{f(x_l)-f(x^*)}{x_l-x^*} \quad \text{und} \quad \frac{f(x_r)-f(x^*)}{x_r-x^*}$$

beide > 0 sein, wenn sie beide definiert sind, d.h. wenn $x_l \neq x^*$ und $x_r \neq x^*$. Daraus folgt aber $f(x_l) < f(x_r)$ und dies folgt auch, wenn entweder x_l oder x_r schon gleich x^* sein sollte.

Aus dem Widerspruch ergibt sich, daß $f(x)$ streng monoton wachsend in U ist. Analog beweist man die zweite Aussage des Satzes.

Die Stetigkeit von $f(x)$ folgt aus der Differenzierbarkeit; daraus und aus der strengen Monotonie in U ergibt sich wie bei Satz 1.3.6 die Stetigkeit der Umkehrfunktion an der Stelle $y = f(x)$.

Beweis für die 6. Regel: Jeden Differenzenquotienten

$$\frac{g(y+\Delta y)-g(y)}{\Delta y}$$

der Umkehrfunktion können wir als Quotienten

$$\frac{\Delta x}{f(x+\Delta x)-f(x)}$$

auffassen, wenn wir $x=g(y)$ einsetzen und Δx durch die Gleichung

$$g(y+\Delta y)=x+\Delta x$$

definieren; denn dann ist $y+\Delta y=f(x+\Delta x)$, also $\Delta y=f(x+\Delta x)-f(x)$.
Wegen der Stetigkeit von $x=g(y)$ in y muß Δx mit Δy gegen 0 konvergieren, und wegen der Differenzierbarkeit von $f(x)$ und wegen $f'(x)\neq 0$ können wir nun aus Satz 1.2.2 schließen, daß

$$\lim_{\Delta y\to 0}\frac{g(y+\Delta y)-g(y)}{\Delta y}=\lim_{\Delta x\to 0}\left\{1:\left(\frac{f(x+\Delta x)-f(x)}{\Delta x}\right)\right\}$$

existiert und gleich $\frac{1}{f'(x)}$ ist.
Als Beispiel betrachten wir $x=\sqrt{y}$ für $y\geqq 0$; $\sqrt{y}$ ist Umkehrfunktion zu $f(x)=x^2$. $f'(x)=2x$ haben wir bereits berechnet. Also ist nach der 6. Regel

$$\frac{d\sqrt{y}}{dy}=\frac{1}{2x}\bigg|_{x=\sqrt{y}}=\frac{1}{2\sqrt{y}}$$

überall dort, wo $f'(x)\neq 0$.
Für $x=0$ ist $f'(x)=0$, und die Ableitung der Umkehrfunktion ist für $y=f(0)=0^2=0$ nicht definiert.

Unsere Differentiationsregeln ermöglichen die Berechnung der Ableitung für alle bisher betrachteten Funktionen, sofern sie überhaupt differenzierbar sind. Zunächst zeigen wir mit vollständiger Induktion, daß die Potenzen x^n überall differenzierbar sind, wenn n eine natürliche Zahl ist, und daß

$$(x^n)'=n\,x^{n-1} \qquad \text{für } n=1,2,\ldots. \tag{1}$$

Die Gleichung (1) ist richtig für $n=1$, denn

$$\lim_{\Delta x\to 0}\frac{(x+\Delta x)^1-x^1}{\Delta x}=1=1\cdot x^0 \qquad \text{für alle } x.$$

Für $n=2$ haben wir Gleichung (1) schon früher bewiesen; man vergleiche das 1. Beispiel in 1.4.1.

Angenommen, die Gleichung (1) ist richtig für $m=1,2,\dots,n-1$ und alle x; dann ist $(x^n)'=(x\cdot x^{n-1})'$, und nach der Produktregel ist dies gleich

$$1\cdot x^{n-1}+x(n-1)\,x^{n-2}=n\,x^{n-1}.$$

Also gilt Gleichung (1) für alle $n=1,2,3,\dots$ und alle x.

Für $n=0$ ist $x^0=1$ für alle x. Die Ableitung einer Konstanten ist gleich 0, weil alle Differenzenquotienten gleich 0 sind.

Auch für $n=-1,-2,-3,\dots$ gilt: $(x^n)'=n\,x^{n-1}$, sofern $x\neq 0$; um das zu zeigen, setzen wir $x^n=1/x^m$ mit $m=-n$ und wenden die Quotientenregel an:

$$\frac{d}{dx}(1/x^m)=\frac{x^m\cdot 0-1\cdot m\,x^{m-1}}{(x^m)^2}=-m\,x^{-m-1}=n\,x^{n-1}.$$

Da wir nun alle ganzzahligen Potenzen von x differenzieren können, folgt durch Anwendung der 1. und der 2. Regel, daß ein Polynom $P(x)$ überall differenzierbar ist und daß

$$P(x)=a_n\,x^n+a_{n-1}\,x^{n-1}+\cdots+a_1\,x+a_0$$

als 1. Ableitung ein Polynom mit einem um 1 geringeren Grad hat, nämlich

$$P'(x)=n\,a_n\,x^{n-1}+(n-1)\,a_{n-1}\,x^{n-2}+\cdots+2a_2\,x+a_1. \tag{2}$$

So ist z.B. die Ableitung des Polynoms

$$P(x)=3x^4-x^2+5x-9 \quad\text{gleich}\quad P'(x)=12x^3-2x+5;$$

die 2. Ableitung von $P(x)$ wäre hier gleich $P''(x)=36x^2-2$.

Klammerausdrücke kann man mit Hilfe der Kettenregel differenzieren; so ist etwa

$$\frac{d((x^2-1)^5)}{dx}=5(x^2-1)^4(2x)=10x(x^2-1)^4.$$

Dabei haben wir $z=x^2-1$ und $f(z)=z^5$ gesetzt.

Hätten wir $(x^2-1)^5$ nach dem binomischen Satz umgeformt und erst danach differenziert, dann wäre das Ergebnis natürlich dasselbe gewesen, denn die Werte von $f'(x)$ sind als Grenzwerte der Differenzenquotienten durch die Funktionswerte von $f(x)$, aber nicht durch die Schreibweise der Funktion $f(x)$ bestimmt. Daher ist es auch immer gleichgültig, welche Differentiationsregel man anwendet, falls mehrere in Frage kommen. So kann man z.B. $(x-1)/x$ nach der Quotientenregel oder nach der Produktregel differenzieren:

nach der Quotientenregel erhält man $\dfrac{x\cdot 1-(x-1)\,1}{x^2}=1/x^2$,
nach der Produktregel ergibt sich

$$(x-1)'\cdot\frac{1}{x}+(x-1)\left(\frac{1}{x}\right)'=\frac{1}{x}+(x-1)(-1/x^2)=1/x^2;$$

schließlich könnte man $(x-1)/x$ noch in $1-1/x$ umformen und bekäme so am bequemsten die Ableitung $1/x^2$.

12. Übungsaufgabe: Man bestimme die 1. und die 2. Ableitung der Funktion $f(x)=\sqrt{1-x^2}$; wo ist $f(x)$ definiert und wo existieren die Ableitungen?

13. Übungsaufgabe: Man zeige, daß zu der Funktion $y=2x^3+x^2+1$ mit dem willkürlich eingeschränkten Definitionsbereich $x\geqq 0$ eine eindeutig bestimmte Umkehrfunktion $x=g(y)$ existiert. Ohne $g(y)$ zu bestimmen, berechne man $g'(y)$ für $y=4$.

1.4.3 Die Ableitung der *e*-Funktion und des Logarithmus

In 1.3.4 wurde e^x für alle x als Grenzwert der Reihe

$$\sum_{k=0}^{\infty}\frac{x^k}{k!}=1+\frac{x}{1!}+\frac{x^2}{2!}+\frac{x^3}{3!}+\frac{x^4}{4!}+\cdots$$

definiert.

Die Glieder dieser Reihe sind differenzierbare Funktionen; differenzieren wir jedes der Glieder und addieren die so erhaltenen Ausdrücke, dann ergibt sich die Reihe

$$\frac{1}{1!}+\frac{2x}{2!}+\frac{3x^2}{3!}+\frac{4x^3}{4!}+\cdots=1+\frac{x}{1!}+\frac{x^2}{2!}+\frac{x^3}{3!}+\cdots,$$

also wieder dieselbe Reihe.

Man kann daraus allein nicht schließen, daß e^x differenzierbar ist und daß die Ableitung von e^x wieder gleich e^x ist. Dies läßt sich jedoch beweisen, wenn man zunächst zeigt, daß die Reihe $\sum_{k=0}^{\infty}\frac{x^k}{k!}$ in jedem Intervall $[a,b]$ *gleichmäßig konvergent* ist.

Unter gleichmäßiger Konvergenz einer Reihe in einem Intervall versteht man folgendes:

Zu jedem $\varepsilon>0$ gibt es eine Zahl n_0, so daß alle Partialsummen S_n mit $n>n_0$ sich für *jedes* x aus dem Intervall um weniger als ε vom Grenzwert der Reihe unterscheiden.

Da die Reihe $\sum_{k=0}^{\infty}\frac{x^k}{k!}$ für alle x konvergiert, konvergiert sie auch für die dem Betrag nach größte Zahl x_0 aus $[a,b]$ und insbesondere auch für $|x_0|$, falls x_0 negativ sein sollte.

Ist dann n_0 eine Schranke für die Reihe $\sum_{k=0}^{\infty}\frac{|x_0|^k}{k!}$ und ein gegebenes $\varepsilon>0$, d.h., sind alle Partialsummen S_n dieser Reihe um weniger als ε von $e^{|x_0|}$ entfernt, wenn $n>n_0$ ist, dann ergeben die nicht in S_n vorkommenden Reihenglieder auch für jedes x aus $[a,b]$ einen Wert, der kleiner ist als ε; also ist n_0 dann eine Schranke zu ε für alle x aus $[a,b]$, und wir haben nachgewiesen, daß die Reihe für e^x in jedem beliebigen Intervall gleichmäßig konvergiert.

Wir zitieren nun den folgenden Satz:

$f(x)$ sei in einem Intervall $[a,b]$ durch die Reihe $\sum_{k=0}^{\infty}a_k(x)$ dargestellt, wobei die $a_k(x)$ in $[a,b]$ differenzierbar und die $a_k'(x)$ in $[a,b]$ stetig seien; konvergiert dann die

Reihe $\sum_{k=0}^{\infty} a_k'(x)$ *gleichmäßig in* $[a,b]$, *dann ist* $f(x)$ *in* $[a,b]$ *differenzierbar und* $f'(x)=\sum_{k=0}^{\infty} a_k'(x)$.

Einen Beweis dieses Satzes findet man etwa bei FICHTENHOLZ, Bd. II, S. 454f.

Mit Hilfe dieses Satzes können wir nun schließen, daß e^x überall differenzierbar ist und daß die Ableitung wieder gleich e^x ist.

Mit Hilfe der Kettenregel können wir nun auch alle übrigen Exponentialfunktionen a^x mit $a>0$ differenzieren:

a^x ist definiert als $e^{\ln a \cdot x}$, also ist nach der Kettenregel a^x für jedes x differenzierbar und

$$(a^x)'=(e^{\ln a \cdot x})'=e^{\ln a \cdot x}(\ln a)=(\ln a)\, a^x.$$

Nach der Kettenregel können wir immer verfahren, wenn eine Funktion der Form $e^{z(x)}$ oder $a^{z(x)}$ zu differenzieren ist.

1. Beispiel: Die Ableitung von $e^{-(x-1)^2}$ ist

$$e^{-(x-1)^2}\cdot\frac{d(-(x-1)^2)}{dx}=-2(x-1)\,e^{-(x-1)^2}.$$

Die Ableitung von $\ln y$

$\ln y$ ist die Umkehrfunktion von $y=e^x$; da e^x für alle x differenzierbar ist und die Ableitung e^x nirgends den Wert 0 annimmt, ist nach der 6. Regel $\ln y$ für alle $y>0$ differenzierbar und

$$\frac{d(\ln y)}{dy}=\left.\frac{1}{(e^x)'}\right|_{x=\ln y}=\left.\frac{1}{e^x}\right|_{x=\ln y}=\frac{1}{y}.$$

Mit Hilfe der allgemeinen Differentiationsregeln können wir nun alle Funktionen differenzieren, die sich aus Polynomen, aus logarithmischen und aus Exponentialausdrücken zusammensetzen.

2. Beispiel: Die Ableitung von $\log(x^2/3+1)=\frac{1}{\ln 10}\ln(x^2/3+1)$ ist

$$\frac{1}{\ln 10}\cdot\frac{1}{(x^2/3+1)}\cdot\frac{2x}{3}=\frac{2x}{3\ln 10(x^2/3+1)},$$

wobei wir $z(x)=x^2/3+1$ gesetzt und die Kettenregel angewendet haben.

Über die Ableitung der Logarithmusfunktion können wir nun beweisen, daß e^x für alle x nicht nur als Grenzwert der Reihe $\sum_{k=0}^{\infty}\frac{x^k}{k!}$, sondern auch als Grenzwert der Folge

$$\left(1+\frac{x}{n}\right)^n, \quad n=1,2,\ldots$$

gewonnen werden kann, worauf schon in 1.3.4 hingewiesen wurde. Wir wissen, daß für jedes $y>0$ die Ableitung

$$\frac{d(\ln y)}{dy}=\lim_{\Delta y\to 0}\frac{\ln(y+\Delta y)-\ln y}{\Delta y}$$

existiert und gleich $1/y$ ist. Es ist aber

$$\frac{\ln(y+\Delta y)-\ln y}{\Delta y}=\ln\left[\left(\frac{y+\Delta y}{y}\right)^{1/\Delta y}\right]=\ln\left[\left(1+\frac{\Delta y}{y}\right)^{1/\Delta y}\right].$$

Da $\ln y$ für alle $y>0$ stetig ist, gilt

$$\lim_{\Delta y\to 0}\left[\ln\left(1+\frac{\Delta y}{y}\right)^{1/\Delta y}\right]=\ln\left[\lim_{\Delta y\to 0}\left(1+\frac{\Delta y}{y}\right)^{1/\Delta y}\right],$$

und nach obigem ist dies gleich $1/y$.

Wir erinnern uns, daß die Schreibweise $\lim\limits_{\Delta y\to 0}$ bedeutet, daß diese Gleichungen für *jede* gegen 0 konvergierende Folge Δy_i mit $\Delta y_i \neq 0$ für alle i gelten. Wir können daher speziell $\Delta y_i = 1/i$ wählen und erhalten somit

$$\frac{1}{y}=\ln\left[\lim_{i\to\infty}\left(1+\frac{1}{y}\cdot\frac{1}{i}\right)^{i}\right] \quad \text{für jedes } y>0.$$

Zu jedem $x>0$ gibt es ein $y>0$ mit $y=1/x$; setzen wir dies ein und schreiben wir für den Folgenindex n statt i, dann erhalten wir

$$x=\ln\left[\lim_{n\to\infty}\left(1+\frac{x}{n}\right)^{n}\right],$$

und daraus folgt

$$e^{x}=\lim_{n\to\infty}\left(1+\frac{x}{n}\right)^{n} \quad \text{für alle } x>0.$$

Ebenso hätten wir speziell $\Delta y_i = -1/i$ wählen können; dann hätten wir erhalten:

$$\frac{1}{y}=\ln\left[\lim_{i\to\infty}\left(1-\frac{1}{y}\cdot\frac{1}{i}\right)^{-i}\right],$$

und setzen wir wieder $1/y=x$ und n statt i, so folgt

$$x=\ln\left[\lim_{n\to\infty}\left(1-\frac{x}{n}\right)^{-n}\right], \quad \text{d.h.,} \quad e^{x}=\lim_{n\to\infty}\left(1-\frac{x}{n}\right)^{-n} \quad \text{für alle } x>0.$$

Da aber

$$\lim_{n\to\infty}\left(1-\frac{x}{n}\right)^{-n}=\lim_{n\to\infty}\frac{1}{\left(1-\frac{x}{n}\right)^{n}}$$

ist, folgt schließlich

$$e^{-x}=\lim_{n\to\infty}\left(1-\frac{x}{n}\right)^{n} \quad \text{für alle } x>0.$$

Da diese Gleichung ebenso wie die zuvor bewiesene auch für $x=0$ zutrifft, gilt also für jede reelle Zahl z

$$e^z = \lim_{n\to\infty}\left(1+\frac{z}{n}\right)^n.$$

14. Übungsaufgabe: Nach dem Wachstumsmodell von DOMAR ergibt sich das Volkseinkommen E als Funktion der Zeit t zu $E(t)=E_0\, e^{(s'/k')t}$. [Dabei ist E_0 das Einkommen zum Anfangszeitpunkt $t=0$, s' die sog. marginale Sparquote, k' der marginale Kapitalkoeffizient (vgl. etwa KLATT, S. 173ff.). Der mit diesen Begriffen noch nicht vertraute Anfänger möge diese Zahlen einfach als gegebene Konstanten betrachten!]
Man berechne und interpretiere die Ableitung $E'(t)$.

1.4.4 Einige Sätze über differenzierbare Funktionen

Auf den folgenden Sätzen beruhen viele praktisch wichtige Resultate.

Satz 1.4.3 (Satz von Fermat): *Ist $f(x)$ im Intervall $[a,b]$ definiert und nimmt $f(x)$ im Innern des Intervalls einen Extremwert an, dann muß an der betreffenden Stelle $f'(x)$ gleich 0 werden, falls $f(x)$ dort differenzierbar ist.*

Auf diesem Satz beruht die bekannte Methode, Maximal- und Minimalstellen einer Funktion zu suchen, indem man die Nullstellen der 1. Ableitung bestimmt (vgl. Abschnitt 1.4.5).

Beweis: Nimmt $f(x)$ im Punkt c mit $a<c<b$ ihr Maximum an, d.h. ist $f(c)\geqq f(x)$ für alle x aus $[a,b]$, dann kann nicht $f'(c)\neq 0$ gelten:
Wäre nämlich $f'(c)>0$, dann wäre $f(x)$ in einer Umgebung von c nach Satz 1.4.2 streng monoton wachsend, also gäbe es rechts von c in dieser Umgebung x-Werte mit $f(x)>f(c)$.
Wäre aber $f'(c)<0$, dann wäre $f(x)$ nach Satz 1.4.2 in einer Umgebung von c streng monoton fallend, d.h., es gäbe links von c in dieser Umgebung x-Werte mit $f(x)>f(c)$.
Also muß $f'(c)=0$ sein, wenn $f(c)$ Maximalwert ist und $f(x)$ in c differenzierbar ist.
Analog beweist man $f'(c)=0$ für den Fall, daß $f(x)$ in c minimal ist.

Es ist hier wesentlich, daß der Extremwert im Innern des Intervalls angenommen wird. In vielen Fällen wird ein Extremwert für einen Randpunkt angenommen; so nimmt z.B. die Funktion $f(x)=x$ im Intervall $[0;1]$ ihr Minimum für $x=0$ und ihr Maximum für $x=1$ an. Der Wert der Ableitung ist an beiden Stellen 1.

Häufig nimmt eine Funktion in einem Intervall kein Minimum oder auch kein Maximum an. Besonders bei offenen Intervallen (a,b) kommt dies oft vor. So nimmt $f(x)=x$ z.B. im Intervall $(0;1)$, das aus allen Zahlen x mit $0<x<1$ besteht, kein Minimum an; denn zu jedem $x>0$ gibt es noch ein x' mit $0<x'<x$. Die Zahl 0 wird aber nicht angenommen. Auch ein Maximum wird nicht angenommen, denn zu jedem $x<1$ gibt es ein x' mit $x<x'<1$, der Wert 1 wird aber nicht angenommen.

Aber auch in einem abgeschlossenen Intervall $[a, b]$ muß eine Funktion nicht unbedingt ein Maximum und ein Minimum annehmen. So ist z.B. die Funktion

$$f(x)=\begin{cases}1 & \text{für } x=0\\ 1/x & \text{für } 0<x\leqq 1\end{cases}$$

im Intervall $[0; 1]$ überall definiert; sie nimmt ihr Minimum, den Wert 1, an den beiden Randpunkten 0 und 1 an, aber sie nimmt nirgends in diesem Intervall ein Maximum an. Wäre nämlich K der Maximalwert, so brauchen wir nur x so zu wählen, daß $0<x<1/K$ gilt und bekommen dadurch einen größeren Funktionswert.

Für stetige Funktionen gilt der Satz von WEIERSTRASS, den wir hier ohne Beweis zitieren:

Ist $f(x)$ in einem abgeschlossenen Intervall $[a, b]$ endlicher Länge definiert und stetig, dann gibt es in $[a, b]$ eine Zahl c mit $f(c)\geqq f(x)$ für alle x aus $[a, b]$ und es gibt ferner eine Zahl c' in $[a, b]$ mit $f(c')\leqq f(x)$ für alle x aus $[a, b]$. Das heißt, $f(x)$ nimmt in $[a, b]$ sowohl ihr Maximum als auch ihr Minimum an.

Sämtliche Beweise für diesen anschaulich vielleicht sehr einleuchtenden Satz benötigen Eigenschaften der reellen Zahlen, die hier nicht zur Verfügung stehen (vgl. etwa FICHTENHOLZ, Bd. I, S. 158f.). Sie weisen auch „nur" die Existenz von c und c' nach und liefern nicht etwa ein Verfahren zur Bestimmung der Extremalstellen.

Der soeben zitierte Satz über stetige Funktionen dient uns nun zum Beweis eines Satzes über differenzierbare Funktionen, der nach dem französischen Mathematiker M. ROLLE benannt ist.

Satz 1.4.4 (Satz von Rolle): *Ist $f(x)$ im Intervall $[a, b]$ differenzierbar und ist $f(a)=f(b)$, dann gibt es mindestens eine Stelle c mit $a<c<b$ und $f'(c)=0$.*

Dieser Satz gilt übrigens auch unter etwas schwächeren Voraussetzungen.

Beweis: $f(x)$ ist in $[a, b]$ überall differenzierbar, also auch stetig; folglich gibt es ein Maximum M und ein Minimum m mit $m\leqq f(x)\leqq M$ für alle x aus $[a, b]$, und sowohl m wie M werden angenommen.
Ist $m=M$, dann müssen alle Funktionswerte gleich sein, d.h., $f(x)$ ist konstant in $[a, b]$. Daraus folgt $f'(c)=0$ für jedes c mit $a<c<b$.
Ist $m<M$, dann wird mindestens einer dieser beiden Werte wegen $f(a)=f(b)$ im Innern von $[a, b]$ angenommen, und dann folgt aus dem Satz von FERMAT, daß dort $f'(x)$ gleich 0 sein muß.

Satz 1.4.5 (Mittelwertsatz der Differentialrechnung): *Wenn $f(x)$ in einem Intervall $[a, b]$ differenzierbar ist, dann gibt es mindestens eine Stelle c mit $a<c<b$ und*

$$\frac{f(b)-f(a)}{b-a}=f'(c).$$

Beweis: Auf die Funktion

$$f(x)-f(a)-\frac{f(b)-f(a)}{b-a}(x-a)$$

läßt sich der Satz von ROLLE anwenden, denn sie ist in $[a, b]$ überall differenzierbar und nimmt für $x=a$ und für $x=b$ denselben Wert, nämlich 0 an.
Also gibt es mindestens eine Stelle c mit $a<c<b$, für die die Ableitung dieser Funktion gleich 0 ist, d.h.,

$$f'(c)-\frac{f(b)-f(a)}{b-a}=0.$$

Fig. 12a und Fig. 12b mögen zur Illustration der beiden letzten Sätze dienen.

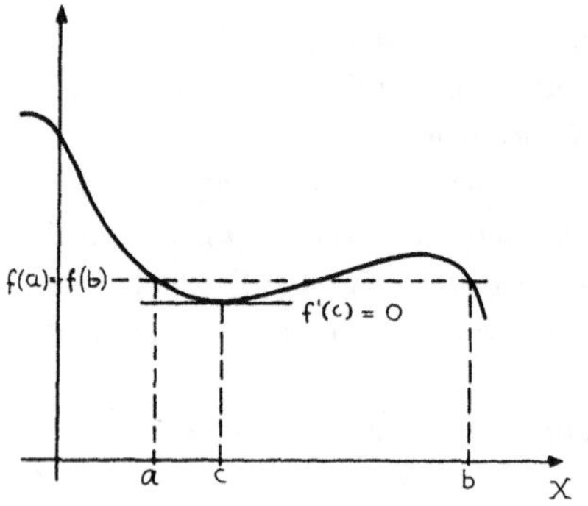

Figur 12a

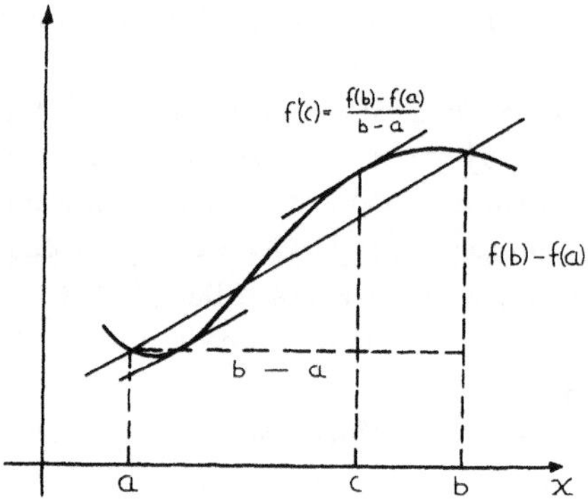

Figur 12b

Wir wissen bereits, daß die Ableitung einer Konstanten überall gleich 0 ist. Umgekehrt gilt

Satz 1.4.6: *Ist* $f'(x)=0$ *für alle* x *aus einem Intervall* $[a, b]$, *dann ist* $f(x)$ *konstant in* $[a, b]$.

Beweis: Gäbe es ein x in $[a, b]$ mit $f(x)\neq f(a)$, dann müßte es nach dem Mittelwertsatz ein c mit $a<c<x$ geben, für das die Gleichung

$$f'(c)=\frac{f(x)-f(a)}{x-a}$$

gilt. Wegen $f(x)\neq f(a)$ wäre dann aber $f'(c)\neq 0$ im Widerspruch zur Voraussetzung des Satzes.

1.5 Funktionen von mehreren Variablen

Fast alle Größen, mit denen sich die Wirtschaftswissenschaften beschäftigen, hängen von mehr als einer Variablen ab; so kommt etwa ein Ertrag nur durch das

Zusammenwirken mehrerer Produktionsfaktoren zustande, der Absatz eines Artikels wird nicht nur von seinem Preis, sondern auch von den Preisen anderer Güter, den Einkommensverhältnissen etc. abhängen. Auch die Produktionskosten, die üblicherweise als Funktion der produzierten Menge dargestellt werden, erscheinen bei näherer Aufschlüsselung als Funktion verschiedener Preise und Löhne.

Natürlich wird man bestrebt sein, nicht mehr Variable einzuführen, als zur Behandlung des betreffenden Problems nötig sind. So untersucht man häufig die Abhängigkeit einer Größe von nur einer Variablen und setzt damit stillschweigend oder auch ausdrücklich voraus, daß alle übrigen Variablen konstant gehalten werden. Dadurch erhält man dann eine Funktion einer Variablen, aber man kann zu sehr verschiedenen Funktionen der einen Variablen kommen, je nachdem, bei welchen Werten die restlichen Variablen konstant gehalten werden.

So wird z.B.

$$z = yx^2 \quad \text{für} \quad y=1 \quad \text{zu} \quad z=x^2,$$
$$\text{für} \quad y=3 \quad \text{zu} \quad z=3x^2;$$

hält man x konstant, dann kann man

$$\text{etwa für} \quad x=\sqrt{2} \quad z=2y$$
$$\text{oder für} \quad x=3 \quad z=9y \quad \text{erhalten.}$$

1.5.1 Funktionen von zwei Variablen

Definition: *Ist eine Menge D von Zahlenpaaren (x, y) gegeben und wird durch eine Vorschrift jedem dieser Zahlenpaare eine Zahl zugeordnet, die als Wert einer Größe z aufgefaßt wird, dann heißt z eine* Funktion der beiden Variablen x und y. *Man schreibt $z=f(x, y)$ oder $z=z(x, y)$.*

D heißt der Definitionsbereich der Funktion. x und y werden als kartesische Koordinaten in einer x, y-Ebene aufgefaßt. Jedes Paar (x, y) läßt sich also als Punkt der Ebene deuten.

1. Beispiel: Für alle (x, y) mit $x^2+4y^2 \leqq 1$ sei

$$z(x, y)=\sqrt{1-x^2-4y^2}.$$

Definitionsbereich ist hier die durch die Gleichung $x^2+4y^2=1$ bestimmte Ellipse *⁾ und alle in ihrem Innern liegenden Punkte.

Die Darstellung einer Funktion zweier Variablen führt im allgemeinen nicht zu einer Funktionskurve, sondern zu einer Funktionsfläche im dreidimensionalen Raum. Man bräuchte also eigentlich drei Dimensionen für die Darstellung. Als

*⁾ Alle Punkte (x, y), die einer Gleichung $ax^2+by^2=c$ mit $a>0$, $b>0$, $c>0$ genügen, liegen auf einer Ellipse, deren Mittelpunkt der Punkt $(0, 0)$ ist; für $a=b$ ergibt sich speziell ein Kreis.

Behelf vermittelt man entweder durch die Andeutung einer Perspektive einen räumlichen Eindruck, oder man zeichnet im Definitionsbereich Höhenlinien ein. Jede Höhenlinie ist eine Kurve im Definitionsbereich, auf der $z(x, y)$ konstant bleibt. Diese Bezeichnung stammt aus der Kartographie, wo die Höhenlinien eine konstante Höhe über dem Meeresspiegel andeuten. Daher ist auch die gelegentlich verwendete Bezeichnung „Funktionsgebirge" für die Funktionsfläche zu verstehen. In Fig. 13a und Fig. 13b haben wir die beiden möglichen Darstellungsweisen für unser 1. Beispiel vor Augen.

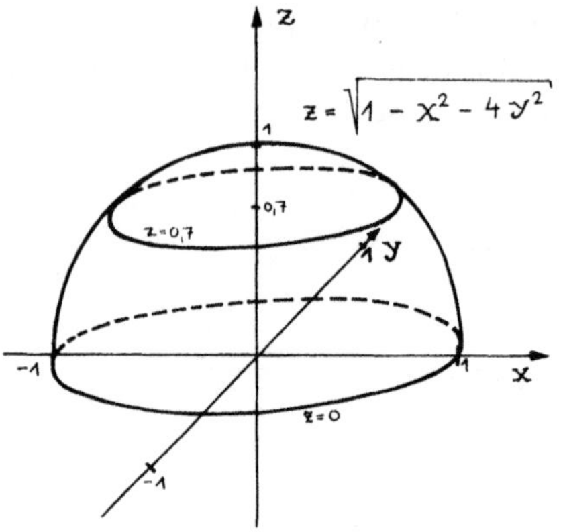

Figur 13a

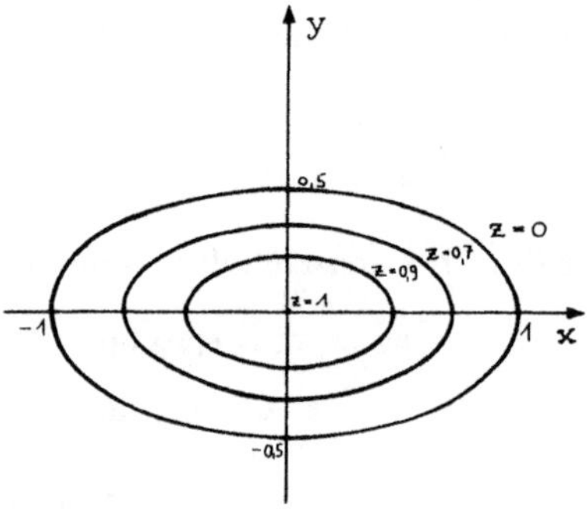

Figur 13b

Ähnlich wie bei Funktionen einer Variablen nennt man bei einer Funktion $z(x, y)$ die Variable z die *abhängige Variable*, x und y die *unabhängigen Variablen.*

Auch hier ist damit lediglich die Richtung der Zuordnung gemeint, d.h., daß Punkten der x, y-Ebene z-Werte zugeordnet sind. Es soll damit nicht etwa zum Ausdruck gebracht werden, daß x und y völlig unabhängig voneinander variieren können. Wie wir schon an unserem Beispiel $z=\sqrt{1-x^2-4y^2}$ sehen können, hängt der Bereich, in dem eine der beiden Variablen x und y variieren kann, davon ab, welchen Wert die andere Variable annimmt. Ist etwa $x=0{,}5$, dann ist (x, y) nur dann im Definitionsbereich, wenn $4y^2 \leq 0{,}75$, d.h., wenn $-\sqrt{\frac{3}{16}} \leqq y \leqq \sqrt{\frac{3}{16}}$.

Natürlich haben die Bezeichnungen „abhängige" bzw. „unabhängige Variable" auch nichts zu tun mit dem Begriff der Abhängigkeit bzw. Unabhängigkeit von *zufälligen* Variablen aus der Wahrscheinlichkeitstheorie.

Halten wir bei unserem Beispiel $z=\sqrt{1-x^2-4y^2}$ die Variable y konstant, sagen wir etwa $y=0{,}25$, dann hängt z nur noch von x ab, und zwar ist dann $z=\sqrt{0{,}75-x^2}$. Die Kurve $z=\sqrt{0{,}75-x^2}$ ergibt sich als Schnittkurve der Funktionsfläche mit derjenigen Ebene, die die Gerade $y=0{,}25$ der x, y-Ebene enthält und senkrecht auf der x, y-Ebene steht (vgl. Fig. 14a).

Hält man dagegen x fest, dann hängt z nur noch von y ab; so ergibt sich etwa für $x=0{,}6$

$$z=\sqrt{0{,}64-4y^2}=2\sqrt{0{,}16-y^2},$$

und die zugehörige Funktionskurve erhält man als Schnittfigur der Funktionsfläche mit der Ebene $x=0{,}6$, d.h., der Ebene, die senkrecht zur x, y-Ebene ist und die Gerade $x=0{,}6$ der x, y-Ebene enthält (vgl. Fig. 14b).

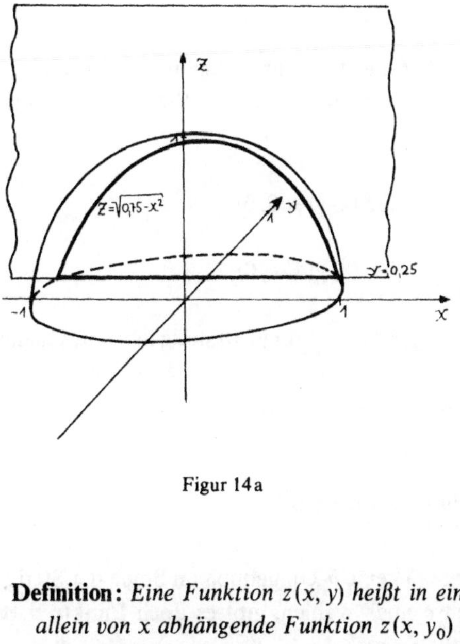

Figur 14a

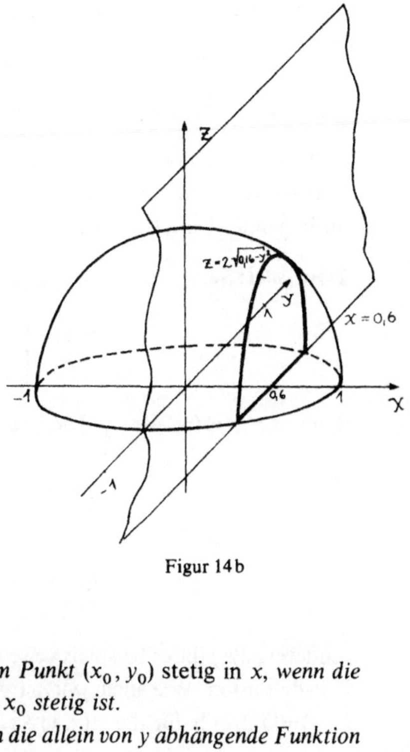

Figur 14b

Definition: *Eine Funktion $z(x, y)$ heißt in einem Punkt (x_0, y_0)* stetig in x, *wenn die allein von x abhängende Funktion $z(x, y_0)$ in x_0 stetig ist.*
$z(x, y)$ heißt im Punkt (x_0, y_0) stetig in y, *wenn die allein von y abhängende Funktion $z(x_0, y)$ in y_0 stetig ist.*

Stetigkeit in x bedeutet also, daß die Funktionswerte $z(x, y)$ gegen $z(x_0, y_0)$ konvergieren, wenn man sich in einer Richtung parallel zur x-Achse dem Punkt (x_0, y_0) immer mehr nähert.

Stetigkeit in y bedeutet, daß die Werte $z(x, y)$ gegen $z(x_0, y_0)$ konvergieren, wenn man sich dem Punkt (x_0, y_0) in einer Richtung parallel der y-Achse immer mehr nähert.

In der x, y-Ebene kann man sich dem Punkt (x_0, y_0) aber auch noch aus anderen Richtungen nähern. Es ist daher zweckmäßig, auch hier den Begriff der Umgebung einzuführen.

Definition: *Eine δ-Umgebung eines Punkts (x_0, y_0) besteht aus allen Punkten (x, y) mit $|x-x_0|<\delta$ und $|y-y_0|<\delta$, wobei δ eine Zahl >0 ist.*

Eine δ-Umgebung von (x_0, y_0) ist also das Innere eines Quadrats mit der Seitenlänge 2δ und dem Mittelpunkt (x_0, y_0). Ebensogut könnte man auch das Innere von Kreisen als Umgebungen wählen.

Definition: *Eine Funktion $z(x, y)$ heißt stetig in (x_0, y_0), wenn es zu beliebigem $\varepsilon>0$ eine δ-Umgebung von (x_0, y_0) gibt mit*

$$|z(x, y)-z(x_0, y_0)|<\varepsilon,$$

falls (x, y) aus der δ-Umgebung von (x_0, y_0).

Wenn $z(x, y)$ stetig in (x_0, y_0) ist, so ist $z(x, y)$ dort auch stetig in x und stetig in y. Umgekehrt folgt aber nicht aus der Stetigkeit in x und y die Stetigkeit, wie man an folgender Funktion sieht:

2. Beispiel: Sei

$$z(x, y)=\begin{cases} 0 & \text{für } (x, y)=(0,0) \\ \dfrac{x\,y}{x^2+y^2} & \text{für } (x, y)\neq(0,0); \end{cases}$$

dann ist $z(x, y)$ für alle (x, y) definiert. $z(x, y)$ ist im Punkt $(0, 0)$ stetig in x und y, denn

$$\lim_{x\to 0} z(x, 0)=\lim_{x\to 0} \frac{0}{x^2}=0=z(0, 0),$$

und ebenso ist

$$\lim_{y\to 0} z(0, y)=\lim_{y\to 0} \frac{0}{y^2}=0=z(0, 0).$$

Andererseits gibt es beispielsweise für $\varepsilon=\frac{1}{2}$ keine δ-Umgebung im Sinne der Stetigkeitsdefinition. Wie klein wir nämlich δ auch wählen, gibt es doch Punkte, z.B. $(x, y)=(\delta/2, \delta/2)$, für die $|z(x, y)-z(0, 0)|\geqq\varepsilon$ ist.

Ebenso wie bei Funktionen einer Variablen gibt es auch hier eine äquivalente Definition der Stetigkeit, die mit dem Begriff der Konvergenz formuliert wird:

Definition: *$z(x, y)$ sei in einer Umgebung von (x_0, y_0) definiert; dann heißt $z(x, y)$* stetig *in (x_0, y_0), wenn für jede gegen (x_0, y_0) konvergierende Punktfolge (x_i, y_i) die Werte $z(x_i, y_i)$ gegen $z(x_0, y_0)$ konvergieren.*
Dabei heißt die Punktfolge (x_i, y_i) konvergent *gegen (x_0, y_0), wenn es zu jedem $\varepsilon>0$ eine Zahl i_0 gibt mit $|x_i-x_0|<\varepsilon$ und $|y_i-y_0|<\varepsilon$, wenn $i>i_0$ ist.*

15. Übungsaufgabe: Man skizziere einige Höhenlinien der überall definierten Funktion $z(x, y)=x^2-x\,y$. Welche Funktionskurven ergeben sich jeweils als Schnittfigur der Funktionsfläche mit den durch die folgenden vier Bedingungen bestimmten vier Ebenen: a) $x=1$; b) $x=3$; c) $y=0$; d) $y=2$?

1.5.2 Partielle Ableitungen

Jedes y, zu dem es x-Werte mit (x, y) aus dem Definitionsbereich gibt, führt zu einer Funktion von x allein, wenn in $z(x, y)$ der y-Wert konstant gehalten wird. Diese Funktion von x allein läßt sich als Schnittkurve der Funktionsfläche mit einer Ebene deuten, wie in 1.5.1 erläutert wurde.

Ist diese Schnittkurve nun differenzierbar, dann gibt ihre Ableitung den Anstieg der Funktion $z(x, y)$ für wachsende x-Werte und festes y wieder.

Entsprechendes gilt für die Funktion von y allein, die sich für ein festes x ergibt. Ihre Ableitung gibt den Anstieg von $z(x, y)$ für wachsende y-Werte bei festem x wieder. Man nennt diese Ableitungen *partielle Ableitungen.*

Definition: *Eine Funktion $z(x, y)$ heißt in (x_0, y_0)* partiell nach x differenzierbar, *wenn die Funktion von x allein, die sich für $y = y_0$ ergibt und für die wir $z(x, y_0)$ schreiben, an der Stelle x_0 nach x differenzierbar ist.*
Analog heißt $z(x, y)$ in (x_0, y_0) nach y partiell differenzierbar, *wenn $z(x_0, y)$ in y_0 differenzierbar ist.*
Für diese partiellen Ableitungen schreiben wir

$$\left.\frac{\partial z(x, y)}{\partial x}\right|_{(x_0, y_0)} \quad \textit{oder} \quad z_x(x_0, y_0)$$

bzw.

$$\left.\frac{\partial z(x, y)}{\partial y}\right|_{(x_0, y_0)} \quad \textit{oder} \quad z_y(x_0, y_0).$$

Bei einer Funktion $f(x, y)$ schreibt man dann für diese partiellen Ableitungen natürlich

$$\left.\frac{\partial f(x, y)}{\partial x}\right|_{(x_0, y_0)} \quad \text{oder} \quad f_x(x_0, y_0)$$

bzw.

$$\left.\frac{\partial f(x, y)}{\partial y}\right|_{(x_0, y_0)} \quad \text{oder} \quad f_y(x_0, y_0).$$

Eine Funktion $f(x, y)$ kann in einem ganzen Gebiet der x, y-Ebene nach x partiell differenzierbar sein, d.h., die partielle Ableitung nach x existiert in jedem Punkt dieses Gebiets und ist i.allg. wieder eine Funktion von x und y. Diese Funktion schreiben wir dann

$$f_x(x, y) \quad \text{oder} \quad \frac{\partial f(x, y)}{\partial x}.$$

Ihre Funktionswerte sind für alle diese Punkte (x, y) gleich

$$\lim_{\Delta x \to 0} \frac{f(x + \Delta x, y) - f(x, y)}{\Delta x},$$

wie sich aus der obigen Definition ergibt.

Also wird die partielle Ableitung $f_x(x, y)$ einfach so gebildet, als wäre y konstant.

Entsprechendes gilt für $f_y(x, y)$: es wird nach y differenziert, und dabei wird x wie eine Konstante behandelt.

1. Beispiel: Sei

$$f(x, y) = y + \frac{x}{y} \quad \text{für} \quad y > 0.$$

Wir wählen also als Definitionsbereich nur die Halbebene aller Punkte oberhalb der x-Achse. Es ist

$$f_x(x, y) = \frac{1}{y} \quad \text{und} \quad f_y(x, y) = 1 - \frac{x}{y^2}.$$

Hier hängt $f_x(x, y)$ nur noch von y ab, während $f_y(x, y)$ von beiden Variablen abhängt.

Im gesamten Definitionsbereich ist wegen $y > 0$ auch $f_x(x, y)$ positiv; bei Bewegung in x-Richtung wächst daher $f(x, y)$ für jedes feste y mit der konstanten Steigung $1/y$. Bewegungen in y-Richtung können dagegen ein Wachstum oder eine Abnahme der Funktionswerte $f(x, y)$ zur Folge haben, je nachdem, ob $f_y(x, y) = 1 - \frac{x}{y^2}$ größer oder kleiner als 0 ist.

Höhere partielle Ableitungen

Häufig kann man auch $f_x(x, y)$ wieder nach x partiell differenzieren und erhält dadurch die sog. *zweite partielle Ableitung* nach x. Man schreibt dafür

$$f_{xx}(x, y) \quad \text{oder} \quad \frac{\partial^2 f(x, y)}{\partial x^2}.$$

Die *zweite partielle Ableitung* von $f(x, y)$ nach y ist dementsprechend gleich der partiellen Ableitung von $f_y(x, y)$ nach y und wird

$$f_{yy}(x, y) \quad \text{oder} \quad \frac{\partial^2 f(x, y)}{\partial y^2}$$

geschrieben.

Wenn $f_x(x, y)$ nach y partiell differenzierbar ist, dann schreibt man für diese Ableitung

$$f_{xy}(x, y) \quad \text{oder} \quad \frac{\partial^2 f(x, y)}{\partial x \, \partial y}.$$

Für die partielle Ableitung von $f_y(x, y)$ nach x schreibt man dagegen

$$f_{yx}(x, y) \quad \text{oder} \quad \frac{\partial^2 f(x, y)}{\partial y \, \partial x}.$$

Diese sogenannten *gemischten 2. partiellen Ableitungen* sind aber meistens identisch, denn es gilt der folgende

Satz 1.5.1: *Überall wo $f_{xy}(x, y)$ und $f_{yx}(x, y)$ existieren und stetig sind, ist*

$$f_{xy}(x, y) = f_{yx}(x, y).$$

Einen Beweis dieses Satzes findet man z.B. bei FICHTENHOLZ, Bd. I, S. 380f.

2. Beispiel: Wir berechnen nun die 2. partiellen Ableitungen der Funktion

$$f(x, y) = y + \frac{x}{y}.$$

Als 1. Beispiel haben wir bereits $f_x(x, y) = 1/y$ und $f_y(x, y) = 1 - x/y^2$ berechnet. Daraus erhalten wir nun $f_{xx}(x, y) = 0$, $f_{yy}(x, y) = 2x/y^3$ und

$$f_{yx}(x, y) = f_{xy}(x, y) = -1/y^2.$$

Für $y > 0$ existieren diese Ableitungen alle und da sie dort auch stetig sind, muß $f_{yx}(x, y) = f_{xy}(x, y)$ sein.

Durch weiteres partielles Differenzieren gelangt man zu partiellen Ableitungen von höherer als 2. Ordnung, doch sollen uns diese hier nicht interessieren.

16. Übungsaufgabe: Für die Funktionen $z(x, y) = x^2 - xy$ und $f(x, y) = xe^{-xy}$ berechne man die zweiten partiellen Ableitungen.

1.5.3 Funktionen von mehr als zwei Variablen

Unsere Überlegungen für Funktionen von zwei Variablen lassen sich leicht auf Funktionen von mehr als zwei Variablen übertragen mit der einzigen Ausnahme, daß nun keine zeichnerische Veranschaulichung mehr möglich ist, zumindest nicht für den gesamten Funktionsverlauf.

Den Zahlenpaaren (x, y) entsprechen nun sog. n-tupel $(x_1, x_2, \ldots, x_n)$.

Definition: *Ist für eine Menge D von n-tupeln $(x_1, x_2, \ldots, x_n)$ reeller Zahlen eine Vorschrift gegeben, die jedem n-tupel aus D genau einen Funktionswert z zuordnet, dann heißt z eine* Funktion der n Variablen $x_1, x_2, \ldots, x_n$. *Man schreibt*

$$z = z(x_1, x_2, \ldots, x_n).$$

Unter einer δ-Umgebung eines Punktes $(x_{01}, x_{02}, \ldots, x_{0n})$ wollen wir die Menge aller n-tupel $(x_1, x_2, \ldots, x_n)$ verstehen, für die die Ungleichungen

$$|x_1 - x_{01}| < \delta, \; |x_2 - x_{02}| < \delta, \ldots, |x_n - x_{0n}| < \delta$$

sämtlich erfüllt sind. (Wir sprechen statt von n-tupeln auch von Punkten, weil man jedes n-tupel auch als Punkt des n-dimensionalen Raums deuten kann.)

Mit diesem Umgebungsbegriff lautet die Definition der Stetigkeit ganz entsprechend wie für zwei Variable.

Auch die Stetigkeit in einzelnen Variablen ist entsprechend definiert: eine Funktion $f(x_1, x_2, \ldots, x_n)$ ist in einem Punkt $(x_{01}, x_{02}, \ldots, x_{0n})$ stetig in der Variablen x_k, wenn die Funktion von x_k allein, die sich ergibt, wenn man den übrigen Variablen die Werte $x_{01}, \ldots, x_{0(k-1)}, x_{0(k+1)}, \ldots, x_{0n}$ erteilt, in x_{0k} stetig ist.

Die partiellen Ableitungen

$$z_{x_k}(x_1, x_2, \ldots, x_n) = \frac{\partial z(x_1, x_2, \ldots, x_n)}{\partial x_k}$$

existieren genau dann, wenn z als Funktion von x_k allein bei festgehaltenen Werten der übrigen Variablen nach x_k differenzierbar ist.

Man differenziert also partiell nach einer Variablen so, als wären die übrigen Variablen Konstante.

Die partiellen Ableitungen sind im allgemeinen wieder Funktionen von n Variablen; es kann allerdings sein, daß eine oder mehrere Variable in einer partiellen Ableitung nicht mehr auftreten. Das bedeutet dann, daß diese Ableitung bei beliebiger Wahl (natürlich nur im Existenzbereich der Ableitung) der fortgefallenen Variablen ihren Wert beibehält.

1. Beispiel: $u(x_1, x_2, x_3) = x_1^3 \cdot x_2 - x_2 \cdot x_3$; diese Funktion ist überall definiert und nach jeder der drei Variablen überall partiell differenzierbar. Es ist

$$u_{x_1}(x_1, x_2, x_3) = 3x_1^2 \cdot x_2, \qquad u_{x_2}(x_1, x_2, x_3) = x_1^3 - x_3, \qquad u_{x_3}(x_1, x_2, x_3) = -x_2.$$

Wenn klar ist, von welchen Variablen eine Funktion u abhängt, dann schreibt man für die partiellen Ableitungen $\dfrac{\partial u(x_1, x_2, \ldots, x_n)}{\partial x_k}$ oft auch einfach u_{x_k}.

Ist eine partielle Ableitung u_{x_k} an einer Stelle $(x_{01}, x_{02}, \ldots, x_{0n})$ größer als 0, dann kann man schließen, daß eine kleine Vergrößerung von x_k bei festgehaltenen Werten der übrigen Variablen eine Vergrößerung der Funktionswerte zur Folge hat. Dagegen werden die u-Werte bei einer kleinen Vergrößerung von x_k abnehmen, wenn u_{x_k} kleiner als 0 ist.

Die partiellen Ableitungen sind gewöhnliche Ableitungen, in denen nach Art von Parametern weitere Variable vorkommen können. Daher versteht sich von selbst, daß die ersten vier Differentiationsregeln aus Abschnitt 1.4.2 auch für die Berechnung partieller Ableitungen gelten.

Die 5. Regel (die Kettenregel) bedarf einer Modifikation:

Kettenregel für zusammengesetzte Funktionen mehrerer Variablen:

In einem Bereich B von m-tupeln $(y_1, y_2, \ldots, y_m)$ sollen alle partiellen Ableitungen v_{y_i}, $i = 1, 2, \ldots, m$ einer Funktion $v(y_1, y_2, \ldots, y_m)$ existieren und stetig sein. Die y_i seien ihrerseits Funktionen von n Variablen $x_1, x_2, \ldots, x_n$ und sollen als solche nur Werte annehmen, für die $(y_1, y_2, \dots, y_m)$ in B liegt. Sind dann die y_i alle nach einem x_k partiell differenzierbar, dann ist dort auch die Funktion v, die ja über die y_i ebenfalls von den Variablen $x_1, x_2, \dots, x_n$ abhängt, nach x_k partiell differenzierbar und es gilt

$$\frac{\partial v}{\partial x_k} = \frac{\partial v(y_1, \dots, y_m)}{\partial y_1} \cdot \frac{\partial y_1}{\partial x_k} + \frac{\partial v(y_1, \dots, y_m)}{\partial y_2} \cdot \frac{\partial y_2}{\partial x_k} + \dots + \frac{\partial v(y_1, \dots, y_m)}{\partial y_m} \cdot \frac{\partial y_m}{\partial x_k}$$

oder kürzer:

$$v_{x_k} = \sum_{i=1}^{m} (v_{y_i} \cdot y_{i_{x_k}}).$$

Beweise für diese Kettenregel und nähere Erläuterungen findet man in der mathematischen Literatur, z.B. bei COURANT, Bd. II, S. 63ff. oder FICHTENHOLZ, Bd. I, S. 362ff.

2. Beispiel: Sei $v(x, y, z) = 3xy + z^2$. v_x, v_y und v_z sind für alle Tripel (x, y, z) stetig, denn es ist $v_x = 3y$, $v_y = 3x$ und $v_z = 2z$.
Nun sei $x = \sqrt{t-1} + u$, $y = u^2 + t$ und $z = 1/u$; für $t > 1$ und $u \neq 0$ sind x, y und z als Funktionen von t und u definiert und sowohl nach u wie nach t differenzierbar. Also existieren dort auch die Ableitungen v_u und v_t; nach der Kettenregel gilt

$$\begin{aligned} v_u &= v_x \cdot x_u + v_y \cdot y_u + v_z \cdot z_u = 3y \cdot 1 + 3x \cdot 2u + 2z \cdot (-1/u^2) \\ &= 3(u^2 + t) + 3(\sqrt{t-1} + u)\, 2u + \frac{-2}{u^3} = 9u^2 + 3t + 6u\sqrt{t-1} - \frac{2}{u^3}; \end{aligned}$$

$$\begin{aligned} v_t &= v_x \cdot x_t + v_y \cdot y_t + v_z \cdot z_t = 3y \cdot \frac{1}{2\sqrt{t-1}} + 3x \cdot 1 + 2z \cdot 0 \\ &= \frac{3(u^2 + t)}{2\sqrt{t-1}} + 3(\sqrt{t-1} + u). \end{aligned}$$

Natürlich kann man v_u und v_t auch ohne die Kettenregel erhalten, indem man in $v(x, y, z)$ für x, y, z die Funktionen von u und t einsetzt und die so erhaltene Funktion von u und t partiell nach u bzw. nach t differenziert. Man rechne das als Übung nach.

Die höheren Ableitungen sind für Funktionen von mehr als zwei Variablen ganz analog definiert wie bei zwei Variablen. Auch die Bezeichnungen sind ganz entsprechend; so bedeutet z.B. v_{xxy} die Funktion, die man erhält, wenn man eine Funktion $v(x, y, z, \dots)$ zunächst zweimal partiell nach x differenziert und dann die so erhaltene 2. partielle Ableitung v_{xx} nach y.

1.5.4 Homogene Funktionen

Definition: *Eine Funktion $z(x_1, x_2, \dots, x_n)$ heißt* homogen vom Grade r, *wenn sie für jedes $t > 0$ und alle n-tupel $(x_1, x_2, \dots, x_n)$ ihres Definitionsbereichs der Bedin-*

gung

$$z(t\,x_1, t\,x_2, \ldots, t\,x_n) = t^r\, z(x_1, x_2, \ldots, x_n)$$

genügt. Wir setzen dabei voraus, daß mit $(x_1, x_2, \ldots, x_n)$ *stets auch* $(t\,x_1, t\,x_2, \ldots, t\,x_n)$ *für alle* $t>0$ *zum Definitionsbereich gehört.*

Für homogene Funktionen mit stetigen partiellen Ableitungen gilt der

Satz 1.5.2 (Eulersches Theorem): *Ist* $z(x_1, x_2, \ldots, x_n)$ *homogen vom Grade r und sind die partiellen Ableitungen* z_{x_k}, $k=1, 2, \ldots, n$ *überall stetig, dann gilt für alle n-tupel die Beziehung*

$$\sum_{k=1}^{n} x_k \cdot z_{x_k}(x_1, x_2, \ldots, x_n) = r \cdot z(x_1, x_2, \ldots, x_n).$$

Beweis: Wegen der Voraussetzung können wir $z(t\,x_1, t\,x_2, \ldots, t\,x_n)$ für jedes $t>0$ nach der Kettenregel nach t differenzieren und erhalten

$$\frac{\partial z(t\,x_1, t\,x_2, \ldots, t\,x_n)}{\partial t} = \sum_{k=1}^{n} \frac{\partial z(t\,x_1, t\,x_2, \ldots, t\,x_n)}{\partial (t\,x_k)} \cdot x_k;$$

dabei fassen wir die Produkte $(t\,x_k)$ als unabhängige Variable in z und als Funktionen von t und x_k auf. Andererseits ist wegen der Homogenität

$$z(t\,x_1, t\,x_2, \ldots, t\,x_n) = t^r\, z(x_1, x_2, \ldots, x_n),$$

also

$$\frac{\partial z(t\,x_1, t\,x_2, \ldots, t\,x_n)}{\partial t} = r\, t^{r-1} \cdot z(x_1, x_2, \ldots, x_n).$$

Die beiden Ausdrücke für

$$\frac{\partial z(t\,x_1, t\,x_2, \ldots, t\,x_n)}{\partial t}$$

gelten auch für $t=1$, woraus das Eulersche Theorem folgt.

Die in der Volkswirtschaftslehre betrachteten Produktionsfunktionen sind in der Regel homogen vom Grade 1. Dem liegt die Annahme zugrunde, daß eine Vervielfachung aller Produktionsfaktoren mit demselben Faktor t auch zum t-fachen Sozialprodukt führen wird.

Ein bekanntes Beispiel ist die sog. Cobb-Douglas-Funktion

$$P(A, K) = c\, A^{\alpha} K^{1-\alpha}.$$

Dabei bedeutet P das Sozialprodukt, A und K sind die Produktionsfaktoren Arbeit und Kapital (zu letzterem wird dabei auch der Boden gerechnet), c ist eine Konstante und α eine Zahl zwischen 0 und 1.

Für jedes solche α ist $P(A, K)$ eine homogene Funktion vom Grade 1 in den Variablen A und K, denn für jedes $t>0$ gilt

$$P(tA, tK)=c(tA)^{\alpha}(tK)^{1-\alpha}=c\,t^{\alpha}A^{\alpha}t^{1-\alpha}K^{1-\alpha}=t\,c\,A^{\alpha}K^{1-\alpha}=t\,P(A,K).$$

Wir werden diese Funktion noch in 1.7.1 näher betrachten.

Eine vom Grade 1 homogene Funktion $f(u, v)$ von zwei Variablen u und v hat die interessante Eigenschaft, daß alle ihre Werte durch eine Funktion in einer Variablen bestimmt sind:

Wegen der Homogenität folgt nämlich für alle (u,v) mit $u>0$, daß $f(u,v)=uf(1,v/u)$ ist; für $u<0$ folgt $f(u, v)=-uf(-1, -v/u)$, wir wollen aber annehmen, daß $f(u, v)$ nur für positive u und v definiert ist. Dann gilt also für jeden Punkt des Definitionsbereichs

$$f(u,v)=uf\left(1,\frac{v}{u}\right) \quad \text{oder aber} \quad f(u,v)=vf\left(\frac{u}{v},1\right).$$

Bezeichnen wir das Verhältnis v/u mit x, dann bestimmen also die Werte von $f(1, x)$ alle Werte von $f(u, v)$, denn für $u>0$ und $v>0$ ist mit u und v auch $v/u=x$ und damit $f(u, v)=uf(1, x)$ festgelegt. $f(1, x)$ ist aber nur von der einen Variablen x abhängig.

Bezeichnen wir das Verhältnis u/v mit z, dann bestimmen ganz analog die Werte von $f(z, 1)$ alle Werte von $f(u, v)$.

Umgekehrt kann man aus jeder Funktion $g(x)$ von einer Variablen eine Funktion gewinnen, die homogen vom Grade 1 in zwei Variablen u und v ist. Man braucht nur $x=v/u$ zu setzen und hat in $f(u, v)=u\,g(v/u)$ eine Funktion in u und v gewonnen, die homogen vom Grade 1 ist, denn dann gilt

$$f(tu, tv)=tu\cdot g\left(\frac{tv}{tu}\right)=t\cdot ug\left(\frac{v}{u}\right)=t\cdot f(u,v).$$

Es ist vernünftig, bei makroökonomischen Produktionsfunktionen statt des Produktionsfaktors Arbeit die Anzahl N der Beschäftigten einzuführen. Ist das Sozialprodukt dann eine Funktion $P(N, K)$, die homogen vom Grade 1 ist, dann gilt

$$P(N,K)=N\cdot P\left(1,\frac{K}{N}\right)=NP(1,x),$$

wenn wir mit x das Verhältnis K/N bezeichnen. K/N ist die durchschnittliche Kapitalausstattung. P/N ist die durchschnittliche Produktion oder auch der sog. „Pro-Kopf-Output". Setzen wir $P/N=y$, dann ist $y=P(1,x)=g(x)$, wenn wir $P(1, x)$ mit $g(x)$ bezeichnen.

Anstatt das Sozialprodukt als homogene Funktion der Anzahl N der Beschäftigten und des Kapitals K zu betrachten, kann man also genausogut den Pro-Kopf-Output y als Funktion der einen Variablen x, d.h. der durchschnittlichen Kapitalausstattung betrachten.

Bei der COBB-DOUGLAS-Funktion kann man also von

$$P(N,K)=c\,N^{\alpha}K^{1-\alpha}$$

übergehen zu

$$\frac{P}{N}=y=c\,N^{\alpha-1}K^{1-\alpha}=c\left(\frac{K}{N}\right)^{1-\alpha}=c\,x^{1-\alpha},$$

oder

$$y=c\,x^{\beta} \quad \text{mit} \quad 0<\beta<1.$$

Auch solche Funktionen werden als COBB-DOUGLAS-Funktionen bezeichnet (vgl. BECKMANN-KÜNZI, S. 140).

Man kann aber auch umgekehrt von einer Funktion $y=g(x)$ ausgehen, wo nach wie vor y den Pro-Kopf-Output, x die durchschnittliche Kapitalausstattung bedeuten soll.

Ein Beispiel dafür ist die sogenannte CES-Produktionsfunktion in der Form

$$y=c\cdot[1-d+d\,x^{-\rho}]^{-1/\rho}.$$

Durch Einsetzen von $y=P/N$ und $x=K/N$ erhält man daraus sofort die homogene Funktion

$$P(N,K)=c\,N\left[1-d+d\left(\frac{K}{N}\right)^{-\rho}\right]^{-1/\rho}$$

Da diese Funktion drei Parameter aufweist, ist sie sehr anpassungsfähig. (Näheres über die CES-Funktion findet man bei BECKMANN-KÜNZI, S. 142f.)

Die partiellen Ableitungen einer Produktionsfunktion nach den Produktionsfaktoren werden als Grenzproduktivitäten bezeichnet.

So ist z.B. bei der COBB-DOUGLAS-Funktion $P(A,K)=c\,A^{\alpha}K^{1-\alpha}$

$$\frac{\partial P(A,K)}{\partial A}=c\,\alpha\,A^{\alpha-1}K^{1-\alpha} \quad \text{die Grenzproduktivität der Arbeit,}$$

$$\frac{\partial P(A,K)}{\partial K}=c\,A^{\alpha}(1-\alpha)\,K^{-\alpha} \quad \text{die Grenzproduktivität des Kapitals.}$$

Da $P(A,K)$ homogen vom Grade 1 ist, gilt nach dem EULERschen Theorem, daß

$$P(A,K)=\frac{\partial P(A,K)}{\partial A}\cdot A+\frac{\partial P(A,K)}{\partial K}\cdot K \quad \text{ist.}$$

Abschließend seien noch einige Beispiele für homogene Funktionen angegeben:

$$f(x,y,z)=\frac{x^2-x\,z+y^2}{3(x+z)} \quad \text{ist homogen vom Grade 1,}$$

$$g(x,y)=e^{x/y} \quad \text{ist homogen vom Grade 0,}$$

$$h(x_1,x_2,x_3)=x_1^3-x_2\,x_3^2 \quad \text{ist homogen vom Grade 3,}$$

$$z(x,y)=\frac{\sqrt{3x+y}}{5xy} \quad \text{ist homogen vom Grade } -\tfrac{3}{2}.$$

17. Übungsaufgabe: P sei das Sozialprodukt, N die Anzahl der Beschäftigten, K das eingesetzte Kapital; wenn zwischen $y=P/N$ und $x=K/N$ der Zusammenhang $y=\frac{bx^2}{1+cx}$ besteht, wie hängt dann P als homogene Funktion von N und K ab? Man bilde die partiellen Ableitungen $\partial P/\partial N$ und $\partial P/\partial K$ und bestätige durch Nachrechnen das EULERsche Theorem für diesen Fall.

1.6 Maxima und Minima

1.6.1 Relative Extrema einer Funktion einer Variablen

Definition: *Eine Funktion $f(x)$ hat in x_0 ein* relatives Maximum, *wenn es eine Umgebung von x_0 gibt, die zum Definitionsbereich von $f(x)$ gehört, und wenn $f(x) \leqq f(x_0)$ für jedes x aus dieser Umgebung.*
Gibt es eine zum Definitionsbereich von $f(x)$ gehörende Umgebung von x_0, in der für alle x $f(x) \geqq f(x_0)$ gilt, dann hat $f(x)$ in $\dot{x}_0$ ein relatives Minimum.

Relative Extrema können also nur im Innern des Definitionsbereichs angenommen werden, da die Extremalstelle x_0 im Innern eines (kleinen) Intervalls liegen muß, das noch ganz zum Definitionsbereich gehört.

Aus dem Satz von FERMAT (vgl. Abschnitt 1.4.4) folgt nun direkt

Satz 1.6.1: *Wenn $f(x)$ in x_0 ein relatives Extremum hat und dort differenzierbar ist, so ist $f'(x_0)=0$.*

Aber nicht überall, wo $f'(x)=0$ ist, liegt auch ein relatives Extremum vor! So ist z.B. die Ableitung von $f(x)=x^3$ für $x_0=0$ gleich 0, aber in jeder Umgebung von $x_0=0$ gibt es negative x-Werte mit $x^3<0$ und positive x-Werte mit $x^3>0$; also kann $f(x)=x^3$ für $x_0=0$ weder ein relatives Maximum noch ein relatives Minimum annehmen.

Ein hinreichendes Kriterium für das Vorliegen eines relativen Extremums gibt der folgende Satz an:

Satz 1.6.2: *Ist $f(x)$ in x_0 zweimal differenzierbar und ist $f'(x_0)=0$, $f''(x_0)<0$, dann hat $f(x)$ in x_0 ein relatives Maximum; ist dagegen $f'(x_0)=0$ und $f''(x_0)>0$, dann hat $f(x)$ in x_0 ein relatives Minimum.*

Ist nämlich $f'(x_0)=0$ und $f''(x_0)<0$, dann ist der Differenzenquotient $[f'(x)-f'(x_0)]:(x-x_0)$ gleich $f'(x):(x-x_0)$ und muß <0 sein, wenn x nahe genug bei x_0 ist. In einem genügend kleinen Intervall $(x_0-\delta, x_0)$ ist daher $f'(x)>0$, in einem genügend kleinen Intervall $(x_0, x_0+\delta')$ ist $f'(x)<0$. Das bedeutet, daß $f(x)$ von streng monoton wachsendem Verlauf links von x_0 in streng monoton fallenden Verlauf rechts von x_0 übergeht und daher in x_0 ein relatives Maximum hat. Analog schließt man von $f'(x_0)=0$ und $f''(x_0)>0$ auf ein relatives Minimum.

Auch hier gilt nicht die Umkehr des Satzes: Ist $f(x)$ in x_0 zweimal differenzierbar und hat $f(x)$ in x_0 ein relatives Extremum, so muß nicht $f''(x_0) \neq 0$ sein, wie man an der Funktion $f(x)=x^4$ für $x_0=0$ sieht; zweifellos hat x^4 dort ein relatives Minimum, aber $f''(x)=12x^2$ ist gleich 0.

Häufig kann man ohne die Berechnung der zweiten Ableitung entscheiden, ob ein relatives Extremum vorliegt und ob es ein Minimum oder ein Maximum ist.

1. Beispiel: Die Funktion xe^{-x} ist überall differenzierbar, ihre Werte sind größer als 0 für alle $x>0$; für $x=0$ ist der Funktionswert 0, für $x \to \infty$ streben die Funktionswerte gegen 0.
Also muß im Bereich $x>0$ mindestens ein relatives Maximum liegen. Da nun die Ableitung

$$e^{-x}+x(-e^{-x})=e^{-x}(1-x)$$

nur die eine Nullstelle $x=1$ besitzt, muß dort ein relatives Maximum liegen, und dies ist das einzige relative Extremum der Funktion für $x>0$.

2. Beispiel: Das Polynom $P(x)=-0{,}5x^3+6x^2+10x$ hat die Ableitung

$$P'(x)=-1{,}5x^2+12x+10;$$

$P'(x)$ ist gleich 0, wenn $x^2-8x-\frac{20}{3}=0$ ist, also an den Stellen $x_1=4+\sqrt{16+\frac{20}{3}}$ und $x_2=4-\sqrt{16+\frac{20}{3}}$.
$P''(x)=-3x+12$ ist kleiner als 0 für $x=x_1$ und größer als 0 für $x=x_2$.
Also hat $P(x)$ für x_1 ein relatives Maximum, für x_2 ein relatives Minimum.

1.6.2 Relative Extrema von Funktionen mehrerer Variablen

Definition: *Die Funktion $f(x_1, x_2, \dots, x_n)$ hat an der Stelle $(x_{01}, x_{02}, \dots, x_{0n})$ ein* relatives Maximum, *wenn es eine zum Definitionsbereich gehörende Umgebung von $(x_{01}, x_{02}, \dots, x_{0n})$ gibt mit*

$$f(x_1, x_2, \dots, x_n) \leqq f(x_{01}, x_{02}, \dots, x_{0n})$$

für alle n-tupel $(x_1, x_2, \dots, x_n)$ aus dieser Umgebung.
Gilt in einer solchen Umgebung überall

$$f(x_1, x_2, \dots, x_n) \geqq f(x_{01}, x_{02}, \dots, x_{0n}),$$

dann hat die Funktion an der Stelle $(x_{01}, x_{02}, \dots, x_{0n})$ ein relatives Minimum.

Satz 1.6.3: *Hat $f(x_1, x_2, \dots, x_n)$ in $(x_{01}, x_{02}, \dots, x_{0n})$ ein relatives Extremum und existieren dort die partiellen Ableitungen $f_{x_1}, f_{x_2}, \dots, f_{x_n}$, so müssen sie an dieser Stelle alle gleich 0 sein.*

Beweis: Wäre auch nur ein f_{x_k} an der Stelle $(x_{01}, x_{02}, \dots, x_{0n})$ von 0 verschieden, dann könnte man Satz 1.4.2 auf die Funktion anwenden, die man erhält, wenn man die übrigen Variablen festhält und nur x_k variieren läßt. In jeder Umgebung

von $(x_{01}, x_{02}, \ldots, x_{0n})$ könnte man dann n-tupel finden, deren Funktionswerte größer sind als $f(x_{01}, x_{02}, \ldots, x_{0n})$, aber auch solche, deren Funktionswerte kleiner sind als $f(x_{01}, x_{02}, \ldots, x_{0n})$.
Also müssen an der Stelle eines relativen Maximums oder Minimums alle partiellen Ableitungen gleich 0 sein.

Es können aber alle partiellen Ableitungen gleich 0 sein, ohne daß an der betreffenden Stelle ein relatives Extremum angenommen wird. So hat z.B. die Funktion $z(x, y) = xy$ die partiellen Ableitungen $z_x = y$ und $z_y = x$; beide sind 0 für $(x_0, y_0) = (0, 0)$.

Es gibt aber in jeder Umgebung des Punktes $(0, 0)$ Punkte (x, y), für die x und y gleiches Vorzeichen haben, für die also $xy > 0$ ist, und auch solche Punkte (x, y), für die x und y verschiedenes Vorzeichen haben, für die also $xy < 0$ ist. Also hat $z(x, y) = xy$ in $(x_0, y_0) = (0, 0)$ kein relatives Extremum.

Hinreichende Bedingungen für relative Extrema wollen wir nur für den Fall zweier Variablen angeben:

Satz 1.6.4: *Sind für (x_0, y_0) beide partielle Ableitungen f_x und f_y einer Funktion $f(x, y)$ gleich 0 und sind ferner die zweiten partiellen Ableitungen f_{xx}, f_{yy} und f_{xy} in einer Umgebung von (x_0, y_0) stetig, dann kann man aus dem Bestehen der Ungleichung $f_{xx} f_{yy} - (f_{xy})^2 > 0$ an der Stelle (x_0, y_0) schließen, daß dort ein relatives Extremum vorliegt, und zwar ein Maximum, wenn f_{xx} dort < 0 ist, ein Minimum, wenn $f_{xx} > 0$ ist.*

Den Beweis dieses Satzes findet man in der Literatur für Mathematiker, z.B. bei COURANT, Bd. II, S. 177f.

Man kann auch schließen, daß an Stellen, für die $f_x = 0$ und $f_y = 0$ gilt und gleichzeitig $f_{xx} f_{yy} - (f_{xy})^2 < 0$, kein relatives Extremum vorliegt.

Den Fall $f_{xx} f_{yy} - (f_{xy})^2 = 0$ lassen wir unentschieden.

Oft kann man sich auch ohne Betrachtung der partiellen Ableitungen davon überzeugen, daß ein relatives Maximum bzw. ein relatives Minimum vorliegt.

1. Beispiel: Die Funktion $z(x, y) = 2x^2 - 2xy + y^2$ kann umgeformt werden zu $z(x, y) = x^2 + (x - y)^2$, und daraus erkennt man, daß $z(x, y)$ in $(x_0, y_0) = (0, 0)$ ein relatives Minimum annimmt.
Denn $z(0, 0) = 0$ und für alle $(x, y) \neq (0, 0)$ ist $z(x, y) > 0$.

2. Beispiel: Im Definitionsbereich $x > 0$, $y > 0$ sei die Funktion

$$f(x, y) = x^2 - x - xy + y^2$$

gegeben. Die ersten partiellen Ableitungen sind

$$f_x = 2x - 1 - y \quad \text{und} \quad f_y = -x + 2y.$$

Wir wollen zunächst die Stellen bestimmen, für die sowohl $f_x=0$ als auch $f_y=0$ gilt und lösen daher die beiden Gleichungen

$$2x-1-y=0 \quad \text{und} \quad -x+2y=0.$$

Es gibt genau eine Lösung, nämlich $x_0=\frac{2}{3}$, $y_0=\frac{1}{3}$. Die zweiten partiellen Ableitungen sind

$$f_{xx}=2, \quad f_{yy}=2 \quad \text{und} \quad f_{xy}=f_{yx}=-1.$$

Die Bedingungen $f_{xx}f_{yy}-(f_{xy})^2>0$ und $f_{xx}>0$ gelten hier überall, also auch für $(x_0, y_0)=(\frac{2}{3};\frac{1}{3})$; also hat $f(x,y)$ in $(\frac{2}{3};\frac{1}{3})$ ein relatives Minimum. Der Wert des Minimums ist $\frac{4}{9}-\frac{2}{3}-\frac{2}{9}+\frac{1}{9}=-\frac{1}{3}$.

18. Übungsaufgabe: Man sagt, zwei Güter G_1 und G_2 seien konkurrierend, wenn sie von den Konsumenten leicht gegenseitig ausgetauscht werden können, wie z.B. Rindfleisch und Schweinefleisch. Ist p_1 der Preis für G_1, p_2 der Preis für G_2, dann wird die absetzbare Menge G_1 eine Funktion $g_1(p_1, p_2)$ sein, für die

$$\frac{\partial g_1}{\partial p_1}<0, \quad \text{aber} \quad \frac{\partial g_1}{\partial p_2}>0$$

gilt, wenn diese beiden partiellen Ableitungen existieren. Denn eine Erhöhung von p_1 wird im allgemeinen eine Verringerung der Nachfrage nach G_1 zur Folge haben, eine Erhöhung von p_2 (bei festgehaltenem p_1) eine Erhöhung der Nachfrage nach G_1 (vgl. SCHNEIDER, Bd. II, S. 92). Ganz analog kann man schließen, daß für die Nachfrage $g_2(p_1, p_2)$ nach G_2 die Ungleichungen

$$\frac{\partial g_2}{\partial p_2}<0 \quad \text{und} \quad \frac{\partial g_2}{\partial p_1}>0$$

gelten. Sei beispielsweise $g_1(p_1, p_2)=(a_1-b_1p_1)p_2$ und $g_2(p_1, p_2)=(a_2-b_2p_2)p_1$, wobei die Parameter a_1, b_1, a_2, b_2 sämtlich größer als 0 seien; $g_1(p_1, p_2)$ und $g_2(p_1, p_2)$ sind nur für Punkte (p_1, p_2) der p_1, p_2-Ebene mit $0<p_1<a_1/b_1$ und $0<p_2<a_2/b_2$ definiert.
Man bestimme Preise p_1 und p_2, für die der Gesamterlös $p_1g_1(p_1, p_2)+p_2g_2(p_1, p_2)$ ein relatives Maximum annimmt.

1.6.3 Absolute Extrema

Definition: *Eine Funktion $f(x_1, x_2, \ldots, x_n)$ nimmt an der Stelle $(x_{01}, x_{02}, \ldots, x_{0n})$ ihr* absolutes Maximum *an, wenn für alle n-tupel $(x_1, x_2, \ldots, x_n)$ ihres Definitionsbereichs*

$$f(x_1, x_2, \ldots, x_n) \leqq f(x_{01}, x_{02}, \ldots, x_{0n})$$

gilt. Die Definition für das absolute Minimum lautet entsprechend, wobei in der letzten Ungleichung das $\leqq$-Zeichen durch das $\geqq$-Zeichen ersetzt wird.

Aus der Definition folgt direkt, daß es jeweils nur eine einzige Zahl geben kann, die das absolute Maximum bzw. das absolute Minimum einer Funktion ist. Dagegen kann ein absolutes Extremum sehr wohl für verschiedene Stellen, also mehrmals, angenommen werden.

Bereits bei Funktionen einer Variablen können wir den wesentlichen Unterschied zwischen absoluten und relativen Extrema erkennen:

Gehört mit einem Punkt x_0 noch eine Umgebung von x_0 zum Definitionsbereich der Funktion $f(x)$, dann ist ein in x_0 vorliegendes absolutes Extremum zugleich relatives Extremum nach der Definition in Abschnitt 1.6.1. Ist also $f(x)$ in x_0 differenzierbar, so muß dort nach Satz 1.6.1 $f'(x)$ gleich 0 sein.

Ein absolutes Extremum kann aber auch am Rand des Definitionsbereichs angenommen werden; dann gibt es keine zum Definitionsbereich gehörende Umgebung der Extremalstelle x_0. Die erste Ableitung $f'(x)$ kann dann in x_0 verschieden von 0 sein.

Für Funktionen mehrerer Veränderlicher gelten dieselben Überlegungen: Wird ein absolutes Extremum im Innern des Definitionsbereichs angenommen, dann ist es zugleich relatives Extremum und dann müssen dort alle ersten partiellen Ableitungen gleich 0 sein.

Absolute Extrema können aber auch am Rand des Definitionsbereichs angenommen werden, und solche Stellen findet man nicht, indem man die Stellen bestimmt, für die alle ersten partiellen Ableitungen gleich 0 sind.

1. Beispiel: Wir betrachten $f(x)=x^2-x+1$ für $0 \leqq x \leqq 2$; $f'(x)=2x-1$ hat nur die eine Nullstelle $x=\frac{1}{2}$. $f''(x)=2$ ist stets positiv, also auch für $x=\frac{1}{2}$. Daraus folgt, daß $f(\frac{1}{2})=\frac{3}{4}$ ein relatives Minimum ist. Die Randwerte sind $f(0)=1$ und $f(2)=3$. $f(\frac{1}{2})$ ist relatives und zugleich das absolute Minimum, denn wenn das absolute Minimum kleiner wäre als $\frac{3}{4}$, dann müßte es am Rande angenommen werden, weil es nur eine relative Extremalstelle im Definitionsbereich gibt. Da kein relatives Maximum vorhanden ist, muß der größere der beiden Randwerte, also $f(2)=3$, das absolute Maximum sein.

2. Beispiel: Sei $z(x, y)=y^2-xy+x$ im Bereich $x \geqq 0$, $y \geqq 0$; Definitionsbereich ist also der 1. Quadrant der x, y-Ebene, für dessen Randpunkte entweder die Bedingung $y=0, x \geqq 0$ oder $x=0, y \geqq 0$ gilt.
Die 1. partiellen Ableitungen $z_x=-y+1$ und $z_y=2y-x$ haben nur eine gemeinsame Nullstelle, nämlich $(x_0, y_0)=(2; 1)$. Da an dieser Stelle

$$z_{xx} \cdot z_{yy}-(z_{xy})^2=0 \cdot 2-(-1)^2$$

kleiner ist als 0, kann dort kein relatives Extremum angenommen werden. Etwaige absolute Extrema müssen daher auf dem Rand angenommen werden.
Durchlaufen wir den Teil des Randes, der auf der x-Achse liegt, so ist $z(x, y)$ wegen $y=0$ und $x \geqq 0$ gleich x, und das absolute Minimum für diesen Teil des Randes wird für $x=0$, also im Punkt $(0, 0)$ angenommen.
Durchlaufen wir den Teil des Randes, der auf der y-Achse liegt, so ist wegen $x=0$, $y \geqq 0$ $z(x, y)$ gleich y^2; das absolute Minimum für diesen Teil des Randes wird für $y=0$, also wieder im Punkt $(0, 0)$ angenommen. Das absolute Minimum von $z(x, y)$ ist daher gleich $z(0, 0)=0$.
Das absolute Maximum existiert nicht, denn sowohl auf der x-Achse wie auf der y-Achse kann $z(x, y)$ beliebig groß gemacht werden.

Wir haben bei diesem Beispiel von absoluten Extrema für Teile des Definitionsbereichs gesprochen; diese sind natürlich gleich den absoluten Extrema, die sich ergeben würden, wenn man den Definitionsbereich der Funktion künstlich auf den betreffenden Teilbereich beschränken würde.

Aus Abschnitt 1.4.4 kennen wir bereits Beispiele für Funktionen einer Variablen, für die kein absolutes Maximum oder kein absolutes Minimum oder überhaupt kein absolutes Extremum existiert. Was dort einfach als Maximum bzw. Minimum bezeichnet wurde, waren absolute Extrema nach unserer jetzigen Sprechweise. Der Satz von WEIERSTRASS (vgl. 1.4.4) lautet nun: *Eine in einem abgeschlossenen Intervall* $[a, b]$ *stetige Funktion* $f(x)$ *nimmt dort ihr absolutes Maximum und ihr absolutes Minimum an.*

Für Funktionen mehrerer Veränderlicher gilt ein entsprechender Satz; Voraussetzung ist dabei, daß die Funktion in einem abgeschlossenen und beschränkten Bereich stetig ist. Ohne den Begriff des abgeschlossenen und beschränkten Bereichs näher zu erläutern, sei erwähnt, daß in der Ebene alle Rechtecke, Kreise und überhaupt jede von einer einfachen, in sich geschlossenen Kurve berandete geometrische Figur ein abgeschlossener und beschränkter Bereich ist, wenn die Randpunkte alle zu diesem Bereich gehören und wenn es eine Schranke K gibt, so daß für alle (x, y) aus dem Bereich $|x| \leqq K$ und $|y| \leqq K$ gilt.

Im dreidimensionalen Raum sind alle Quader, alle Kugeln und überhaupt jede von einer in sich geschlossenen Fläche berandete geometrische Figur ein abgeschlossener und beschränkter Bereich, wenn die Randpunkte alle zum Bereich gehören und wenn es eine Schranke K mit $|x| \leqq K$, $|y| \leqq K$ und $|z| \leqq K$ für alle (x, y, z) aus dem Bereich gibt.

1.6.4 Extrema unter Nebenbedingungen

Sucht man ein Extremum einer Funktion nicht für ihren gesamten Definitionsbereich, sondern nur für einen Teilbereich, dann spricht man von Extremwertbestimmung unter Nebenbedingungen.

Die Nebenbedingungen schränken den Definitionsbereich gewissermaßen künstlich ein, denn für die Extremwertbestimmung wird die Funktion so behandelt, als wäre sie nur in dem durch die Nebenbedingungen bestimmten Bereich definiert.

1. Beispiel: Wir suchen das absolute Minimum der für alle x definierten Funktion $f(x) = (x-2)^2 + 1$ unter der Nebenbedingung $x > 0$.
Das Minimum ist $f(2) = 1$, genau wie es sich auch ohne die Nebenbedingung ergeben hätte.
Hätte aber die Nebenbedingung $x \geqq 3$ gelautet, dann wäre der Randwert $f(3) = 2$ das absolute Minimum unter der Nebenbedingung.

2. Beispiel: Wir suchen die Extremwerte der Funktion $z(x, y) = 0{,}5\,x + y^2$ unter der Nebenbedingung $x^2 + y^2 = 1$.

Hier wird durch die Nebenbedingung die Dimension des Definitionsbereichs vermindert: Die in der ganzen x, y-Ebene definierte Funktion $z(x, y)$ soll nur noch auf der durch die Gleichung $x^2 + y^2 = 1$ bestimmten Kreislinie betrachtet werden.

Eine Nebenbedingung dieser Art macht aus den unabhängigen Variablen einer Funktion $f(x_1, x_2, \ldots, x_n)$ abhängige Variable in dem Sinne, daß für eine oder mehrere Variable die Werte bestimmt sind, sobald die Werte der übrigen Variablen gewählt worden sind. Im allgemeinen kann man bei m Nebenbedingungen auch genau m Variable durch die übrigen Variablen ausdrücken. Nehmen wir an, die letzten m Variablen ließen sich mit Hilfe der Nebenbedingungen durch die ersten $n-m$ Variablen ausdrücken: Setzt man dann diese Ausdrücke für

$$x_{n-m+1}, x_{n-m+2}, \ldots, x_n$$

in $f(x_1, x_2, \ldots, x_n)$ ein, dann erhält man eine Funktion $f^*(x_1, x_2, \ldots, x_{n-m})$ mit $n-m$ unabhängigen Variablen.

Der Definitionsbereich von $f^*(x_1, x_2, \ldots, x_{n-m})$ ist durch den Definitionsbereich von $f(x_1, x_2, \ldots, x_n)$ und durch die Nebenbedingungen festgelegt, und die Extrema von $f^*(x_1, x_2, \ldots, x_{n-m})$ sind die gesuchten Extrema von $f(x_1, x_2, \ldots, x_n)$ unter den Nebenbedingungen.

Wir verfolgen dies an unserem Beispiel:
Aus der Nebenbedingung folgt $y^2 = 1 - x^2$, daher ist $z(x, y) = 0{,}5x + y^2$ auf der Kreislinie gleich

$$z^*(x) = 0{,}5x + 1 - x^2 = -(x - 0{,}25)^2 + \tfrac{17}{16},$$

wobei der Definitionsbereich von $z^*(x)$ aus allen x-Werten mit $-1 \leqq x \leqq 1$ besteht.

Das absolute Maximum von $z^*(x)$ ist $z^*(0{,}25) = \frac{17}{16}$, ihr absolutes Minimum ist $z^*(-1) = -\frac{25}{16} + \frac{17}{16} = -\frac{1}{2}$.

Zu $x = 0{,}25$ gehören auf der Kreislinie die *beiden* Punkte $\left(0{,}25; \frac{\sqrt{15}}{4}\right)$ und $\left(0{,}25; -\frac{\sqrt{15}}{4}\right)$; in diesen beiden Punkten wird daher das absolute Maximum von $z(x, y)$ unter der Nebenbedingung $x^2 + y^2 = 1$ angenommen.

Zu $x = -1$ gehört nur der eine Kreispunkt $(-1; 0)$; dort wird das absolute Minimum von $z(x,y)$ unter der Nebenbedingung $x^2 + y^2 = 1$ angenommen.

Auf der Kreislinie sind die eben bestimmten Extrema übrigens zugleich relative Extrema, was aber nicht zur Folge hat, daß dort auch Extrema für die Funktion $z(x, y)$ ohne Nebenbedingung sind. Im allgemeinen sind Extremalstellen für eine Funktion unter Nebenbedingungen nämlich keine Extremalstellen für die Funktion ohne Nebenbedingungen.

Es gibt noch eine elegantere Methode, Extrema unter Nebenbedingungen zu bestimmen, nämlich die sog. Multiplikatorenmethode von LAGRANGE. Obwohl diese Methode in moderneren wirtschaftstheoretischen Untersuchungen öfters angewendet wird, müssen wir hier doch auf die einschlägige mathematische Literatur verweisen (vgl. etwa MAAK, S. 255f., FICHTENHOLZ, Bd. I, S. 441f. oder COURANT, Bd. II, S. 166ff.).

Wir werden uns in dem 3. Kapitel dieses Bandes mit nichts anderem befassen als mit der Bestimmung absoluter Extrema unter Nebenbedingungen. Allerdings handelt es sich dabei um spezielle Funktionen und um spezielle Nebenbedingungen, nämlich um lineare Funktionen unter linearen Nebenbedingungen.

1.7 Einige Anwendungen der Differentialrechnung in der Wirtschaftstheorie

1.7.1 Analytische Betrachtung von Ertragsfunktionen

Erträge werden durch das Zusammenwirken mehrerer Produktionsfaktoren erzielt. Variiert nur die Menge eines Produktionsfaktors, z. B. die Anzahl der aufgewendeten Arbeitsstunden, während die Werte der anderen Produktionsfaktoren festgehalten werden, dann ist der Ertrag eine Funktion $E(x)$ eines Produktionsfaktors x.

Ist $E(x)$ differenzierbar, dann nennt man $E'(x)$ den *Grenzertrag* des Faktors x.

Unter dem *Durchschnittsertrag* des Faktors x versteht man den Quotienten $E(x)/x$. Im konkreten Fall kann dies der durchschnittliche Ertrag pro aufgewendeter Arbeitsstunde oder der durchschnittliche Ertrag pro eingesetzter Kapitaleinheit sein.

Wenn der Durchschnittsertrag ein relatives Maximum annimmt, muß seine Ableitung

$$\left(\frac{E(x)}{x}\right)' = \frac{x\,E'(x) - E(x)}{x^2}$$

gleich 0 werden.

Das kann nur sein, wenn der Zähler dieses Quotienten gleich 0 ist, und daraus folgt als notwendige Bedingung für ein relatives Maximum des Durchschnittsertrags die Beziehung

$$E'(x) = \frac{E(x)}{x}. \tag{1}$$

Natürlich betrachten wir $E(x)$ nur für $x > 0$.

Man kann aber nicht schließen, daß an einer Stelle x, für die (1) gilt, auch immer ein relatives Maximum des Durchschnittsertrags vorliegt (vgl. die Bemerkung zu Satz 1.6.1). Dazu bedarf es zusätzlicher Informationen über die Funktion $E(x)$.

Es kann auch sein, daß die Beziehung (1) für kein x im Definitionsbereich von $E(x)$ erfüllt ist. Sei x beispielsweise der Produktionsfaktor Arbeit in einer COBB-DOUGLAS-Funktion $E(x, K) = c\,x^{\alpha} K^{1-\alpha}$ und sei K konstant. Dann ist

$$E'(x) = \alpha\,c\,x^{\alpha-1} K^{1-\alpha} \quad \text{und} \quad \frac{E(x)}{x} = c\,x^{\alpha-1} K^{1-\alpha};$$

da $0 < \alpha < 1$, kann beides nie denselben Wert annehmen.

In solchen Fällen ist allein das absolute Extremum von $E(x)/x$ interessant; es wird an einem Randpunkt des Intervalls angenommen, in dem x variieren kann.

Vernünftigerweise betrachtet man nämlich solche Funktionen nur für x-Werte, die auch tatsächlich realisierbar erscheinen.

Sei nun $E(x)$ nicht der reale Ertrag, sondern der Geldwert des Ertrags. Dann hat $E'(x)$ die Dimension Geld pro Einheit des variablen Produktionsfaktors x. Ist x die Arbeit, so hat also $E'(x)$ die Dimension eines Lohns, und tatsächlich wird unter gewissen Voraussetzungen (s. CARELL, S. 219f.) die Arbeitseinheit mit dem Grenzertrag der Arbeit entlohnt.

Die *Lohnsumme*, die für den Ertrag $E(x)$ aufgewendet werden muß, ist dann gleich $x E'(x)$.

Wenn die Lohnsumme ein relatives Maximum annimmt, dann muß ihre Ableitung, die wir nach der Produktregel bilden, gleich 0 sein, d.h.

$$x E''(x) + E'(x) = 0. \tag{2}$$

19. Übungsaufgabe: Eine Ertragsfunktion $E(x)$ sei im Bereich $0 < x \leqq 7$ hinreichend genau durch das Polynom $-0{,}5x^3 + 6x^2 + 10x$ gegeben. Der Verlauf dieses Polynoms ist in Fig. 15 skizziert. Unter der Annahme, daß für $0 < x \leqq 7$ $E(x) = -0{,}5x^3 + 6x^2 + 10x$ ist, bestimme man die relativen Maxima des Durchschnittsertrags und der Lohnsumme und weise nach, daß diese zugleich die absoluten Maxima in dem betrachteten Intervall sind.

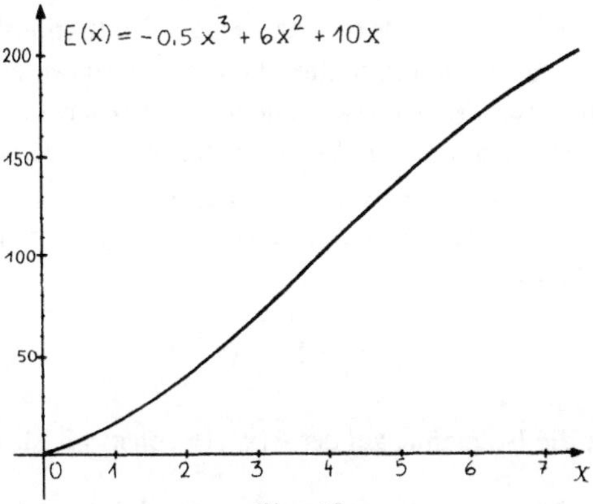

Figur 15

Wir betrachten nun Produktionsfunktionen in Abhängigkeit von zwei Produktionsfaktoren x und y. Wenn $E(x, y)$ in einem Gebiet der x, y-Ebene definiert ist, dann verlaufen in diesem Gebiet Kurven, auf denen $E(x, y)$ konstant bleibt. Im allgemeinen nennen wir solche Kurven *Höhenlinien*. Bei Produktionsfunktionen ist die Bezeichnung *Isoquanten* üblich, da sich auf jeder dieser Kurven das Quantum des Ertrags nicht ändert.

Wir nehmen an, eine solche Isoquante sei durch eine differenzierbare Funktion $y = y(x)$ gegeben. Dann läßt sich $E(x, y)$ auf der Isoquante auch als Funktion $E(x, y(x))$ von x allein schreiben, und da der Ertrag auf der Isoquante konstant bleibt, muß die (nach der Kettenregel gebildete) Ableitung

$$\frac{dE(x, y(x))}{dx} = \frac{\partial E}{\partial x}\frac{\partial x}{\partial x} + \frac{\partial E}{\partial y}\frac{\partial y}{\partial x} \quad \text{für alle } (x, y)$$

auf der Isoquante gleich 0 sein. Wegen

$$\frac{\partial y}{\partial x} = \frac{dy}{dx} \quad \text{und wegen} \quad \frac{\partial x}{\partial x} = 1$$

folgt daraus die Beziehung

$$\frac{dy}{dx} = -E_x : E_y \tag{3}$$

für die Punkte der Isoquante.

$$E_x = \frac{\partial E}{\partial x} \quad \text{und} \quad E_y = \frac{\partial E}{\partial y}$$

werden als *Grenzerträge* von x und y bezeichnet.

Die Ableitung dy/dx der Isoquante wird als *Grenzrate der Substitution* bezeichnet, da sie in etwa angibt, welche Menge des einen Produktionsfaktors durch eine (kleine) Einheit des anderen Produktionsfaktors ersetzt werden kann, ohne daß sich an der produzierten Menge etwas ändert. Ist z.B. $dy/dx = -3$, dann können etwa 3 Einheiten von y durch eine Einheit von x ersetzt werden.

Jede Isoquante kann aus einer Gleichung $E(x, y) = \text{const.}$ bestimmt werden.

Setzen wir z.B. eine COBB-DOUGLAS-Funktion $E(x, y) = c\,x^{\alpha} y^{1-\alpha} = b$, dann folgt $y^{1-\alpha} = b/(c\,x^{\alpha})$ und daraus

$$y = \left(\frac{b}{c}\right)^{\frac{1}{1-\alpha}} \cdot (x)^{\frac{-\alpha}{1-\alpha}}$$

als Beziehung für die Isoquante, auf der $E(x, y) = \text{const.} = b$ ist.

1.7.2 Optimale Kombination von Produktionsfaktoren

Gegeben sei eine Ertragsfunktion $E(x_1, x_2, \ldots, x_n)$, die von n Produktionsfaktoren $x_1, x_2, \ldots, x_n$ abhängt.

Ein n-tupel $(x_1, x_2, \ldots, x_n)$ heißt *optimale Kombination* der Produktionsfaktoren, wenn es bei gegebenem Aufwand zu maximalem Ertrag führt.

Ist der gegebene Aufwand gleich K und sind die Preise $p_1, p_2, \ldots, p_n$ für die Produktionsfaktoren fest vorgegeben, dann muß gelten:

$$p_1 x_1 + p_2 x_2 + \cdots + p_n x_n = K,$$

und unter dieser Nebenbedingung ist $E(x_1, x_2, \ldots, x_n)$ zu maximieren, wenn $(x_1, x_2, \ldots, x_n)$ eine optimale Kombination sein soll.

Wir können eine Variable, z. B. x_1, mit Hilfe der Nebenbedingung durch die übrigen Variablen ausdrücken:

$$x_1 = \frac{1}{p_1}(K - p_2 x_2 - p_3 x_3 - \cdots - p_n x_n). \tag{1}$$

Setzt man (1) in die Funktion $E(x_1, x_2, \ldots, x_n)$ ein, dann erhält man eine Funktion $E^*(x_2, x_3, \ldots, x_n)$; ein Maximum von $E(x_1, x_2, \ldots, x_n)$ unter der Nebenbedingung ist ein Maximum von $E^*(x_2, x_3, \ldots, x_n)$ in dem durch die Nebenbedingung bestimmten Teilbereich des Definitionsbereichs von $E(x_1, x_2, \ldots, x_n)$.

Nach der Kettenregel gilt für die partiellen Ableitungen von $E^*(x_2, x_3, \ldots, x_n)$:

$$\frac{\partial E^*}{\partial x_2} = \frac{\partial E}{\partial x_1} \cdot \frac{\partial x_1}{\partial x_2} + \frac{\partial E}{\partial x_2}; \frac{\partial E^*}{\partial x_3} = \frac{\partial E}{\partial x_1} \cdot \frac{\partial x_1}{\partial x_3} + \frac{\partial E}{\partial x_3}; \ldots; \frac{\partial E^*}{\partial x_n} = \frac{\partial E}{\partial x_1} \cdot \frac{\partial x_1}{\partial x_n} + \frac{\partial E}{\partial x_n}.$$

An der Stelle eines relativen Maximums von E^* sind alle partiellen Ableitungen $\partial E^*/\partial x_k$ gleich 0, und da wir aus (1) direkt entnehmen können, daß für

$$k = 2, 3, \ldots, n \quad \text{stets} \quad \frac{\partial x_1}{\partial x_k} = \frac{-p_k}{p_1}$$

gilt, erhalten wir

$$\frac{\partial E}{\partial x_1}\left(\frac{-p_2}{p_1}\right) + \frac{\partial E}{\partial x_2} = 0, \frac{\partial E}{\partial x_1}\left(\frac{-p_3}{p_1}\right) + \frac{\partial E}{\partial x_3} = 0, \ldots, \frac{\partial E}{\partial x_1} \cdot \left(\frac{-p_n}{p_1}\right) + \frac{\partial E}{\partial x_n} = 0,$$

d.h.

$$\frac{p_k}{p_1} = \frac{\partial E}{\partial x_k} : \frac{\partial E}{\partial x_1} \quad \text{für alle } k = 2, 3, \ldots, n \tag{2}$$

als notwendige Bedingungen für ein relatives Maximum.

Da wir genauso wie x_1 auch jede der anderen Variablen durch die Nebenbedingung ausdrücken und in $E(x_1, x_2, \ldots, x_n)$ einsetzen können, folgt daraus, daß an jeder Stelle, an der $E(x_1, x_2, \ldots, x_n)$ in dem durch die Nebenbedingung bestimmten Teilbereich ein relatives Maximum hat, die Gleichungen

$$\frac{\partial E}{\partial x_k} : \frac{\partial E}{\partial x_i} = \frac{p_k}{p_i} \quad \text{für beliebige Indexpaare } k, i \text{ mit } 1 \leq i \leq n \text{ und } 1 \leq k \leq n$$

gelten müssen. Im allgemeinen wird angenommen, daß ein solches relatives Maximum zugleich das absolute Maximum der Ertragsfunktion unter der Nebenbedingung ist. *Für eine optimale Kombination der Produktionsfaktoren verhalten sich dann also je zwei Preise zueinander so wie die Grenzerträge der entsprechenden Produktionsfaktoren.*

1.7.3 Kosten- und Preis-Absatz-Funktionen

Die gesamten Kosten, die durch die Produktion einer Menge x eines gewissen Artikels entstehen, seien eine differenzierbare Funktion $K(x)$ von x.

Die durchschnittlichen Kosten pro Mengeneinheit sind dann gleich $K(x)/x$.

Wenn die durchschnittlichen Kosten ein relatives Minimum für eine Menge x annehmen, dann muß die 1. Ableitung von $K(x)/x$ gleich 0 werden, d.h.

$$\frac{d}{dx}\left(\frac{K(x)}{x}\right)=\frac{x\,K'(x)-K(x)}{x^2}=0,$$

woraus

$$K'(x)=\frac{K(x)}{x}$$

folgt. Die sog. Grenzkosten $K'(x)$ müssen also gleich den Durchschnittskosten werden.

Die Bezeichnung Grenzkosten für $K'(x)$ rührt daher, daß $K'(x)$ in etwa gleich den Kosten ist, die für eine zusätzliche Mengeneinheit anfallen würden, wenn bisher die Menge x produziert wird. Diese Kosten wurden nämlich ebenfalls bis in unsere Zeit als Grenzkosten bezeichnet, sie sind aber gleich dem Wert des Differenzenquotienten

$$\frac{K(x+\Delta x)-K(x)}{\Delta x}$$

für den speziellen Fall $\Delta x=1$.

Da mit Differenzenquotienten weniger leicht umzugehen ist als mit Differentialquotienten, definiert man vom mathematischen Standpunkt aus die Grenzkosten lieber als Ableitung anstatt als spezielle Differenzenquotienten. Auch die Ergebnisse werden dadurch einfacher; so wäre z.B. der Satz, wonach für ein relatives Minimum der durchschnittlichen Kosten die Grenzkosten gleich den Durchschnittskosten werden, nicht richtig, wenn man die Grenzkosten als Differenzenquotienten definieren würde. Er müßte durch eine kompliziertere Aussage ersetzt werden.

Entsprechendes gilt für die Grenzerträge, die wir aus diesen Gründen als Ableitungen definiert haben (vgl. 1.7.1).

Ist der Preis p für das produzierte Gut fest vorgegeben und kann die produzierte Menge x auch stets zu diesem Preis abgesetzt werden, dann ist der *Erlös* gleich $p\,x$.

Der *Gewinn* ist dann $p\,x-K(x)=G(x)$.

Hat der Gewinn an der Stelle x ein relatives Maximum, so muß die Ableitung $G'(x)=p-K'(x)$ gleich 0 sein, d.h.

$$p=K'(x). \tag{1}$$

Man nimmt an, daß es nur ein relatives Maximum für den Gewinn gibt und daß dieses zugleich das absolute Maximum ist. Dann muß ein Unternehmen also die Menge x produzieren, für die die Grenzkosten gerade gleich dem Preis p werden, zu dem das Gut verkauft wird, falls es den Gewinn maximieren will.

Setzt ein Unternehmen den Preis p für das produzierte Gut selbst fest, so wird die absetzbare Menge x im allgemeinen eine Funktion $x(p)$ des Preises sein, die monoton fallend ist. Wir nehmen an, die Funktion $x(p)$ sei streng monoton fallend und differenzierbar. In einem gewissen Bereich ist dann eine differenzierbare Funktion $p(x)$ als Umkehrfunktion zu $x(p)$ definiert; $p(x)$ ist der Preis, zu dem die Menge x abgesetzt werden kann. $p(x)$ ist wie $x(p)$ streng monoton fallend.

Der Gewinn ist nun $G(x)=p(x)\,x-K(x)$, die Ableitung von $G(x)$ ist

$$G'(x)=p'(x)\,x+p(x)-K'(x),$$

und (1) ist daher nun zu ersetzen durch die Gleichung

$$p(x)=K'(x)-p'(x)\,x, \tag{1'}$$

die für ein relatives Maximum von $G(x)$ gelten muß.

Der Erlös kann nun mit zunehmender Menge x auch abnehmen: er ist nun gleich $x\,p(x)$, also ist seine Ableitung, der sog. *Grenzerlös*, gleich $p(x)+x\,p'(x)$, und wegen $p'(x)<0$ kann dies negativ werden. Für ein relatives Maximum des Erlöses muß gelten:

$$p(x)+x\,p'(x)=0. \tag{2}$$

1.7.4 Elastizitäten

Die Elastizität einer Funktion $f(x)$ ist eine Funktion, die in etwa angibt, wie sich die durch eine geringe relative Änderung $\Delta x/x$ hervorgerufene relative Änderung

$$\frac{f(x+\Delta x)-f(x)}{f(x)}$$

des Funktionswerts zu $\Delta x/x$ verhält.

Sie ist als Grenzwert für differenzierbare Funktionen definiert.

Definition: *$f(x)$ sei eine differenzierbare Funktion; der dann für alle $x\neq 0$ mit $f(x)\neq 0$ existierende Grenzwert*

$$\varepsilon_f(x)=\lim_{\Delta x\to 0}\left[\frac{f(x+\Delta x)-f(x)}{f(x)}:\frac{\Delta x}{x}\right]=\frac{x f'(x)}{f(x)}$$

heißt die Elastizität von $f(x)$ *bezüglich x.*

Die Elastizität ist unabhängig von Änderungen der Einheiten. Geht man nämlich auf der Ordinatenachse zu einer anderen Einheit über, dann erhält man statt $f(x)$ die Funktion $g(x)=c f(x)$ mit irgendeinem Faktor c. Die Elastizität $\varepsilon_g(x)$ ist dann gleich

$$\frac{x g'(x)}{g(x)}=\frac{x c f'(x)}{c f(x)}=\frac{x f'(x)}{f(x)}=\varepsilon_f(x).$$

Geht man auf der Abszissenachse zu einer anderen Einheit über, so ist $x=a\,t$, wobei t die neue unabhängige Variable ist. Als Funktion bekommt man dann $g(t)=f(a\,t)$, und die Elastizität dieser Funktion ist

$$\varepsilon_g(t)=\frac{t\,g'(t)}{g(t)}=\frac{t\,f'(a\,t)\,a}{f(a\,t)}=\frac{x\,f'(x)}{f(x)}=\varepsilon_f(x),$$

d.h., für jedes t ist die Elastizität von $g(t)$ gleich der Elastizität von $f(x)$ an der Stelle $x=a\,t$.

Ist $y=f(x)$ und existiert an einer Stelle y eine differenzierbare Umkehrfunktion $x=x(y)$, so ist deren Elastizität gleich

$$\varepsilon_x(y)=\frac{x'(y)\cdot y}{x(y)}=\frac{f(x)}{f'(x)\,x}=\frac{1}{\varepsilon_f(x)},$$

wobei $\varepsilon_f(x)$ an der Stelle $x=x(y)$ zu berechnen ist. Ist also $\varepsilon_f(x)\neq 0$, so existiert für $y=f(x)$ auch die Elastizität der Umkehrfunktion, und die beiden Elastizitäten sind zueinander reziprok.

Für den Grenzerlös $p(x)+x\,p'(x)$ in Abschnitt 1.7.3 können wir nun auch

$$p(x)\left\{1+\frac{x\,p'(x)}{p(x)}\right\}=p(x)(1+\varepsilon_p(x))$$

oder

$$p(x)\left(1+\frac{1}{\varepsilon_x(p)}\right) \tag{1}$$

schreiben.

Da $x(p)$ die zum Preis p wirksam werdende Nachfrage ist, ist $\varepsilon_x(p)$ die *Elastizität der Nachfrage* bezüglich p.

Ist das absolute Maximum des Erlöses zugleich relatives Maximum, dann muß der Grenzerlös an der betreffenden Stelle gleich 0 werden. Aus Gleichung (1) erkennt man, daß dies nur eintritt, wenn $\varepsilon_x(p)=-1$ ist. Wegen $\varepsilon_p(x)=1/\varepsilon_x(p)$ muß dann auch $\varepsilon_p(x)=-1$ gelten.

Die Gleichung (1) ist als *Formel von* ROBINSON-AMOROSO bekannt.

1. Beispiel: Die Nachfrage x hänge linear von p ab, d.h., $x(p)=a-b\,p$ mit $a>0, b>0$, wobei p nur zwischen 0 und a/b variiert. Dann ist

$$\varepsilon_x(p)=\frac{p\,x'(p)}{x(p)}=\frac{p(-b)}{a-b\,p}=\frac{-b\,p}{a-b\,p}.$$

Diese Elastizität wird also -1, wenn

$$\frac{-b\,p}{a-b\,p}=-1, \quad \text{d.h.} \quad -b\,p=-a+b\,p \quad \text{oder} \quad p=\frac{a}{2b} \quad \text{gilt.}$$

Ein relatives Maximum des Erlöses kann also nur an der Stelle

$$x=a-b\frac{a}{2b}=\frac{a}{2}$$

angenommen werden.

20. Übungsaufgabe: Man bestätige das Ergebnis dieses Beispiels, indem man den Erlös $x \cdot p(x)$ als Funktion von x ermittelt und die Ableitung gleich 0 setzt.

Elastizitäten sind auch für Funktionen von mehreren Variablen definiert. Ist z.B. $x(p_1, p_2)$ die Nachfrage nach einem Gut G_1, die außer von dem Preis p_1 dieses Gutes auch noch vom Preis p_2 eines anderen Gutes G_2 abhängt, dann bezeichnet man

$$\varepsilon_{x,p_1}(p_1, p_2)=\frac{\partial x(p_1, p_2)}{\partial p_1}\cdot\frac{p_1}{x(p_1, p_2)}$$

als *Elastizität* der Nachfrage bezüglich des Preises p_1, dagegen wird

$$\varepsilon_{x,p_2}=\frac{\partial x(p_1, p_2)}{\partial p_2}\cdot\frac{p_2}{x(p_1, p_2)}$$

als die *Kreuzpreiselastizität der Nachfrage* bezüglich p_2 bezeichnet.

2. Beispiel: Sei $x(p_1, p_2)=(a-b\,p_1)\,p_2$ die Nachfrage nach einem Gut G_1 mit dem Preis p_1; p_2 sei der Preis eines zweiten (mit G_1 konkurrierenden) Gutes.
Dann ist die Elastizität der Nachfrage bezüglich p_1 gleich

$$x_{p_1}\cdot\frac{p_1}{x(p_1, p_2)}=-b\,p_2\cdot\frac{p_1}{(a-b\,p_1)\,p_2}=\frac{-b\,p_1}{a-b\,p_1},$$

und die Kreuzpreiselastizität der Nachfrage bezüglich p_2 ist gleich

$$x_{p_2}\cdot\frac{p_2}{x(p_1, p_2)}=\frac{(a-b\,p_1)\,p_2}{(a-b\,p_1)\,p_2}=1.$$

Letzteres hätten wir auch gleich sehen können, denn eine relative Änderung von p_2 bewirkt stets eine gleich große relative Änderung von $(a-b\,p_1)\,p_2$. Ändert man etwa p_2 um $+5\%$, so vergrößert sich auch $(a-b\,p_1)\,p_2$ um $+5\%$, wenn dabei p_1 fest ist.

1.8 Integrale

1.8.1 Der Hauptsatz der Differential- und Integralrechnung

Geradlinig begrenzte Flächen, wie z.B. Rechtecke oder Dreiecke, haben einen leicht zu berechnenden Inhalt. Bei krummlinig begrenzten Flächen muß der Inhalt als Grenzwert definiert werden. Man erinnere sich etwa daran, daß in der Schule der Flächeninhalt $r^2\pi$ des Kreises als Grenzwert einer Folge von Flächeninhalten regelmäßiger n-Ecke für $n\to\infty$ hergeleitet wurde. Es wurde dabei gezeigt, daß der Flächeninhalt des dem Kreise umbeschriebenen regelmäßigen n-Ecks gegen denselben Grenzwert konvergiert wie der Flächeninhalt des dem Kreise einbeschriebenen regelmäßigen n-Ecks. Diesen gemeinsamen Grenzwert definiert man als den Flächeninhalt des Kreises.

Wir wollen uns nun damit beschäftigen, welchen Flächeninhalt man einer Fläche zuordnen kann, die über einem Intervall $[a, b]$ der x-Achse liegt und nach oben durch eine Funktionskurve $f(x)$ begrenzt wird (vgl. Fig. 16). Da man eine solche Fläche im allgemeinen nicht aus Rechtecken, Dreiecken oder anderen geradlinig begrenzten Figuren zusammensetzen kann, muß man den gesuchten Flächeninhalt erst auf ähnliche Weise definieren wie den Kreisinhalt. Dies geschieht, indem man den Flächeninhalt einer solchen Fläche als den gemeinsamen Grenzwert der sog. RIEMANNschen Ober- und Untersummen definiert, falls ein solcher gemeinsamer Grenzwert existiert.

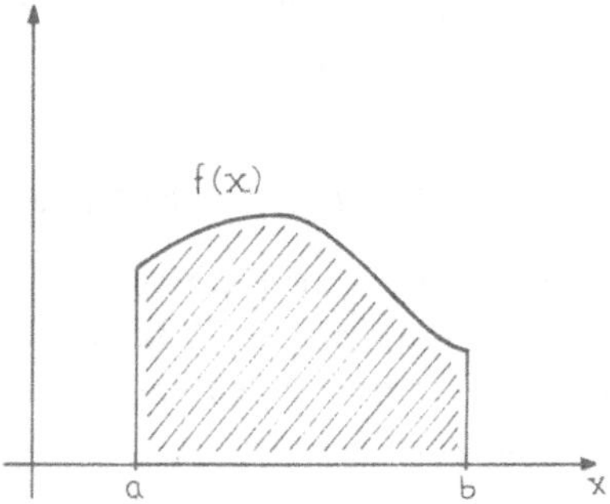

Figur 16

Wir wollen uns hier aber auf den naiven Standpunkt stellen, daß man den Flächen, die von der Art sind wie die in Fig. 16 gezeichnete, immer einen Flächeninhalt zuordnen kann, der die üblichen Eigenschaften eines Flächeninhalts besitzt; er ist also für jede solche Fläche eindeutig bestimmt, für eine aus mehreren solcher Flächen zusammengesetzte Fläche ist er gleich der Summe aus den einzelnen Flächeninhalten usw. Insbesondere muß der Flächeninhalt einer völlig in einer anderen Fläche enthaltenen Fläche kleiner oder gleich dem Flächeninhalt der anderen Fläche sein.

Da wir die Existenz eines solchen Flächeninhalts für die zu untersuchenden Flächen naiverweise voraussetzen, dreht es sich nun nur noch um seine Berechnung.

Wir bezeichnen den Flächeninhalt der unter einer Funktionskurve $f(x)$ mit $f(x) \geqq 0$ und über einem Intervall $[a, b]$ der *x-Achse* liegenden Fläche mit

$$\int_a^b f(x)\,dx$$

und nennen ihn das *Integral* über $f(x)$ nach dx von a bis b.

(An den Seiten muß die betreffende Fläche immer von den Strecken begrenzt sein, die von den Punkten a und b auf der x-Achse zu den zugehörigen Punkten auf der Funktionskurve führen, wie dies in Fig. 16 gezeichnet ist.)

Für $a<b$ und $b<c$ muß das Integral nun als Flächeninhalt die Eigenschaft

$$\int_a^b f(x)\,dx+\int_b^c f(x)\,dx=\int_a^c f(x)\,dx$$

haben, vorausgesetzt, daß $f(x)$ stets >0 ist. Damit diese Eigenschaft auch für beliebige Zahlen a, b und c gilt, definieren wir für $b>a$ das Integral

$$\int_b^a f(x)\,dx \quad \text{als} \quad -\int_a^b f(x)\,dx.$$

Dann gilt speziell:

$$\int_a^a f(x)\,dx=\int_a^b f(x)\,dx+\int_b^a f(x)\,dx=0.$$

Sind ferner die Funktionswerte $f(x)$ in einem Intervall alle kleiner oder gleich 0, dann wollen wir unter dem Integral

$$\int_a^b f(x)\,dx$$

den negativen Wert des Flächeninhalts der unter der x-Achse liegenden und nach unten durch die Funktionskurve berandeten Fläche verstehen.

Mit der Bedeutung der Integrale als Flächeninhalt hängt der folgende Satz zusammen:

Satz 1.8.1 *(Mittelwertsatz der Integralrechnung): Ist $f(x)$ stetig in einem endlichen Intervall $[a,b]$, dann gibt es in $[a,b]$ einen Punkt c mit $a<c<b$ und*

$$f(c)(b-a)=\int_a^b f(x)\,dx.$$

Beweis: Sei m das absolute Minimum von $f(x)$ in $[a,b]$ und M das absolute Maximum von $f(x)$ in $[a,b]$. Nach dem Satz von WEIERSTRASS existieren m und M.

Wir wollen zunächst annehmen, daß $f(x)\geqq 0$ im ganzen Intervall $[a,b]$ ist.

Dann ist das Rechteck, dessen eine Seite vom Intervall $[a,b]$ gebildet wird und dessen andere Seite die Länge m hat, ganz in der Integralfläche enthalten, während das Rechteck, dessen eine Seite ebenfalls das Intervall $[a,b]$ ist und dessen andere Seite die Länge M hat, die Integralfläche enthält (s. Fig. 17). Dann muß gelten:

$$m(b-a)\leqq\int_a^b f(x)\,dx\leqq M(b-a).$$

Auch für den Fall, daß $f(x)$ negative Werte annehmen kann, gilt diese Ungleichung, wie man leicht nachweist. Daher ist

$$\int_a^b f(x)\,dx \quad \text{gleich} \quad z(b-a),$$

wobei z eine bestimmte Zahl zwischen m und M ist.
Nach dem Zwischenwertsatz für stetige Funktionen gibt es ein c mit $a<c<b$ und $f(c)=z$, also ist $f(c)(b-a)$ gleich dem Integral.

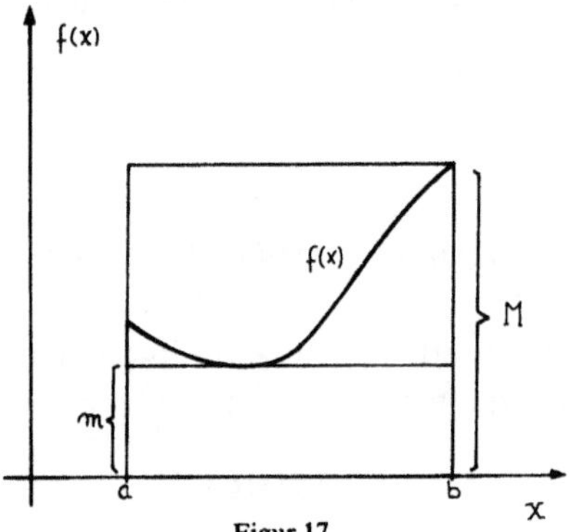

Figur 17

Bei jedem Integral

$$\int_a^b f(x)\,dx$$

bezeichnen wir a als die untere, b als die obere Integrationsgrenze.

Nennen wir nun die obere Integrationsgrenze y und lassen sie variieren, dann wird das Integral zu einer Funktion der oberen Integrationsgrenze:

$$F(y)=\int_a^y f(x)\,dx.$$

Für diese Funktion $F(y)$ gilt der folgende Satz, der die Grundlage für die Berechnung von Integralen darstellt:

Satz 1.8.2 *(Hauptsatz der Differential- und Integralrechnung): Die Funktion*

$$\int_a^y f(x)\,dx=F(y)$$

ist nach y differenzierbar, wenn $f(x)$ an der Stelle $x=y$ stetig ist, und die Ableitung

$$\frac{dF(y)}{dy} \quad \text{ist dann gleich } f(y).$$

Beweis: Es ist zu zeigen, daß

$$\lim_{\Delta y \to 0} \frac{F(y+\Delta y)-F(y)}{\Delta y}$$

existiert, wenn $f(x)$ an der Stelle $x=y$ stetig ist. Der zu betrachtende Differenzenquotient ist also

$$\frac{\int\limits_a^{y+\Delta y} f(x)\,dx - \int\limits_a^{y} f(x)\,dx}{\Delta y} = \frac{\int\limits_y^{y+\Delta y} f(x)\,dx}{\Delta y};$$

wegen der Stetigkeit von $f(x)$ für $x=y$ kann man für jedes $\varepsilon>0$ das Δy dem Betrag nach so klein wählen, daß für alle x aus dem Intervall $[y; y+\Delta y]$ die Beziehung

$$f(y)-\varepsilon < f(x) < f(y)+\varepsilon$$

erfüllt ist, und dann gilt für $\Delta y>0$

$$(f(y)-\varepsilon)(\Delta y) < \int\limits_y^{y+\Delta y} f(x)\,dx < (f(y)+\varepsilon)(\Delta y);$$

für $\Delta y<0$ hat man hier die beiden $<$-Zeichen durch $>$-Zeichen zu ersetzen. Also kann man für jedes $\varepsilon>0$ erreichen, daß der obige Differenzenquotient zwischen $f(y)-\varepsilon$ und $f(y)+\varepsilon$ liegt, wenn nur $|\Delta y|$ klein genug ist. Also muß der limes des Differenzenquotienten für $\Delta y \to 0$ existieren und gleich $f(y)$ sein.

Aus diesem Satz wird deutlich, daß die Integration gewissermaßen die Umkehr der Differentiation ist. Da die zu integrierende Funktion nur stetig, aber nicht differenzierbar sein muß, um die Differenzierbarkeit von $F(y)$ zu gewährleisten, sagt man manchmal, die Integration habe eine „glättende" Wirkung. Man kann übrigens auch zeigen, daß eine Sprungstelle von $f(x)$ an der Stelle $x=y$ nicht zu einer Unstetigkeit, sondern nur zu einem „Knick" des Funktionsverlaufs von $F(y)$ führt.

Wir benutzen nun den Fundamentalsatz, um ein Verfahren zur Berechnung von Integralen anzugeben.

Die obere Integrationsgrenze nennen wir nun x und betrachten die Funktion

$$F(x)=\int\limits_a^x f(t)\,dt; \quad \text{dann ist} \quad \int\limits_a^b f(t)\,dt = F(b).$$

Wir wollen annehmen, daß $f(t)$ im Intervall $[a, b]$ stetig ist. Dann ist nach dem Fundamentalsatz $F(x)$ in $[a, b]$ differenzierbar und es gilt dort $F'(x)=f(x)$.

Sei nun $G(x)$ irgendeine in $[a, b]$ differenzierbare Funktion, für die dort $G'(x)=f(x)$ ist.

Dann ist die Ableitung von $F(x)-G(x)$ überall in $[a, b]$ gleich 0, also muß nach Satz 1.4.6 $G(x)=F(x)+c$ mit irgendeiner Konstanten c gelten.

Dies gilt auch speziell an den beiden Stellen $x=b$ und $x=a$, d.h.,

$$G(b)=F(b)+c \quad \text{und} \quad G(a)=F(a)+c;$$

weil aber

$$F(a)=\int_a^a f(t)\,dt=0$$

ist, folgt $c=G(a)$. Setzen wir letzteres in $G(b)=F(b)+c$ ein, dann folgt:

$$F(b)=\int_a^b f(t)\,dt=G(b)-G(a).$$

Um das Integral

$$\int_a^b f(t)\,dt$$

einer in $[a,b]$ stetigen Funktion zu berechnen, braucht man also nur eine Funktion $G(x)$ zu suchen, deren Ableitung in $[a,b]$ gleich $f(x)$ ist. Die Differenz $G(b)-G(a)$ ist dann der Wert des Integrals.

Eine solche Funktion $G(x)$ wird als *Stammfunktion* von $f(x)$ oder auch als *unbestimmtes Integral* bezeichnet.

Für unbestimmte Integrale schreibt man auch $\int f(x)\,dx$; Integrale über feste Integrationsgrenzen heißen im Gegensatz dazu *bestimmte Integrale.*

1. Beispiel: Wir berechnen

$$\int_1^4 x\,dx; \quad \text{eine Stammfunktion zu} \quad f(x)=x \text{ ist } \frac{x^2}{2};$$

also ist

$$\int_1^4 x\,dx=\frac{4^2}{2}-\frac{1^2}{2}=7{,}5.$$

Auch ohne Integralrechnung hätte man das noch herausgefunden, denn die Integralfläche ist hier ein Trapez.

2. Beispiel: Gesucht sei der Wert des Integrals

$$\int_0^3 x^a\,dx, \quad \text{wobei} \quad a>0.$$

Eine Stammfunktion zu x^a ist

$$\frac{1}{a+1}\,x^{a+1},$$

denn die Ableitung dieser Funktion gibt gerade wieder x^a. Daneben ist aber auch

$$\frac{1}{a+1}\,x^{a+1}+c$$

für jede beliebige Konstante c eine Stammfunktion, denn auch für diese Funktionen ist die Ableitung gleich x^a. Also ist

$$\int_0^3 x^a\,dx \quad \text{gleich} \quad \frac{1}{a+1}\,3^{a+1}-0=\frac{3^{a+1}}{a+1}.$$

Für $a=2$ erhält man so z.B. die Fläche, die unter der Parabel $y=x^2$ von $x=0$ bis $x=3$ liegt: Sie ist nach obigem gleich $3^3/3=9$.

Wenn es eine Stammfunktion $G(x)$ zu einer Funktion $f(x)$ gibt, so gibt es stets unendlich viele Stammfunktionen, aber alle unterscheiden sich nur um konstante Werte.

Wir können nun auch sofort zu jedem Polynom $P(x)$ eine Stammfunktion angeben. Ist etwa $P(x)=x^4-2x^2+7x+5$, so ist das Polynom $\frac{1}{5}x^5-\frac{2}{3}x^3+\frac{7}{2}x^2+5x$ eine Stammfunktion zu $P(x)$, aber auch jedes Polynom, das man aus diesem durch Addition einer Konstanten erhält, ist Stammfunktion zu $P(x)$. Eine übliche Schreibweise für die Differenz $G(b)-G(a)$ ist $G(x)|_a^b$. Unter Verwendung dieser Schreibweise ist z.B.

$$\int_0^1 P(x)\,dx,$$

wo $P(x)$ das obige Polynom ist, gleich

$$\tfrac{1}{5}x^5-\tfrac{2}{3}x^3+\tfrac{7}{2}x^2+5x\big|_0^1=\left(\tfrac{1}{5}-\tfrac{2}{3}+\tfrac{7}{2}+5\right)-0=8+\tfrac{1}{30}.$$

21. Übungsaufgabe: Man berechne die Integrale

$$\int_2^5 \left(x+\frac{1}{x}\right)dx \quad \text{und} \quad \int_{-1}^2 (-x^3+1)\,dx.$$

1.8.2 Integrationsregeln

Die Aufgabe, eine Stammfunktion zu einer gegebenen Funktion zu finden, kann man sich oft durch Anwendung der folgenden Integrationsregeln erleichtern.

1. Regel: $\displaystyle\int_a^b (f_1(x)+f_2(x))\,dx=\int_a^b f_1(x)\,dx+\int_a^b f_2(x)\,dx.$

Ist nämlich $G_1(x)$ Stammfunktion zu $f_1(x)$ und $G_2(x)$ Stammfunktion zu $f_2(x)$, dann ist $G_1(x)+G_2(x)$ Stammfunktion zu $f_1(x)+f_2(x)$, also ist

$$\int_a^b (f_1(x)+f_2(x))\,dx=G_1(b)+G_2(b)-(G_1(a)+G_2(a))$$

$$=(G_1(b)-G_1(a))+(G_2(b)-G_2(a))=\int_a^b f_1(x)\,dx+\int_a^b f_2(x)\,dx.$$

2. Regel: $\int u(x)\,v'(x)\,dx=u(x)\,v(x)-\int u'(x)\,v(x)\,dx.$

Diese Regel ist richtig, denn die Ableitung der linken Seite ist gleich der Ableitung der rechten Seite:

$$u(x)\,v'(x)=[u(x)\,v(x)]'-u'(x)\,v(x),$$

denn dies ist gleichbedeutend mit der Produktregel für die Differentiation (vgl. die 3. Regel aus 1.4.2).

Die Anwendung dieser Regel bezeichnet man auch als *partielle Integration.* Man integriert eine Funktion $f(x)$ partiell, wenn

a) $f(x)$ aufgefaßt werden kann als Produkt $u(x)\,v'(x)$, wobei eine Stammfunktion $v(x)$ für $v'(x)$ bekannt ist, und wenn

b) das Integral $-\int u'(x)\,v(x)\,dx$ leichter zu lösen ist als das gegebene Integral $\int f(x)\,dx=\int u(x)\,v'(x)\,dx$.

Wir erläutern dies näher an einem Beispiel:

1. Beispiel: Gesucht sei $\int x\,e^{-x}\,dx$; würden wir $x=v'(x)$ und $e^{-x}=u(x)$ setzen, dann kämen wir durch partielle Integration zu

$$\int (e^{-x})\,x\,dx=\frac{x^2}{2}\,e^{-x}-\int \frac{x^2}{2}(-e^{-x})\,dx,$$

was zwar richtig ist, aber keine Vereinfachung bringt. Setzen wir aber $x=u(x)$ und $e^{-x}=v'(x)$, dann ergibt sich

$$\int x\,e^{-x}=x(-e^{-x})-\int 1\cdot(-e^{-x})\,dx=-x\,e^{-x}-e^{-x}=-e^{-x}(1+x).$$

Dazu haben wir verwendet, daß die Ableitung von x gleich 1 ist und daß $-e^{-x}$ Stammfunktion zu e^{-x} ist.

2. Beispiel: Für $\int \ln x\,dx$ kann man auch $\int \ln x\cdot 1\,dx$ schreiben und $1=v'(x)$, $\ln x=u(x)$ setzen; dann ist

$$\int \ln x\,dx=(\ln x)\,x-\int x\cdot\frac{1}{x}\,dx=x(\ln x-1),$$

denn hier ist

$$u'(x)=(\ln x)'=\frac{1}{x}\quad\text{und}\quad v(x)=x.$$

Den Wert eines bestimmten Integrals erhält man durch Einsetzen der Integrationsgrenzen in die Stammfunktion. So ist z.B.

$$\int_{0,5}^{3}\ln x\,dx=x(\ln x-1)\big|_{0,5}^{3}=3(\ln 3-1)-0,5(\ln 0,5-1).$$

3. Regel: Wenn $f(x)$ von der Form $g'(x)/g(x)$ ist, so ist

$$\int f(x)\,dx=\ln(g(x));$$

denn nach der Kettenregel ist

$$(\ln g(x))' = \frac{1}{g(x)} \cdot g'(x).$$

3. Beispiel: $\int \frac{1}{x \ln x}\,dx$ ist gleich $\int \frac{1/x}{\ln x}\,dx$ und $1/x$ ist die Ableitung von $\ln x$. Also ist das gesuchte unbestimmte Integral nach der 3. Regel gleich $\ln(\ln x)$.

4. Beispiel: $\int \frac{x}{2x^2+3}\,dx = \frac{1}{4} \int \frac{4x}{2x^2+3}\,dx$;

durch diese Umformung ist wieder die 3. Regel anwendbar, die gesuchte Stammfunktion ist also $\frac{1}{4}\ln(2x^2+3)$.

Daß man einen konstanten Faktor vor das Integralzeichen ziehen kann, ist an sich auch eine Integrationsregel, allerdings eine triviale: weil $c \cdot G(x)$ Stammfunktion von $c f(x)$ ist, wenn $G(x)$ Stammfunktion von $f(x)$ ist, gilt allgemein

$$\int c\, f(x)\,dx = c \int f(x)\,dx.$$

4. Regel (Substitutionsregel): Gesucht sei das Integral $\int_a^b f(x)\,dx$ über eine in $[a, b]$ stetige Funktion $f(x)$. Sei dann $\varphi(t)$ eine in einem Intervall $[\alpha, \beta]$ differenzierbare Funktion mit $\varphi(\alpha) = a$, $\varphi(\beta) = b$.

$\varphi(t)$ nehme in $[\alpha, \beta]$ nur Werte an, für die $f(x)$ stetig ist, und $\varphi'(t)$ sei stetig in $[\alpha, \beta]$; dann gilt mit der Substitution $x = \varphi(t)$ die sog. Substitutionsregel:

$$\int_a^b f(x)\,dx = \int_\alpha^\beta f(\varphi(t))\,\varphi'(t)\,dt.$$

Beweis: Wegen der Stetigkeit von $f(x)$ in $[a, b]$ gibt es eine Stammfunktion $G(x)$ mit $G'(x) = f(x)$ in $[a, b]$ und das gesuchte Integral ist gleich $G(b) - G(a)$.
Wegen $a = \varphi(\alpha)$ und $b = \varphi(\beta)$ ist dies auch gleich $G(\varphi(\beta)) - G(\varphi(\alpha))$.
Nach der Kettenregel der Differentialrechnung existiert die Ableitung von $G(\varphi(t))$ nach t im Intervall $[\alpha, \beta]$ für jedes t und ist gleich $f(\varphi(t))\,\varphi'(t)$.

Wenn also $\int_\alpha^\beta f(\varphi(t))\,\varphi'(t)\,dt$ existiert, so muß es gleich

$$G(\varphi(\beta)) - G(\varphi(\alpha)) = G(b) - G(a)$$

sein.
(Die Existenz dieses Integrals ist durch die Voraussetzungen gesichert; da wir uns aber bisher um die Existenz von Integralen nicht gekümmert haben und einfach angenommen haben, daß bei einer in einem endlichen Intervall definierten Funktion die Fläche zwischen Funktionskurve und x-Achse einen Flächeninhalt besitzt, bleibt auch hier im Beweis eine Lücke!)

Durch geschickte Wahl von $\varphi(t)$ sucht man zu erreichen, daß $f(\varphi(t))\,\varphi'(t)$ einfacher zu integrieren ist als $f(x)$.

Die Rechnung läuft dann so ab: Man setzt $\varphi(t)$ für x in $f(x)$ ein, sucht die neuen Integrationsgrenzen α und β, für die $\varphi(\alpha)=a$ und $\varphi(\beta)=b$ gilt, und ersetzt dx durch

$\frac{dx}{dt}\,dt=\varphi'(t)\,dt$.

Übrigens muß man nicht unbedingt mit den neuen Grenzen α und β rechnen; hat man nämlich eine Stammfunktion $G(\varphi(t))$ gefunden, dann kann man unter Umständen auch wieder t durch x ausdrücken und in $G(\varphi(t))$ einsetzen. Man erhält dann eine Stammfunktion $G(x)$ von $f(x)$.

5. Beispiel: Wir berechnen

$$\int_0^3 \frac{x}{\sqrt{x+1}}\,dx$$

über die Substitution $\sqrt{x+1}=t$, also $x=t^2-1$.
Die neuen Integrationsgrenzen sind $\alpha=\sqrt{0+1}=1$ und $\beta=\sqrt{3+1}=2$. Aus

$$\frac{x}{\sqrt{x+1}} \quad \text{wird} \quad \frac{t^2-1}{t} \quad \text{und} \quad \frac{dx}{dt} \quad \text{ist gleich } 2t.$$

Also ist

$$\int_0^3 \frac{x}{\sqrt{x+1}}\,dx \quad \text{gleich} \quad \int_1^2 \frac{t^2-1}{t}\cdot 2t\,dt$$

oder gleich

$$\int_1^2 2(t^2-1)\,dt=\tfrac{2}{3}t^3-2t\Big|_1^2=\tfrac{2}{3}8-4-(\tfrac{2}{3}-2)=\tfrac{8}{3}.$$

Wir hätten auch ohne Berechnung der neuen Grenzen $t=\sqrt{x+1}$ in die Stammfunktion $\frac{2}{3}t^3-2t$ einsetzen können und hätten so die Stammfunktion

$$\tfrac{2}{3}(x+1)^{\frac{3}{2}}-2(\sqrt{x+1})$$

für die Funktion $\frac{x}{\sqrt{x+1}}$ erhalten. Setzt man die alten Grenzen 0 und 3 in diese Stammfunktion ein, so ergibt die Differenz der Funktionswerte ebenfalls den Wert $\frac{8}{3}$.

6. Beispiel: Das unbestimmte Integral $\int \frac{e^{2x}}{e^x+1}\,dx$ geht durch die Substitution

$$x=\ln t \quad \text{über in} \quad \int \frac{t^2}{t+1}\cdot\frac{1}{t}\,dt=\int \frac{t}{t+1}\,dt;$$

denn bei dieser Substitution ist

$$e^x=t \quad \text{und} \quad \frac{dx}{dt}=\frac{1}{t}.$$

Wegen

$$\frac{t}{t+1}=1-\frac{1}{t+1} \quad \text{ist} \quad \int \frac{t}{t+1}\,dt=t-\ln(t+1)$$

und setzen wir hier wieder $t=e^x$ ein, dann erhalten wir $e^x-\ln(e^x+1)$ als unbestimmtes Integral der Funktion $\frac{e^{2x}}{e^x+1}$.

Es gibt noch weitere Integrationsverfahren, mit deren Hilfe man auch kompliziertere Funktionen integrieren kann. Dazu gehört z.B. die sog. *Partialbruchzerlegung*, die es gestattet, alle Quotienten aus Polynomen zu integrieren. Oft führt auch die Substitution trigonometrischer Funktionen oder deren Umkehrfunktionen zum Ziel. Dies kann hier nicht behandelt werden; es sei aber darauf verwiesen, daß die wichtigsten unbestimmten Integrale in den Formelsammlungen (etwa bei BRONSTEIN und SEMENDJAJEW) angegeben werden. Es gibt auch Integraltafeln, in denen die unbestimmten Integrale ausführlich und nach Klassen geordnet aufgeführt sind, z.B. die Tafeln GRÖBNER und HOFREITHER.

Andererseits sind Funktionen bekannt, die man „nicht integrieren kann“, d.h. deren Stammfunktionen man nicht durch gebräuchliche Funktionen wie Polynome, Exponentialfunktionen, logarithmische, trigonometrische Funktionen usw. ausdrücken kann. Da man für diese Funktionen die Existenz einer Stammfunktion nachweisen kann, sind sie sehr wohl integrierbar, nur läßt sich kein Ausdruck für die Stammfunktion angeben, in dem das Integralzeichen nicht vorkommt. Diese Stammfunktionen sind also durch Integrale definiert.

Ein Beispiel hierfür ist $\int \frac{e^x}{x}\,dx$; man kann dieses Integral durch Substitutionen umformen, etwa in $\int \frac{1}{\ln y}\,dy$ durch die Substitution $e^x=y$. Es gelingt aber nicht, das Integralzeichen zu beseitigen.

Ein anderes Beispiel ist die aus der Wahrscheinlichkeitsrechnung bekannte Funktion $e^{-x^2/2}$ (bis auf einen konstanten Faktor ist dies die Dichte der normierten Normalverteilung).

22. Übungsaufgabe: Man differenziere alle in diesem Abschnitt ermittelten Stammfunktionen und prüfe, ob die Ableitungen jeweils gleich den zu integrierenden Funktionen sind.

Bezeichnung: Eine zu integrierende Funktion wird auch als *Integrand* bezeichnet.

1.8.3 Uneigentliche Integrale

Unsere naive Annahme, daß für jede zwischen einer Funktionskurve und einem Intervall $[a, b]$ endlicher Länge auf der Abszissenachse gelegene Punktmenge ein Flächeninhalt und damit auch das Integral definiert ist, trifft in allen praktisch wichtigen Fällen zu.

Legt man nämlich die RIEMANNsche Integraldefinition (an die dazugehörigen Ober- und Untersummen erinnert sich der Leser vielleicht noch von der Schule her) zugrunde, dann kann man zeigen, daß dieses Integral definiert ist, wenn der Integrand stetig in $[a, b]$ ist, ja er darf sogar endlich viele Sprungstellen haben. Er muß aber in ganz $[a, b]$ definiert sein, weil sonst die Ober- und Untersummen nicht definiert wären.

Zum Beispiel ist $\int_0^1 \frac{1}{x}\,dx$ nicht definiert, weil $\frac{1}{x}$ für $x=0$ nicht definiert ist. Betrachten wir stattdessen das Integral

$$\int_\delta^1 \frac{1}{x}\,dx \qquad \text{für } \delta>0;$$

dieses Integral ist definiert und hat den Wert $\ln 1 - \ln \delta = -\ln \delta$. Für $\delta \to 0$ strebt der Wert gegen ∞.

Anders ist es bei

$$\int_0^1 \frac{1}{\sqrt{x}}\,dx;$$

auch dieses Integral ist nicht definiert, weil der Integrand für $x=0$ nicht definiert ist. Aber wenn hier das Integral

$$\int_\delta^1 \frac{1}{\sqrt{x}}\,dx = 2\sqrt{x}\Big|_\delta^1 = 2-2\sqrt{\delta}$$

für immer kleiner werdende $\delta>0$ berechnet wird, so strebt sein Wert gegen 2. Wir können also dem Ausdruck

$$\int_0^1 \frac{1}{\sqrt{x}}\,dx$$

einen Sinn geben, indem wir ihn als den Grenzwert

$$\lim_{\substack{\delta\to 0\\ \delta>0}} \int_\delta^1 \frac{1}{\sqrt{x}}\,dx$$

auffassen.

Die Schreibweise

$$\lim_{\substack{\delta\to 0\\ \delta>0}}$$

bedeutet, daß der Grenzwert nicht für beliebige Nullfolgen δ_i, sondern nur für Nullfolgen δ_i mit positiven Gliedern zu bilden ist.

Wir verallgemeinern nun das an diesem Beispiel gezeigte Vorgehen.

Definition: *Ist $f(x)$ in a nicht definiert, so verstehen wir unter*

$$\int_a^b f(x)\,dx \quad \textit{den Grenzwert} \quad \lim_{\substack{\delta\to 0\\ \delta>0}} \int_{a+\delta}^{b} f(x)\,dx,$$

falls dieser Grenzwert existiert.
Ist $f(x)$ in b nicht definiert, so verstehen wir unter

$$\int_a^b f(x)\,dx \quad \textit{den Grenzwert} \quad \lim_{\substack{\delta\to 0\\ \delta>0}} \int_{a}^{b-\delta} f(x)\,dx,$$

falls dieser Grenzwert existiert.
Integrale des Typs

$$\int_a^\infty f(x)\,dx \quad \textit{und} \quad \int_{-\infty}^{b} f(x)\,dx$$

sind definiert als Grenzwerte

$$\lim_{B\to\infty} \int_a^B f(x)\,dx \quad \textit{bzw. als} \quad \lim_{A\to-\infty} \int_A^b f(x)\,dx,$$

falls diese Grenzwerte existieren.
Schließlich definieren wir noch

$$\int_{-\infty}^{\infty} f(x)\,dx \quad \textit{als} \quad \lim_{\substack{A\to-\infty\\ B\to\infty}} \int_A^B f(x)\,dx,$$

falls dieser Grenzwert für unabhängig *voneinander gegen $-\infty$ und ∞ strebende Grenzen existiert.*

Unabhängig voneinander heißt hier, daß man zunächst A gegen $-\infty$ und dann B gegen ∞ gehen lassen kann oder umgekehrt und daß nicht etwa diese Grenzübergänge in irgendeiner Weise miteinander verkoppelt sein müssen, damit der Grenzwert existiert.

Bezeichnung: Die in der vorstehenden Definition als Grenzwerte von Integralen definierten Ausdrücke nennt man *uneigentliche Integrale.*

1. Beispiel: $\int_0^\infty e^{-x}\,dx = \lim_{B\to\infty} \int_0^B e^{-x}\,dx = \lim_{B\to\infty} [-e^{-x}|_0^B] = \lim_{B\to\infty}(-e^{-B}+1) = 1.$

2. Beispiel: Einer Integraltafel kann man entnehmen, daß $\operatorname{arc\,tg} x$ eine Stammfunktion zu $\dfrac{1}{x^2+1}$ ist.

(Unter $\operatorname{arc\,tg} x$ versteht man die Bogenlänge auf dem Einheitskreis, für die der Tangens des zugehörigen Winkels gleich x ist.)

Also ist

$$\int_A^B \frac{1}{x^2+1}\,dx = \operatorname{arc\,tg} B - \operatorname{arc\,tg} A.$$

Für

$$-\frac{\pi}{2} < s < \frac{\pi}{2}$$

durchläuft der Tangens des zur Bogenlänge s gehörenden Winkels alle Werte zwischen $-\infty$ und ∞ und ist streng monoton wachsend; also ist

$$\int_{-\infty}^{\infty} \frac{1}{x^2+1}\,dx = \lim_{\substack{B\to\infty \\ A\to-\infty}} (\operatorname{arc\,tg} B - \operatorname{arc\,tg} A) = \pi.$$

1.8.4 Anwendungen der Integralrechnung

Die Berechnung von Flächeninhalten ist deshalb auch in den Wirtschaftswissenschaften von Bedeutung, weil viele ökonomische Größen als Fläche darstellbar sind.

So ist z.B. der Erlös $x\,p(x)$ gleich der Fläche des Rechtecks, das man erhält, wenn man von dem zu x gehörenden Punkt auf der Funktionskurve von $p(x)$ die Lote auf die beiden Achsen fällt.

Andere Größen sind als Integralflächen darstellbar, wobei nach der Zeit t integriert wird. Es handelt sich dabei immer um sog. *Bestandsgrößen*, während die Integranden sog. *Strömungsgrößen* sind. Bestandsgrößen sind *Mengen zur Zeit t*, Strömungsgrößen haben die Dimension *Menge pro Zeiteinheit* und sind i.allg. ebenfalls zeitabhängig. Man könnte sagen, daß Strömungsgrößen den Charakter einer Intensität zur Zeit t haben.

1. Beispiel: Wir nehmen an, der Bedarf pro Zeiteinheit an einem gewissen Massenartikel sei hinreichend genau durch eine stetige Funktion $b(t)$ gegeben. Wird der Bedarf aus einem Lager gedeckt, dessen Bestand zur Zeit $t=0$ aus L_0 Einheiten besteht, so ist der Lagerbestand zur Zeit $t=T$ gleich

$$L_0 - \int_0^T b(t)\,dt,$$

vorausgesetzt daß kein Zugang das Lager bis zur Zeit T erreicht.
Verursacht eine lagernde Einheit pro Zeiteinheit die Lagerkosten c, dann werden vom Zeitpunkt $t=0$ bis $t=U$ Lagerkosten in Höhe von

$$\int_0^U c\left(L_0 - \int_0^T b(t)\,dt\right) dT$$

verursacht.

2. Beispiel: Die durchschnittliche Leistungsfähigkeit einer Belegschaft, ausgedrückt als Stückzahl pro Zeiteinheit, ist eine Strömungsgröße $L(t)$, wobei t die Zeit ist, die ohne Unterbrechung gearbeitet wurde. Ist N die Anzahl der mit der Fertigung der betreffenden Stücke Beschäftigten, dann ist

$$N \int_0^T L(t)\,dt$$

die gefertigte Stückzahl von $t=0$ bis $t=T$.

Solche Beispiele könnte man noch viele angeben; nun sind aber Strömungs- und Bestandsgrößen oft zufallsabhängig und man müßte daher mit Begriffen aus der Wahrscheinlichkeitstheorie arbeiten. Wir können diese Begriffe hier nicht entwickeln (auf die in der gleichen Reihe erschienene Einführung von H. Basler sei nochmals hingewiesen), doch soll kurz die Bedeutung der Integralrechnung für die Theorie der zufälligen Variablen angedeutet werden:

Eine Variable X, deren Werte zufallsabhängig sind, heißt *zufällige Variable vom stetigen Typ*, wenn es eine sog. *Dichtefunktion* $f(y)$ gibt, derart, daß die uneigentlichen Integrale

$$\int_{-\infty}^{x} f(y)\,dy$$

für jedes x gleich der Wahrscheinlichkeit dafür sind, daß der Wert von X kleiner oder gleich x ausfällt.

Für jede Dichtefunktion existiert auch $\int_{-\infty}^{\infty} f(y)\,dy$ und ist gleich 1.

1.9 Näherungsverfahren

Näherungsweise Rechenverfahren spielen in der angewandten Mathematik seit jeher eine bedeutende Rolle. Ihre Einsatzmöglichkeiten haben sich vervielfältigt, seit die elektronischen Rechenanlagen es gestatten, auch kompliziertere Rechengänge mit variierenden Daten in kürzester Zeit sehr oft zu wiederholen.

Man möchte bei Anwendung eines Näherungsverfahrens stets den Fehler abschätzen, mit dem die Näherungslösung noch behaftet ist. Von einem brauchbaren Näherungsverfahren wird zudem verlangt, daß man mit seiner Hilfe die exakte Lösung des betreffenden Problems – bei genügend großem Arbeitsaufwand – beliebig genau approximieren kann.

Zunächst wollen wir uns überlegen, wie fehlerbehaftete Einzeldaten ein Rechenergebnis verfälschen können.

1.9.1 Das Rechnen mit fehlerbehafteten Zahlen

x sei ein Näherungswert für ξ. Dann nennen wir $x-\xi$ den *absoluten Fehler* von x und das Verhältnis

$$\rho = \frac{x-\xi}{\xi}$$

den *relativen Fehler* von x. (ρ ist nur für $\xi \neq 0$ definiert.)

Die Sprechweise „x ist bis auf $k\%$ genau" soll bedeuten, daß der relative Fehler von x zwischen $-k/100$ und $k/100$ liegt.

Aus der obigen Gleichung für ρ folgt: $x=\xi(1+\rho)$.

Addieren wir zwei fehlerbehaftete Zahlen x und y, die Näherungen für ξ und η seien, dann ist der absolute Fehler von

$$x+y \quad \text{gleich} \quad x+y-(\xi+\eta)=(x-\xi)+(y-\eta).$$

Bei Addition addieren sich also die absoluten Fehler.

Der relative Fehler kann bei Addition sehr groß werden, selbst wenn die einzelnen Summanden nur geringe relative Fehler aufweisen. Wenn z.B. x den wahren Wert $\xi=10$ bis auf 3% genau angibt und y den wahren Wert $\eta=-9{,}5$ bis auf 2% genau, dann könnte $x+y$ im einen Extremfall gleich

$$10(1+0{,}03)+(-9{,}5)(1-0{,}02)=10{,}30-9{,}31=0{,}99$$

sein, im anderen Extremfall gleich

$$10(1-0{,}03)+(-9{,}5)(1+0{,}02)=9{,}7-9{,}69=0{,}01.$$

Da $\xi+\eta=10+(-9{,}5)=0{,}5$ ist, haben wir hier einen relativen Fehler

$$\rho=\pm\frac{0{,}49}{0{,}50}=\pm 98\%.$$

Multiplizieren wir zwei mit den relativen Fehlern ρ_x bzw. ρ_y behaftete Zahlen x und y, dann ist

$$x\,y=\xi(1+\rho_x)\,\eta(1+\rho_y)=\xi\,\eta(1+\rho_x+\rho_y+\rho_x\cdot\rho_y).$$

Sind $|\rho_x|$ und $|\rho_y|$ nicht zu groß, sagen wir kleiner als 0,05, dann fällt $\rho_x\rho_y$ gegenüber $\rho_x+\rho_y$ nicht ins Gewicht.

Der relative Fehler von $x\,y$ ist dann etwa $\rho_x+\rho_y$, und wir können sagen, daß sich *bei Multiplikation die relativen Fehler addieren.*

Auch bei Produkten aus mehr als zwei Faktoren wird der relative Fehler ungefähr gleich der Summe aus den relativen Fehlern der einzelnen Faktoren sein, wie man durch sukzessive Multiplikation unmittelbar einsieht.

Dabei sind an sich noch die Vorzeichen der einzelnen relativen Fehler zu beachten. Es wird nicht immer so sein, daß bei solchen Produkten alle Faktoren zu niedrig oder alle zu hoch sind; es ist aber möglich, und daher geht man beispielsweise bei einem Produkt $x\,y$, bei dem x auf 4% und y auf 2% genau ist, davon aus, daß $x\,y$ einen relativen Fehler von $\pm 6\%$ haben kann.

Sei nun x Näherung von ξ mit $|\rho|<0{,}05$. (Damit ist sowohl $x=0$ als auch $\xi=0$ ausgeschlossen.)

Dann ist $$\frac{1}{x}=\frac{1}{\xi(1+\rho)}=\frac{1}{\xi}\cdot\frac{(1-\rho)}{(1+\rho)(1-\rho)}=\frac{1}{\xi}\cdot\frac{(1-\rho)}{(1-\rho^2)};$$

da $|\rho|$ ziemlich klein sein soll, ist $\frac{1-\rho}{1-\rho^2}$ ungefähr $1-\rho$.

$1/x$ hat also etwa denselben relativen Fehler wie x, nur mit anderem Vorzeichen.

Also kann man auch bei Quotienten y/x davon ausgehen, daß der Betrag des relativen Fehlers von y/x etwa gleich der Summe der Beträge der relativen Fehler von x und y ist.

Zieht man die n-te Wurzel aus $x=\xi(1+\rho)$, so ist diese gleich $\sqrt[n]{\xi}\sqrt[n]{1+\rho}$.

Setzen wir nun $\sqrt[n]{1+\rho}=1+\delta$, so muß wegen $(1+\delta)^n=1+\rho$ in etwa $n\delta=\rho$ oder $\delta=\rho/n$ gelten, falls ρ klein und n nicht zu groß ist.

Der relative Fehler δ von $\sqrt[n]{x}$ ist also ungefähr gleich $\frac{1}{n}\rho$, wobei ρ der relative Fehler von x ist.

Wir wollen an einem einfachen Beispiel zeigen, wie man bei numerischem Rechnen absolute und relative Fehler berücksichtigen sollte:

Es sei der Quotient $\frac{3{,}546-\pi}{0{,}334687}$ auszurechnen, wobei π die Kreiszahl bedeuten soll; die beiden anderen Zahlen seien durch Auf- oder Abrunden aus den exakten Werten entstanden.

Der absolute Fehler von 3,546 kann daher bis zu $\pm 0{,}0005$ betragen. Demnach hat es wenig Sinn, π auf mehr als vier oder höchstens 5 Stellen anzugeben, denn dadurch könnte man die Genauigkeit der Differenz $3{,}546-\pi$ kaum noch steigern.

Man wird also den Zähler zu $3{,}546-3{,}142=0{,}404$ berechnen.

Diese Differenz kann nun einen absoluten Fehler von $\pm 0{,}001$ aufweisen, was einem relativen Fehler von $\pm 0{,}001:0{,}404=\pm 0{,}25\,\%$ entspricht.

Daß die Zahl im Nenner mit 0,334687 viel genauer angegeben ist, nützt wenig, da sich beim Dividieren die relativen Fehler in etwa addieren. Es genügt daher völlig, mit 0,3347 anstatt mit 0,334687 zu rechnen. Der Nenner hat dann nämlich einen relativen Fehler von höchstens $\pm 0{,}00005:0{,}3347$, also etwa $\pm 0{,}02\,\%$.

Der Bruch $\frac{0{,}404}{0{,}3347}$ liefert also das gesuchte Ergebnis auf etwa $0{,}27\,\%=(0{,}25+0{,}02)$ Prozent genau.

Als Ergebnis wird man $0{,}404:0{,}3347=1{,}21$ angeben. Bei Angabe von mehr Stellen würde man eine größere Genauigkeit vortäuschen, als tatsächlich vorhanden ist.

Hat man nur Multiplikationen und Divisionen auszuführen, so kann man nach folgender Faustregel vorgehen: Man runde alle Zahlen auf gleich viele Stellen auf bzw. ab, und auf so viele Stellen berechne man auch das Ergebnis. Ist eine größere Zahl von Multiplikationen und Divisionen auszuführen, dann sollte das Ergebnis eine Stelle weniger aufweisen als die einzelnen Zahlen.

1.9.2 Das Newtonsche Verfahren zur Bestimmung von Nullstellen

Die Nullstellen einer Funktion $f(x)$ können oft nur näherungsweise bestimmt werden. Selbst für so einfache Funktionen wie die Polynome gibt es keine allgemein gültigen Formeln für die Nullstellen, sondern nur für Polynome bis zum Grad 4. Dem Leser wird wohl nur die Formel

$$x_{1,2} = -\frac{b}{2} \pm \frac{1}{2}\sqrt{b^2-4c}$$

für die Nullstellen eines Polynoms 2. Grades vertraut sein, denn die entsprechenden Formeln für Polynome 3. bzw. 4. Grades sind bereits ziemlich kompliziert.

Sei nun x_0 eine Nullstelle einer Funktion $f(x)$.

Als erste Näherung für x_0 habe man sich anhand einer Skizze oder durch Ausrechnen einiger Funktionswerte die Zahl x_1 verschafft. Wir setzen voraus, daß $f(x)$ in einer hinreichend großen Umgebung von x_0 differenzierbar ist.

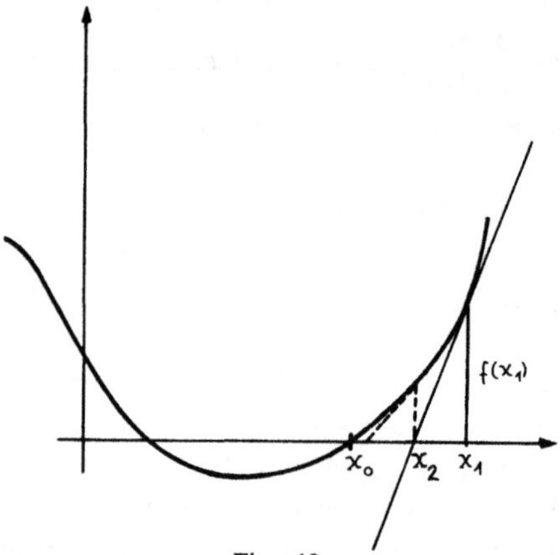

Figur 18

Die Gleichung der Tangente an die Funktionskurve durch den zu x_1 gehörenden Kurvenpunkt lautet (vgl. Fig. 18):

$$y = f(x_1) + f'(x_1)(x - x_1).$$

Der Punkt x_2, in dem die Tangente die x-Achse schneidet, wird i. allg. eine bessere Näherung für x_0 sein als x_1.

Für $x = x_2$ muß $y = 0$ gelten, d.h. $f(x_1) + f'(x_1)(x_2 - x_1) = 0$, woraus sich sofort

$$x_2 = x_1 - \frac{f(x_1)}{f'(x_1)}$$

ergibt. Ausgehend von x_2 kann man nun nach derselben Überlegung eine 3. Näherung

$$x_3 = x_2 - \frac{f(x_2)}{f'(x_2)}$$

für x_0 berechnen und allgemein aus der i-ten Näherung x_i die Näherung

$$x_{i+1} = x_i - \frac{f(x_i)}{f'(x_i)}. \tag{1}$$

Im allgemeinen wird man sich so der gesuchten Nullstelle x_0 immer mehr nähern. Sollte eines der x_i bereits gleich x_0 sein, dann bricht das Verfahren ab, denn wegen $f(x_i)=0$ ist dann nach Formel (1) $x_{i+1}=x_i$, und auch alle weiteren Näherungen sind dann gleich x_i, also gleich der gesuchten Nullstelle.

Allerdings lassen sich auch Fälle angeben, bei denen man sich durch das NEWTONsche Verfahren immer weiter von der gesuchten Nullstelle entfernt; auch wenn für eines der x_i die Ableitung $f'(x_i)$ gleich 0 sein sollte, kommt man nicht weiter, denn dann ist x_{i+1} nicht definiert.

Das NEWTONsche Verfahren ist ein sog. *Iterationsverfahren*; unter diese Bezeichnung fallen alle Verfahren, bei denen etwas durch mehrmalige Anwendung derselben Rechenvorschrift sukzessiv approximiert wird.

1. Beispiel: *Iterative Bestimmung der Quadratwurzel.* Die Quadratwurzel aus einer Zahl $a>0$ ist Nullstelle von $f(x)=x^2-a$. Wir suchen die positive Wurzel.
Ist $x_1>0$ eine erste Näherung für die Wurzel, dann ist

$$f(x_1)=x_1^2-a \quad \text{und} \quad f'(x_1)=2x_1.$$

Die zweite Näherung ist dann nach (1)

$$x_2 = x_1 - \frac{x_1^2-a}{2x_1} = \frac{1}{2}\left(x_1+\frac{a}{x_1}\right).$$

Aus der i-ten Näherung x_i bestimmt man genauso

$$x_{i+1} = \frac{1}{2}\left(x_i+\frac{a}{x_i}\right).$$

Die Näherungen x_i konvergieren hier stets gegen $\sqrt{a}$; ist nämlich ρ_i der relative Fehler von x_i, d.h. $x_i=\sqrt{a}(1+\rho_i)$, dann ist

$$x_{i+1} = \frac{1}{2}\left(\sqrt{a}(1+\rho_i)+\frac{a}{\sqrt{a}(1+\rho_i)}\right)$$
$$=\sqrt{a}\left(\frac{1}{2}+\frac{\rho_i}{2}+\frac{1+\rho_i-\rho_i}{2(1+\rho_i)}\right)=\sqrt{a}\left(1+\frac{\rho_i^2}{2(1+\rho_i)}\right).$$

Also ist dann der relative Fehler von x_{i+1} gleich

$$\rho_{i+1} = \frac{\rho_i^2}{2(1+\rho_i)}. \tag{2}$$

Da man x_1 natürlich positiv wählt, ist bereits ρ_1 größer als -1, und daher sind ρ_2 und alle weiteren relativen Fehler nichtnegativ, wie man aus (2) erkennt. Ab $i=2$ gelten dann die beiden Abschätzungen

$$0 \leqq \rho_{i+1} < \frac{\rho_i}{2} \quad \text{und} \quad 0 \leqq \rho_{i+1} < \frac{\rho_i^2}{2},$$

die ebenfalls sofort aus (2) geschlossen werden können.

Schon die erste dieser beiden Abschätzungen genügt, um die Konvergenz der x_i gegen a zu beweisen; die zweite zeigt, daß das Verfahren sehr schnell zum Ziel führt, wenn man mit einer guten Näherung startet.

Kann man etwa mit dem Rechenstab eine Wurzel auf 1% genau ablesen, dann ist $\rho_2 = (0{,}01)^2/2(1 \pm 0{,}01) < 10^{-4}$, und für ρ_3 gilt dann bereits: $0 \leqq \rho_3 < \frac{10^{-8}}{2}$.

Will man Nullstellen von Polynomen mit dem NEWTONschen Verfahren näherungsweise bestimmen, dann kann man sich des HORNER-Schemas (s. Abschnitt 1.3.2) bedienen.

Berechnet man den Wert eines Polynoms $P(x)$ an der Stelle $x = x_1$ mit dem HORNER-Schema, dann erhält man außer $P(x_1)$ auch noch die Koeffizienten des Polynoms $Q(x)$, das durch die Gleichung

$$P(x) = (x - x_1)\,Q(x) + P(x_1)$$

bestimmt ist. Die Koeffizienten von $Q(x)$ stehen in der untersten Zeile des HORNER-Schemas.

Nun gilt aber $P'(x) = Q(x) + (x - x_1)\,Q'(x)$, also
$P'(x_1) = Q(x_1)$.

Wir können also an unser HORNER-Schema ein zweites HORNER-Schema für $Q(x)$ direkt anschließen, über das wir $Q(x_1) = P'(x_1)$ berechnen.

Dann können wir die zweite Näherung $x_2 = x_1 - \frac{P(x_1)}{P'(x_1)}$ berechnen und daraus in derselben Weise weitere Näherungen.

2. Beispiel: Gesucht sei die in der Nähe von $x_1 = 0{,}9$ gelegene Nullstelle des Polynoms

$$P(x) = 3x^4 - 2x^2 + x - 1.$$

Das (doppelte) HORNER-Schema zur Berechnung von $P(0{,}9)$ und $Q(0{,}9)$ lautet dann:

	3	0	−2	1	−1
$x_1 = 0{,}9$		2,7	2,43	0,387	1,2483
	3	2,7	0,43	1,387	$0{,}248 = P(x_1)$
$x_1 = 0{,}9$		2,7	4,86	4,761	
	3	5,4	5,29	$6{,}148 = Q(x_1) = P'(x_1)$	

also ist die zweite Näherung

$$x_2 = 0{,}9 - \frac{0{,}248}{6{,}148} = 0{,}86\,.$$

$P(0{,}86)$ ergibt sich zu 0,02. Da sich an der Ableitung $P'(x)$ vermutlich nicht viel ändert, wenn man von $x_1 = 0{,}9$ zu $x_2 = 0{,}86$ übergeht, wird x_3 etwa gleich $0{,}86 - 0{,}02/6 = 0{,}857$ sein.

23. Übungsaufgabe: Anhand einer Tabelle der e-Funktion (man findet eine solche bei ROTTMANN) bestimme man die zwischen 0 und 1 liegende Nullstelle der Funktion $f(x) = e^x - 3x^2$ näherungsweise.

1.9.3 Näherungsweise Integration mit Hilfe der Simpsonschen Regel

Es wurde bereits in 1.8.2 erwähnt, daß man nicht zu jedem Integranden $f(x)$ eine Stammfunktion angeben kann, bei der das Integralzeichen nicht mehr vorkommt und mit deren Hilfe jedes Integral

$$\int_a^b f(x)\,dx$$

exakt zu berechnen wäre.

Approximiert man $f(x)$ stückweise durch Funktionen, deren Stammfunktionen man kennt, dann ist das exakt berechnete Integral über diese Näherungsfunktionen ungefähr gleich $\int_a^b f(x)\,dx$.

Die SIMPSONsche Regel beruht darauf, daß man durch je drei Punkte der Funktionskurve von $f(x)$ einen Parabelbogen legt. Man unterteilt dabei das Intervall $[a, b]$ in eine *gerade Anzahl n* gleich langer Teilintervalle und bezeichnet die Teilpunkte mit $x_0 = a, x_1, x_2, \ldots, x_n = b$, die Länge der Teilintervalle mit Δ (vgl. Fig. 19).

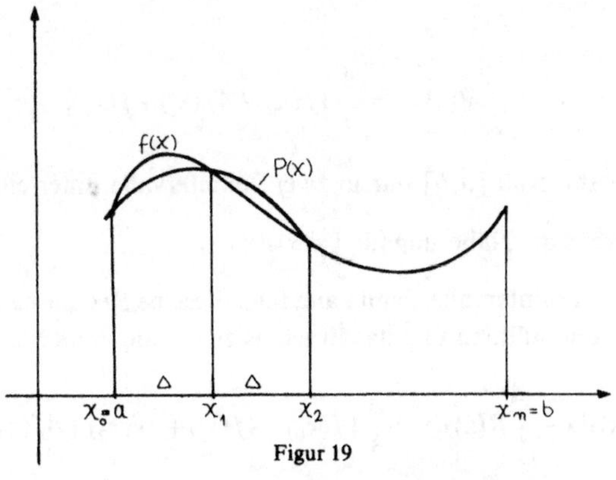

Figur 19

Die Parabel, die durch die drei zu x_0, x_1 und x_2 gehörenden Kurvenpunkte führt, konstruieren wir nach der Methode von LAGRANGE (vgl. Abschnitt 1.3.2): Sie lautet

$$P(x)=f(x_0)\frac{(x-x_1)(x-x_2)}{(x_0-x_1)(x_0-x_2)}+f(x_1)\frac{(x-x_0)(x-x_2)}{(x_1-x_0)(x_1-x_2)}+f(x_3)\frac{(x-x_0)(x-x_1)}{(x_2-x_0)(x_2-x_1)},$$

und wenn wir hier $x_0=x_1-\Delta$ und $x_2=x_1+\Delta$ einsetzen, erhalten wir nach einfacher Umformung

$$P(x)=f(x_1)+(x-x_1)\frac{(f(x_2)-f(x_0))}{2\Delta}+(x-x_1)^2\frac{(f(x_0)+f(x_2)-2f(x_1))}{2\Delta^2}.$$

Dies ist die Formel für die quadratische Interpolation, auf die wir im nächsten Abschnitt zurückkommen werden.

Liegen die zu x_0, x_1 und x_2 gehörenden Kurvenpunkte auf einer Geraden, so wird der Ausdruck $f(x_0)+f(x_2)-2f(x_1)$ zu 0. Die Interpolationsparabel entartet dann zu einer Geraden, ohne daß sich dadurch an den folgenden Betrachtungen etwas ändert.

Wir berechnen nun zunächst das Integral

$$\begin{aligned}\int_{x_0}^{x_2} P(x)\,dx &= \int_{x_0}^{x_2}\left[f(x_1)+(x-x_1)\frac{(f(x_2)-f(x_0))}{2\Delta}+(x-x_1)^2\frac{(f(x_0)+f(x_2)-2f(x_1))}{2\Delta^2}\right]dx\\ &=f(x_1)\,x+\frac{(x-x_1)^2}{2\cdot 2\Delta}(f(x_2)-f(x_0))+\frac{(x-x_1)^3}{3\cdot 2\Delta^2}(f(x_0)+f(x_2)-2f(x_1))\Bigg|_{x_0}^{x_2},\end{aligned}$$

und dies ergibt, wenn wir wieder $x_2=x_1+\Delta$ und $x_0=x_1-\Delta$ setzen,

$$f(x_1)\,2\Delta+\frac{\Delta}{3}(f(x_0)+f(x_2)-2f(x_1)).$$

Also ist

$$\int_{x_0}^{x_2} P(x)\,dx=\frac{\Delta}{3}(f(x_0)+4f(x_1)+f(x_2)). \tag{1}$$

Hat man das Intervall $[a, b]$ nur in zwei Teilintervalle unterteilt, dann ist $x_2=b$ und (1) ist bereits die Näherung für $\int_a^b f(x)\,dx$.

Sind es vier Teilintervalle, dann kann man dieselbe Rechnung wie eben auch für x_2, x_3 und x_4 durchführen und das Ergebnis zu (1) addieren. Man erhält dann

$$\int_{x_0}^{x_2} P(x)\,dx+\int_{x_2}^{x_4} R(x)\,dx=\frac{\Delta}{3}(f(x_0)+4f(x_1)+2f(x_2)+4f(x_3)+f(x_4))$$

als Näherung für

$$\int_a^b f(x)\,dx.$$

Dabei haben wir das zu x_2, x_3 und x_4 gehörende quadratische Interpolationspolynom mit $R(x)$ bezeichnet.

Die allgemeine SIMPSONsche Formel für den genäherten Wert von

$$\int_a^b f(x)\,dx$$

lautet: Für *gerades* n ist

$$\int_a^b f(x)\,dx$$

ungefähr gleich

$$\frac{\Delta}{3}\{f(x_0)+4f(x_1)+2f(x_2)+\cdots+4f(x_{n-1})+f(x_n)\}.$$

Beim ersten und beim letzten Funktionswert steht also der Koeffizient 1; der zweite und der vorletzte Koeffizient ist immer gleich 4, dazwischen stehen abwechselnd die Koeffizienten 2 und 4.

Zu beachten ist, daß die Anzahl der *Teilpunkte* $x_0, x_1, \ldots, x_n$ immer ungerade sein muß, weil n immer eine gerade Zahl ist.

Beispiel: Das Integral

$$\int_{-1}^{1} \sqrt{1-x^2}\,dx$$

hat den Wert $\pi/2$, weil die Funktionskurve ein Halbkreis mit Radius 1 ist. (Über die Substitution $x = \sin t$ läßt sich das exakt ausrechnen, wir wollen aber sehen, wie genau wir den Wert dieses Integrals mit der SIMPSONschen Regel approximieren können!)
Wir wählen die Teilpunkte $x_0 = -1$, $x_1 = -0{,}5$, $x_2 = 0$, $x_3 = 0{,}5$, $x_4 = 1$. Also ist Δ gleich 0,5.
Die benötigten Funktionswerte sind

$$f(-1)=0=f(1), \quad f(-0{,}5)=f(0{,}5)=\sqrt{0{,}75}=0{,}866 \quad \text{und} \quad f(0)=1.$$

Nach der SIMPSONschen Regel ist das obige Integral ungefähr gleich

$$\frac{0{,}5}{3}(0+4\cdot 0{,}866+2\cdot 1+4\cdot 0{,}866+0)=\frac{1}{6}\,8{,}928=1{,}488.$$

24. Übungsaufgabe: Man bestimme näherungsweise das Integral

$$\int_2^5 \frac{1}{\ln x}\,dx.$$

1.9.4 Lineare und quadratische Interpolation

Der Leser wird gewohnt sein, in Logarithmentafeln linear zu interpolieren. Allgemein versteht man unter linearer Interpolation die Annäherung unbekannter Funktionswerte $f(x)$ durch die zu x gehörenden y-Werte einer Sehne, die zwei bekannte Punkte der Funktionskurve verbindet.

Seien also die Funktionswerte $f(x_1)$ und $f(x_2)$ bekannt und alle Funktionswerte $f(x)$ mit $x_1<x<x_2$ unbekannt. Dann genügt die Sehne, die die zu x_1 und x_2 gehörenden Kurvenpunkte verbindet, der Geradengleichung

$$y(x)=f(x_1)+(x-x_1)\frac{(f(x_2)-f(x_1))}{x_2-x_1}; \qquad (1)$$

(1) ist die Formel für die lineare Interpolation, denn sie gibt zu jedem x zwischen x_1 und x_2 den Näherungswert $y(x)$ für $f(x)$ an.

An den Stellen $x=x_1$ und $x=x_2$ stimmen $y(x)$ und $f(x)$ überein, denn durch die zugehörigen Kurvenpunkte wurde die Sehne ja gelegt.

Man kann die Formel (1) auch für die Approximation von Funktionswerten $f(x)$ mit x außerhalb des Intervalls $[x_1, x_2]$ verwenden; dann spricht man von *Extrapolation.*

1. Beispiel: Man benötigt den Wert der Verteilungsfunktion $\Phi(x)$ der normierten Normalverteilung an der Stelle $x=1{,}57$, hat aber nur $\Phi(1{,}50)=0{,}9332$ und $\Phi(1{,}60)=0{,}9452$ tabelliert vorliegen. Dann ist

$$y(1{,}57)=\Phi(1{,}50)+(1{,}57-1{,}50)\frac{(\Phi(1{,}60)-\Phi(1{,}50))}{1{,}60-1{,}50}$$

$$=0{,}9332+0{,}07\cdot\frac{0{,}9452-0{,}9332}{0{,}10}$$

$$=0{,}9332+0{,}7\cdot 0{,}0120=0{,}9416.$$

Ist die zu interpolierende Funktion $f(x)$ im Intervall $[x_1, x_2]$ zweimal differenzierbar und ist $f''(x)$ in $[x_1, x_2]$ stetig, dann läßt sich der Fehler, den man bei der linearen Interpolation macht, abschätzen.

Der absolute Fehler $R(x)=y(x)-f(x)$ ist eine Funktion von x. Für $x=x_1$ und $x=x_2$ ist $R(x)$ gleich 0.

Durch die Gleichung $R(x)=(x-x_1)(x-x_2)\,r(x)$ wird nun eine weitere Funktion $r(x)$ definiert.

Nun betrachten wir als Hilfsfunktion

$$H(z)=y(z)-f(z)-(z-x_1)(z-x_2)\,r(x)$$

für variables z, wobei wir x vorübergehend festhalten. $H(z)$ hat drei Nullstellen im Intervall $[x_1, x_2]$, nämlich $z=x_1$, $z=x_2$ und $z=x$.

Also hat $H'(z) = -f'(z) + y'(z) - r(x)(2z - x_1 - x_2)$ nach dem Satz von ROLLE (s. Satz 1.4.4) mindestens zwei Nullstellen in $[x_1, x_2]$, die eine zwischen x_1 und x, die andere zwischen x und x_2.

Nach demselben Satz hat dann $H''(z) = -f''(z) + y''(z) - 2r(x)$ mindestens eine Nullstelle im Intervall $[x_1, x_2]$.

Da aber $y(z)$ linear in z ist, gilt $y''(z) = 0$ für alle z, und folglich ist eine Nullstelle von $H''(z)$ eine Stelle, für die $-f''(z) = 2r(x)$ ist.

Es gibt also zu jedem x mit $x_1 < x < x_2$ mindestens ein z aus $[x_1, x_2]$ mit

$$-f''(z) = 2r(x)$$

und damit

$$R(x) = (x - x_1)(x - x_2)\frac{-f''(z)}{2}.$$

Daher gilt die Abschätzung

$$|R(x)| \leqq \frac{|(x - x_1)(x - x_2)|}{2} \max_{x_1 \leqq z \leqq x_2} |f''(z)|,$$

denn als stetige Funktion nimmt $f''(z)$ im abgeschlossenen Intervall $[x_1, x_2]$ ihr Maximum und ihr Minimum an, also nimmt dort auch $|f''(z)|$ sein Maximum an.

Das Produkt $(x - x_1)(x - x_2)$ nimmt seinen maximalen Betrag für

$$x = \frac{x_1 + x_2}{2} \quad \text{an, daher gilt} \quad |(x - x_1)(x - x_2)| \leqq \frac{(x_2 - x_1)^2}{4};$$

daraus resultiert die gröbere, aber einfachere Abschätzung für den Betrag des absoluten Fehlers:

$$|R(x)| \leqq \frac{(x_2 - x_1)^2}{8} \max_{x_1 \leqq z \leqq x_2} |f''(z)|. \tag{2}$$

2. Beispiel: In einer Tabelle für $\ln x$ sei die Schrittweite der x-Werte gleich 0,1. Die 2. Ableitung von $\ln x$ ist $-1/x^2$, das Maximum ihres Betrags in einem Intervall $[x_1, x_2]$ mit $0 < x_1 < x_2$ ist daher $1/x_1^2$. Interpoliert man in $[x_1, x_2]$, so gilt nach (2), daß der Betrag des absoluten Fehlers kleiner oder gleich

$$\frac{0{,}1^2}{8} \cdot \frac{1}{x_1^2}$$

sein muß.

Quadratische Interpolation:

Sind für drei äquidistante x-Werte x_0, x_1 und x_2 mit $x_0 = x_1 - \Delta$, $x_2 = x_1 + \Delta$, die Funktionswerte $f(x_0)$, $f(x_1)$ und $f(x_2)$ bekannt, dann erhält man, wie wir bereits aus dem vorigen Abschnitt wissen, in

$$P(x) = f(x_1) + \frac{(x - x_1)}{2\Delta}(f(x_2) - f(x_0)) + \frac{(x - x_1)^2}{2\Delta^2}(f(x_0) + f(x_2) - 2f(x_1))$$

die Gleichung der Parabel, die durch die zu x_0, x_1, x_2 gehörenden Kurvenpunkte der Funktion $f(x)$ geht.

Die Werte $P(x)$ können im Intervall $[x_0, x_2]$ als Näherungen für die unbekannten Funktionswerte $f(x)$ verwendet werden. Für jedes x mit $x_0 < x < x_2$ bezeichnen wir dann $P(x)$ als den *quadratischen Interpolationswert* für $f(x)$.

3. Beispiel: Aus den Werten $\Phi(1{,}40)=0{,}9192$, $\Phi(1{,}50)=0{,}9332$ und $\Phi(1{,}60)=0{,}9452$ wollen wir wieder $\Phi(1{,}57)$ – diesmal aber quadratisch – interpolieren: wir erhalten

$$P(1{,}57)=0{,}9332+\frac{1{,}57-1{,}50}{2\cdot 0{,}10}(0{,}9452-0{,}9192)$$
$$+\frac{(1{,}57-1{,}50)^2}{2\cdot(0{,}1)^2}(0{,}9192+0{,}9452-2\cdot 0{,}9332)$$
$$=0{,}9418.$$

Auch der Betrag des Fehlers $R(x)=P(x)-f(x)$ bei der quadratischen Interpolation kann abgeschätzt werden; dazu ist aber nun vorauszusetzen, daß $f(x)$ im Intervall $[x_0, x_2]$ dreimal differenzierbar ist und daß $f'''(x)$ in $[x_0, x_2]$ stetig ist.

Durch analoge Überlegungen wie im Falle der linearen Interpolation erhält man dann die Abschätzung

$$|R(x)| \leqq \frac{\Delta^3}{9\sqrt{3}} \max_{x_0 \leqq z \leqq x_2} |f'''(z)|. \tag{3}$$

Diese Schranke ist meistens viel kleiner als die Schranke für $|R(x)|$ bei der linearen Interpolation.

Beide Fehlerabschätzungen gelten streng genommen nur für den Fall, daß die gegebenen Werte genau sind. Geht man von Werten aus, die mit Rundungsfehlern behaftet sind, dann müssen die Rundungsfehler klein gegenüber den in (2) und (3) angegebenen Schranken sein. Ist dies nicht der Fall, dann hat die Fehlerabschätzung keinen Sinn; man kann nicht hoffen, daß ein interpolierter Wert genauer ist als die Ausgangswerte.

25. Übungsaufgabe: Aus den Werten $\sqrt[3]{8}=2$, $\sqrt[3]{9}=2{,}0801$ und $\sqrt[3]{10}=2{,}1544$ interpoliere man $\sqrt[3]{9{,}25}$ a) linear, b) quadratisch.
In beiden Fällen schätze man den Betrag des relativen Fehlers ab.

2. Vektoren und Matrizen

2.1 Lineare Vektorräume

Viele Rechnungen können einfacher und übersichtlicher dargestellt werden, wenn man mehrere Zahlen zu Vektoren zusammenfaßt und mit Vektoren rechnet, anstatt immer nur mit einzelnen Zahlen zu operieren. Allerdings müssen dazu erst Rechenoperationen für diese neuen Rechenobjekte definiert werden. Man definiert für Vektoren nur Addition und Multiplikation; die Subtraktion ist dann wie üblich als Umkehr der Addition definiert, eine Division wird nicht eingeführt.

2.1.1 Addition und Multiplikation von Vektoren

Wir sind gewohnt, ein Zahlenpaar (x, y) als Punkt in einer Ebene zu deuten. Ebenso war für uns bisher ein Zahlentripel (x, y, z) ein Punkt des dreidimensionalen Raums, ein n-tupel $(x_1, x_2, \ldots, x_n)$ ein Punkt im n-dimensionalen Raum.

Man kann aber (x, y), (x, y, z) und $(x_1, x_2, \ldots, x_n)$ noch auf andere Art geometrisch interpretieren, nämlich als Verschiebungen. So kann man etwa (x, y) als die Verschiebung in der Ebene deuten, die den Punkt $(0, 0)$ in den Punkt (x, y) überführt und jeden beliebigen anderen Punkt (x_0, y_0) in den Punkt $(x_0 + x, x_0 + y)$.

Zu demselben Punkt gelangt man, wenn man auf den Ursprung $(0, 0)$ zuerst die *Verschiebung* (x_0, y_0) und dann die Verschiebung (x, y) anwendet; man kann aber auch zuerst die Verschiebung (x, y) und dann die Verschiebung (x_0, y_0) ausführen, wodurch man wieder zum Punkt $(x_0 + x, y_0 + y)$ kommt (vgl. Fig. 20).

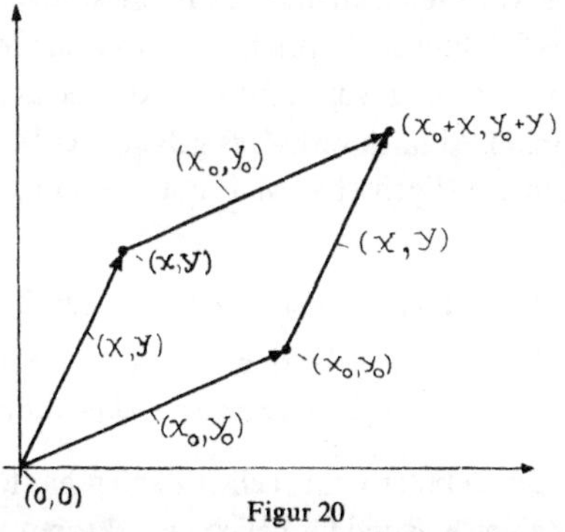

Figur 20

Analog läßt sich auch jedes n-tupel $(x_1, x_2, \ldots, x_n)$ als Verschiebung im n-dimensionalen Raum deuten.

Wenn wir ein n-tupel nicht als Punkt, sondern als Verschiebung oder aber überhaupt nicht geometrisch interpretieren, dann nennen wir es einen *Vektor*.

Für einen Vektor schreibt man abkürzend einen deutschen Buchstaben wie etwa $\mathfrak{a}$, $\mathfrak{b}$, $\mathfrak{c}$, $\mathfrak{x}$, $\mathfrak{y}$; auch fette lateinische Buchstaben **a**, **b**, **c**, **x**, **y** ... sind üblich. Daneben gibt es noch die Schreibweise $\vec{a}$, $\vec{x}$, $\vec{y}$, doch wollen wir davon keinen Gebrauch machen.

Definition: *Die Summe* $\mathfrak{x} + \mathfrak{y}$ *zweier Vektoren* $\mathfrak{x} = (x_1, x_2, \ldots, x_n)$ *und* $\mathfrak{y} = (y_1, y_2, \ldots, y_n)$ *ist der Vektor* $(x_1 + y_1, x_2 + y_2, \ldots, x_n + y_n)$.

Bezeichnung: Die Zahlen $x_1, x_2, \ldots, x_n$ heißen die *Komponenten* des Vektors $(x_1, x_2, \ldots, x_n)$.

Die Vektoraddition bedeutet also Addition der entsprechenden Komponenten. Man beachte, daß die Summe nur für Vektoren mit gleich vielen Komponenten definiert ist.

Bezeichnung: Hat ein Vektor n Komponenten, dann nennt man ihn *n-dimensional**).

Die Addition von Vektoren gleicher Dimension hat die folgenden Eigenschaften:

1. Die Summe zweier n-dimensionaler Vektoren ist wieder ein n-dimensionaler Vektor.
2. Es gilt das sog. assoziative Gesetz: $(\mathfrak{x}+\mathfrak{y})+\mathfrak{z}$ ist stets gleich $\mathfrak{x}+(\mathfrak{y}+\mathfrak{z})$.
3. Es gibt ein sog. *neutrales Element* $\mathfrak{o}$ mit $\mathfrak{x}+\mathfrak{o}=\mathfrak{x}$ für alle $\mathfrak{x}$.
   Dieses neutrale Element ist der als *Nullvektor* bezeichnete Vektor $\mathfrak{o}=(0,0,\ldots,0)$.
4. Zu jedem $\mathfrak{x}$ gibt es einen sog. *inversen Vektor*, den wir mit $-\mathfrak{x}$ bezeichnen, so daß $\mathfrak{x}+(-\mathfrak{x})=\mathfrak{o}$. Daraus ergibt sich, daß $-\mathfrak{x}$ gleich $(-x_1, -x_2, \ldots, -x_n)$ ist.
5. Die Addition ist *kommutativ*, d.h., es ist immer $\mathfrak{x}+\mathfrak{y}=\mathfrak{y}+\mathfrak{x}$.

Wenn für eine Menge von Objekten und eine für diese definierte Rechenoperation die Eigenschaften 1. bis 5. erfüllt sind, spricht man von einer *abelschen Gruppe* (nach N. H. Abel; die Kleinschreibung von „abelsch" deutet an, wie wichtig und allgemein diese Gruppen sind. Ähnlich verhält es sich mit der Bezeichnung „euklidisch" in der Geometrie). Sind die Eigenschaften 1. mit 4. erfüllt, dann spricht man von einer *Gruppe*.

Multiplikation von Vektoren mit reellen Zahlen

Definition: *Das Produkt $\alpha\mathfrak{x}$ eines Vektors $\mathfrak{x}=(x_1, x_2, \ldots, x_n)$ mit einer reellen Zahl α ist der Vektor $(\alpha x_1, \alpha x_2, \ldots, \alpha x_n)$; unter $\mathfrak{x}\alpha$ verstehen wir denselben Vektor wie $\alpha\mathfrak{x}$.*

Die Multiplikation der Vektoren mit reellen Zahlen hat folgende Eigenschaften: Für beliebige reelle Zahlen α, β und für beliebige Vektoren $\mathfrak{x}$, $\mathfrak{y}$ gleicher Dimension n gilt

a) $\alpha\mathfrak{x}$ ist wieder ein Vektor der Dimension n
b) $(\alpha+\beta)\mathfrak{x}=\alpha\mathfrak{x}+\beta\mathfrak{x}$
c) $\alpha(\mathfrak{x}+\mathfrak{y})=\alpha\mathfrak{x}+\alpha\mathfrak{y}$
d) $(\alpha\beta)\mathfrak{x} \quad =\alpha(\beta\mathfrak{x})$
e) $1\cdot\mathfrak{x} \quad =\mathfrak{x}$.

Jede abelsche Gruppe, für die eine Multiplikation mit den reellen Zahlen definiert ist, die diese Eigenschaften hat, nennt man einen *linearen Vektorraum***) *über den reellen Zahlen*.

*) Besser wäre die Bezeichnung „n-stelliger Vektor", da die in 2.1.2 definierte Dimension eines *Vektorraumes* eine andere Bedeutung hat als die Dimension eines *Vektors*.

**) Auch dann, wenn die Gruppe nicht aus Vektoren, sondern etwa aus Matrizen (vgl. 2.2.1), Funktionen oder sonstigen Rechenobjekten besteht.

Das Skalarprodukt zweier Vektoren

Definition: *Unter dem Skalarprodukt* $\mathfrak{x}\mathfrak{y}$ *zweier Vektoren*

$$\mathfrak{x}=(x_1, x_2, \ldots, x_n) \quad \textit{und} \quad \mathfrak{y}=(y_1, y_2, \ldots, y_n)$$

verstehen wir die reelle Zahl

$$\sum_{i=1}^{n} x_i y_i = x_1 y_1 + x_2 y_2 + \cdots + x_n y_n .$$

Auch das Skalarprodukt ist also nur für Vektoren gleicher Dimension definiert.

Man kann zeigen, daß für $n=2$ und $n=3$ das Skalarprodukt aus zwei Vektoren, die als zueinander orthogonale Verschiebungen gedeutet werden können, stets gleich 0 ist. Daher definiert man für alle n:

Definition: *Zwei Vektoren* $\mathfrak{x}$ *und* $\mathfrak{y}$ *heißen* zueinander orthogonal, *wenn* $\mathfrak{x}\mathfrak{y}=0$ *ist.*

Verschiebungen in der Ebene und im dreidimensionalen Raum lassen sich als Pfeile wie in Fig. 20 veranschaulichen. Der Weg, den ein beliebiger Punkt (x_0, y_0) der Ebene zurücklegt, wenn man auf ihn die Verschiebung (x, y) anwendet, ist gleich der Länge des Pfeils, also nach PYTHAGORAS gleich $\sqrt{x^2+y^2}$.

Durch zweimalige Anwendung des Satzes von PYTHAGORAS folgt, daß ein Pfeil im dreidimensionalen Raum, der einen Vektor (x, y, z) veranschaulicht, die Länge $\sqrt{x^2+y^2+z^2}$ hat.

Definition: *Der* Betrag *eines Vektors* $\mathfrak{x}=(x_1, x_2, \ldots, x_n)$ *ist gleich* $\sqrt{x_1^2+x_2^2+\cdots+x_n^2}$. *Man schreibt dafür* $|\mathfrak{x}|$.

Das Skalarprodukt von $\mathfrak{x}$ mit sich selbst ist also das Quadrat des Betrags von $\mathfrak{x}$.

Es ist leicht einzusehen, daß die Vektoren der Dimension n bezüglich des Skalarprodukts keine Gruppe bilden. Zwar gilt das kommutative Gesetz $\mathfrak{x}\mathfrak{y}=\mathfrak{y}\mathfrak{x}$, aber das Skalarprodukt ist nicht assoziativ:
$(\mathfrak{x}\mathfrak{y})\mathfrak{z}$ ist keine Zahl, sondern ein Vektor, nämlich ein Vielfaches von $\mathfrak{z}$;
$\mathfrak{x}(\mathfrak{y}\mathfrak{z})$ ist ein Vielfaches von $\mathfrak{x}$,
im allgemeinen gilt daher $(\mathfrak{x}\mathfrak{y})\mathfrak{z} \neq \mathfrak{x}(\mathfrak{y}\mathfrak{z})$.

Skalarprodukte von Vektoren kann man verwenden, um Bedarfs- und Kostenrechnungen übersichtlich und vor allem maschinengerecht zu gestalten. Können etwa in einem Produktionsprozeß 12 verschiedene Produktionsmittel zum Einsatz kommen, dann kann man die geplanten Mengen in Form eines sog. *Einsatzvektors* $\mathfrak{m}=(m_1, m_2, \ldots, m_{12})$ angeben. Ein Kostenvektor $\mathfrak{k}=(k_1, k_2, \ldots, k_{12})$ gibt die Kosten pro Einheit für jedes Produktionsmittel an. Das Skalarprodukt $\mathfrak{k}\mathfrak{m}$ ist dann gleich den mit $\mathfrak{m}$ verbundenen Kosten.

Näheres darüber werden wir bei der Matrizenrechnung kennenlernen. Vorerst soll dieses Beispiel nur zeigen, daß es auf die geometrische Interpretation der

Vektoren als Verschiebungen nicht ankommt, sondern allein auf die algebraische Struktur, die sich in den Rechenoperationen und den dafür geltenden Gesetzen ausdrückt.

2.1.2 Linear abhängige und linear unabhängige Vektoren

Bezeichnung: Sind $\mathfrak{x}_1, \mathfrak{x}_2, \ldots, \mathfrak{x}_m$ Vektoren gleicher Dimension, $\lambda_1, \lambda_2, \ldots, \lambda_m$ beliebige reelle Zahlen, dann heißt der Vektor

$$\lambda_1 \mathfrak{x}_1 + \lambda_2 \mathfrak{x}_2 + \cdots + \lambda_m \mathfrak{x}_m = \sum_{i=1}^{m} \lambda_i \mathfrak{x}_i$$

eine *Linearkombination* von $\mathfrak{x}_1, \mathfrak{x}_2, \ldots, \mathfrak{x}_m$.

Die Menge aller Linearkombinationen von m gegebenen Vektoren ist ein linearer Vektorraum, denn sie ist eine abelsche Gruppe und die Multiplikation von Linearkombinationen mit reellen Zahlen ist nichts anderes als die Multiplikation von Vektoren mit reellen Zahlen, hat also auch die Eigenschaften a) bis e) aus 2.1.1.

Wir nennen daher die Menge aller Linearkombinationen von $\mathfrak{x}_1, \mathfrak{x}_2, \ldots, \mathfrak{x}_m$ den von diesen Vektoren *aufgespannten Vektorraum.*

Es kann nun sein, daß einer dieser Vektoren bereits als Linearkombination der übrigen Vektoren dargestellt werden kann. So gilt z.B. für die Vektoren $\mathfrak{a} = (1, 4, -2)$, $\mathfrak{b} = (3, 2, 0)$ und $\mathfrak{c} = (1, -1, 1)$ der Zusammenhang $\mathfrak{a} = 1 \cdot \mathfrak{b} - 2\mathfrak{c}$.

Denselben Zusammenhang beschreibt die Gleichung

$$1 \cdot \mathfrak{a} + (-1) \cdot \mathfrak{b} + 2 \cdot (\mathfrak{c}) = \mathfrak{o},$$

d.h. die Linearkombination $\lambda_1 \mathfrak{a} + \lambda_2 \mathfrak{b} + \lambda_3 \mathfrak{c}$ ist gleich dem Nullvektor, wenn man für die Koeffizienten λ_1, λ_2, λ_3 der Reihe nach die Zahlen 1, -1 und 2 wählt.

Definition: *m Vektoren $\mathfrak{x}_1, \mathfrak{x}_2, \ldots, \mathfrak{x}_m$ heißen* linear abhängig, *wenn es eine Linearkombination $\lambda_1 \mathfrak{x}_1 + \lambda_2 \mathfrak{x}_2 + \cdots + \lambda_m \mathfrak{x}_m$ gibt, bei der nicht alle λ_i gleich* 0 *sind und die gleich dem Nullvektor $\mathfrak{o}$ ist.*

Natürlich kann man den Nullvektor stets erhalten, wenn man alle λ_i gleich 0 setzt; andererseits ist es aber nicht immer möglich, eine von dieser trivialen Linearkombination verschiedene Linearkombination zu finden, die ebenfalls den Nullvektor ergibt. So ist z.B. $\lambda_1(1, 0) + \lambda_2(0, 1) = (0, 0)$ nur möglich für $\lambda_1 = \lambda_2 = 0$, d.h. die Vektoren $(1, 0)$ und $(0, 1)$ sind nicht linear abhängig!

Definition: *m Vektoren $\mathfrak{x}_1, \mathfrak{x}_2, \ldots, \mathfrak{x}_m$ heißen* linear unabhängig, *wenn sie nicht linear abhängig sind, d.h. wenn aus $\lambda_1 \mathfrak{x}_1 + \lambda_2 \mathfrak{x}_2 + \cdots + \lambda_m \mathfrak{x}_m = \mathfrak{o}$ folgt, daß alle λ_i gleich* 0 *sind.*

Wenn wir wissen wollen, ob m Vektoren der Dimension n linear abhängig oder unabhängig sind, machen wir den Ansatz

$$\lambda_1 \mathfrak{x}_1 + \lambda_2 \mathfrak{x}_2 + \cdots + \lambda_m \mathfrak{x}_m = \mathfrak{o}.$$

Dieser Ansatz ist gleichbedeutend mit einem Gleichungssystem in den Unbekannten $\lambda_1, \lambda_2, \ldots, \lambda_m$, das aus n Gleichungen besteht, denn für jede Komponente erhalten wir eine Gleichung. Hat das Gleichungssystem nur die Lösung $\lambda_1 = \lambda_2 = \cdots = \lambda_m = 0$, dann sind die Vektoren linear unabhängig, andernfalls sind sie linear abhängig.

1. Beispiel: Für die Vektoren $\mathfrak{x}_1 = (1, -2)$ und $\mathfrak{x}_2 = (2, 1)$ ist der Ansatz $\lambda_1 \mathfrak{x}_1 + \lambda_2 \mathfrak{x}_2 = \mathfrak{o}$ gleichbedeutend mit den beiden Gleichungen

$$\begin{aligned} \lambda_1 \cdot 1 + \lambda_2 \cdot 2 &= 0 \quad \text{d.h.} \quad & \lambda_1 + 2\lambda_2 &= 0 \\ \lambda_1 \cdot (-2) + \lambda_2 \cdot 1 &= 0 & -2\lambda_1 + \lambda_2 &= 0. \end{aligned}$$

Entnehmen wir $\lambda_1 = -2\lambda_2$ der ersten Gleichung und setzen dies in die zweite Gleichung ein, dann folgt $5\lambda_2 = 0$, also $\lambda_2 = 0$ und damit auch $\lambda_1 = 0$. $\mathfrak{x}_1$ und $\mathfrak{x}_2$ sind also linear unabhängig.

Aus der Definition der linearen Abhängigkeit folgt unmittelbar, daß der Nullvektor für sich allein, aber auch jede Gesamtheit von Vektoren, die den Nullvektor enthält, linear abhängig ist. Denn $\lambda \mathfrak{o} = \mathfrak{o}$ für jedes beliebige λ.

Es ist auch leicht einzusehen, daß zwei Vektoren $\mathfrak{x}$ und $\mathfrak{y}$, die beide nicht gleich dem Nullvektor sind, nur dann linear abhängig sein können, wenn der eine ein Vielfaches des andern ist: Sei nämlich x_i eine von 0 verschiedene Komponente von $\mathfrak{x}$; dann gilt $y_i = \alpha x_i$ für irgendeine reelle Zahl α. Aus dem Ansatz $\lambda_1 \mathfrak{x} + \lambda_2 \mathfrak{y} = \mathfrak{o}$ folgt die Gleichung

$$\lambda_1 x_i + \lambda_2 y_i = 0 \quad \text{oder} \quad \lambda_1 = -\lambda_2 y_i / x_i = -\alpha \lambda_2 .$$

Setzt man dies in die anderen aus dem Ansatz folgenden Gleichungen $\lambda_1 x_k + \lambda_2 y_k = 0$ ein, dann erhält man für alle $k \neq i$ die Gleichung

$$\lambda_2(-\alpha x_k + y_k) = 0.$$

λ_2 kann also nur von 0 verschieden sein, wenn auch für alle $k \neq i$ die Beziehung $y_k = \alpha x_k$ erfüllt ist. Mit $\lambda_2 = 0$ muß hier aber auch $\lambda_1 = 0$ gelten.

Satz 2.1.1: *Es gibt n linear unabhängige Vektoren der Dimension n. Mehr als n Vektoren der Dimension n sind stets linear abhängig.*

Um n linear unabhängige Vektoren der Dimension n zu erhalten, braucht man nur die n sog. Einheitsvektoren

$$\mathfrak{e}_1 = (1, 0, 0, \ldots, 0),\ \mathfrak{e}_2 = (0, 1, 0, \ldots, 0),\ \ldots,\ \mathfrak{e}_n = (0, \ldots, 0, 1)$$

zu nehmen. Bei diesen führt der Ansatz $\lambda_1 \mathfrak{e}_1 + \lambda_2 \mathfrak{e}_2 + \cdots + \lambda_n \mathfrak{e}_n = \mathfrak{o}$ sofort zu den Gleichungen $\lambda_1 = 0, \lambda_2 = 0, \ldots, \lambda_n = 0$.

Andererseits läßt sich aber nachweisen, daß zu $n+1$ oder mehr beliebigen Vektoren der Dimension n stets eine Linearkombination existiert, bei der nicht alle Koeffizienten gleich 0 sind und die dennoch den Nullvektor ergibt.

Wir beweisen dies nicht, sondern überprüfen diese Aussage lediglich an einem einfachen Beispiel.

2. Beispiel: Drei beliebige Vektoren der Dimension 2 müssen nach Satz 2.1.1 linear abhängig sein.
Nehmen wir etwa $\mathfrak{a}=(-2;1)$, $\mathfrak{b}=(3;5)$, $\mathfrak{c}=(1;1)$, dann führt der Ansatz $\lambda_1\mathfrak{a}+\lambda_2\mathfrak{b}+\lambda_3\mathfrak{c}=\mathfrak{o}$ auf die Gleichungen

$$\begin{aligned}-2\lambda_1+3\lambda_2+\lambda_3&=0\\ \lambda_1+5\lambda_2+\lambda_3&=0.\end{aligned}$$

Hier können wir einem der λ_i einen beliebigen Wert geben und die beiden anderen danach ausrechnen. Setzen wir etwa $\lambda_2=1$, dann folgt $\lambda_1=-\frac{2}{3}$, $\lambda_3=-\frac{13}{3}$. Also ist z.B. $-\frac{2}{3}\mathfrak{a}+1\mathfrak{b}-\frac{13}{3}\mathfrak{c}=\mathfrak{o}$, d.h., $\mathfrak{a}$, $\mathfrak{b}$, $\mathfrak{c}$ sind linear abhängige Vektoren.

Definition: *Der* Rang *einer Menge von Vektoren ist gleich der maximalen Anzahl linear unabhängiger Vektoren in der Menge.*

So ist z.B. der Rang der aus den drei Vektoren $\mathfrak{a}$, $\mathfrak{b}$, $\mathfrak{c}$ des 2. Beispiels bestehenden Vektormenge gleich 2, denn es sind z.B. $\mathfrak{a}$ und $\mathfrak{b}$ linear unabhängig, $\mathfrak{a}$, $\mathfrak{b}$ und $\mathfrak{c}$ aber sind linear abhängig.

Der Rang der n Einheitsvektoren der Dimension n ist gleich n, da die Einheitsvektoren linear unabhängig sind.

Satz 2.1.2: *Ist r der Rang einer Vektormenge M und sind $\mathfrak{a}_1,\mathfrak{a}_2,\dots,\mathfrak{a}_r$ linear unabhängige Vektoren aus M, dann kann man jeden anderen Vektor $\mathfrak{x}$ aus M als Linearkombination von $\mathfrak{a}_1,\mathfrak{a}_2,\dots,\mathfrak{a}_r$ darstellen.*

Beweis: $\mathfrak{a}_1,\mathfrak{a}_2,\dots,\mathfrak{a}_r,\mathfrak{x}$ sind linear abhängig, sonst wäre der Rang von M gleich $r+1$ oder noch größer.
Also gibt es eine Linearkombination

$$\lambda_1\mathfrak{a}_1+\lambda_2\mathfrak{a}_2+\cdots+\lambda_r\mathfrak{a}_r+\lambda\mathfrak{x}=\mathfrak{o},$$

bei der nicht alle Koeffizienten gleich 0 sind. Insbesondere ist dann $\lambda\neq 0$, denn sonst wären die $\mathfrak{a}_1,\mathfrak{a}_2,\dots,\mathfrak{a}_r$ linear abhängig. Daher kann man die Gleichung nach $\mathfrak{x}$ auflösen und erhält

$$\mathfrak{x}=-\frac{\lambda_1}{\lambda}\mathfrak{a}_1-\frac{\lambda_2}{\lambda}\mathfrak{a}_2-\cdots-\frac{\lambda_r}{\lambda}\mathfrak{a}_r$$

als Linearkombination von $\mathfrak{a}_1,\mathfrak{a}_2,\dots,\mathfrak{a}_r$.

Satz 2.1.3: *Sei M eine Vektormenge mit dem Rang r und $\tilde{M}$ die Menge aller Linearkombinationen von Vektoren aus M; dann hat $\tilde{M}$ ebenfalls den Rang r.*

Beweis: $\tilde{M}$ enthält als Spezialfälle alle Vektoren aus M, also ist der Rang von $\tilde{M}$ größer oder gleich r. $\mathfrak{a}_1,\mathfrak{a}_2,\dots,\mathfrak{a}_r$ seien linear unabhängige Vektoren aus M,

$\mathfrak{x}_1, \mathfrak{x}_2, \ldots, \mathfrak{x}_{r+1}$ seien $r+1$ Linearkombinationen von Vektoren aus M. Da man nach Satz 2.1.2 jeden Vektor aus M als Linearkombination von $\mathfrak{a}_1, \mathfrak{a}_2, \ldots, \mathfrak{a}_r$ darstellen kann, erhält man durch Einsetzen auch $\mathfrak{x}_1, \mathfrak{x}_2, \ldots, \mathfrak{x}_{r+1}$ als Linearkombinationen von $\mathfrak{a}_1, \mathfrak{a}_2, \ldots, \mathfrak{a}_r$, und zwar sei

$$\mathfrak{x}_1 = \lambda_{11}\mathfrak{a}_1 + \lambda_{12}\mathfrak{a}_2 + \cdots + \lambda_{1r}\mathfrak{a}_r,$$

$$\mathfrak{x}_2 = \lambda_{21}\mathfrak{a}_1 + \lambda_{22}\mathfrak{a}_2 + \cdots + \lambda_{2r}\mathfrak{a}_r, \quad \text{usw.}$$

Bezeichnen wir nun mit $\mathfrak{q}_1$ den Vektor $(\lambda_{11}, \lambda_{12}, \ldots, \lambda_{1r})$, mit $\mathfrak{q}_2$ den Vektor $(\lambda_{21}, \lambda_{22}, \ldots, \lambda_{2r})$, usw., mit $\mathfrak{q}_{r+1}$ schließlich den Vektor $(\lambda_{r+1,1}, \lambda_{r+1,2}, \ldots, \lambda_{r+1,r})$, dann sind diese $r+1$ Vektoren nach Satz 2.1.1 linear abhängig.
Es gibt also eine Linearkombination

$$\alpha_1\mathfrak{q}_1 + \alpha_2\mathfrak{q}_2 + \cdots + \alpha_{r+1}\mathfrak{q}_{r+1} = \mathfrak{o},$$

bei der nicht alle Koeffizienten α_i gleich 0 sind.
Dann folgt aber:

$$\begin{aligned}\alpha_1\mathfrak{x}_1 + \alpha_2\mathfrak{x}_2 + \cdots + \alpha_{r+1}\mathfrak{x}_{r+1} &= \mathfrak{a}_1(\alpha_1\lambda_{11} + \alpha_2\lambda_{21} + \cdots + \alpha_{r+1}\lambda_{r+1,1})\\ &\quad + \mathfrak{a}_2(\alpha_1\lambda_{12} + \alpha_2\lambda_{22} + \cdots + \alpha_{r+1}\lambda_{r+1,2})\\ &\quad + \cdots + \mathfrak{a}_r(\alpha_1\lambda_{1r} + \alpha_2\lambda_{2r} + \cdots + \alpha_{r+1}\lambda_{r+1,r})\\ &= \mathfrak{a}_1 \cdot 0 + \mathfrak{a}_2 \cdot 0 + \cdots + \mathfrak{a}_r \cdot 0 = \mathfrak{o}.\end{aligned}$$

Also sind je $r+1$ Vektoren aus der Menge $\tilde{M}$ aller Linearkombinationen linear abhängig, was bedeutet, daß der Rang von $\tilde{M}$ kleiner ist als $r+1$.
Damit ist bewiesen, daß der Rang von $\tilde{M}$ gleich r ist.

Definition: *Die* Dimension *eines linearen Vektorraums ist gleich dem Rang der Vektormenge, aus der er besteht.*

Sind m Vektoren gegeben, deren Rang gleich r ist, dann hat der von diesen m Vektoren aufgespannte lineare Vektorraum also die Dimension r. Denn dieser lineare Vektorraum ist die Menge aller Linearkombinationen der m gegebenen Vektoren, und diese Menge hat nach Satz 2.13 auch den Rang r.

So hat z.B. der lineare Vektorraum aller Vektoren der Dimension n selbst die Dimension n, denn er kann von n linear unabhängigen Einheitsvektoren aufgespannt werden.

Der Vektorraum aller Linearkombinationen von m linear unabhängigen Vektoren hat die Dimension m.

Beispielsweise bildet die Menge aller Linearkombinationen der beiden Vektoren $(1, 0, -3)$ und $(0, 1, 1)$ einen Vektorraum der Dimension 2.

Dagegen bilden die Linearkombinationen der beiden Vektoren $(1, -1, 1)$ und $(2, -2, 2)$ nur einen Vektorraum der Dimension 1, denn die beiden Vektoren sind linear abhängig.

2.2 Matrizen

2.2.1 Addition und Multiplikation von Matrizen

Eine Matrix ist ein Zahlenschema der Form

$$\begin{pmatrix} a_{11} & a_{12} \dots & a_{1n} \\ a_{21} & a_{22} \dots & a_{2n} \\ \vdots & \vdots \dots & \vdots \\ a_{m1} & a_{m2} \dots & a_{mn} \end{pmatrix};$$

man schreibt dafür auch $(a_{ik})^{(m,n)}$.

Durch diese Schreibweise wird angedeutet, daß der Index i, der sog. *Zeilenindex*, von 1 bis m läuft, wogegen der zweite Index k, der sog. *Spaltenindex*, von 1 bis n läuft.

Zu jedem Indexpaar i, k mit $1 \leqq i \leqq m$ und $1 \leqq k \leqq n$ gehört ein *Matrixelement* a_{ik}. a_{ik} ist das Element, das in Zeile i und in Spalte k steht.

Wenn klar ist, wie viele Zeilen und Spalten eine Matrix hat, schreibt man auch einfach (a_{ik}), wenn besonders hervorgehoben werden soll, daß eine Matrix aus m Zeilen und n Spalten besteht, spricht man von einer m, n-Matrix (a_{ik}).

Eine $1, n$-Matrix ist ein sog. *Zeilenvektor*, eine $m, 1$-Matrix ist ein sog. *Spaltenvektor*.

Für Vektoren ist es an sich gleichgültig, ob man sie als Zeilen oder als Spalten anordnet. Sollen aber Vektoren als Matrizen aufgefaßt werden, dann ist es im Hinblick auf die noch einzuführenden Rechenoperationen für Matrizen nicht gleichgültig, ob man eine Matrix mit einer Zeile und r Spalten vor sich hat oder eine Matrix aus denselben Elementen, die nun aber in einer Spalte angeordnet sind.

Wir vereinbaren daher, daß künftig Vektoren $\mathfrak{a}, \mathfrak{b}, \mathfrak{x}, \mathfrak{y}$, usw. Spaltenvektoren bedeuten, während Zeilenvektoren $\mathfrak{a}', \mathfrak{b}', \mathfrak{x}', \mathfrak{y}'$, usw. geschrieben werden.

Matrizenaddition

Definition: *Die Summe $A+B$ zweier m, n-Matrizen $A=(a_{ik})$ und $B=(b_{ik})$ ist die m, n-Matrix (c_{ik}), wobei jedes c_{ik} gleich $a_{ik}+b_{ik}$ ist.*

1. Beispiel: Die Summe von

$$A=\begin{pmatrix} 1 & -3 & 4 \\ 2 & 0 & 6 \end{pmatrix} \quad \text{und} \quad B=\begin{pmatrix} -2 & 0 & 3 \\ 1 & 4 & 5 \end{pmatrix}$$

ist

$$A+B=\begin{pmatrix} 1 & -3 & 4 \\ 2 & 0 & 6 \end{pmatrix}+\begin{pmatrix} -2 & 0 & 3 \\ 1 & 4 & 5 \end{pmatrix}=\begin{pmatrix} -1 & -3 & 7 \\ 3 & 4 & 11 \end{pmatrix}.$$

Man beachte, daß die Addition nur für Matrizen definiert ist, die in Zeilenanzahl und Spaltenanzahl übereinstimmen.

Die Menge aller m, n-Matrizen mit festem m und n bilden bezüglich der Addition eine abelsche Gruppe. Die Eigenschaften 1. bis 5. aus 2.1.1 sind nämlich auch hier erfüllt, wenn wir dort das Wort „Vektor" durch „Matrix" ersetzen. Das neutrale Element ist hier die *Nullmatrix*, das ist die Matrix, deren Elemente alle gleich 0 sind.

Invers bezüglich der Addition ist zu einer Matrix $A=(a_{ik})$ die Matrix $-A=(-a_{ik})$, die aus A entsteht, indem man bei jedem Element das Vorzeichen ändert. Damit ist auch $B-A=B+(-A)$ erklärt.

Definition (Multiplikation von Matrizen mit reellen Zahlen): *Ist $A=(a_{ik})$ eine Matrix und α eine reelle Zahl, dann sei αA die Matrix (αa_{ik}), also die Matrix, die aus A durch Multiplikation aller Elemente mit α entsteht. $A\alpha$ sei gleich αA.*

Für diese Multiplikation gelten die Regeln a) mit e) aus 2.1.1, wenn man dort die n-dimensionalen Vektoren $\mathfrak{x}$ und $\mathfrak{y}$ durch m, n-Matrizen X und Y ersetzt; es ist also αX wieder eine m, n-Matrix,

$$(\alpha+\beta)X=\alpha X+\beta X, \quad \alpha(X+Y)=\alpha X+\alpha Y \quad \text{usw.}$$

(Der Nachweis ist trivial.)

Die Menge aller m, n-Matrizen mit festem m und n bildet also ebenfalls einen linearen Vektorraum über den reellen Zahlen.

Matrizenmultiplikation

Definition: *Ist $A=(a_{ik})^{(m,n)}$ eine m, n-Matrix, $B=(b_{kj})^{(n,s)}$ eine n, s-Matrix, dann verstehen wir unter dem* Produkt AB *die m, s-Matrix $(p_{ij})^{(m,s)}$, deren Elemente p_{ij} gleich $\sum_{k=1}^{n} a_{ik} b_{kj}$ sind; für alle $i=1,2,\ldots,m$ und alle $j=1,2,\ldots,s$ ist also das in der i-ten Zeile und in der j-ten Spalte stehende Element p_{ij} der Produktmatrix AB gleich dem Skalarprodukt aus der i-ten Zeile von A mit der j-ten Spalte von B.*

2. Beispiel: Ist

$$A=\begin{pmatrix}1 & 0 & 3 & 4\\ 2 & -5 & 1 & 0\end{pmatrix}, \quad B=\begin{pmatrix}2 & -3 & 1\\ 0 & 6 & 0\\ 1 & 2 & 0\\ 1 & 4 & -6\end{pmatrix}, \quad \text{dann ist} \quad AB=\begin{pmatrix}9 & 19 & -23\\ 5 & -34 & 2\end{pmatrix};$$

beispielsweise ergibt sich das Element -23 in der ersten Zeile und in der dritten Spalte als Skalarprodukt aus der ersten Zeile von A mit der dritten Spalte von B:

$$-23=1\cdot 1+0\cdot 0+3\cdot 0+4\cdot(-6).$$

Man beachte, daß AB nur dann definiert ist, wenn die Spaltenanzahl von A gleich der Zeilenanzahl von B ist. Ist AB definiert, dann ist häufig BA nicht definiert, wie auch bei unserem 2. Beispiel, denn dort ist die Spaltenanzahl von B gleich 3, die Zeilenanzahl von A aber 2.

Wenn aber sowohl AB als auch BA definiert sind, so ist im allgemeinen AB nicht gleich BA:

3. Beispiel: Sei

$$A=\begin{pmatrix}1 & 2\\ 3 & 4\end{pmatrix}, \quad B=\begin{pmatrix}2 & 5\\ 1 & 4\end{pmatrix}, \quad \text{dann ist} \quad AB=\begin{pmatrix}4 & 13\\ 10 & 31\end{pmatrix}, \quad BA=\begin{pmatrix}17 & 24\\ 13 & 18\end{pmatrix}.$$

Das Skalarprodukt zweier Vektoren $\mathfrak{x}'=(x_1, x_2, \ldots, x_n)$ und $\mathfrak{y}'=(y_1, y_2, \ldots, y_n)$ läßt sich auch als Matrizenprodukt auffassen, allerdings nur dann, wenn wir den dabei links stehenden Vektor als Zeile, den rechts stehenden Vektor als Spalte anschreiben, also entweder

$$\mathfrak{x}'\mathfrak{y}=(x_1, x_2, \ldots, x_n)\begin{pmatrix}y_1\\ y_2\\ \vdots\\ y_n\end{pmatrix} \quad \text{oder} \quad \mathfrak{y}'\mathfrak{x}=(y_1, y_2, \ldots, y_n)\begin{pmatrix}x_1\\ x_2\\ \vdots\\ x_n\end{pmatrix}$$

bilden. Das Ergebnis ist in beiden Fällen das Skalarprodukt, also eine reelle Zahl, die man auch als 1, 1-Matrix auffassen kann.

Auch für solche Spezialfälle gilt das kommutative Gesetz nicht; $\mathfrak{y}\,\mathfrak{x}'$ ist zwar auch definiert, ist aber für $n>1$ keine reelle Zahl, sondern eine (n, n)-Matrix.

4. Beispiel: Sei $\mathfrak{x}'=(1, -2)$, $\mathfrak{y}=\begin{pmatrix}4\\ 3\end{pmatrix}$; dann ist $\mathfrak{x}'\mathfrak{y}=1\cdot 4+(-2)\cdot 3=-2$, während $\mathfrak{y}\,\mathfrak{x}'=\begin{pmatrix}4\\ 3\end{pmatrix}(1, -2)=\begin{pmatrix}4 & -8\\ 3 & -6\end{pmatrix}$ ist.

Da die Matrizenmultiplikation nicht kommutativ ist, bilden die Matrizen keine abelsche Gruppe bezüglich der Multiplikation.

Das assoziative Gesetz ist jedoch auch hier erfüllt: Wenn die Produkte AB und $(AB)C$ definiert sind, dann sind auch die Produkte BC und $A(BC)$ definiert und es gilt:

$$A(BC)=(AB)C.$$

Den Beweis hierfür mag der Leser als Übung selbst versuchen.

Es gilt auch stets $A(B+C)=AB+AC$, was sehr leicht nachzuweisen ist.

Daher kann man Klammerausdrücke von Matrizen auflösen wie Klammerausdrücke von gewöhnlichen Zahlen, allerdings darf dabei die Reihenfolge der Faktoren nicht vertauscht werden. So gilt z.B.

$$(A+B)^2=(A+B)(A+B)=A^2+BA+AB+B^2,$$

dies ist aber i.allg. *nicht* gleich $A^2+2AB+B^2$, wie wir an folgendem Beispiel sehen können:

5. Beispiel: Sei

$$A=\begin{pmatrix}1 & 2\\ 3 & 4\end{pmatrix}, \quad B=\begin{pmatrix}-1 & 1\\ 2 & 1\end{pmatrix};$$

dann ist

$$A+B=\begin{pmatrix}0 & 3\\ 5 & 5\end{pmatrix}, \quad \text{also} \quad (A+B)^2=\begin{pmatrix}0 & 3\\ 5 & 5\end{pmatrix}\begin{pmatrix}0 & 3\\ 5 & 5\end{pmatrix}=\begin{pmatrix}15 & 15\\ 25 & 40\end{pmatrix}.$$

Andererseits ist

$$A^2=\begin{pmatrix}1 & 2\\ 3 & 4\end{pmatrix}\begin{pmatrix}1 & 2\\ 3 & 4\end{pmatrix}=\begin{pmatrix}7 & 10\\ 15 & 22\end{pmatrix}, \quad BA=\begin{pmatrix}-1 & 1\\ 2 & 1\end{pmatrix}\begin{pmatrix}1 & 2\\ 3 & 4\end{pmatrix}=\begin{pmatrix}2 & 2\\ 5 & 8\end{pmatrix},$$

$$AB=\begin{pmatrix}1 & 2\\ 3 & 4\end{pmatrix}\begin{pmatrix}-1 & 1\\ 2 & 1\end{pmatrix}=\begin{pmatrix}3 & 3\\ 5 & 7\end{pmatrix}, \quad B^2=\begin{pmatrix}-1 & 1\\ 2 & 1\end{pmatrix}\begin{pmatrix}-1 & 1\\ 2 & 1\end{pmatrix}=\begin{pmatrix}3 & 0\\ 0 & 3\end{pmatrix}$$

und in der Tat ist

$$A^2+AB+BA+B^2=\begin{pmatrix}15 & 15\\ 25 & 40\end{pmatrix}.$$

Bei Produkten aus lauter gleichen Faktoren kommt es natürlich nicht auf die Reihenfolge an, deshalb haben wir $(A+B)^2$ für $(A+B)(A+B)$ geschrieben, für AA die Potenz A^2 usw.

Eine Potenz A^n bedeutet wie bei gewöhnlichen Zahlen das n-fache Produkt von A mit sich selbst. A^n ist aber für $n \geqq 2$ nur definiert, falls A eine sog. *quadratische Matrix* ist, d.h. so viele Zeilen wie Spalten hat.

Transponierte Matrizen

Schreibt man die Spalten einer Matrix $A=(a_{ik})^{(m,n)}$ der Reihe nach als Zeilen untereinander, dann entsteht aus A die sog. *transponierte Matrix* $A'=(a'_{ki})^{(n,m)}$, die auch durch die Bedingung $a'_{ki}=a_{ik}$ definiert ist.

Die Spalten von A sind also Zeilen in A'; dabei werden zwangsläufig die Zeilen von A zu Spalten in A'. Die Elemente a_{ii} der sog. *Hauptdiagonalen* bleiben beim Transponieren an Ort und Stelle.

6. Beispiel: Sei

$$A=\begin{pmatrix}\mathbf{5} & 0 & 1 & 3\\ 1 & \mathbf{2} & -1 & 4\end{pmatrix}, \quad B=\begin{pmatrix}\mathbf{1} & 0 & 3\\ -2 & \mathbf{6} & 5\\ 8 & 3 & \mathbf{0}\end{pmatrix}$$

(die Elemente der Hauptdiagonalen sind fett gedruckt); dann ist

$$A'=\begin{pmatrix}\mathbf{5} & 1\\ 0 & \mathbf{2}\\ 1 & -1\\ 3 & 4\end{pmatrix}, \quad B'=\begin{pmatrix}\mathbf{1} & -2 & 8\\ 0 & \mathbf{6} & 3\\ 3 & 5 & \mathbf{0}\end{pmatrix}.$$

Man sagt auch, die Transponierte entsteht durch Spiegelung an der Hauptdiagonalen.

Satz 2.2.1: *Ist das Produkt AB zweier Matrizen definiert, so ist auch $B'A'$ definiert und es gilt $B'A' = (AB)'$.*

Beweis: Wenn A n Spalten hat, dann muß B n Zeilen haben, damit AB definiert ist.

Dann hat B' n Spalten und A' n Zeilen, also ist mit AB auch $B'A'$ definiert.
Ein Element von $B'A'$, das in der Zeile i und in der Spalte j dieses Produkts steht, ist gleich dem skalaren Produkt der Zeile i von B' mit Spalte j von A'. Da aber die Spalte j von A' gleich der Zeile j von A und die Zeile i von B' gleich der Spalte i von B ist, ist das betrachtete Element gleich demjenigen, das im Produkt AB in Zeile j und Spalte i steht. Damit ist der Satz bewiesen.

Inverse Matrizen

Definition: Einheitsmatrizen *sind quadratische Matrizen, bei denen die Elemente der Hauptdiagonalen alle gleich* 1 *sind, während die übrigen Elemente alle gleich* 0 *sind.*

Die Einheitsmatrizen sind die neutralen Elemente der Multiplikation. Ist E die m-reihige Einheitsmatrix, dann gilt für jede m, n-Matrix A die Gleichung $EA = A$. Ist E die n-reihige Einheitsmatrix, so gilt für jede m, n-Matrix A die Gleichung $AE = A$.

7. Beispiel:

$$\begin{pmatrix} 1 & 0 \\ 0 & 1 \end{pmatrix} \begin{pmatrix} 2 & 3 & 0 \\ 1 & 5 & 4 \end{pmatrix} = \begin{pmatrix} 2 & 3 & 0 \\ 1 & 5 & 4 \end{pmatrix}$$

$$\begin{pmatrix} 2 & 3 & 0 \\ 1 & 5 & 4 \end{pmatrix} \begin{pmatrix} 1 & 0 & 0 \\ 0 & 1 & 0 \\ 0 & 0 & 1 \end{pmatrix} = \begin{pmatrix} 2 & 3 & 0 \\ 1 & 5 & 4 \end{pmatrix}.$$

Nur Einheitsmatrizen haben die Eigenschaft, daß für *beliebige* Matrizen A die Produkte AE bzw. EA stets gleich A sind, sofern diese Produkte definiert sind.

Wäre z.B. I eine Matrix mit $AI = A$ für alle A, mit denen AI definiert ist, dann gäbe es auch eine Einheitsmatrix E, für die EI definiert und gleich E ist.

Andererseits wissen wir, daß $EI = I$ sein muß, also folgt $E = I$.

Genauso folgt, daß jede Matrix I mit $IA = A$ für alle A, mit denen IA definiert ist, eine Einheitsmatrix sein muß.

Definition: *Ist eine Matrix A quadratisch und gibt es eine Matrix B mit $BA = E$, so nennen wir B* die Inverse *A^{-1} zu A.*

Ist A eine n, n-Matrix, dann muß auch B eine n, n-Matrix sein, damit BA definiert ist und das Ergebnis BA eine quadratische Matrix E ist.

Ferner läßt sich zeigen: Ist C eine Matrix mit $AC=E$, so muß $C=B$ gelten. Dies folgt aus dem Assoziativgesetz;

$$\text{das Produkt}\quad (BA)C=EC=C \quad \text{ist nämlich gleich}$$
$$B(AC)=BE=B, \quad \text{also ist } B=C.$$

8. Beispiel: Zu

$$A=\begin{pmatrix}3 & 1 & 1\\ 2 & 0 & 1\\ 1 & 4 & -2\end{pmatrix} \quad \text{ist} \quad B=\begin{pmatrix}-4 & 6 & 1\\ 5 & -7 & -1\\ 8 & -11 & -2\end{pmatrix}$$

invers, denn

$$BA=\begin{pmatrix}1 & 0 & 0\\ 0 & 1 & 0\\ 0 & 0 & 1\end{pmatrix}; \quad \text{es gilt auch} \quad AB=\begin{pmatrix}1 & 0 & 0\\ 0 & 1 & 0\\ 0 & 0 & 1\end{pmatrix},$$

wie man leicht nachprüft.

Wie kann man nun eine Inverse berechnen? Ein möglicher, wenn auch praktisch nicht empfehlenswerter Weg wäre, aus dem Ansatz $BA=E$ die Elemente von B zu bestimmen. Bei einer dreireihigen quadratischen Matrix A führt dies auf drei Gleichungen in drei Unbekannten für jede Zeile von B. Sehen wir uns dies für die Matrix A des 8. Beispiels näher an: Gesucht ist $B=(b_{ik})^{3,3}$ mit

$$\begin{pmatrix}b_{11} & b_{12} & b_{13}\\ b_{21} & b_{22} & b_{23}\\ b_{31} & b_{32} & b_{33}\end{pmatrix}\begin{pmatrix}3 & 1 & 1\\ 2 & 0 & 1\\ 1 & 4 & -2\end{pmatrix}=\begin{pmatrix}1 & 0 & 0\\ 0 & 1 & 0\\ 0 & 0 & 1\end{pmatrix},$$

also muß für die erste Zeile (b_{11}, b_{12}, b_{13}) von B gelten:

$$\begin{aligned}
b_{11}\,3+b_{12}\,2+b_{13}\,1 \quad &=1\\
b_{11}\,1+b_{12}\,0+b_{13}\,4 \quad &=0\\
b_{11}\,1+b_{12}\,1+b_{13}(-2)&=0;
\end{aligned}$$

tatsächlich kann man daraus die erste Zeile von B bestimmen.

Dieses Gleichungssystem kann umgeformt werden zu

$$b_{11}\begin{pmatrix}3\\1\\1\end{pmatrix}+b_{12}\begin{pmatrix}2\\0\\1\end{pmatrix}+b_{13}\begin{pmatrix}1\\4\\-2\end{pmatrix}=\begin{pmatrix}1\\0\\0\end{pmatrix}$$

und links steht nun eine Linearkombination der transponierten Zeilen von A.

Analog kann man das Gleichungssystem für die zweite Zeile von B auffassen:

$$b_{21}\begin{pmatrix}3\\1\\1\end{pmatrix}+b_{22}\begin{pmatrix}2\\0\\1\end{pmatrix}+b_{23}\begin{pmatrix}1\\4\\-2\end{pmatrix}=\begin{pmatrix}0\\1\\0\end{pmatrix}$$

und das Gleichungssystem für die dritte Zeile von B kann geschrieben werden als Vektorgleichung

$$b_{31}\begin{pmatrix}3\\1\\1\end{pmatrix}+b_{32}\begin{pmatrix}2\\0\\1\end{pmatrix}+b_{33}\begin{pmatrix}1\\4\\-2\end{pmatrix}=\begin{pmatrix}0\\0\\1\end{pmatrix}.$$

Die Aufgabe, eine Inverse B mit $BA=E$ zu finden, ist also äquivalent der Aufgabe, alle Einheitsvektoren als Linearkombinationen der Zeilen von A darzustellen. Ist A eine quadratische n-reihige Matrix, dann sind dies die n Einheitsvektoren der Dimension n, die in E stehen. Diese Einheitsvektoren haben den Rang n. Also können sie nach Satz 2.1.3 höchstens dann alle als Linearkombinationen der Zeilen von A dargestellt werden, wenn die n Zeilen von A selbst den Rang n haben. Denn andernfalls hätte die Menge der Linearkombinationen der Zeilen von A einen größeren Rang als die Menge der Zeilen selbst, was ein Widerspruch zu Satz 2.1.3 wäre.

Haben aber die Zeilen von A den Rang n, dann sind die n Zeilen linear unabhängig; nimmt man einen beliebigen n-dimensionalen Einheitsvektor mit hinzu, so ist diese Vektormenge linear abhängig nach Satz 2.1.1. Also kann man nach Satz 2.1.2 den Einheitsvektor als Linearkombination der Zeilen darstellen.

Damit ist bewiesen:

Satz 2.2.2: *Eine Inverse B mit $BA=E$ existiert zu einer quadratischen n-reihigen Matrix A genau dann, wenn der Rang der Zeilenvektoren von A gleich n ist, d.h. wenn die Zeilen von A linear unabhängig sind.*

Auf ganz analoge Weise beweist man

Satz 2.2.3: *Eine Inverse C mit $AC=E$ existiert zu einer quadratischen n-reihigen Matrix A genau dann, wenn der Rang der Spaltenvektoren von A gleich n ist, d.h. wenn die Spalten von A linear unabhängig sind.*

Der folgende Satz, den wir ohne Beweis zitieren, rechtfertigt es nun, daß wir in der vorigen Definition B einfach als *die Inverse* bezeichneten.

Satz 2.2.4: *Bei jeder Matrix ist der Rang der Zeilen gleich dem Rang der Spalten.*

Daraus folgt unmittelbar, daß eine sog. linksinverse Matrix B mit $BA=E$ genau dann existiert, wenn auch eine sog. rechtsinverse Matrix C mit $AC=E$ existiert.

Daß jede linksinverse Matrix mit jeder rechtsinversen übereinstimmen muß, wurde schon gezeigt. Es kann daher nur eine einzige Inverse geben, die zugleich linksinvers und rechtsinvers ist. Diese Matrix nennen wir A^{-1}. A ist dann die eindeutig bestimmte Inverse zu A^{-1}.

Die Multiplikation einer Matrix mit ihrer Inversen ist also eine der Ausnahmen, bei denen die Matrizenmultiplikation kommutativ ist, denn $A^{-1}A = AA^{-1} = E$.

Der Begriff der Inversen wird nur für quadratische Matrizen definiert, da er nur für diese sinnvoll ist.

Man kann zwar auch bei Multiplikation von nichtquadratischen Matrizen gelegentlich eine Einheitsmatrix erhalten, z.B. ist

$$\begin{pmatrix} 1 & 0 & 1 \\ 2 & 4 & 3 \end{pmatrix} \begin{pmatrix} 1 & 0 \\ -0{,}5 & 0{,}25 \\ 0 & 0 \end{pmatrix} = \begin{pmatrix} 1 & 0 \\ 0 & 1 \end{pmatrix},$$

aber auch

$$\begin{pmatrix} 1 & 0 & 1 \\ 2 & 4 & 3 \end{pmatrix} \begin{pmatrix} 0 & -1 \\ -0{,}75 & 0 \\ 1 & 1 \end{pmatrix} = \begin{pmatrix} 1 & 0 \\ 0 & 1 \end{pmatrix};$$

wollte man also z.B. eine Inverse zu der hier links stehenden Matrix definieren, so wäre sie nicht eindeutig bestimmt.

Bezeichnungen: Da der Rang der Zeilen einer Matrix stets gleich dem Rang der Spalten ist, nennt man diesen Rang den *Rang der Matrix*.
Eine n-reihige quadratische Matrix mit dem Rang n, für die also die Inverse existiert, nennt man *nichtsingulär*. Alle anderen Matrizen nennt man *singulär*.

Insbesondere sind also alle nichtquadratischen Matrizen singulär. Aber auch quadratische Matrizen sind singulär, wenn ihr Rang geringer ist als die Anzahl ihrer Zeilen.

9. Beispiel: Wir wollen feststellen, ob zu den Matrizen

$$A = \begin{pmatrix} 1 & 0 & 0 & 4 \\ 0 & 1 & 2 & 1 \\ -1 & 0 & 3 & 2 \\ 0 & -1 & 0 & 1 \end{pmatrix} \quad \text{und} \quad D = \begin{pmatrix} 2 & -4 & 1 \\ 0 & 3 & 2 \\ 4 & 1 & 8 \end{pmatrix}$$

die Inversen existieren.
A^{-1} existiert genau dann, wenn der Rang von A gleich 4 ist. Gleichbedeutend damit ist die lineare Unabhängigkeit der Zeilen von A.
Der Ansatz

$$\lambda_1(1,0,0,4) + \lambda_2(0,1,2,1) + \lambda_3(-1,0,3,2) + \lambda_4(0,-1,0,1) = (0,0,0,0)$$

führt zu den Gleichungen

$$\begin{aligned} \lambda_1 \qquad - \lambda_3 \qquad &= 0 \\ \lambda_2 \qquad - \lambda_4 &= 0 \\ 2\lambda_2 + 3\lambda_3 \qquad &= 0 \\ 4\lambda_1 + \lambda_2 + 2\lambda_3 + \lambda_4 &= 0, \end{aligned}$$

aus denen $\lambda_1 = \lambda_2 = \lambda_3 = \lambda_4 = 0$ folgt.
Also sind die Zeilen von A linear unabhängig und daher existiert A^{-1}.
Der entsprechende Ansatz für die Zeilen von D führt nicht zu dem Ergebnis, daß $\lambda_1 = \lambda_2 = \lambda_3 = 0$ gelten muß, sondern es ist z.B. auch $\lambda_1 = 2$, $\lambda_2 = 3$, $\lambda_3 = -1$ eine Lösung, d.h.

$$2 \cdot (2, -4, 1) + 3 \cdot (0, 3, 2) - 1 \cdot (4, 1, 8) = (0, 0, 0).$$

Also ist der Rang von D kleiner als 3 und folglich kann keine Inverse existieren.

2.2.2 Bedarfsrechnung mit Matrizen

An einem Beispiel soll nun gezeigt werden, wie man Bedarfsrechnungen bei mehrstufiger Produktion über Matrizen abwickeln kann. Das Beispiel ist notgedrungen sehr einfach und führt doch schon zu 9reihigen quadratischen Matrizen. In der Praxis treten noch viel größere Matrizen auf und deshalb müssen die noch zu beschreibenden Rechenoperationen von Computern ausgeführt werden.

Die Fig. 21 stellt eine mehrstufige Produktion in Form eines sog. Flußbildes dar: Die Endprodukte E_1 und E_2 setzen sich aus Zwischenprodukten Z, N, Z_1, Z_2 und Rohstoffen a, b, c zusammen. „Rohstoff" bedeutet lediglich, daß es sich um einen von außen zugeführten Artikel und nicht um einen im eigenen Unternehmen hergestellten handelt. Endprodukte, Zwischenprodukte und Rohstoffe werden als Artikel bezeichnet. Neben jeder der Verbindungslinien in Fig. 21 steht eine Zahl, die angibt, wie viele Einheiten des tiefer stehenden Artikels in den höher stehenden Artikel *direkt* eingehen.

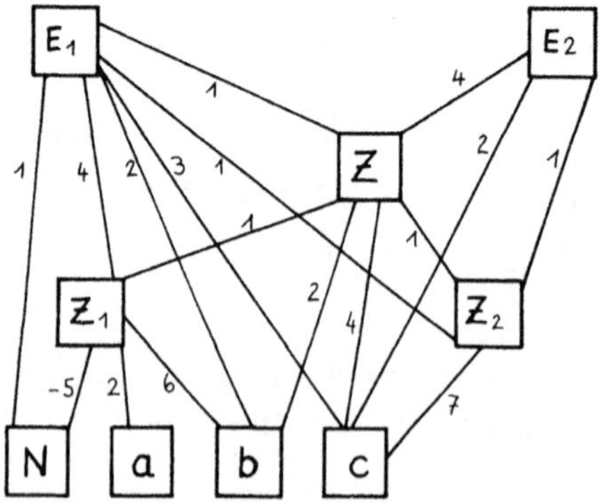

Figur 21

Jede Einheit von E_2 setzt sich beispielsweise aus 4 Einheiten von Z, 1 Einheit Z_2 und 2 Einheiten c zusammen. Für jede Einheit von E_2 braucht man aber nicht nur diese 2 Einheiten von c, denn c geht ja auch indirekt (über Z und über Z_2) in E_2 ein.

Das Zwischenprodukt N spielt eine Sonderrolle: Es fällt bei der Fertigung von Z_1 zwangsläufig als Nebenprodukt an, und zwar zu je 5 Einheiten pro Einheit von Z_1. Daher steht -5 an der Verbindungslinie von N nach Z_1. Teilweise wird N für die Produktion von E_1 benötigt.

Die Frage, welche Rohstoffmengen insgesamt benötigt werden und wie viele Einheiten von jedem Zwischenprodukt hergestellt werden müssen, damit man x_1 Einheiten E_1 und x_2 Einheiten E_2 produzieren kann, läßt sich durch Matrizenmultiplikationen und Matrizenadditionen beantworten.

Zunächst können wir die in Fig. 21 enthaltene Information auch in Form einer Matrix D schreiben:

$$D = \begin{array}{c} \\ E_1 \\ E_2 \\ Z \\ Z_1 \\ Z_2 \\ a \\ b \\ c \\ N \end{array} \begin{array}{c} \begin{array}{ccccccccc} E_1 & E_2 & Z & Z_1 & Z_2 & a & b & c & N \end{array} \\ \begin{pmatrix} 0 & 0 & 1 & 4 & 1 & 0 & 2 & 3 & 1 \\ 0 & 0 & 4 & 0 & 1 & 0 & 0 & 2 & 0 \\ 0 & 0 & 0 & 1 & 1 & 0 & 2 & 4 & 0 \\ 0 & 0 & 0 & 0 & 0 & 2 & 6 & 0 & -5 \\ 0 & 0 & 0 & 0 & 0 & 0 & 0 & 7 & 0 \\ 0 & 0 & 0 & 0 & 0 & 0 & 0 & 0 & 0 \\ 0 & 0 & 0 & 0 & 0 & 0 & 0 & 0 & 0 \\ 0 & 0 & 0 & 0 & 0 & 0 & 0 & 0 & 0 \\ 0 & 0 & 0 & 0 & 0 & 0 & 0 & 0 & 0 \end{pmatrix} \end{array}.$$

D ist die in den Klammern stehende Matrix; die daneben und darüber stehenden Buchstaben verdeutlichen, daß jedem Artikel eine Zeile und eine Spalte entspricht. Die Zeile gibt an, wie viele Einheiten der anderen Artikel jeweils in den betreffenden Artikel direkt, d.h. ohne Zwischenschritt, eingehen. Die Spalte gibt an, wie viele Einheiten des betreffenden Artikels für andere Artikel direkt verwendet werden.

Eine Skizze wie Fig. 21 wird auch als *Gozintograph*, die dazugehörige Matrix D auch als *Gozintomatrix* bezeichnet. Beides geht auf einen Scherz von VAZSONYI (1968, S. 385) zurück und leitet sich von „goes into" ab.

Gelegentlich läßt man von D die untersten Zeilen, die ohnehin nur Nullen enthalten, weg und nennt die dann noch verbleibende Teilmatrix von D sehr treffend die *Baukastenmatrix* (vgl. etwa TRUX).

Die Gesamtbedarfsmengen können aus D noch nicht abgelesen werden; beispielsweise gehen in jede Einheit von E_2 neben den beiden in der 2. Zeile angeführten Einheiten c indirekt noch mehr Einheiten c ein.

Wenn wir wissen wollen, wie viele Einheiten c in E_2 indirekt über genau einen Zwischenschritt eingehen, dann betrachten wir zunächst die direkt eingehenden

Artikel: dies sind

$$4Z,\ 1Z_2 \text{ und } 2c;$$

da in jede Einheit Z vier Einheiten c direkt eingehen und in jede Einheit Z_2 sieben Einheiten c, während in c natürlich 0 Einheiten c eingehen, erhalten wir

$$4 \cdot 4 + 1 \cdot 7 + 2 \cdot 0 = 23$$

als die Anzahl der Einheiten c, die indirekt über genau einen Zwischenschritt in E_2 eingehen.

Wir haben soeben nichts anderes getan, als das Skalarprodukt der E_2-Zeile mit der c-Spalte zu bilden. Dieses Skalarprodukt ist aber gleich dem Element von D^2, das in der 2. Zeile und in der vorletzten Spalte von D^2 steht.

Führt man dieselbe Überlegung auch noch für andere Artikel durch, dann erkennt man, daß diejenige Matrix, in der jedem Artikel eine Zeile entspricht, aus der abgelesen werden kann, wie viele Einheiten der anderen Artikel indirekt über genau einen Zwischenschritt in den zu dieser Zeile gehörenden Artikel eingehen, gleich $D \cdot D = D^2$ ist.

Davon überzeuge man sich anhand der Matrix

$$D^2 = \begin{array}{c} \\ E_1 \\ E_2 \\ Z \\ Z_1 \\ Z_2 \\ a \\ b \\ c \\ N \end{array} \begin{array}{c} \begin{array}{ccccccccc} E_1 & E_2 & Z & Z_1 & Z_2 & a & b & c & N \end{array} \\ \begin{pmatrix} 0 & 0 & 0 & 1 & 1 & 8 & 26 & 11 & -20 \\ 0 & 0 & 0 & 4 & 4 & 0 & 8 & 23 & 0 \\ 0 & 0 & 0 & 0 & 0 & 2 & 6 & 7 & -5 \\ 0 & 0 & 0 & 0 & 0 & 0 & 0 & 0 & 0 \\ 0 & 0 & 0 & 0 & 0 & 0 & 0 & 0 & 0 \\ 0 & 0 & 0 & 0 & 0 & 0 & 0 & 0 & 0 \\ 0 & 0 & 0 & 0 & 0 & 0 & 0 & 0 & 0 \\ 0 & 0 & 0 & 0 & 0 & 0 & 0 & 0 & 0 \\ 0 & 0 & 0 & 0 & 0 & 0 & 0 & 0 & 0 \end{pmatrix} \end{array}$$

und anhand des Gozintographen von Fig. 21.

Die gleichen Überlegungen wie eben führen zu dem Schluß, daß $D^3 = D^2 \cdot D$ die Matrix ist, deren i-te Zeile angibt, wie viele Einheiten eines jeden Artikels indirekt über genau 2 Zwischenschritte in Artikel i eingehen.

Die ersten beiden Zeilen von D^3 lauten für unser Beispiel:

	E_1	E_2	Z	Z_1	Z_2	a	b	c	N
E_1	0	0	0	0	0	2	6	7	-5
E_2	0	0	0	0	0	8	24	28	-20,

die restlichen Zeilen enthalten lauter Nullen.

Wieder kann man sich anhand des Gozintographen überzeugen, daß D^3 tatsächlich die angegebene Bedeutung hat.

Allgemein ist D^n die Matrix, deren i-te Zeile angibt, wie viele Einheiten eines jeden Artikels indirekt über genau $n-1$ Zwischenschritte in Artikel i eingehen.

Da bei unserem Beispiel im Höchstfall 2 Zwischenschritte vorkommen, muß D^4 die Nullmatrix sein. Dies trifft zu, denn die von 0 verschiedenen Elemente von D^3 werden bei der Berechnung von $D^4 = D^3 \cdot D$ nur mit Nullelementen von D multipliziert.

In jedem Fall kann ein Fertigungsprozeß nur aus endlich vielen Arbeitsgängen bestehen. Für jede Gozintomatrix D gibt es daher eine niedrigste Potenz D^n, die gleich der Nullmatrix ist. Natürlich sind dann auch alle höheren Potenzen $D^{n+1}, D^{n+2}, \ldots$ gleich der Nullmatrix.

Summiert man nun $D + D^2 + \cdots + D^{n-1}$, dann erhält man eine Matrix, aus deren i-ter Zeile der Gesamtbedarf für eine Einheit des Artikels i abzulesen ist.

Aus rechnerischen Gründen addiert man noch die Einheitsmatrix E zu dieser Summe; das bedeutet nur die triviale Aussage, daß man für jede Einheit des Artikels i eben diesen Artikel genau einmal benötigt.

Die Matrix $G = E + D + D^2 + \cdots + D^{n-1}$ wird als die *Gesamtbedarfsmatrix* bezeichnet.

Für unser Beispiel ist die Gesamtbedarfsmatrix gleich

$$G = E + D + D^2 + D^3 = \begin{array}{c} \\ E_1 \\ E_2 \\ Z \\ Z_1 \\ Z_2 \\ a \\ b \\ c \\ N \end{array} \begin{array}{c} \begin{array}{ccccccccc} E_1 & E_2 & Z & Z_1 & Z_2 & a & b & c & N \end{array} \\ \begin{pmatrix} 1 & 0 & 1 & 5 & 2 & 10 & 34 & 21 & -24 \\ 0 & 1 & 4 & 4 & 5 & 8 & 32 & 53 & -20 \\ 0 & 0 & 1 & 1 & 1 & 2 & 8 & 11 & -5 \\ 0 & 0 & 0 & 1 & 0 & 2 & 6 & 0 & -5 \\ 0 & 0 & 0 & 0 & 1 & 0 & 0 & 7 & 0 \\ 0 & 0 & 0 & 0 & 0 & 1 & 0 & 0 & 0 \\ 0 & 0 & 0 & 0 & 0 & 0 & 1 & 0 & 0 \\ 0 & 0 & 0 & 0 & 0 & 0 & 0 & 1 & 0 \\ 0 & 0 & 0 & 0 & 0 & 0 & 0 & 0 & 1 \end{pmatrix} \end{array}.$$

Will man nun z.B. 70 Einheiten E_1, 30 Einheiten E_2 und für das Lager auf Vorrat 12 Einheiten Z_1 produzieren, dann braucht man nur den Vektor

$$\mathfrak{p}' = (70, 30, 0, 12, 0, 0, 0, 0, 0)$$

von links mit G zu multiplizieren.

$\mathfrak{p}'G$ ist gleich $(70, 30, 190, 482, 290, 964, 3412, 3060, -2340)$.

Der Rohstoffbedarf für dieses Produktionsprogramm ist also 964 Einheiten a, 3412 Einheiten b und 3060 Einheiten c. Es fallen 2340 Einheiten des Nebenprodukts N an, die nicht für die Fertigung von E_1 verbraucht werden können und am Ende übrig bleiben. Von den Zwischenfabrikaten Z, Z_1, Z_2 müssen 190 bzw. 482 bzw. 290 Einheiten hergestellt werden.

Die Berechnung des Bedarfs mit Hilfe des Matrizenkalküls hat den Vorteil, daß sie sich leicht für Rechenanlagen programmieren läßt. Allerdings nehmen die vielen Nullen unnötig viele Speicherplätze in Anspruch. Man hat daher Verfahren entwickelt, die es gestatten, die Nullpositionen durch sog. Adressenkettung einzusparen.

Häufig geht man nicht von der Matrix D aus, sondern von $E-D$. $E-D$ wird auch die *Matrix der Verflechtungen* genannt (s. BLUMENTHAL, S. 40).

Zwischen $E-D$ und der Gesamtbedarfsmatrix G besteht ein interessanter Zusammenhang:

$$(E-D)G \quad \text{ist gleich} \quad (E-D)(E+D+D^2+\cdots+D^{n-1}),$$

wobei D^{n-1} wieder die höchste Potenz von D ist, die noch nicht gleich der Nullmatrix ist. Durch Ausmultiplizieren erhält man

$$\begin{aligned}(E-D)G &= E+D+D^2+\cdots+D^{n-1}-D-D^2-\cdots-D^{n-1}-D^n \\ &= E, \qquad \text{denn } D^n \text{ ist die Nullmatrix.}\end{aligned}$$

Also ist die Gesamtbedarfsmatrix G die Inverse von $E-D$ und nebenbei folgt hieraus, daß $E-D$ und G nichtsinguläre Matrizen sind.

Wenn n groß ist, dann ist es unter Umständen einfacher, G als Inverse von $E-D$ zu berechnen, als die Summe $E+D+D^2+\cdots+D^{n-1}$ zu bilden. Schnelle Inversionsverfahren für solche Matrizen sind bei MÜLLER-MERBACH angegeben.

26. Übungsaufgabe: Dem in Fig. 22 gezeichneten Gozintographen entnehme man die Gozintomatrix D und berechne die Gesamtbedarfsmatrix. Welche Mengen der Rohstoffe a und b benötigt man insgesamt für die Herstellung von 15 Einheiten E_1, 20 Einheiten E_2 und 25 Einheiten E_3?

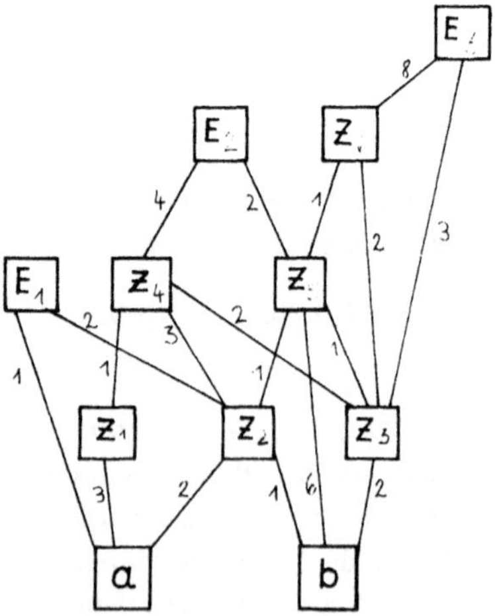

Figur 22

2.2.3 Determinanten

Die Determinante ist eine für quadratische Matrizen definierte Funktion sämtlicher Matrizenelemente. Ist A eine quadratische n-reihige Matrix, dann bezeichnen wir die Determinante mit $\mathrm{Det}(A)$.

Man kann zeigen, daß $\mathrm{Det}(A)$ durch folgende drei Eigenschaften eindeutig bestimmt ist und daß auch tatsächlich eine Funktion $\mathrm{Det}(A)$ existiert, die diese Eigenschaften hat:

1. $\mathrm{Det}(A)$ bleibt unverändert, wenn man zu einer Zeile von A ein beliebiges Vielfaches einer anderen Zeile addiert.
2. $\mathrm{Det}(A)$ geht über in $\alpha\,\mathrm{Det}(A)$, wenn man eine Zeile von A mit einer reellen Zahl α multipliziert.
3. $\mathrm{Det}(E)=1$, wenn E die n-reihige Einheitsmatrix ist.

Der Existenz- und Eindeutigkeitsbeweis, auf den wir hier nicht eingehen wollen (man findet einen solchen bei SPERNER, Bd. I, S. 113ff.), liefert zugleich Berechnungsformeln für die Determinante.

Für jede zweireihige quadratische Matrix

$$A=\begin{pmatrix} a & b \\ c & d \end{pmatrix} \quad \text{ist} \quad \mathrm{Det}(A)=ad-bc\,.$$

Man prüfe nach, daß diese Funktion der vier Matrizenelemente a, b, c und d die obigen drei Eigenschaften besitzt!

Für

$$A'=\begin{pmatrix} a & c \\ b & d \end{pmatrix} \quad \text{ist} \quad \mathrm{Det}(A')=ad-cb=\mathrm{Det}(A).$$

Die Beziehung $\mathrm{Det}(A')=\mathrm{Det}(A)$ gilt nicht nur für zweireihige quadratische Matrizen, sondern allgemein für jede n-reihige quadratische Matrix A. Die Eigenschaften 1. und 2. müssen daher auch für die Spalten von A gelten.

Für alle $n\geqq 2$ gelten die folgenden Berechnungsformeln:

a) Ist A eine n,n-Matrix (a_{ik}) und A_{ik} die Matrix, die aus A durch Streichen von Zeile i und Spalte k entsteht, dann gilt

$$\mathrm{Det}(A)=\sum_{k=1}^{n} a_{ik}(-1)^{i+k}\,\mathrm{Det}(A_{ik}).$$

Dies nennt man die Entwicklung der Determinante nach der i-ten Zeile. Meistens entwickelt man nach der 1. Zeile.

b) Ist A eine n,n-Matrix (a_{ik}) und A_{ik} wie eben definiert, dann gilt

$$\mathrm{Det}(A)=\sum_{i=1}^{n} a_{ik}(-1)^{i+k}\,\mathrm{Det}(A_{ik}).$$

Man nennt dies die Entwicklung der Determinante nach der k-ten Spalte. Meistens entwickelt man nach der 1. Spalte.

Da A_{ik} eine $(n-1),(n-1)$-Matrix ist, kann man beispielsweise die Determinante einer vierreihigen quadratischen Matrix als Summe anschreiben, in der nur Determinanten von dreireihigen quadratischen Matrizen vorkommen; letztere wiederum lassen sich durch die Determinanten zweireihiger Matrizen ausdrücken. Also kann man mit Hilfe der Formeln a) oder b) und der Formel für die Determinante der zweireihigen quadratischen Matrizen jede Determinante berechnen.

1. Beispiel: Entwickelt man

$$\operatorname{Det}\begin{pmatrix}3 & 2 & -1\\ 2 & 4 & 0\\ 1 & -1 & 2\end{pmatrix}$$

nach der 1. Zeile, dann erhält man

$$\begin{aligned}
&3(-1)^{1+1}\operatorname{Det}\begin{pmatrix}4 & 0\\ -1 & 2\end{pmatrix}+2(-1)^{1+2}\operatorname{Det}\begin{pmatrix}2 & 0\\ 1 & 2\end{pmatrix}+(-1)(-1)^{1+3}\operatorname{Det}\begin{pmatrix}2 & 4\\ 1 & -1\end{pmatrix}\\
&\quad=3(4\cdot 2-0\cdot(-1))-2(2\cdot 2-0\cdot 1)-1(2\cdot(-1)-4\cdot 1)\\
&\quad=24-8+6=22.
\end{aligned}$$

Entwickeln wir nach der 1. Spalte (oder sonst nach irgendeiner Zeile oder Spalte), so ist das Ergebnis immer dasselbe; in der Tat ist

$$3(-1)^{1+1}\operatorname{Det}\begin{pmatrix}4 & 0\\ -1 & 2\end{pmatrix}+2(-1)^{2+1}\operatorname{Det}\begin{pmatrix}2 & -1\\ -1 & 2\end{pmatrix}+1(-1)^{3+1}\operatorname{Det}\begin{pmatrix}2 & -1\\ 4 & 0\end{pmatrix}$$

gleich $3\cdot 8-2\cdot 3+1\cdot 4=22$.

Alle diese Aussagen über die Determinanten und noch viele weitere, die hier nicht erwähnt werden, folgen aus den Eigenschaften 1., 2. und 3. Wir wollen hier nur einige leichtere Schlußfolgerungen ziehen.

So folgt z.B. aus 1. und 2., daß die Vertauschung von zwei Zeilen oder auch die Vertauschung von zwei Spalten das Vorzeichen der Determinante ändert.

Ist nämlich $\mathfrak{a}_i$ die Zeile i, $\mathfrak{a}_k$ die Zeile k, dann kann man nach 1. für $\mathfrak{a}_i$ die Zeile $\mathfrak{a}_i+\mathfrak{a}_k$ einsetzen, ohne daß die Determinante sich ändert. Setzt man nun $-\mathfrak{a}_k$ statt $\mathfrak{a}_k$, so ändert die Determinante nach 2. ihr Vorzeichen.

Addiert man dann die neue i-te Zeile $\mathfrak{a}_i+\mathfrak{a}_k$ zur neuen k-ten Zeile $-\mathfrak{a}_k$, dann steht $\mathfrak{a}_i$ in der k-ten Zeile; die Determinante ändert sich dabei nicht. Zieht man schließlich $\mathfrak{a}_i$ von der neuen i-ten Zeile $\mathfrak{a}_i+\mathfrak{a}_k$ ab, dann ist die Vertauschung von $\mathfrak{a}_i$ und $\mathfrak{a}_k$ ausgeführt und die Determinante hat nur ihr Vorzeichen geändert.

Für Spalten verläuft die Überlegung genauso.

Aus der 2. Eigenschaft folgt sofort, daß die Determinante einer Matrix A gleich 0 sein muß, wenn eine Zeile oder eine Spalte der Nullvektor ist.

Aber auch dann, wenn der Rang der n,n-Matrix kleiner ist als n, muß $\operatorname{Det}(A)=0$ sein. Man kann dann nämlich wegen der linearen Abhängigkeit der Zeilen durch

Umformungen im Sinne der 1. Determinanteneigenschaft zu einer Matrix A_0 gelangen, in der eine Zeile gleich dem Nullvektor ist und deren Determinante gleich $\mathrm{Det}(A)$ sein muß. Wegen $\mathrm{Det}(A_0)=0$ muß dann auch $\mathrm{Det}(A)=0$ sein.

Man kann nun vermuten, daß die Determinante immer dann von 0 verschieden ist, wenn A den Maximalrang n hat. Dies ist in der Tat ein Satz der Determinantentheorie:

Satz 2.2.5: *Die Determinante* $\mathrm{Det}(A)$ *einer n, n-Matrix ist genau dann von* 0 *verschieden, wenn A nichtsingulär ist, d.h. wenn A den Rang n hat.*

Für eine quadratische n-reihige Matrix sind also folgende Aussagen völlig äquivalent:

a) $\mathrm{Det}(A)\neq 0$, b) A hat den Rang n, c) A^{-1} existiert.

Abschließend zitieren wir noch einen weiteren wichtigen Satz über Determinanten:

Satz 2.2.6: *Ist AB das Produkt aus zwei quadratischen Matrizen, dann ist*

$$\mathrm{Det}(AB)=\mathrm{Det}(A)\cdot\mathrm{Det}(B).$$

Beweise für diese beiden Sätze findet man z.B. bei SPERNER, Bd. I, S. 112f. und S. 129f.

27. Übungsaufgabe: Durch Berechnung der Determinante $\mathrm{Det}(A)$ für

$$A=\begin{pmatrix} 2 & -1 & 0 \\ 3 & 5 & -7 \\ 1 & 2 & 3 \end{pmatrix}$$

ist festzustellen, ob A^{-1} existiert.

2.2.4 Input-Output-Modelle

Input-Output-Modelle beschreiben den Austausch und die wechselseitige Verflechtung ökonomischer Größen, die dabei auf zweifache Weise, nämlich nach ihrer Herkunft und nach ihrer Verwendung erfaßt werden. So werden etwa die Güter und Leistungen, die ein Betrieb produziert, einerseits als dessen Ausstoß (Output) in das Modell eingehen, andererseits werden diese Güter und Leistungen teilweise oder völlig von anderen Betrieben zur Erzeugung von Gütern und Leistungen verwendet und treten daher auch als Einsätze (Inputs) auf.

Die Input-Output-Modelle sind in der Regel linear; das bedeutet z.B., daß bei Änderung eines Outputs um einen Faktor die zu diesem Output benötigten Inputs ebenfalls mit diesem Faktor zu multiplizieren sind.

Ausgehend von dem WALRASschen Gleichgewichtsbegriff, formulierte W. LEONTIEF als erster Input-Output-Modelle.

Das bekannteste dürfte das sog. *offene statische Modell* sein, auf dessen Darstellung wir uns hier beschränken wollen.

Man teilt dabei die Gesamtheit der Unternehmungen eines Wirtschaftssystems in n *Sektoren* (auch Wirtschaftszweige oder Branchen genannt) ein. Diese Einteilung ist weitgehend willkürlich; es hängt vom Zweck der anhand des Modells vorzunehmenden Untersuchung ab, wie viele Sektoren man betrachtet und welche man zu einem Sektor zusammenfaßt.

Der Ausstoß X_i des Sektors i setzt sich zusammen aus den Teilen x_{ij}, die in den Sektoren $j, j=1, 2, \ldots, n$ zum Einsatz kommen und einem Teil y_i, der „nach außen" abgegeben wird. Dabei kann „nach außen" bedeuten, daß dieser Teil y_i exportiert oder im Inland konsumiert wird oder ähnliches. Jedenfalls ist y_i der Anteil von X_i, der nicht innerhalb der betrachteten Gesamtheit von n Sektoren weiterverarbeitet wird.

Es bestehen also die n Gleichungen

$$X_i = x_{i1} + x_{i2} + \cdots + x_{in} + y_i \quad \text{für } i = 1, 2, \ldots, n. \tag{1}$$

Die Voraussetzung der Linearität besagt nun, daß der im Sektor j zum Einsatz kommende Anteil x_{ij} proportional zu dessen Output X_j sein muß. Zu jedem x_{ij} muß es also einen Proportionalitätsfaktor a_{ij} geben, mit dem die Gleichung

$$x_{ij} = a_{ij} X_j \tag{2}$$

besteht.

Die Proportionalitätsfaktoren a_{ij} werden auch *technische Koeffizienten* genannt.

Setzt man die Gleichungen (2) in die Gleichungen (1) ein, dann erhält man das Gleichungssystem

$$\begin{aligned} X_1 &= a_{11} X_1 + a_{12} X_2 + \cdots + a_{1n} X_n + y_1 \\ X_2 &= a_{21} X_1 + a_{22} X_2 + \cdots + a_{2n} X_n + y_2 \\ &\vdots \\ X_n &= a_{n1} X_1 + a_{n2} X_2 + \cdots + a_{nn} X_n + y_n . \end{aligned} \tag{1'}$$

Bezeichnen wir mit $\mathfrak{x}$ den Vektor $\begin{pmatrix} X_1 \\ X_2 \\ \vdots \\ X_n \end{pmatrix}$, mit $\mathfrak{y}$ den Vektor $\begin{pmatrix} y_1 \\ y_2 \\ \vdots \\ y_n \end{pmatrix}$, mit A die Matrix der a_{ij}, dann läßt sich das System (1′) auch kürzer als Matrizengleichung

$$\mathfrak{x} = A\mathfrak{x} + \mathfrak{y} \quad \text{oder auch} \quad E\mathfrak{x} = A\mathfrak{x} + \mathfrak{y}$$

oder

$$(E - A)\,\mathfrak{x} = \mathfrak{y} \tag{1''}$$

schreiben.

Kennt man die technischen Koeffizienten a_{ij}, dann kann man mit Hilfe der Gleichung (1″) von gegebenen bzw. geplanten Outputs auf den „Konsumvektor" $\mathfrak{y}$ schließen.

Im allgemeinen wird zu der quadratischen Matrix $E-A$ die Inverse $(E-A)^{-1}$ existieren. Multipliziert man dann (1″) auf beiden Seiten mit $(E-A)^{-1}$, dann folgt

$$\mathfrak{x}=(E-A)^{-1}\,\mathfrak{y}. \tag{1‴}$$

Kennt man die a_{ij}, dann läßt sich $(E-A)^{-1}$ berechnen und dann kann man über (1‴) zu gegebenem „Konsumvektor" die dazu benötigten Outputs berechnen.

In ähnlicher Weise kann man monetäre Größen wie Löhne, Preise und Gewinne miteinander verknüpfen und etwa versuchen, die Auswirkungen von Änderungen im Lohn-Preis-Gefüge auf das gesamte System zu berechnen (vgl. etwa A. KLAMECKER in ADAM, FERSCHL, KLAMECKER et al.).

Das Input-Output-Schema ist nicht nur auf makroökonomische Vorgänge anwendbar; jeder einzelne Konzern läßt sich ebenfalls in einzelne Sektoren aufteilen. Man untersucht dort mit Hilfe von Input-Output-Modellen häufig den Zusammenhang zwischen den Kosten, die den einzelnen Sektoren zugeschrieben werden und den Kosten, die dem gesamten Konzern zugerechnet werden. Sektoren können dabei die Teilbetriebe (als sog. Kostenstellen) oder auch die einzelnen Produkte bzw. Produktgruppen (als sog. Kostenträger) sein (vgl. K. WENKE in ADAM, FERSCHL et al.).

2.3 Lineare Gleichungs- und Ungleichungssysteme

2.3.1 Lösbarkeit und Dimension der Lösungsgesamtheit eines linearen Gleichungssystems

Die allgemeine Form eines linearen Gleichungssystems ist in ausführlicher Schreibweise die folgende:

$$\begin{array}{ccccccc} a_{11}x_1 & + & a_{12}x_2 & + \cdots + & a_{1n}x_n & = & b_1 \\ a_{21}x_1 & + & a_{22}x_2 & + \cdots + & a_{2n}x_n & = & b_2 \\ \vdots & & \vdots & & \vdots & & \vdots \\ a_{m1}x_1 & + & a_{m2}x_2 & + \cdots + & a_{mn}x_n & = & b_m. \end{array} \tag{1}$$

Ein solches Gleichungssystem wird linear genannt, weil die Unbekannten $x_1, x_2, \ldots, x_n$ alle nur in der ersten Potenz auftreten.

Die Konstanten a_{ik} werden die *Koeffizienten* des Gleichungssystems genannt. Sie bilden eine Matrix $(a_{ik})^{m,n}$, die wir mit A bezeichnen.

Man kann die linke Seite von (1) als das Produkt von A mit dem Spaltenvektor

$$\mathfrak{x}=\begin{pmatrix} x_1 \\ x_2 \\ \vdots \\ x_n \end{pmatrix}$$

auffassen und für (1) abkürzend auch schreiben

$$A\mathfrak{x}=\mathfrak{b}, \tag{1'}$$

wobei

$$\mathfrak{b}=\begin{pmatrix} b_1 \\ b_2 \\ \vdots \\ b_m \end{pmatrix}$$

gesetzt ist. Ein Vektor $\mathfrak{x}$, für den (1') erfüllt ist, heißt *Lösungsvektor* oder einfach *Lösung* des Gleichungssystems. Es steht uns frei, ein solches n-tupel $\mathfrak{x}$ auch als *Punkt* im n-dimensionalen Raum zu deuten (vgl. Abschnitt 2.1.1).

Ein lineares Gleichungssystem hat entweder keine, oder genau eine, oder unendlich viele Lösungen. Alle drei Fälle treten sogar schon bei einer einzigen Gleichung für eine Unbekannte auf:

$$a\,x=b$$

hat keine Lösung für $a=0$, $b\neq 0$, genau eine Lösung für $a\neq 0$ und unendlich viele Lösungen für $a=0$ und $b=0$.

Denkbar wäre zwar noch der Fall, daß es zwar mehr als eine, aber nur endlich viele Lösungen gibt. Dies ist jedoch für *lineare* Gleichungssysteme nicht möglich, denn es gilt

Satz 2.3.1: *Gibt es zwei verschiedene Lösungen $\mathfrak{x}_1$ und $\mathfrak{x}_2$ für ein lineares Gleichungssystem $A\mathfrak{x}=\mathfrak{b}$, dann gibt es unendlich viele Lösungen.*

Beweis: Wenn $A\mathfrak{x}_1=\mathfrak{b}$ und $A\mathfrak{x}_2=\mathfrak{b}$, dann gilt für jede reelle Zahl α:

$$A\big(\alpha\,\mathfrak{x}_1+(1-\alpha)\,\mathfrak{x}_2\big)=\alpha A\,\mathfrak{x}_1+(1-\alpha)\,A\,\mathfrak{x}_2=\alpha\,\mathfrak{b}+(1-\alpha)\,\mathfrak{b}=\mathfrak{b},$$

d.h. mit $\mathfrak{x}_1$ und $\mathfrak{x}_2$ ist auch $\alpha\,\mathfrak{x}_1+(1-\alpha)\,\mathfrak{x}_2$ Lösung. Für $\mathfrak{x}_1\neq\mathfrak{x}_2$ erhält man so unendlich viele Lösungen, denn wäre etwa $\alpha\,\mathfrak{x}_1+(1-\alpha)\,\mathfrak{x}_2=\beta\,\mathfrak{x}_1+(1-\beta)\,\mathfrak{x}_2$, dann würde daraus $\mathfrak{x}_1(\alpha-\beta)=\mathfrak{x}_2(\alpha-\beta)$ folgen; wegen $\mathfrak{x}_1\neq\mathfrak{x}_2$ müßte daher $\alpha=\beta$ gelten.

Satz 2.3.2: *Ist A eine quadratische nichtsinguläre Matrix, dann gibt es zu jedem Gleichungssystem $A\mathfrak{x}=\mathfrak{b}$ genau eine Lösung.*

Beweis: Wenn A eine nichtsinguläre n,n-Matrix ist, dann existiert die Inverse A^{-1} und aus $A\mathfrak{x}=\mathfrak{b}$ folgt $A^{-1}A\mathfrak{x}=A^{-1}\mathfrak{b}$, d.h. $E\mathfrak{x}=A^{-1}\mathfrak{b}$ oder $\mathfrak{x}=A^{-1}\mathfrak{b}$. Es kann also nur eine Lösung geben, nämlich $\mathfrak{x}=A^{-1}\mathfrak{b}$. $\mathfrak{x}=A^{-1}\mathfrak{b}$ löst auch tatsächlich das Gleichungssystem, denn $A(A^{-1}\mathfrak{b})=(A\,A^{-1})\mathfrak{b}=E\mathfrak{b}=\mathfrak{b}$.

Nach diesem Satz wird man schon vermuten, daß die Lösbarkeit eines Gleichungssystems vom Rang der Koeffizientenmatrix abhängig ist.

Sei nun A eine beliebige m,n-Matrix, deren n Spalten wir mit $\mathfrak{a}_1, \mathfrak{a}_2, \ldots, \mathfrak{a}_n$ bezeichnen. Aus (1) erkennen wir, daß man das Gleichungssystem auch noch folgendermaßen schreiben kann:

$$x_1\mathfrak{a}_1 + x_2\mathfrak{a}_2 + \cdots + x_n\mathfrak{a}_n = \mathfrak{b}. \qquad (1'')$$

Die Aufgabe, eine Lösung des Gleichungssystems zu finden, ist also äquivalent der Aufgabe, eine Linearkombination der Spalten von A anzugeben, die gleich $\mathfrak{b}$ ist.

Wir erinnern uns, daß nach Satz 2.2.4 der Rang der Zeilen für jede Matrix gleich dem Rang der Spalten ist und daß der Rang einer Matrix gleich diesem gemeinsamen Rang der Zeilen und Spalten ist.

Der Rang r von A muß daher die Ungleichungen $r \leqq m$ und $r \leqq n$ erfüllen.

Bezeichnung: Fügt man zu den n Spalten von A noch als $(n+1)$-te Spalte den Vektor $\mathfrak{b}$ hinzu, dann entsteht die sog. *erweiterte Matrix* $(A, \mathfrak{b})$ des Gleichungssystems $A\mathfrak{x} = \mathfrak{b}$. Die Matrix A wird im Gegensatz dazu die *einfache Matrix* genannt.

Satz 2.3.3: *Ein Gleichungssystem $A\mathfrak{x} = \mathfrak{b}$ ist genau dann lösbar, wenn der Rang der erweiterten Matrix gleich dem Rang der einfachen Matrix ist.*

Beweis: Der Rang von A sei r; durch Vertauschung der Spalten und gleichzeitige Umbenennung der Variablen kann man ein Gleichungssystem, dessen Koeffizientenmatrix den Rang r hat, immer so umformen, daß die ersten r Spalten linear unabhängig sind. Wir nehmen daher an, daß die Spalten $\mathfrak{a}_1, \mathfrak{a}_2, \ldots, \mathfrak{a}_r$ von A linear unabhängig sind.

Ist nun der Rang der erweiterten Matrix $(A, \mathfrak{b})$ ebenfalls gleich r, dann müssen die Vektoren $\mathfrak{a}_1, \mathfrak{a}_2, \ldots, \mathfrak{a}_r, \mathfrak{b}$ linear abhängig sein und nach Satz 2.1.2 gibt es eine Linearkombination von $\mathfrak{a}_1, \mathfrak{a}_2, \ldots, \mathfrak{a}_r$, die gleich $\mathfrak{b}$ ist. Setzt man daher $x_1, x_2, \ldots, x_r$ gleich den Koeffizienten dieser Linearkombination und die übrigen Unbekannten, falls noch solche vorhanden sind, gleich 0, dann hat man eine Lösung des Gleichungssystems.

Ist nun der Rang der erweiterten Matrix nicht gleich r, so muß er gleich $r+1$ sein; denn wenn die Menge der Spaltenvektoren um einen Vektor vermehrt wird, kann der Rang nur gleichbleiben oder um 1 anwachsen.

Gäbe es nun eine Lösung, so könnte man $\mathfrak{b}$ als Linearkombination der Spalten gemäß Gleichung (1″) schreiben. Die Vektoren $\mathfrak{a}_1, \mathfrak{a}_2, \ldots, \mathfrak{a}_n, \mathfrak{b}$ wären dann spezielle Elemente aus der Menge der Linearkombinationen von $\mathfrak{a}_1, \mathfrak{a}_2, \ldots, \mathfrak{a}_n$. Nach Satz 2.1.3 könnten dann die Vektoren $\mathfrak{a}_1, \mathfrak{a}_2, \ldots, \mathfrak{a}_n, \mathfrak{b}$ höchstens den Rang r haben und folglich könnte der Rang der erweiterten Matrix nicht $r+1$ sein.

1. Beispiel: Im 8. Beispiel des Abschnitts 2.2.1 wurde die Inverse der Matrix

$$A = \begin{pmatrix} 3 & 1 & 1 \\ 2 & 0 & 1 \\ 1 & 4 & -2 \end{pmatrix}$$

angegeben. Da die Inverse existiert, ist jedes Gleichungssystem $A\mathfrak{x} = \mathfrak{b}$ lösbar und die einzige Lösung lautet $A^{-1}\mathfrak{b}$. Dies steht im Einklang mit Satz 2.3.3, denn wenn

die Inverse existiert, hat eine n, n-Matrix den maximalen Rang n, und dieser kann durch das Hinzufügen eines weiteren n-dimensionalen Spaltenvektors nicht mehr vergrößert werden.
Wählen wir hier etwa

$$\mathfrak{b}=\begin{pmatrix}1\\3\\1\end{pmatrix},$$

dann ist die eindeutig bestimmte Lösung des Gleichungssystems

$$\begin{aligned}3x_1+1x_2+1x_3&=1\\2x_1+0x_2+1x_3&=3\\1x_1+4x_2-2x_3&=1\end{aligned}\quad \text{gleich}\quad A^{-1}\begin{pmatrix}1\\3\\1\end{pmatrix}=\begin{pmatrix}-4&6&1\\5&-7&-1\\8&-11&-2\end{pmatrix}\begin{pmatrix}1\\3\\1\end{pmatrix}=\begin{pmatrix}15\\-17\\-27\end{pmatrix},$$

d.h. wir erhalten $x_1=15$, $x_2=-17$, $x_3=-27$.
(Wenn die Inverse hier nicht schon gegeben wäre, hätten wir die Lösung natürlich auf die übliche Art berechnet!)

2. Beispiel:

$$\begin{aligned}2x-4y+z&=0\\-x+y-3z&=-2\end{aligned}$$

ist lösbar, denn die Koeffizientenmatrix hat den Rang 2 und da die Spaltenvektoren zweidimensional sind, kann auch die erweiterte Matrix nur den Rang 2 haben.

3. Beispiel:

$$\begin{aligned}x_1-x_2+3x_3&=2\\x_1+4x_2-x_3&=0\\3x_1+2x_2+5x_3&=3;\end{aligned}$$

dieses Beispiel scheint auf den ersten Blick von derselben Struktur zu sein wie das 1. Beispiel. Versucht man aber hier, das Gleichungssystem auf die übliche Weise durch Eliminieren von Variablen zu lösen, dann erhält man einen Widerspruch, z.B. die Gleichung $0=1$, und daraus kann man schließen, daß es keine Lösung geben kann. Dies läßt sich auch aus Satz 2.3.3 schließen:
Bestimmt man zunächst den Rang von

$$A=\begin{pmatrix}1&-1&3\\1&4&-1\\3&2&5\end{pmatrix},$$

den man entweder als Zeilenrang oder als Spaltenrang ermitteln kann, dann stellt man fest, daß die Zeilen bzw. die Spalten linear abhängig sind. Es gilt z.B. für die Zeilen:

$$2(1,-1,3)+1(1,4,-1)-1(3,2,5)=(0,0,0).$$

Also ist der Rang von A nicht 3, sondern 2.

Die erweiterte Matrix

$$\begin{pmatrix} 1 & -1 & 3 & 2 \\ 1 & 4 & -1 & 0 \\ 3 & 2 & 5 & 3 \end{pmatrix}$$

hat aber den Rang 3; man kann nämlich leicht nachweisen, daß die drei Zeilen dieser Matrix linear unabhängig sind. (Man kann auch drei linear unabhängige Spalten finden, etwa die erste, die dritte und die vierte; da der Zeilenrang stets gleich dem Spaltenrang ist, ist es gleichgültig, ob wir den Zeilenrang oder den Spaltenrang bestimmen!)
Also kann das Gleichungssystem keine Lösung besitzen.

Definition: *Wir sagen, die Lösungsgesamtheit eines linearen Gleichungssystems hat die* Dimension *d, wenn man d Unbekannten beliebige Werte geben kann und wenn dadurch jeweils genau eine Lösung festgelegt ist.*

Ist dies möglich, dann erhält man so alle Lösungen des Gleichungssystems. Wäre nämlich $(x_1, x_2, \dots, x_n)$ eine beliebige Lösung, dann könnte man die besagten d Unbekannten gerade so wie in dieser Lösung wählen und da die Werte der übrigen Unbekannten dadurch festgelegt wären, würde man genau diese Lösung erhalten.

Die Gleichung $3x - y = 1$ hat z.B. eine Lösungsgesamtheit der Dimension 1; wählt man nämlich eine der beiden Unbekannten beliebig, so liegt der Wert für die andere fest.

Dagegen hat die Lösungsgesamtheit der Gleichung $x + 2y - z = 0$ die Dimension 2, denn hier kann man genau 2 Unbekannte beliebig wählen und der Wert der dritten liegt dann fest. Die Dimension einer Lösungsgesamtheit hängt ab von der Anzahl n der Unbekannten und vom Rang der Koeffizientenmatrix A, wie der folgende Satz lehrt:

Satz 2.3.4: *Ist ein Gleichungssystem $A\mathfrak{x} = \mathfrak{b}$ lösbar, so ist die Dimension der Lösungsgesamtheit gleich $n - r$, wobei n die Anzahl der im Gleichungssystem auftretenden Unbekannten, r der Rang von A ist.*

Beweis: Wenn n Unbekannte auftreten, dann hat A n Spalten und wenn r der Rang von A ist, dann können wir wieder annehmen, daß die ersten r Spalten $\mathfrak{a}_1, \mathfrak{a}_2, \dots, \mathfrak{a}_r$ linear unabhängig sind.
Im Falle der Lösbarkeit muß $\mathfrak{b}$ als Linearkombination von $\mathfrak{a}_1, \mathfrak{a}_2, \dots, \mathfrak{a}_r$ dargestellt werden können, wie wir uns schon beim Beweis von Satz 2.3.3 überlegt haben. Nach Satz 2.1.2 kann auch jeder der restlichen Spaltenvektoren $\mathfrak{a}_{r+1}, \mathfrak{a}_{r+2}, \dots, \mathfrak{a}_n$ als Linearkombination von $\mathfrak{a}_1, \mathfrak{a}_2, \dots, \mathfrak{a}_r$ dargestellt werden, falls es noch restliche Spaltenvektoren gibt, d.h. wenn $r < n$ ist.
Gibt man nun den Unbekannten $x_{r+1}, x_{r+2}, \dots, x_n$ die beliebigen Werte $\alpha_{r+1}, \alpha_{r+2}, \dots, \alpha_n$ und bringt die mit diesen Werten multiplizierten Spalten $\mathfrak{a}_{r+1}, \mathfrak{a}_{r+2}, \dots, \mathfrak{a}_n$

auf die rechte Seite des Systems, dann muß für die übrigen Unbekannten gelten:

$$x_1 \mathfrak{a}_1 + x_2 \mathfrak{a}_2 + \cdots + x_r \mathfrak{a}_r = -\alpha_{r+1} \mathfrak{a}_{r+1} - \alpha_{r+2} \mathfrak{a}_{r+2} - \cdots - \alpha_n \mathfrak{a}_n + \mathfrak{b}.$$

Da man aber alle rechts stehenden Vektoren auch als Linearkombinationen von $\mathfrak{a}_1, \mathfrak{a}_2, \ldots, \mathfrak{a}_r$ schreiben kann, läßt sich die ganze rechte Seite zu einer Linearkombination von $\mathfrak{a}_1, \mathfrak{a}_2, \ldots, \mathfrak{a}_r$ zusammenfassen. Deren Koeffizienten sind die noch fehlenden Werte für $x_1, x_2, \ldots, x_r$ und diese sind eindeutig bestimmt, denn wären etwa $\alpha_1, \alpha_2, \ldots, \alpha_r$ und $\beta_1, \beta_2, \ldots, \beta_r$ Lösungen der letzten Gleichung, dann würde daraus

$$(\alpha_1 - \beta_1) \mathfrak{a}_1 + (\alpha_2 - \beta_2) \mathfrak{a}_2 + \cdots + (\alpha_r - \beta_r) \mathfrak{a}_r = \mathfrak{o}$$

folgen und wegen der linearen Unabhängigkeit der ersten r Spalten müßte $\alpha_1 = \beta_1, \alpha_2 = \beta_2, \ldots, \alpha_r = \beta_r$ gelten.

Betrachten wir nun nochmals das 1. und das 2. Beispiel:

Beim 1. Beispiel war der Rang von A gleich 3, also gleich der Anzahl der Unbekannten. Die Dimension der Lösungsgesamtheit ist daher gleich $3-3=0$; wir hatten auch nur eine einzige Lösung bekommen, die sich als Punkt deuten läßt.

Beim 2. Beispiel war der Rang von A gleich 2 und n gleich 3. Die Lösungsgesamtheit hat also die Dimension $3-2=1$.

Wir bestimmen die Lösungen nun nachträglich: Die ersten 2 Spalten von A sind linear unabhängig, also können wir der Unbekannten z einen beliebigen Wert τ geben und erhalten so die beiden Gleichungen

$$\begin{aligned} 2x - 4y &= -\tau \\ -x + y &= 3\tau - 2, \end{aligned}$$

aus denen $x = 4 - 5{,}5\tau$, $y = 2 - 2{,}5\tau$ folgt.

Die Lösungsgesamtheit lautet also

$$\begin{aligned} (x, y, z) &= (4 - 5{,}5\tau\ ,\ 2 - 2{,}5\tau\ ,\ \tau) \\ &= (4, 2, 0) + \tau(-5{,}5\ ,\ -2{,}5\ ,\ 1). \end{aligned}$$

Man kann dies so deuten, daß von einem speziellen Lösungspunkt, nämlich von $(4, 2, 0)$ aus, sämtliche Vielfachen des Vektors $(-5{,}5\ ,\ -2{,}5\ ,\ 1)$ angetragen werden, wodurch man alle Lösungspunkte erhält. Man nennt dies eine *Parameterdarstellung einer Geraden.*

4. Beispiel:

$$\begin{aligned} -3x_1 + x_2 - x_3 + 2x_4 &= 5 \\ x_1 - 3x_2 - x_3 - x_4 &= -4; \end{aligned}$$

hier ist der Rang von A höchstens gleich 2, da es nur zwei Zeilen gibt. Er ist 2, weil diese Zeilen linear unabhängig sind. (Wären sie abhängig, so müßte die eine ein Vielfaches der anderen sein!) Also ist die Dimension der Lösung gleich $4-2=2$.

Die beiden ersten Spalten sind linear unabhängig, also geben wir x_3 und x_4 die beliebigen Werte τ_1 und τ_2 und bestimmen dann x_1 und x_2 zu

$$x_1 = -0{,}5\tau_1 + \tfrac{5}{8}\tau_2 - \tfrac{11}{8}, \qquad x_2 = -0{,}5\tau_1 - \tfrac{1}{8}\tau_2 + \tfrac{7}{8}.$$

Die Lösungsgesamtheit lautet daher

$$\begin{aligned}(x_1, x_2, x_3, x_4) &= (-\tfrac{11}{8} - 0{,}5\tau_1 + \tfrac{5}{8}\tau_2;\ \tfrac{7}{8} - 0{,}5\tau_1 - \tfrac{1}{8}\tau_2;\ \tau_1;\ \tau_2)\\ &= (-\tfrac{11}{8}, \tfrac{7}{8}, 0, 0) + \tau_1(-0{,}5,\ -0{,}5, 1, 0) + \tau_2(\tfrac{5}{8},\ -\tfrac{1}{8}, 0, 1);\end{aligned}$$

man nennt dies eine Parameterdarstellung einer Ebene.

2.3.2 Homogene und inhomogene Gleichungssysteme

Definition: *Ein Gleichungssystem* $A\mathfrak{x} = \mathfrak{b}$ *heißt* homogenes lineares Gleichungssystem, *wenn* $\mathfrak{b}$ *gleich dem Nullvektor* $\mathfrak{o}$ *ist. Es heißt* inhomogenes lineares Gleichungssystem, *wenn mindestens eine Komponente von* $\mathfrak{b}$ *ungleich* 0 *ist, d.h. wenn* $\mathfrak{b} \neq \mathfrak{o}$.

Also ist z.B.

$$\begin{aligned}3x_1 + 2x_2 &= 0\\ -x_1 + 4x_2 &= 0\end{aligned} \quad \text{homogen,} \qquad \begin{aligned}3x_1 + 2x_2 &= 1\\ -x_1 + 4x_2 &= 0\end{aligned} \quad \text{inhomogen.}$$

Homogene lineare Gleichungssysteme sind stets lösbar, denn $\mathfrak{x} = \mathfrak{o}$ ist eine Lösung. Man nennt diese Lösung die *triviale* Lösung des homogenen Systems. Dies steht natürlich auch im Einklang mit Satz 2.3.3, denn der Rang der erweiterten Matrix kann bei einem homogenen System nicht größer sein als der Rang von A, weil nur der Nullvektor hinzugefügt wird.

Ist der Rang von A gleich der Anzahl n der Unbekannten, dann hat die Lösungsgesamtheit die Dimension 0, d.h. es gibt genau eine Lösung, falls $A\mathfrak{x} = \mathfrak{b}$ überhaupt lösbar ist. Ein homogenes System hat dann nur die triviale Lösung.

Der Satz 2.3.4 gilt allgemein, also auch speziell für homogene lineare Gleichungssysteme. Ist daher der Rang r von A kleiner als die Anzahl n der Unbekannten, dann ist die Dimension der Lösungsgesamtheit gleich $n - r > 0$ und es gibt dann außer der trivialen Lösung $\mathfrak{x} = \mathfrak{o}$ noch weitere Lösungen.

Außer der Tatsache, daß homogene Systeme stets lösbar sind, gibt es noch einen weiteren wichtigen Unterschied zwischen homogenen und inhomogenen Systemen: Die Lösungen eines homogenen Systems bilden einen Vektorraum, die Lösungen eines inhomogenen Systems nicht.

Sind nämlich $\mathfrak{x}$ und $\mathfrak{y}$ Lösungen eines homogenen Systems $A\mathfrak{x} = \mathfrak{o}$, dann sind auch $-\mathfrak{x}$ und $\mathfrak{x} + \mathfrak{y}$ Lösungen, denn $A(-\mathfrak{x}) = -A\mathfrak{x} = -\mathfrak{o} = \mathfrak{o}$ und

$$A(\mathfrak{x} + \mathfrak{y}) = A\mathfrak{x} + A\mathfrak{y} = \mathfrak{o} + \mathfrak{o} = \mathfrak{o}.$$

Der Nullvektor als neutrales Element der Vektoraddition gehört auch zu den Lösungen. Daraus folgt schon, daß die Lösungen eines homogenen linearen

Gleichungssystems eine abelsche Gruppe bezüglich der Addition bilden, denn das assoziative und das kommutative Gesetz gelten für diese n-tupel ohnehin (vgl. 2.1.1).

Man kann auch jede Lösung $\mathfrak{x}$ eines homogenen Systems mit einer beliebigen Zahl α multiplizieren und $\alpha\mathfrak{x}$ ist wieder Lösung, denn $A(\alpha\mathfrak{x})=\alpha A\mathfrak{x}=\alpha\mathfrak{o}=\mathfrak{o}$.

Auch die Eigenschaften a) bis e) aus 2.1.1 gelten für je zwei Lösungen $\mathfrak{x}$ und $\mathfrak{y}$ und beliebige reelle Zahlen α und β. Also bilden die Lösungen eines homogenen Systems $A\mathfrak{x}=\mathfrak{o}$ einen linearen Vektorraum über den reellen Zahlen.

Wir deuten die Lösungen eines homogenen Systems daher häufig als *Vektoren*, während wir bei inhomogenen Systemen die Lösungen als *Punkte* im n-dimensionalen Raum deuten.

Bei einem inhomogenen System $A\mathfrak{x}=\mathfrak{b}$ ist mit $\mathfrak{x}$ und $\mathfrak{y}$ weder $-\mathfrak{x}$ noch $\mathfrak{x}+\mathfrak{y}$ noch $\alpha\mathfrak{x}$ (außer für $\alpha=1$) eine Lösung, denn $A(-\mathfrak{x})=-A\mathfrak{x}=-\mathfrak{b}$, $A(\mathfrak{x}+\mathfrak{y})=2\mathfrak{b}$ usw.

Zu jedem inhomogenen System $A\mathfrak{x}=\mathfrak{b}$ kann man das *zugehörige homogene System* $A\mathfrak{x}=\mathfrak{o}$ betrachten.

Sind $\mathfrak{x}$ und $\mathfrak{y}$ zwei beliebige Lösungen des inhomogenen Systems, dann ist

$$A(\mathfrak{x}-\mathfrak{y})=A\mathfrak{x}-A\mathfrak{y}=\mathfrak{b}-\mathfrak{b}=\mathfrak{o},$$

d.h. $\mathfrak{x}-\mathfrak{y}$ ist Lösung des zugehörigen homogenen Systems. Zwei Lösungen des inhomogenen Systems können sich daher nur um eine Lösung des homogenen Systems unterscheiden und daraus folgt

Satz 2.3.5: *Man erhält sämtliche Lösungen eines inhomogenen linearen Gleichungssystems, wenn man zu einer speziellen Lösung des inhomogenen Systems die Lösungsgesamtheit des zugehörigen homogenen Systems addiert.*

1. Beispiel: $4x_1-x_2+3x_3=1$; eine spezielle Lösung dieses aus einer einzigen Gleichung bestehenden Systems ist z.B. $x_1=1$, $x_2=0$, $x_3=-1$. Das zugehörige homogene System ist die Gleichung $4x_1-x_2+3x_3=0$. Da hier der Rang von A gleich 1 ist, muß die Dimension der Lösungsgesamtheit nach Satz 2.3.4 gleich $3-1=2$ sein. Setzen wir etwa $x_2=\tau$, $x_3=\mu$, dann ist $x_1=0{,}25\tau-0{,}75\mu$ und die Lösungsgesamtheit des homogenen Systems kann folglich in der Form

$$(x_1,x_2,x_3)=(0{,}25\tau-0{,}75\mu\ ,\ \tau\ ,\ \mu)=\tau(0{,}25\ ,\ 1\ ,\ 0)+\mu(0{,}75\ ,\ 0\ ,\ 1)$$

geschrieben werden. Nach Satz 2.3.5 kann man nun jede Lösung von $4x_1-x_2+3x_3=1$ in der Form

$$(1\ ,\ 0\ ,\ -1)+\tau(0{,}25\ ,\ 1\ ,\ 0)+\mu(-0{,}75\ ,\ 0\ ,\ 1)$$

erhalten, wenn man τ und μ geeignet wählt und umgekehrt ergibt jede beliebige Wahl von τ und μ eine Lösung dieses inhomogenen Systems.

(Der Leser möge willkürlich einige Werte für τ und μ wählen und sich davon überzeugen, daß er jedesmal eine Lösung der gegebenen Gleichung erhält.)

2. Beispiel:

$$5x_1+2x_2-x_3=0$$
$$2x_1-3x_2+4x_3=2;$$

der Rang von A ist hier gleich 2, der Rang der erweiterten Matrix ebenfalls. Das System ist also lösbar und die Dimension der Lösungsgesamtheit ist $3-2=1$.

Um uns eine spezielle Lösung zu verschaffen, setzen wir probeweise $x_1=0$ und versuchen x_2 und x_3 aus den beiden Gleichungen

$$2x_2-x_3=0$$
$$-3x_2+4x_3=2$$

zu bestimmen. Wir erhalten $x_2=\frac{2}{5}$, $x_3=\frac{4}{5}$; $(x_1, x_2, x_3)=(0, \frac{2}{5}, \frac{4}{5})$ ist eine spezielle Lösung des gegebenen inhomogenen Systems, wie wir durch die Einsetzprobe bestätigen.

Das zugehörige homogene System ist

$$5x_1+2x_2-x_3=0$$
$$2x_1-3x_2+4x_3=0.$$

Ist ein inhomogenes System lösbar, so ist die Dimension seiner Lösungsgesamtheit stets gleich der Dimension der Lösungsgesamtheit des zugehörigen homogenen Systems, da A in beiden Fällen dieselbe Matrix ist. Also hat auch hier die Lösungsgesamtheit des homogenen Systems dieselbe Dimension wie die Lösungsgesamtheit des inhomogenen Systems, nämlich 1.

Die Spalten $\begin{pmatrix}5\\2\end{pmatrix}$ und $\begin{pmatrix}2\\-3\end{pmatrix}$ der Koeffizientenmatrix sind linear unabhängig, also können wir x_3 gleich einem beliebigen Wert λ setzen. Daraus folgt dann $x_1=-\frac{5}{19}\lambda$, $x_2=\frac{22}{19}\lambda$. Also erhält man jede Lösung des homogenen Systems in der Form $(-\frac{5}{19}\lambda, \frac{22}{19}\lambda, \lambda)$ für einen gewissen Wert von λ. Gleichbedeutend damit ist die Form $\tau(-5, 22, 19)$, wo nun τ eine beliebige Zahl ist.

Alle Lösungen des inhomogenen Systems erhält man also in der Form

$$(0, \tfrac{2}{5}, \tfrac{4}{5})+\tau(-5, 22, 19).$$

2.3.3 Numerische Berechnung der Lösungen eines linearen Gleichungssystems

Man kann Gleichungssysteme auch einfach wie üblich durch Elimination von Unbekannten lösen, ohne sich um die allgemeinen Gesetzmäßigkeiten zu kümmern, die im vorigen Abschnitt hergeleitet wurden. Allerdings fällt es dem Ungeübten dann oft schwer, aus seinen Rechenergebnissen die richtigen Schlüsse zu ziehen, insbesondere im Fall unendlich vieler Lösungen.

Elimination von Variablen bedeutet nichts anderes als den Übergang von einem gegebenen Gleichungssystem zu einem einfacheren äquivalenten System. Wir nennen zwei Gleichungssysteme *äquivalent*, wenn sie genau dieselbe Lösungsgesamtheit besitzen.

1. Beispiel:

$$\begin{aligned} x_1 + x_2 + x_3 - x_4 &= 0 \\ -x_1 + 2x_2 + 3x_3 - x_4 &= 1; \end{aligned}$$

durch Addition und Subtraktion dieser beiden Gleichungen erhält man das äquivalente System

$$\begin{aligned} 3x_2 + 4x_3 - 2x_4 &= 1 \\ 2x_1 - x_2 - 2x_3 \qquad &= -1. \end{aligned}$$

Nun können wir x_1 und x_4 durch x_2 und x_3 ausdrücken und erhalten wiederum ein äquivalentes Gleichungssystem in den beiden Gleichungen

$$\begin{aligned} x_4 &= 1{,}5x_2 + 2x_3 - 0{,}5 \\ x_1 &= 0{,}5x_2 + x_3 - 0{,}5. \end{aligned}$$

Daraus ist nun zu ersehen, daß x_2 und x_3 beliebig gewählt werden können, wodurch x_1 und x_4 bestimmt sind. Also ist die Lösungsgesamtheit zweidimensional. Setzen wir $x_2 = \lambda$, $x_3 = \mu$, dann kann sie in der Form

$$\begin{aligned} (x_1, x_2, x_3, x_4) &= (0{,}5\,\lambda + \mu - 0{,}5;\, \lambda;\, \mu;\, 1{,}5\,\lambda + 2\mu - 0{,}5) \\ &= (-0{,}5; 0; 0; -0{,}5) + \lambda(0{,}5; 1; 0; 1{,}5) + \mu(1; 0; 1; 2) \end{aligned}$$

geschrieben werden.

Auch die Unlösbarkeit eines Gleichungssystems kann so erkannt werden.

2. Beispiel:

$$\begin{aligned} -x_1 + 2x_2 &= 1 \\ 2x_1 - 4x_2 &= 3; \end{aligned}$$

wir lösen die erste Gleichung nach x_1 auf und setzen dies in die zweite Gleichung ein. Dadurch erhalten wir das äquivalente System

$$\begin{aligned} x_1 &= 2x_2 - 1 \\ 0 \cdot x_2 &= 5, \end{aligned}$$

das ersichtlich nicht lösbar ist. Also hat auch das gegebene System keine Lösung. (Der Grund dafür ist natürlich, daß der Rang von A hier nur gleich 1 ist, während die erweiterte Matrix den Rang 2 hat!)

Gewöhnlich geht man nicht systematisch vor und hat daher am Ende kein äquivalentes Gleichungssystem, sondern ein bzw. unendlich viele n-tupel $(x_1, x_2, \ldots, x_n)$ berechnet, die Lösungen des gegebenen Gleichungssystems sein müssen, falls das System lösbar ist, denn sie wurden aus den gegebenen Gleichungen gefolgert. Es empfiehlt sich dann aber, diese vermeintlichen Lösungen nachträglich der Einsetzprobe zu unterwerfen, wobei *alle* gegebenen Gleichungen erfüllt sein müssen. Dafür sei das folgende Beispiel angegeben:

3. Beispiel:

$$\begin{aligned} 2x_1 - x_2 &= 0 \\ -x_1 + x_2 &= 1 \\ -x_1 + 2x_2 &= 2; \end{aligned}$$

aus den beiden ersten Gleichungen kann man $x_1 = 1$, $x_2 = 2$ berechnen; die Einsetzprobe zeigt aber, daß damit die dritte Gleichung nicht erfüllt ist. Gäbe es also eine Lösung, so müßte sie wegen der ersten beiden Gleichungen $(x_1, x_2) = (1, 2)$ lauten, was aber im Widerspruch zur dritten Gleichung steht; daher gibt es keine Lösung.

Wir wollen nun ein schematisches Verfahren zur Behandlung linearer Gleichungssysteme anhand eines Beispiels erläutern. Durch dieses Verfahren wird das gegebene System sukzessiv in ein äquivalentes System umgeformt, dessen Struktur so beschaffen ist, daß die Lösbarkeit bzw. Unlösbarkeit sofort erkannt wird und die Lösungsgesamtheit mühelos angegeben werden kann. Das Verfahren ist als das GAUSSsche *Eliminationsverfahren* bekannt.

4. Beispiel:

$$\begin{aligned} 2x_1 - 4x_2 + 5x_3 &= 2 \\ 3x_1 - x_2 - 2x_3 &= 0 \\ -4x_1 + 2x_2 + 5x_3 &= 1; \end{aligned}$$

wir bringen zunächst die Konstanten der rechten Seite nach links und erhalten so das äquivalente System

$$\begin{aligned} 2x_1 - 4x_2 + 5x_3 - 2 &= 0 \\ 3x_1 - x_2 - 2x_3 - 0 &= 0 \\ -4x_1 + 2x_2 + 5x_3 - 1 &= 0. \end{aligned}$$

Durch Multiplikation der 1. Zeile mit $-\frac{1}{2}$ wird nun erreicht, daß der 1. Koeffizient der 1. Zeile gleich -1 ist:

$$\begin{aligned} -x_1 + 2x_2 - 2{,}5x_3 + 1 &= 0 \\ 3x_1 - x_2 - 2x_3 - 0 &= 0 \\ -4x_1 + 2x_2 + 5x_3 - 1 &= 0. \end{aligned}$$

Nun addieren wir geeignete Vielfache der neuen 1. Zeile zu den übrigen Zeilen, so daß x_1 nur noch in der 1. Zeile vorkommt:

$$\begin{aligned} -x_1 + 2x_2 - 2{,}5x_3 + 1 &= 0 \\ 5x_2 - 9{,}5x_3 + 3 &= 0 \\ -6x_2 + 15x_3 - 5 &= 0. \end{aligned}$$

Durch Multiplikation der 2. Zeile mit $-\frac{1}{5}$ wird nun erreicht, daß -1 als Koeffizient von x_2 in der 2. Zeile auftritt:

$$\begin{aligned} -x_1+2x_2-\ 2{,}5x_3+1\ \ &=0\\ -\ \ x_2+\ 1{,}9x_3-0{,}6&=0\\ -6x_2+15\ \ x_3-5\ \ &=0. \end{aligned}$$

Nun subtrahieren wir das Sechsfache der 2. Zeile von der 3. Zeile, um zu erreichen, daß x_2 in der 3. Zeile nicht mehr vorkommt:

$$\begin{aligned} -x_1+2x_2-2{,}5x_3+1\ \ &=0\\ -\ \ x_2+1{,}9x_3-0{,}6&=0\\ 3{,}6x_3-1{,}4&=0. \end{aligned}$$

Durch Multiplikation der 3. Zeile mit $-1/3{,}6$ erhalten wir schließlich -1 auch als Koeffizient von x_3 in der 3. Zeile:

$$\begin{aligned} -x_1+2x_2-2{,}5x_3+1\ \ &=0\\ -\ \ x_2+1{,}9x_3-0{,}6&=0\\ -\ \ \ \ x_3+\tfrac{7}{18}\ &=0. \end{aligned}$$

Dieses System ist äquivalent dem gegebenen System, denn man kann das eine aus dem anderen folgern und umgekehrt. Jede Lösung des einen Systems ist also auch Lösung des anderen Systems und umgekehrt.
Wir ersehen aus dem letzten System, daß es genau eine Lösung gibt, nämlich

$$x_3=\tfrac{7}{18}, \qquad x_2=1{,}9x_3-0{,}6=1{,}9\cdot\tfrac{7}{18}-0{,}6=0{,}139$$
$$x_1=2x_2-2{,}5x_3+1=2\cdot 0{,}139-2{,}5\cdot\tfrac{7}{18}+1=0{,}306.$$

Die Einsetzprobe erübrigt sich theoretisch wegen der Äquivalenz des letzten Systems zu dem gegebenen; praktisch ist sie aber doch zu empfehlen, da man sich bei den Umformungsschritten verrechnet haben könnte. Da hier $x_2=0{,}139$ und $x_1=0{,}306$ gerundete Werte sind, werden die gegebenen Gleichungen nicht ganz genau erfüllt sein.

Offenbar wurden die Gleichungen mit dem Koeffizienten -1 am Anfang unnötigerweise immer wieder angeschrieben; wir hätten sie auch kennzeichnen und erst am Ende wieder aufsuchen können. Auch ist es lästig, immer die Unbekannten mitzuschreiben; es genügt, wenn man mit den Koeffizienten rechnet.

Als Rechenkontrolle können wir die Summen der in einer Zeile vorkommenden Konstanten benutzen. Wir schreiben diese sog. Zeilensummen rechts als Kontrollspalte unter dem Buchstaben K an.

Wenn wir eine Zeile mit einem Faktor α multiplizieren, dann ist die neue Zeilensumme das α-fache der alten. Wenn wir das β-fache einer Zeile i von der Zeile k subtrahieren, dann ist die neue k-te Zeilensumme gleich der alten k-ten Zeilensumme minus dem β-fachen der i-ten Zeilensumme. Das bedeutet folgendes: Wenn man die Elemente der Kontrollspalte behandelt wie die übrigen Konstanten, dann muß rechts in der Kontrollspalte stets die Zeilensumme stehen. Trifft dies einmal nicht zu, dann hat man sich beim Ausrechnen dieser Zeile verrechnet. Durch diese Kontrolle wird ein Rechenfehler mit großer Wahrscheinlichkeit entdeckt, und zwar unmittelbar nachdem er unterlaufen ist. Er muß dann nicht erst mühsam gesucht werden, wenn sich am Ende herausstellt, daß die Einsetzprobe nicht stimmt.

Genau dieselben Rechenschritte wie eben lassen sich nun mit weniger Schreibaufwand in folgendem Schema ausführen:

x_1	x_2	x_3	$-R$	K
2	−4	5	−2	1
3	−1	−2	0	0
−4	2	5	−1	2
−1	**2**	**−2,5**	**1**	−0,5
3	−1	−2	0	0
−4	2	5	−1	2
	5	−9,5	3	−1,5
	−6	15	−5	4
	−1	**1,9**	**−0,6**	0,3
	−6	15	−5	4
		3,6	−1,4	2,2
		−1	**$\frac{7}{18}$**	$-\frac{11}{18}$

Die dick umrandeten Zeilen ergeben zusammen das äquivalente System, aus dem wir vorhin die Lösung bestimmt hatten. Man muß nur zu jedem Koeffizienten wieder die zugehörige Unbekannte hinzuschreiben.

Die Elemente der K-Spalte werden berechnet wie die übrigen; so ist etwa die ungefähr in der Mitte des gesamten Schemas auftretende Zeilensumme $-1{,}5$ aus $0+3\cdot(-0{,}5)$ berechnet. Man kontrolliert jeweils, ob das Element der K-Spalte, gleich der Zeilensumme ist, um Rechenfehler zu entdecken.

Das Gaussche Eliminationsverfahren läßt sich immer anwenden, auch dann, wenn keine Lösung existiert oder wenn unendlich viele Lösungen existieren.

So hätten wir z.B. beim 1. Beispiel das folgende Schema erhalten:

x_1	x_2	x_3	x_4	$-R$	K
-1	-1	-1	$+1$	0	-2
-1	2	3	-1	-1	2
	3	4	-2	-1	4
	-1	$-\frac{4}{3}$	$\frac{2}{3}$	$\frac{1}{3}$	$-\frac{4}{3}$

(die erste Gleichung wurde gleich mit -1 multipliziert, um einen Rechenschritt weniger anschreiben zu müssen!).

Die beiden dick umrandeten Zeilen ergeben ein Gleichungssystem, das äquivalent zu dem im 1. Beispiel gegebenen System ist. Sie lauten, nun wieder ausführlicher geschrieben:

$$\begin{aligned} -x_1 - x_2 - x_3 + x_4 &= 0 \\ -x_2 - \tfrac{4}{3}x_3 + \tfrac{2}{3}x_4 + \tfrac{1}{3} &= 0. \end{aligned}$$

Man kann also x_3 und x_4 beliebig wählen und daraus zuerst x_2 und dann x_1 bestimmen.

Als Übung gebe man die Lösungsgesamtheit in dieser Form an und überzeuge sich, daß dies nur eine andere Ausdrucksweise für die bereits beim 1. Beispiel bestimmte Lösungsgesamtheit ist (dort wurden x_2 und x_3 beliebig gewählt). Dazu ist nachzuweisen, daß man jede spezielle Lösung sowohl hier wie dort erhalten kann, wenn man den frei zu wählenden Unbekannten geeignete Werte gibt.

28. Übungsaufgabe: Man wende das Gaussche Eliminationsverfahren auf das 2. Beispiel an und zeige, daß man auch so zu einer unlösbaren Gleichung kommt.

29. Übungsaufgabe: Man gebe sämtliche Lösungen des Gleichungssystems

$$\begin{aligned} 3x_1 + x_2 - x_3 + x_4 &= 0 \\ -x_1 + 2x_2 + x_3 + x_4 &= 1 \\ 4x_2 + 2x_3 - 3x_4 &= 6 \end{aligned}$$

an.

2.3.4 Gleichungen und Ungleichungen

Bei wirtschaftlichen Problemen können auch Ungleichungen als Bedingungen auftreten. Verfügt beispielsweise ein Haushalt über einen Betrag c zum Einkauf zweier Güter, deren Preise p_1 bzw. p_2 seien, dann kann er nur solche Mengen x_1 und x_2 kaufen, die die Ungleichung $p_1 x_1 + p_2 x_2 \leqq c$ erfüllen. Da er außerdem keine negativen Mengen kaufen kann, kommen noch die beiden Ungleichungen $x_1 \geqq 0$, $x_2 \geqq 0$ hinzu.

Die diesen drei Ungleichungen genügenden Punkte (x_1, x_2) sind in Fig. 23 als schraffierte Fläche angedeutet. Die Randpunkte dieser Fläche sind ebenfalls Lösungen.

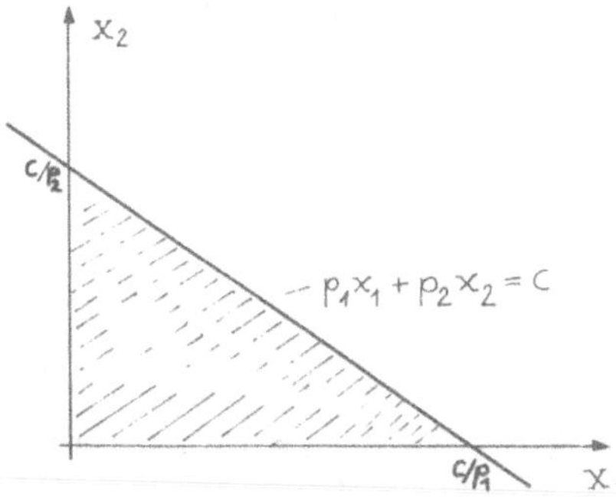

Figur 23

Jede Ungleichung der Form $a_1 x_1 + a_2 x_2 + \cdots + a_n x_n \leqq b$ bestimmt einen sog. *Halbraum*; dieser besteht aus allen n-tupeln, welche die Gleichung

$$a_1 x_1 + a_2 x_2 + \cdots + a_n x_n = b$$

erfüllen und allen solchen, die die Ungleichung

$$a_1 x_1 + a_2 x_2 + \cdots + a_n x_n < b$$

erfüllen.

Die hier betrachteten Ungleichungen heißen *linear*, weil in ihnen alle Unbekannte nur in der ersten Potenz vorkommen. Wir werden im noch folgenden Kapitel über lineare Optimierung nur Ungleichungen mit dem $\leqq$-Zeichen oder mit dem $\geqq$-Zeichen betrachten. Daher beschränken wir uns auch jetzt auf solche Ungleichungen. Vieles ließe sich jedoch mühelos auch auf Ungleichungen mit dem $<$-Zeichen oder dem $>$-Zeichen übertragen.

Jede Ungleichung $a_1 x_1 + a_2 x_2 + \cdots + a_n x_n \leqq b$ geht durch Multiplikation mit -1 in die gleichbedeutende Ungleichung

$$-a_1 x_1 - a_2 x_2 - \cdots - a_n x_n \geqq -b$$

über und genauso kann man jede Ungleichung mit dem $\geqq$-Zeichen in eine Ungleichung mit dem $\leqq$-Zeichen umformen.

Das durch mehrere lineare Ungleichungen in n Variablen bestimmte Gebiet des n-dimensionalen Raums besteht aus denjenigen n-tupeln $(x_1, x_2, \ldots, x_n)$, die sämtlichen Ungleichungen genügen. Als Beispiel ist in Fig. 24 die Lösungsgesamtheit der vier Ungleichungen

$$\begin{aligned} 2x+\ \ y &\geqq 2 \\ x+6y &\geqq 3 \\ 0{,}5x+4y &\leqq 12 \\ x-2y &\leqq 2 \end{aligned}$$

skizziert.

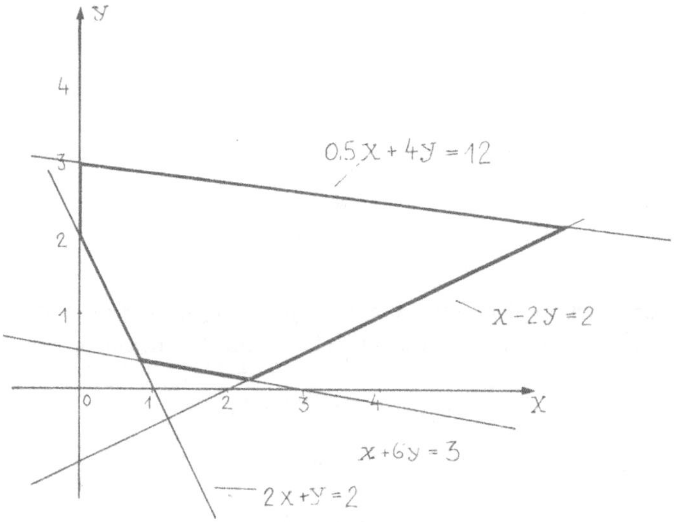

Figur 24

Schreibt man statt einer Ungleichung

$$a_1 x_1 + a_2 x_2 + \cdots + a_n x_n \leqq b$$

die Gleichung $\quad a_1 x_1 + a_2 x_2 + \cdots + a_n x_n + \zeta = b$

und die Ungleichung $\quad \zeta \geqq 0,$

dann sind diese beiden Bedingungen der Ungleichung insofern äquivalent, als jeder Lösung der Ungleichung genau eine Lösung dieser beiden Bedingungen entspricht und umgekehrt. Die neu eingeführte Unbekannte ζ wird als *Schlupfvariable* bezeichnet.

Alle Systeme, die aus linearen Gleichungen, linearen Ungleichungen oder sowohl aus linearen Gleichungen als auch aus linearen Ungleichungen bestehen, fassen wir nun unter dem Begriff *„System linearer Bedingungen“* zusammen.

Definition: *Zwei Systeme linearer Bedingungen nennen wir* äquivalent, *wenn jeder Lösung des einen Systems genau eine Lösung des anderen Systems entspricht, wobei die Werte der in beiden Systemen gemeinsam vorkommenden Unbekannten unverändert bleiben.*

Zum Beispiel ist den beiden Ungleichungen

$$3x_1 - x_2 \leqq 0$$
$$-x_1 + x_2 \geqq 4$$

das aus den beiden Gleichungen

$$3x_1 - x_2 + \zeta_1 \quad = 0$$
$$-x_1 + x_2 - \quad \zeta_2 = 4$$

und den beiden Ungleichungen

$$\zeta_1 \geqq 0, \qquad \zeta_2 \geqq 0$$

bestehende System äquivalent, denn jeder Lösung $(x_1, x_2, \zeta_1, \zeta_2)$ des zweiten Systems entspricht die Lösung (x_1, x_2) des ersten Systems und zu jeder Lösung (x_1, x_2) des ersten Systems kann man genau zwei Zahlen $\zeta_1 \geqq 0$ und $\zeta_2 \geqq 0$ angeben, so daß $(x_1, x_2, \zeta_1, \zeta_2)$ eine Lösung des zweiten Systems ist.

Zwei Gleichungssysteme, bei denen dieselben Unbekannten auftreten, sind – in Übereinstimmung mit unserem früheren Äquivalenzbegriff – auch im Sinne dieser Definition nur äquivalent, wenn sie genau dieselbe Lösungsgesamtheit besitzen.

Nachdem wir nun gesehen haben, wie man Ungleichungen durch eine Gleichung und eine einfache Ungleichung, in der nur eine Schlupfvariable vorkommt, ersetzen kann, soll noch angegeben werden, wie man eine Gleichung durch zwei Ungleichungen ersetzen kann:

eine Gleichung

$$a_1 x_1 + a_2 x_2 + \cdots + a_n x_n = b$$

ist äquivalent den beiden Ungleichungen

$$a_1 x_1 + a_2 x_2 + \cdots + a_n x_n \leqq b$$
$$a_1 x_1 + a_2 x_2 + \cdots + a_n x_n \geqq b$$

diese wiederum sind äquivalent den beiden Ungleichungen

$$a_1 x_1 + a_2 x_2 + \cdots + a_n x_n \leqq b$$
$$-a_1 x_1 - a_2 x_2 - \cdots - a_n x_n \leqq -b$$

oder auch äquivalent den beiden Ungleichungen

$$-a_1 x_1 - a_2 x_2 - \cdots - a_n x_n \geqq -b$$
$$a_1 x_1 + a_2 x_2 + \cdots + a_n x_n \geqq b.$$

Man kann ein System linearer Bedingungen also immer in ein äquivalentes System umformen, in dem nur noch Ungleichungen auftreten.

Andererseits kann man auch jedes System linearer Bedingungen in ein äquivalentes System umformen, in dem außer Gleichungen nur noch Ungleichungen der Form $\zeta_i \geqq 0$ für die Schlupfvariablen auftreten.

1. Beispiel: Dem System

$$\begin{aligned} x_1+2x_2-\ x_3 &\leqq 4\\ 2x_1-\ x_2+\ x_3 &\geqq 5\\ 3x_1+\ x_2-3x_3 &= 2 \end{aligned}$$

ist äquivalent das System

$$\begin{aligned} x_1+2x_2-\ x_3+\zeta_1\ \ &= 4\\ 2x_1-\ x_2+\ x_3\ \ -\zeta_2 &= 5\\ 3x_1+\ x_2-3x_3\ \ \ \ &= 2\\ \zeta_1\ \ &\geqq 0\\ \zeta_2 &\geqq 0. \end{aligned}$$

Das gegebene System kann nur lösbar sein, wenn das Gleichungssystem des äquivalenten Systems lösbar ist. Hat letzteres dann auch Lösungen mit $\zeta_1 \geqq 0, \zeta_2 \geqq 0$, dann sind die Komponenten x_1, x_2, x_3 solcher Lösungen zugleich eine Lösung des gegebenen Systems.

Die Matrix A des Gleichungssystems

$$\begin{aligned} x_1+2x_2-\ x_3+\zeta_1\ \ &= 4\\ 2x_1-\ x_2+\ x_3\ \ -\zeta_2 &= 5\\ 3x_1+\ x_2-3x_3\ \ \ \ &= 2 \end{aligned}$$

hat den Rang 3, denn wie man leicht nachweist, sind z.B. die drei letzten Spalten

$$\begin{pmatrix}-1\\1\\-3\end{pmatrix}\begin{pmatrix}1\\0\\0\end{pmatrix}\begin{pmatrix}0\\-1\\0\end{pmatrix}$$

linear unabhängig, und die erweiterte Matrix kann auch keinen größeren Rang haben, da sie nur aus drei Zeilen besteht. Also ist das Gleichungssystem lösbar; die Dimension der Lösungsgesamtheit ist hier $5-3=2$, denn wir haben mit den Schlupfvariablen 5 Unbekannte!

Wir können uns eine spezielle Lösung des Gleichungssystems verschaffen, indem wir probeweise $x_2=x_3=0$ setzen und die resultierenden drei Gleichungen für x_1, ζ_1, ζ_2 lösen. Man erhält $x_1=\frac{2}{3}$, $\zeta_1=\frac{10}{3}$, $\zeta_2=-\frac{11}{3}$.

Die Bedingung $\zeta_2 \geqq 0$ wird also durch diese spezielle Lösung verletzt.

Um nun alle Lösungen des Gleichungssystems zu erhalten, müssen wir zu der speziellen Lösung die Lösungsgesamtheit des zugehörigen homogenen Systems addieren. Wählt man $x_1=\lambda$ und $x_2=\mu$ mit beliebigen reellen Zahlen λ und μ, dann erhält man die Lösungsgesamtheit des homogenen Systems in der Form

$$\begin{aligned}(x_1, x_2, x_3, \zeta_1, \zeta_2) &= \left(\lambda, \mu, \lambda+\frac{\mu}{3}, -\frac{5}{3}\mu, 3\lambda-\frac{2}{3}\mu\right)\\ &= \lambda(1,0,1,0,3)+\mu(0,1,\tfrac{1}{3},-\tfrac{5}{3},-\tfrac{2}{3}).\end{aligned}$$

Alle Lösungen des inhomogenen Gleichungssystems erhält man dann in der Form

$$(x_1, x_2, x_3, \zeta_1, \zeta_2)=(\tfrac{2}{3},0,0,\tfrac{10}{3},-\tfrac{11}{3})+\lambda(1,0,1,0,3)+\mu(0,1,\tfrac{1}{3},-\tfrac{5}{3},-\tfrac{2}{3}).$$

Man kann nun λ und μ so wählen, daß ζ_1 und ζ_2 beide nichtnegativ werden; setzt man etwa $\lambda=2$, $\mu=0$, dann erhält man als Lösung

$$(x_1, x_2, x_3, \zeta_1, \zeta_2)=(\tfrac{8}{3},0,2,\tfrac{10}{3},\tfrac{7}{3});$$

dieser Lösung entspricht die Lösung $(x_1, x_2, x_3)=(\frac{8}{3},0,2)$ des ursprünglichen Systems.

Dieses Vorgehen hat den Vorteil, daß man eine Übersicht über die Lösungsgesamtheit des gegebenen Systems bekommen kann; es hat allerdings den Nachteil, daß die Anzahl der Unbekannten vergrößert wird.

Wenn man daher nur die Frage der Lösbarkeit zu entscheiden hat, wird man häufig eher zum Ziel kommen, indem man das gegebene System durch Elimination von Unbekannten zu vereinfachen sucht oder auf sonstige Weise so weit umformt, daß spezielle Lösungen erraten werden können.

So hätten wir z.B. die Gleichung $3x_1+x_2-3x_3=2$ des gegebenen Systems dazu benutzen können, um x_2 durch x_1 und x_3 auszudrücken und dies in die Ungleichungen einzusetzen. Man erhält so das äquivalente System

$$\begin{aligned}x_2 &= -3x_1+3x_3+2\\ 5x_1-2x_3 &\geqq 7\\ -5x_1+5x_3 &\leqq 0\end{aligned}$$

und errät hier sehr leicht eine spezielle Lösung der beiden Ungleichungen, z.B. $x_1=x_3=3$, woraus dann $x_2=-3\cdot 3+3\cdot 3+2=2$ folgt.

2. Beispiel: Wir zeigen, daß es keine Lösung für das folgende System linearer Bedingungen geben kann:

$$\begin{aligned}x\geqq 0, &\quad 8x+3y-2z\geqq 7\\ y\geqq 0, &\quad 2x-\ y+\ z\leqq 1\\ z\geqq 0, &\quad -x+4y-3z=0.\end{aligned}$$

Wir lösen die Gleichung nach x auf und setzen dies in die darüber stehenden Ungleichungen ein. Dadurch erhalten wir die Ungleichungen

$$\begin{aligned} 35y-26z &\geqq 7 \\ 7y-\ 5z &\leqq 1; \end{aligned}$$

durch Multiplikation mit -5 geht die letzte Ungleichung über in $-35y+25z\geqq-5$ und durch Addition dieser Ungleichung zu der Ungleichung $35y-26z\geqq7$ folgert man $-z\geqq2$, was ein Widerspruch zu der Bedingung $z\geqq0$ ist. Also gibt es keine Lösung für das gegebene System.

Um auch bei Systemen von Ungleichungen mit der Matrizenschreibweise arbeiten zu können, führen wir die Relationen $\leqq$ und $\geqq$ auch für Vektoren ein.

Definition: *Ein Vektor* $\mathfrak{x}'=(x_1,x_2,\ldots,x_n)$ *heißt* größer gleich *dem Nullvektor* $\mathfrak{o}'=(0,0,\ldots,0)$, *wenn* $x_i\geqq0$ *für alle* $i=1,2,\ldots,n$ *gilt. Wir schreiben dafür* $\mathfrak{x}'\geqq\mathfrak{o}$.
$\mathfrak{x}'$ *heißt* kleiner gleich *dem Nullvektor* $\mathfrak{o}'$, *wenn* $x_i\leqq0$ *für alle* $i=1,2,\ldots,n$ *gilt. Dafür schreiben wir* $\mathfrak{x}'\leqq\mathfrak{o}$.
$\mathfrak{x}'$ *heißt* größer *als der Nullvektor (geschrieben wird dann* $\mathfrak{x}'>\mathfrak{o}'$*), wenn alle* $x_i>0$ *sind;* $\mathfrak{x}'$ *heißt* kleiner *als der Nullvektor, wenn alle* $x_i<0$ *sind, wofür* $\mathfrak{x}'<\mathfrak{o}'$ *geschrieben wird.*

Definition: *Die Relation* $\mathfrak{x}'\leqq\mathfrak{y}'$ *ist genau dann erfüllt, wenn* $\mathfrak{x}'-\mathfrak{y}'\leqq\mathfrak{o}'$ *ist, die Relation* $\mathfrak{x}'\geqq\mathfrak{y}'$ *genau dann, wenn* $\mathfrak{x}'-\mathfrak{y}'\geqq\mathfrak{o}$ *ist usw.*

Bezeichnung: Wenn $\mathfrak{x}'\leqq\mathfrak{y}'$ erfüllt ist, dann sagt man, $\mathfrak{x}'$ ist kleiner gleich $\mathfrak{y}'$, wenn $\mathfrak{x}'\geqq\mathfrak{y}'$ erfüllt ist, dann sagt man $\mathfrak{x}'$ ist größer gleich $\mathfrak{y}'$ usw.

Wenn also $\mathfrak{x}'=(x_1,x_2,\ldots,x_n)$, $\mathfrak{y}'=(y_1,y_2,\ldots,y_n)$ ist, dann bedeutet $\mathfrak{x}'\leqq\mathfrak{y}'$, daß $x_i\leqq y_i$ für alle $i=1,2,\ldots,n$ gilt und $\mathfrak{x}'\geqq\mathfrak{y}'$ bedeutet, daß $x_i\geqq y_i$ für $i=1,2,\ldots,n$ gilt.

Für die Zeichen $<$ und $>$ gilt die analoge Aussage.

Für Spaltenvektoren lauten die Definitionen und Bezeichnungen genauso.

Beispielsweise gelten für die folgenden Paare von Vektoren die angegebenen Relationen:

$$(2,1,0)\geqq(0,0,0)=\mathfrak{o}'; \qquad \begin{pmatrix}-1\\0\end{pmatrix}\leqq\mathfrak{o};$$

$$(3,-2,5)\geqq(2,-2,-1); \qquad \begin{pmatrix}1\\-2\end{pmatrix}<\begin{pmatrix}2\\-1\end{pmatrix}.$$

Man beachte jedoch, daß für zwei Vektoren *nicht* immer eine solche Relation zuzutreffen braucht. Es folgt daher nicht wie bei reellen Zahlen aus der Tatsache, daß $\mathfrak{a}\leqq\mathfrak{b}$ nicht gilt, die Relation $\mathfrak{a}>\mathfrak{b}$. Genausowenig kann man daraus, daß $\mathfrak{a}>\mathfrak{b}$ nicht gilt, $\mathfrak{a}\leqq\mathfrak{b}$ schließen.

Beispielsweise gilt für die beiden Vektoren (3, 2) und (−1, 4) keine der vier möglichen Relationen.

Sei nun A eine m,n-Matrix,

$$\mathfrak{x} \text{ der Spaltenvektor } \begin{pmatrix} x_1 \\ x_2 \\ \vdots \\ x_n \end{pmatrix},$$

$$\mathfrak{b} \text{ der Spaltenvektor } \begin{pmatrix} b_1 \\ b_2 \\ \vdots \\ b_m \end{pmatrix}.$$

Dann bedeutet $A\mathfrak{x} \leqq \mathfrak{b}$ das Ungleichungssystem

$$\begin{array}{l} a_{11}x_1 + a_{12}x_2 + \cdots + a_{1n}x_n \leqq b_1 \\ a_{21}x_1 + a_{22}x_2 + \cdots + a_{2n}x_n \leqq b_2 \\ \vdots \\ a_{m1}x_1 + a_{m2}x_2 + \cdots + a_{mn}x_n \leqq b_m, \end{array}$$

und $A\mathfrak{x} \geqq \mathfrak{b}$ bedeutet entsprechend das System der Ungleichungen

$$a_{i1}x_1 + a_{i2}x_2 + \cdots + a_{in}x_n \geqq b_i \quad \text{für } i = 1, 2, \ldots, m.$$

$A\mathfrak{x} \leqq \mathfrak{b}$ und $A\mathfrak{x} \geqq \mathfrak{b}$ sind Ungleichungen für zwei Spaltenvektoren. Wollen wir $A\mathfrak{x}$ als Zeilenvektor haben, dann müssen wir A und $\mathfrak{x}$ transponieren und die Reihenfolge der Multiplikation vertauschen (vgl. Satz 2.2.1).

Die Ungleichungen $\mathfrak{x}'A' \leqq \mathfrak{b}'$ und $\mathfrak{x}'A' \geqq \mathfrak{b}'$ sind dann gleichbedeutend mit $A\mathfrak{x} \leqq \mathfrak{b}$ bzw. $A\mathfrak{x} \geqq \mathfrak{b}$.

Eine oft verwendete Rechenregel für Ungleichungen in Vektoren lautet:

Wenn $\mathfrak{a} \leqq \mathfrak{b}$ und $\mathfrak{c}' \geqq \mathfrak{o}'$, dann ist $\mathfrak{c}'\mathfrak{a} \leqq \mathfrak{c}'\mathfrak{b}$;
wenn $\mathfrak{a} \geqq \mathfrak{b}$ und $\mathfrak{c}' \geqq \mathfrak{o}'$, dann ist $\mathfrak{c}'\mathfrak{a} \geqq \mathfrak{c}'\mathfrak{b}$.

Der Beweis dafür ist trivial; man muß nur die Rechenregeln für Ungleichungen in reellen Zahlen (vgl. Abschnitt 1.1) komponentenweise anwenden.

Sätze über die Lösbarkeit bzw. Unlösbarkeit von linearen Gleichungs- und Ungleichungssystemen sind die Grundlage für die lineare Optimierung. Diese Sätze geben eigentümlicherweise nicht etwa allgemeine Kriterien für die Lösbarkeit eines Systems an, wie dies etwa der Satz 2.3.3 für die Gleichungssysteme tut, sondern sie gestatten lediglich, von der Lösbarkeit eines Systems auf die Unlösbarkeit eines zweiten Systems zu schließen und umgekehrt. Dieses zweite System wird in der Regel mit der transponierten Matrix A' gebildet, wenn A die Matrix des gegebenen Systems ist. Wir wollen hier wenigstens zwei der wichtigsten Sätze dieses Typs zitieren:

Satz 2.3.6 (Lemma von Farkas): *Ein System linearer Bedingungen der Form* $\mathfrak{x} \geqq \mathfrak{o}$, $A\mathfrak{x} = \mathfrak{b}$ *ist genau dann lösbar, wenn das System* $A'\mathfrak{y} \geqq \mathfrak{o}$, $\mathfrak{b}'\mathfrak{y} < 0$ *unlösbar ist.*

Ohne Schwierigkeit läßt sich zeigen, daß beide Systeme nie gleichzeitig lösbar sein können.

Gäbe es nämlich Lösungen $\mathfrak{x}$ und $\mathfrak{y}$ für diese Systeme, so wäre wegen $A\mathfrak{x} = \mathfrak{b}$

$$\mathfrak{y}' A \mathfrak{x} = \mathfrak{y}' \mathfrak{b} = \mathfrak{b}' \mathfrak{y} < 0$$

($\mathfrak{y}'\mathfrak{b}$ ist genauso wie $\mathfrak{b}'\mathfrak{y}$ das Skalarprodukt der Vektoren $\mathfrak{y}$ und $\mathfrak{b}$ als Matrizenprodukt).

Andererseits müßte mit $A'\mathfrak{y} \geqq \mathfrak{o}$ und $\mathfrak{x} \geqq \mathfrak{o}$ auch $\mathfrak{y}'A \geqq \mathfrak{o}'$ und $\mathfrak{y}'A\mathfrak{x} \geqq 0$ gelten. Es kann aber nicht gleichzeitig $\mathfrak{y}'A\mathfrak{x} \geqq 0$ und $\mathfrak{y}'A\mathfrak{x} = \mathfrak{b}'\mathfrak{y} < 0$ gelten. Also können nie beide Systeme lösbar sein.

Nun wäre noch zu zeigen, daß auch nicht beide unlösbar sein können, d.h. daß aus der Unlösbarkeit des einen Systems die Lösbarkeit des anderen Systems folgt. Hierfür findet man einen Beweis bei GALE, S. 44ff. oder auch bei W. VOGEL, S. 49.

Satz 2.3.7: *Ein System linearer Bedingungen von der Form* $A\mathfrak{x} \leqq \mathfrak{b}$, $\mathfrak{x} \geqq \mathfrak{o}$, *ist genau dann lösbar, wenn das System* $A'\mathfrak{y} \geqq \mathfrak{o}$, $\mathfrak{b}'\mathfrak{y} < 0$, $\mathfrak{y} \geqq \mathfrak{o}$ *unlösbar ist.*

Beweis: Fast genauso wie beim vorigen Satz folgt, daß nicht beide Systeme gleichzeitig lösbar sein können, denn aus $A\mathfrak{x} \leqq \mathfrak{b}$ und $\mathfrak{y} \geqq \mathfrak{o}$ folgt $\mathfrak{y}'A\mathfrak{x} \leqq \mathfrak{y}'\mathfrak{b} = \mathfrak{b}'\mathfrak{y} < 0$; andererseits folgt aus $A'\mathfrak{y} \geqq \mathfrak{o}$ und $\mathfrak{x} \geqq \mathfrak{o}$, daß $\mathfrak{y}'A \geqq \mathfrak{o}'$ und somit $\mathfrak{y}'A\mathfrak{x} \geqq 0$ gilt.
Da nicht gleichzeitig $\mathfrak{y}'A\mathfrak{x} < 0$ und $\mathfrak{y}'A\mathfrak{x} \geqq 0$ richtig sein kann, führt also die Annahme, daß beide Systeme lösbar sind, zum Widerspruch.
Wenn nun das System $A\mathfrak{x} \leqq \mathfrak{b}$, $\mathfrak{x} \geqq \mathfrak{o}$ unlösbar ist, dann ist auch das damit äquivalente System

$$(A, E)\begin{pmatrix} \mathfrak{x} \\ \zeta_1 \\ \zeta_2 \\ \vdots \\ \zeta_m \end{pmatrix} = \mathfrak{b}, \quad \begin{pmatrix} \mathfrak{x} \\ \zeta_1 \\ \zeta_2 \\ \vdots \\ \zeta_m \end{pmatrix} \geqq \mathfrak{o}$$

unlösbar. Dieses äquivalente System entsteht aus $A\mathfrak{x} \leqq \mathfrak{b}$, $\mathfrak{x} \geqq \mathfrak{o}$, durch die Einführung der Schlupfvariablen $\zeta_1, \zeta_2, \ldots, \zeta_m$, wobei für jede Ungleichung

$$a_{i1}x_1 + a_{i2}x_2 + \cdots + a_{in}x_n \leqq b_i$$

eine Schlupfvariable ζ_i eingeführt wird, wodurch sie in die Gleichung

$$a_{i1}x_1 + a_{i2}x_2 + \cdots + a_{in}x_n + \zeta_i = b_i$$

übergeht. Für die ζ_i müssen die Bedingungen $\zeta_i \geqq 0$ gelten.

E ist dann die m-reihige Einheitsmatrix und (A, E) entsteht aus A, indem man E rechts zu A hinzufügt.

Die transponierte Matrix von (A, E) ist dann $\begin{pmatrix} A' \\ E \end{pmatrix}$. Nach Satz 2.3.6 muß es nun einen m-dimensionalen Vektor $\mathfrak{y}$ mit $\begin{pmatrix} A' \\ E \end{pmatrix} \mathfrak{y} \geqq \mathfrak{o}$, $\mathfrak{b}' \mathfrak{y} < 0$ geben.

$\begin{pmatrix} A' \\ E \end{pmatrix} \mathfrak{y} \geqq \mathfrak{o}$ läßt sich zerlegen in $A' \mathfrak{y} \geqq \mathfrak{o}$ und $E \mathfrak{y} = \mathfrak{y} \geqq \mathfrak{o}$. Also ist $\mathfrak{y}$ auch Lösung des Systems $A' \mathfrak{y} \geqq \mathfrak{o}$, $\mathfrak{b}' \mathfrak{y} < 0$, $\mathfrak{y} \geqq \mathfrak{o}$.

Da also beide Systeme nicht gleichzeitig lösbar sein können und aus der Unlösbarkeit des ersten die Lösbarkeit des zweiten folgt, ist Satz 2.3.7 bewiesen.

3. Lineare Optimierung

3.1 Bezeichnungen und einführende Beispiele

Im 3. Teil dieser Einführung wollen wir uns nun ausschließlich mit den Extremwerten linearer Funktionen

$$z(x_1, x_2, \ldots, x_n) = c_1 x_1 + c_2 x_2 + \cdots + c_n x_n + d$$

unter linearen Nebenbedingungen beschäftigen.

Die lineare Funktion $z(x_1, x_2, \ldots, x_n)$, für die wir auch einfach z schreiben, heißt die *Zielfunktion*.

Ein sog. *lineares Programm* besteht aus einer Zielfunktion z und einem System linearer Bedingungen, die die *Nebenbedingungen* des Programms genannt werden. z ist unter diesen Nebenbedingungen zu maximieren oder zu minimieren. Im ersteren Fall spricht man von einem *Maximum-Programm*, im letzteren von einem *Minimum-Programm*. Das absolute Maximum bzw. Minimum von z unter den Nebenbedingungen heißt der *Wert des Programms*.

Ein n-tupel $\mathfrak{x}' = (x_1, x_2, \ldots, x_n)$, das sämtlichen Nebenbedingungen genügt, heißt eine *zulässige Lösung*.

Ist z zu maximieren, dann heißt eine zulässige Lösung genau dann *optimale Lösung*, wenn keine andere zulässige Lösung einen größeren z-Wert ergibt.

Ist z zu minimieren, dann heißt eine zulässige Lösung genau dann *optimale Lösung*, wenn keine andere zulässige Lösung einen kleineren z-Wert ergibt.

Die Menge aller zulässigen Lösungen bezeichnen wir mit M. Wenn wir die Differentialrechnung auf unsere jetzige Aufgabe anwenden wollten, dann würden wir zunächst feststellen, daß die partiellen Ableitungen

$$\frac{\partial z}{\partial x_i} = c_i \quad \text{für } i = 1, 2, \ldots, n$$

nur dann alle gleich 0 sein können, wenn z überall konstant wäre; diesen Trivialfall wollen wir ausschließen.

Die Extremwerte der linearen Funktion z werden daher stets in Randpunkten der Menge M angenommen.

Die Konstante d in der Zielfunktion spielt für die Bestimmung des Extremums keine Rolle und kann daher bei der Rechnung weggelassen werden. Das so entstehende lineare Programm hat dieselben Nebenbedingungen und bis auf die Konstante d dieselbe Zielfunktion. Daher ist eine optimale Lösung dieses Programms zugleich optimal für das gegebene Programm. Der Wert des gegebenen Programms ist dann natürlich gleich dem Wert des anderen Programms plus d.

Wir haben damit einen besonders einfachen Fall von Äquivalenz zweier Programme betrachtet. Allgemein nennen wir zwei Programme *äquivalent*, wenn

1. die linearen Systeme der Nebenbedingungen äquivalent sind, was bedeutet (vgl. 2.3.4), daß jeder zulässigen Lösung des einen Programms genau eine zulässige Lösung des anderen Programms entspricht, wobei die Werte für die in beiden Programmen auftretenden Variablen unverändert bleiben, und wenn dabei
2. jeder optimalen Lösung des einen Programms eine optimale Lösung des anderen Programms entspricht und umgekehrt.

Wir vereinbaren, daß keine Ungleichungen mit dem $<$- oder dem $>$-Zeichen als Nebenbedingungen auftreten dürfen. Das hat zur Folge, daß die Randpunkte von M zu M gehören.

1. Beispiel: Man maximiere die Funktion $z=x_1+2x_2$ unter den Nebenbedingungen

$$x_1 \geqq 0, \quad x_2 \geqq 0, \quad 3x_1 + x_2 \leqq 7$$
$$x_1 + 5x_2 \leqq 9.$$

Da hier nur zwei Variable auftreten, können wir die Menge M der zulässigen Lösungen in einer x_1, x_2-Ebene zeichnen. M ist in Fig. 25 schraffiert gezeichnet. Der Rand von M wird durch Teilstrecken der Geraden $3x_1+x_2=7$, $x_1+5x_2=9$ und durch Teilstrecken der Achsen gebildet. Auch die Randpunkte von M sind zulässige Lösungen. Auf dem Rand muß das Optimum der Zielfunktion angenommen werden.

Alle Punkte, für die z einen festen Wert c annimmt, liegen auf der Geraden $x_1+2x_2=c$. In Fig. 25 sind diese Geraden für $c=0$, $c=2$ und $c=4$ gezeichnet. Lassen wir c noch weiter anwachsen, dann erhalten wir schließlich eine Gerade $x_1+2x_2=c_0$, die gerade noch einen Punkt mit M gemeinsam hat, nämlich den Schnittpunkt $x_1=\frac{13}{7}$, $x_2=\frac{10}{7}$ der beiden Geraden $3x_1+x_2=7$ und $x_1+5x_2=9$. Der Wert des Programms ist also $\frac{13}{7}+2\cdot\frac{10}{7}=\frac{33}{7}$. Die optimale Lösung lautet $(x_1, x_2)=(\frac{13}{7}, \frac{10}{7})$.

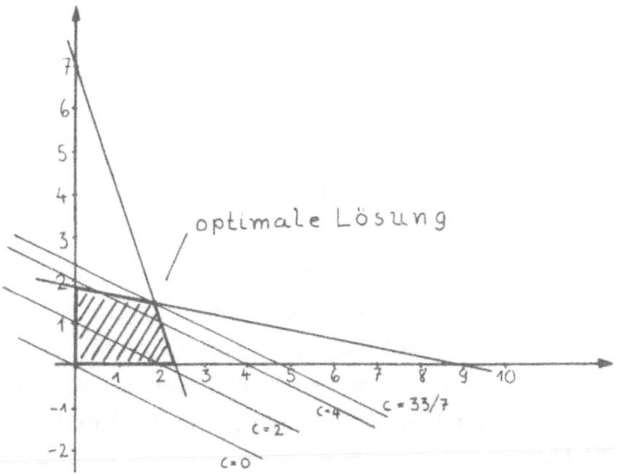

Figur 25

2. Beispiel (das Anbauproblem): Eine Anbaufläche F gleicher Bodenqualität kann mit n verschiedenen Feldfrüchten bebaut werden. Pro dz der Frucht i benötigt man die Arbeitszeit a_i, das Kapital k_i und die Fläche f_i.
Insgesamt steht die Arbeitszeit A und das Kapital K zur Verfügung.
x_i sei die Anzahl dz, die von der Frucht i produziert werden sollen. Man erwartet bei Frucht i einen Gewinn g_i pro Doppelzentner.
Wie sind die x_i zu wählen, damit der erwartete Gesamtgewinn

$$z = g_1 x_1 + g_2 x_2 + \cdots + g_n x_n$$

maximal wird?
Die Zielfunktion z ist hier unter den Nebenbedingungen

$$\begin{gathered} x_1 \geqq 0,\ x_2 \geqq 0, \ldots, x_n \geqq 0, \\ a_1 x_1 + a_2 x_2 + \cdots + a_n x_n \leqq A \\ k_1 x_1 + k_2 x_2 + \cdots + k_n x_n \leqq K \\ f_1 x_1 + f_2 x_2 + \cdots + f_n x_n \leqq F \end{gathered}$$

zu maximieren.

Im Abschnitt 3.5 werden wir in der Simplexmethode ein Verfahren kennenlernen, mit dem man optimale Lösungen für solche Programme berechnen kann. Wichtiger als die Erlernung von Rechentechniken ist jedoch für den Wirtschaftswissenschaftler die Fähigkeit, konkrete Probleme als lineare Programme zu formulieren und zu beurteilen, inwieweit die damit verknüpften Annahmen auch tatsächlich erfüllt sind.

So wäre z.B. bei unserem Anbauproblem die Annahme der Linearität zu prüfen; braucht man wirklich für die doppelte bzw. dreifache Menge das Doppelte bzw. Dreifache an Arbeit, Boden und Kapital? Haben wir alle tatsächlich auftretenden

Beschränkungen erfaßt (es könnte z.B. sein, daß man von gewissen Früchten nicht unbegrenzt viel Saatgut beschaffen kann u.a.m.)?

3. Beispiel (ein Transportproblem): Ein Konzern bezieht von drei Quellen Q_1, Q_2, Q_3 einen Rohstoff, den er in vier Betrieben B_1, B_2, B_3, B_4 benötigt.
Q_1 kann höchstens die Menge q_1 liefern, Q_2 die Menge q_2, Q_3 die Menge q_3.
B_1 benötigt die Menge b_1, B_2 die Menge b_2, B_3 die Menge b_3, B_4 die Menge b_4. Es soll $b_1+b_2+b_3+b_4 \leqq q_1+q_2+q_3$ gelten.
Die Transportkosten von Q_i nach B_j seien k_{ij} pro Einheit.
Wie sind die von Q_i nach B_j zu transportierenden Mengen x_{ij} zu wählen, damit jeder Betrieb genau seinen Bedarf bekommt, die Kapazität keiner Quelle überschritten wird und die gesamten Transportkosten minimal werden?
Da i von 1 bis 3 und j von 1 bis 4 läuft, hängt die Zielfunktion z von $3 \cdot 4 = 12$ Variablen ab. Sie lautet

$$z = k_{11}x_{11} + k_{12}x_{12} + k_{13}x_{13} + k_{14}x_{14} + k_{21}x_{21} + k_{22}x_{22} + \cdots + k_{34}x_{34}.$$

Die Nebenbedingungen lauten: $x_{ij} \geqq 0$ für alle ij mit $1 \leqq i \leqq 3$ und $1 \leqq j \leqq 4$,

$$\begin{aligned} x_{11}+x_{21}+x_{31} &= b_1 \qquad & x_{11}+x_{12}+x_{13}+x_{14} &\leqq q_1 \\ x_{12}+x_{22}+x_{32} &= b_2 & x_{21}+x_{22}+x_{23}+x_{24} &\leqq q_2 \\ x_{13}+x_{23}+x_{33} &= b_3 & x_{31}+x_{32}+x_{33}+x_{34} &\leqq q_3. \\ x_{14}+x_{24}+x_{34} &= b_4 \end{aligned}$$

Bei diesen Beispielen ist klar, daß es eine optimale Lösung geben muß. Man kann aber auch Programme angeben, bei denen keine zulässige Lösung existiert. Es gibt ferner Maximum-Programme, bei denen die Zielfunktion mit zulässigen Lösungen beliebig groß gemacht werden kann und Minimum-Programme, bei denen sie mit zulässigen Lösungen beliebig klein gemacht werden kann. In solchen Fällen existiert keine optimale Lösung. Wir werden dafür im folgenden noch genügend Beispiele kennenlernen.

Die Existenz einer optimalen Lösung läßt sich oft mit Hilfe des folgenden Satzes beweisen:

Satz 3.1.1 (Existenzsatz): *Hat ein Maximum-Programm zulässige Lösungen und ist der Wert der Zielfunktion für alle zulässigen Lösungen nach oben beschränkt, so besitzt es auch eine optimale Lösung; hat ein Minimum-Programm zulässige Lösungen und ist der Wert der Zielfunktion für alle zulässigen Lösungen nach unten beschränkt, so besitzt es auch eine optimale Lösung.*

Da das Gebiet M der zulässigen Lösungen nicht immer ganz im Endlichen zu liegen braucht, folgt dieser Satz nicht einfach nur aus der Stetigkeit der Zielfunktion, sondern man muß zudem von der Linearität Gebrauch machen. Wir verzichten hier auf den Beweis.

3.2 Die Standard-Programme und ein Optimalitätskriterium

Bezeichnung: *Als Standard-Maximum-Programme* bezeichnen wir die Maximum-Programme, bei denen alle Variablen $\geqq 0$ sein müssen und deren sonstige Nebenbedingungen nur Ungleichungen mit dem $\leqq$-Zeichen sind.
Als *Standard-Minimum-Programme* bezeichnen wir die Minimum-Programme, bei denen alle Variablen $\geqq 0$ sein müssen und deren sonstige Nebenbedingungen nur Ungleichungen mit dem $\geqq$-Zeichen sind.

Das 1. und das 2. Beispiel des vorigen Abschnitts waren also Standard-Maximum-Programme.

Die allgemeine Form des Standard-Minimum-Programms lautet:

$$x_i \geqq 0 \quad \text{für } i=1,2,\dots,n; \qquad z=c_1x_1+c_2x_2+\cdots+c_nx_n \overset{!}{=} \min.$$

$$\begin{array}{l} f_{11}x_1+f_{12}x_2+\cdots+f_{1n}x_n \geqq d_1 \\ f_{21}x_1+f_{22}x_2+\cdots+f_{2n}x_n \geqq d_2 \\ \vdots \\ f_{m1}x_1+f_{m2}x_2+\cdots+f_{mn}x_n \geqq d_m \end{array}$$

oder in Matrizenschreibweise:

$$\boxed{\mathfrak{x} \geqq \mathfrak{o}, \quad F\mathfrak{x} \geqq \mathfrak{d}, \quad \mathfrak{c}'\mathfrak{x} \overset{!}{=} \min.}\ ^{*)}$$

Dabei ist F die Matrix der f_{ik}, $\mathfrak{c}'$ der Vektor $(c_1, c_2, \dots, c_n)$,

$$\mathfrak{x} \text{ der Vektor } \begin{pmatrix} x_1 \\ x_2 \\ \vdots \\ x_n \end{pmatrix}, \quad \mathfrak{d} \text{ der Vektor } \begin{pmatrix} d_1 \\ d_2 \\ \vdots \\ d_m \end{pmatrix}.$$

Ein Standard-Maximum-Programm lautet in Matrizenschreibweise

$$\mathfrak{y} \geqq \mathfrak{o}, \quad A\mathfrak{y} \leqq \mathfrak{b}, \quad \mathfrak{v}'\mathfrak{y} \overset{!}{=} \max.$$

Dabei müssen die angeschriebenen Matrizenprodukte natürlich existieren; wenn also A eine m,n-Matrix ist, dann besteht der Spaltenvektor $\mathfrak{y}$ aus n Komponenten $y_1, y_2, \dots, y_n$ und $\mathfrak{v}'$ ist ebenfalls n-dimensional, während $\mathfrak{b}$ m-dimensional sein muß.

Zu einem gegebenen Standard-Minimum-Programm kann man ein sog. *duales* Standard-Maximum-Programm aufstellen, so daß interessante Zusammenhänge zwischen den zulässigen Lösungen beider Programme bestehen. Der Hauptsatz der linearen Optimierung ist eine Aussage über zulässige und optimale Lösungen

*) Durch die Schreibweise $\overset{!}{=}$min. bzw. $\overset{!}{=}$max. wird angedeutet, daß der links stehende Ausdruck minimiert bzw. maximiert werden soll.

dualer Programme (vgl. 3.3) und wird deshalb auch als der Dualitätssatz bezeichnet. Das duale Programm ist nicht etwa äquivalent zu dem gegebenen Programm, sondern hängt auf andere Weise mit dem gegebenen Programm zusammen.

Bezeichnung: Ist ein Standard-Minimum-Programm

$$\boxed{\mathfrak{x} \geqq \mathfrak{o}, \quad F\mathfrak{x} \geqq \mathfrak{d}, \quad \mathfrak{c}'\mathfrak{x} \overset{!}{=} \min.}$$

gegeben, dann bezeichnen wir das Standard-Maximum-Programm

$$\boxed{\mathfrak{y} \geqq \mathfrak{o}, \quad F'\mathfrak{y} \leqq \mathfrak{c}, \quad \mathfrak{d}'\mathfrak{y} \overset{!}{=} \max.}$$

als das *duale Programm* des gegebenen Programms.

Um vom Standard-Minimum-Programm zum dualen Programm zu kommen, muß man also die Matrix F transponieren und die Rollen von $\mathfrak{c}'$ und $\mathfrak{d}$ vertauschen. Wenn im Standard-Minimum-Programm n Variable $x_1, x_2, \ldots, x_n$ auftreten und neben $\mathfrak{x} \geqq \mathfrak{o}$ noch m Nebenbedingungen in der Form von Ungleichungen mit dem $\geqq$-Zeichen, dann treten im dualen Programm m Variable $y_1, y_2, \ldots, y_m$ auf und neben $\mathfrak{y} \geqq \mathfrak{o}$ müssen n Nebenbedingungen erfüllt sein, nämlich n Ungleichungen mit dem $\leqq$-Zeichen. Die Koeffizienten dieser Ungleichungen sind der Matrix F' zu entnehmen.

Auf analoge Weise wird das zu einem Standard-Maximum-Programm duale Programm aufgestellt.

Bezeichnung: Ist ein Standard-Maximum-Programm

$$\boxed{\mathfrak{y} \geqq \mathfrak{o}, \quad A\mathfrak{y} \leqq \mathfrak{b}, \quad \mathfrak{v}'\mathfrak{x} \overset{!}{=} \max.}$$

gegeben, dann bezeichnen wir das Standard-Minimum-Programm

$$\boxed{\mathfrak{x} \geqq \mathfrak{o}, \quad A'\mathfrak{x} \geqq \mathfrak{v}, \quad \mathfrak{b}'\mathfrak{x} \overset{!}{=} \min.}$$

als das duale Programm des gegebenen Programms.

Nun kann man erkennen, daß jedes Standard-Minimum- und jedes Standard-Maximum-Programm selbst wieder dual zu seinem dualen Programm ist. Noch besser wird dies der Leser an den folgenden einfachen Beispielen einsehen.

1. Beispiel: Das lineare Programm

$$\begin{aligned} x_1 \geqq 0, \quad x_2 \geqq 0, \quad x_3 \geqq 0; \quad -x_1 + 3x_2 + 5x_3 &\geqq 2 \\ 4x_1 - x_2 + 2x_3 &\geqq 6 \end{aligned}$$

$$3x_1 + 2x_2 + x_3 \overset{!}{=} \min.$$

ist ein Standard-Minimum-Programm. Das dazu duale Programm ist das Standard-Maximum-Programm

$$\begin{aligned} y_1 \geqq 0, \quad y_2 \geqq 0, \quad -y_1+4y_2 &\leqq 3 \\ 3y_1 - y_2 &\leqq 2 \\ 5y_1+2y_2 &\leqq 1 \\ 2y_1+6y_2 &\stackrel{!}{=} \max. \end{aligned}$$

Man prüft leicht nach, daß das duale Programm zu diesem Maximum-Programm wieder das gegebene Standard-Minimum-Programm ist.

2. Beispiel: Zu dem Standard-Maximum-Programm

$$\begin{aligned} \mathfrak{y} \geqq \mathfrak{o}; \quad -y_1+3y_2+2y_3 &\leqq 3 \\ 2y_1-y_2+y_3 &\stackrel{!}{=} \max. \end{aligned}$$

ist dual das Programm

$$\begin{aligned} x_1 \geqq 0; \quad -x_1 &\geqq 2 \\ 3x_1 &\geqq -1 \\ 2x_1 &\geqq 1 \\ 3x_1 &\stackrel{!}{=} \min. \end{aligned}$$

Das duale Programm ist hier ein Standard-Minimum-Programm, für das keine zulässige Lösung existiert, denn die Bedingung $-x_1 \geqq 2$ widerspricht der Bedingung $x_1 \geqq 0$.
Für das gegebene Programm gibt es zulässige Lösungen, wir können sogar die Zielfunktion beliebig groß machen, indem wir $y_2=0$, $y_3=0$ setzen und y_1 beliebig groß wählen. Dadurch erhalten wir stets eine zulässige Lösung.
Es gibt hier also weder für das gegebene Programm noch für das duale eine optimale Lösung! Für das gegebene gibt es keine, weil man zu jeder beliebigen Schranke K zulässige Lösungen finden kann, für die der Wert der Zielfunktion größer ist als K; für das duale Programm gibt es keine zulässige Lösung, also auch keine optimale Lösung.
Diesem Sachverhalt liegt eine allgemeine Gesetzmäßigkeit zugrunde, die wir im Dualitätssatz in Abschnitt 3.3 kennenlernen werden.

Häufig kann man lineare Programme dadurch vereinfachen, daß man überflüssige Bedingungen wegläßt. So hätten wir etwa bei dem dualen Programm des 1. Beispiels die Ungleichung $3y_1-y_2 \leqq 2$ weglassen können, denn wegen $y_1 \geqq 0$ und $y_2 \geqq 0$ folgt diese Ungleichung aus der Ungleichung $5y_1+2y_2 \leqq 1$.

Wenn ein ökonomisches Problem als lineares Programm formuliert ist, dann kann man versuchen, das duale Programm so zu interpretieren, daß es auch einem ökonomischen Problem entspricht. D. Gale (vgl. S. 13f.) führt dies für mehrere Beispiele durch. Die Variablen des dualen Programms werden dabei als Konkurrenzpreise interpretiert.

Die Aufstellung dualer Programme ist jedoch allein schon durch den folgenden Satz hinreichend motiviert:

Satz 3.2.1: *Ist* $\mathfrak{x}$ *eine zulässige Lösung eines Standard-Minimum-Programms* $\mathfrak{x} \geqq \mathfrak{o}$, $F\mathfrak{x} \geqq \mathfrak{b}$, $\mathfrak{c}'\mathfrak{x} \stackrel{!}{=} \min.$ *und ist* $\mathfrak{y}$ *eine zulässige Lösung des dazu dualen Standard-Maximum-Programms* $\mathfrak{y} \geqq \mathfrak{o}$, $F'\mathfrak{y} \leqq \mathfrak{c}$, $\mathfrak{b}'\mathfrak{y} \stackrel{!}{=} \max.$, *dann gilt für die Werte der Zielfunktionen* $\mathfrak{b}'\mathfrak{y} \leqq \mathfrak{c}'\mathfrak{x}$.

Beweis: Mit $\mathfrak{b} \leqq F\mathfrak{x}$ gilt auch $\mathfrak{b}' \leqq (F\mathfrak{x})'$; nach Satz 2.2.1 ist $(F\mathfrak{x})' = \mathfrak{x}'F'$, also gilt $\mathfrak{b}' \leqq \mathfrak{x}'F'$. Durch Multiplikation auf beiden Seiten mit $\mathfrak{y} \geqq \mathfrak{o}$ folgt nun $\mathfrak{b}'\mathfrak{y} \leqq \mathfrak{x}'F'\mathfrak{y}$ (vgl. Abschnitt 2.3.4). Wegen $F'\mathfrak{y} \leqq \mathfrak{c}$ und $\mathfrak{x}' \geqq \mathfrak{o}'$ ist aber $\mathfrak{x}'F'\mathfrak{y} \leqq \mathfrak{x}'\mathfrak{c}$, also folgt $\mathfrak{b}'\mathfrak{y} \leqq \mathfrak{x}'F'\mathfrak{y} \leqq \mathfrak{x}'\mathfrak{c} = \mathfrak{c}'\mathfrak{x}$ und damit $\mathfrak{b}'\mathfrak{y} \leqq \mathfrak{c}'\mathfrak{x}$.

Ist nun $\mathfrak{x}_0$ eine optimale Lösung des Minimum-Programms, dann gilt $\mathfrak{c}'\mathfrak{x}_0 \leqq \mathfrak{c}'\mathfrak{x}$ für jede zulässige Lösung $\mathfrak{x}$.

Andererseits gilt $\mathfrak{b}'\mathfrak{y} \leqq \mathfrak{c}'\mathfrak{x}_0$ nach Satz 3.2.1, denn auch $\mathfrak{x}_0$ ist ja eine zulässige Lösung des Minimum-Programms.

Also liegt der Wert $\mathfrak{c}'\mathfrak{x}_0$ des Minimum-Programms im Intervall $[\mathfrak{b}'\mathfrak{y}; \mathfrak{c}'\mathfrak{x}]$.

Ist $\mathfrak{y}_0$ optimale Lösung des Maximum-Programms, dann gilt $\mathfrak{b}'\mathfrak{y}_0 \geqq \mathfrak{b}'\mathfrak{y}$ für jede zulässige Lösung $\mathfrak{y}$. Andererseits gilt $\mathfrak{c}'\mathfrak{x} \geqq \mathfrak{b}'\mathfrak{y}_0$ nach Satz 3.2.1. Also liegt auch der Wert des dualen Programms im Intervall $[\mathfrak{b}'\mathfrak{y}; \mathfrak{c}'\mathfrak{x}]$.

Daraus folgt nun unmittelbar das

1. Optimalitätskriterium: Ist $\mathfrak{x}^*$ zulässige Lösung eines Standard-Minimum-Programms und $\mathfrak{y}^*$ eine zulässige Lösung des dazu dualen Standard-Maximum-Programms und stimmen die Werte der beiden Zielfunktionen für $\mathfrak{x}^*$ und $\mathfrak{y}^*$ überein, dann sind $\mathfrak{x}^*$ und $\mathfrak{y}^*$ optimale Lösungen.

Denn wenn $\mathfrak{b}'\mathfrak{y}^* = \mathfrak{c}'\mathfrak{x}^*$, dann besteht das Intervall $[\mathfrak{b}'\mathfrak{y}^*; \mathfrak{c}'\mathfrak{x}^*]$ nur aus einem Punkt und diese Zahl muß dann gleich dem Wert beider Programme sein.

3. Beispiel: Gegeben sei das Standard-Minimum-Programm

$$\mathfrak{x} \geqq \mathfrak{o}; \qquad \begin{array}{r} 3x_1 - 4x_2 + x_3 \geqq 1 \\ x_1 + x_2 + 4x_3 \geqq 2 \end{array}; \qquad x_1 + 2x_2 + 3x_3 \stackrel{!}{=} \min.;$$

dual dazu ist das Standard-Maximum-Programm

$$\mathfrak{y} \geqq \mathfrak{o}; \qquad \begin{array}{r} 3y_1 + y_2 \leqq 1 \\ -4y_1 + y_2 \leqq 2; \\ y_1 + 4y_2 \leqq 3 \end{array} \qquad y_1 + 2y_2 \stackrel{!}{=} \max.$$

Man errät leicht einige zulässige Lösungen für beide Programme. So ist etwa

$$\mathfrak{x} = \begin{pmatrix} 1 \\ 0 \\ \frac{1}{4} \end{pmatrix}$$

eine zulässige Lösung des Minimum-Programms,

$$\mathfrak{y} = \begin{pmatrix} 0 \\ \frac{3}{4} \end{pmatrix}$$

eine zulässige Lösung des Maximum-Programms.
Die zugehörigen Werte der Zielfunktionen sind

$$\mathfrak{c}'\mathfrak{x} = 1 \cdot 1 + 2 \cdot 0 + 3 \cdot \tfrac{1}{4} = 1{,}75 \quad \text{und} \quad \mathfrak{b}'\mathfrak{y} = 1 \cdot 0 + 2 \cdot \tfrac{3}{4} = 1{,}5.$$

Wir wissen nun immerhin schon, daß das Optimum für beide Programme im Intervall [1,5; 1,75] liegen muß. Durch längeres Probieren kommt man vielleicht auch auf die zulässigen Lösungen

$$\mathfrak{x}^* = \begin{pmatrix} \frac{2}{11} \\ 0 \\ \frac{5}{11} \end{pmatrix} \quad \text{und} \quad \mathfrak{y}^* = \begin{pmatrix} \frac{1}{11} \\ \frac{8}{11} \end{pmatrix}$$

Diese müssen nun beide optimal sein, denn die zugehörigen Werte der Zielfunktionen stimmen überein:

$$\mathfrak{c}'\mathfrak{x} = 1 \cdot \tfrac{2}{11} + 2 \cdot 0 + 3 \cdot \tfrac{5}{11} = \tfrac{17}{11} = \mathfrak{b}'\mathfrak{y} = 1 \cdot \tfrac{1}{11} + 2 \cdot \tfrac{8}{11}.$$

Der Wert $\frac{17}{11}$ ist also das absolute Minimum, das die Zielfunktion des gegebenen Standard-Minimum-Programms auf der Menge M der zulässigen Lösungen annimmt; gleichzeitig ist er das absolute Maximum für die Zielfunktion des dualen Programms auf der Menge der beim dualen Programm zulässigen Lösungen.

Kann man nun auch beweisen, daß diese Übereinstimmung auch notwendig dafür ist, daß zwei zulässige Lösungen $\mathfrak{x}^*$ und $\mathfrak{y}^*$ optimal sind? Das würde bedeuten, daß zumindest eine der beiden zulässigen Lösungen noch nicht optimal ist, so lange die Werte der Zielfunktionen noch nicht übereinstimmen. Dies ist in der Tat eine Aussage des Dualitätssatzes.

Das 1. Optimalitätskriterium ist hinreichend für die Optimalität zweier zulässiger Lösungen. Der Dualitätssatz besagt u.a., daß es auch notwendig ist.

3.3 Der Dualitätssatz

Ein lineares Programm muß als Nebenbedingungen nicht ausschließlich Ungleichungen enthalten. Es können auch Gleichungen gegeben sein. Auch müssen nicht alle Variablen durch Ungleichungen $x_i \geqq 0$ bzw. $y_j \geqq 0$ beschränkt sein, sondern es können auch Variable auftreten, die negative Werte annehmen dürfen. Es könnten sogar Beschränkungen der Form $x_i \leqq 0$ auftreten, doch würden wir uns davon sofort befreien, indem wir statt x_i eine neue Variable $z_i \geqq 0$ einführen und $x_i = -z_i$ einsetzen.

Durch Umnumerierung der Variablen können wir stets erreichen, daß die ersten r Variablen durch die Ungleichungen $x_i \geqq 0$, $i=1,2,\dots,r$ beschränkt sind, während die restlichen Variablen $x_{r+1}, x_{r+2}, \dots, x_n$ unbeschränkt sind.

Bei den anderen Nebenbedingungen sortieren wir nach Gleichungen und Ungleichungen. Ungleichungen mit dem $\leqq$-Zeichen können wir durch beiderseitige Multiplikation mit -1 in äquivalente Ungleichungen mit dem $\geqq$-Zeichen umformen.

Haben wir dann k solche Ungleichungen und $m-k$ Gleichungen, dann können diese Nebenbedingungen in der Form

$$A_1 \mathfrak{x} \geqq \mathfrak{b}_1$$
$$A_2 \mathfrak{x} = \mathfrak{b}_2$$

geschrieben werden, wobei A_1 eine k, n-Matrix, A_2 eine $(m-k), n$-Matrix und dementsprechend $\mathfrak{b}_1$ ein k-dimensionaler, $\mathfrak{b}_2$ ein $(m-k)$-dimensionaler Vektor ist. Wir nehmen an, daß nie Ungleichungen mit $<$-Zeichen oder $>$-Zeichen auftreten.

Die Matrix

$$A = \begin{pmatrix} A_1 \\ A_2 \end{pmatrix},$$

die durch Untereinanderschreiben von A_1 und A_2 entsteht, nennen wir die *Koeffizientenmatrix* des Programms.

Ist die Zielfunktion z zu maximieren, dann können wir zur Zielfunktion $-z$ übergehen und diese minimieren. Beides ist äquivalent, d.h. es führt zu äquivalenten Programmen im Sinne der in 3.1 gegebenen Definition.

Wir können also jedes gegebene lineare Programm so umformen, daß ein äquivalentes Programm der Form

$$\begin{matrix} x_i \geqq 0, \quad i=1,2,\dots,r; & A_1 \mathfrak{x} \geqq \mathfrak{b}_1 \\ x_{r+1}, x_{r+2}, \dots, x_n \text{ unbeschränkt}; & A_2 \mathfrak{x} = \mathfrak{b}_2 \end{matrix}; \quad \mathfrak{c}' \mathfrak{x} \stackrel{\cdot}{=} \min. \tag{1}$$

entsteht. Ein solches heißt *allgemeines Minimumprogramm.*

Ebensogut kann man jedes gegebene lineare Programm auch auf die Form

$$\begin{matrix} y_j \geqq 0, \quad j=1,2,\dots,r; & B_1 \mathfrak{y} \leqq \mathfrak{c}_1 \\ y_{r+1}, y_{r+2}, \dots, y_m \text{ unbeschränkt}; & B_2 \mathfrak{y} = \mathfrak{c}_2 \end{matrix}; \quad \mathfrak{b}' \mathfrak{y} \stackrel{\cdot}{=} \max. \tag{2}$$

bringen. Ein solches Programm heißt *allgemeines Maximum-Programm.* Wir wollen annehmen, daß

$$B = \begin{pmatrix} B_1 \\ B_2 \end{pmatrix}$$

eine n, m-Matrix ist und daß k Ungleichungen und $n-k$ Gleichungen neben den Beschränkungen für die Variablen auftreten.

Offenbar sind die Standard-Programme Spezialfälle der allgemeinen Programme: Setzen wir nämlich beim allgemeinen Minimum-Programm $r=n$ und $k=m$, dann sind alle Variablen nichtnegativ und alle restlichen Nebenbedingungen sind Ungleichungen mit dem $\geqq$-Zeichen, d.h. wir haben dann ein Standard-Minimum-Programm.

Ganz ähnlich wird ein Standard-Maximum-Programm aus einem allgemeinen Maximum-Programm, wenn $r=m$ und $k=n$ ist.

Da die Beschränkungen $x_i \geqq 0$ bzw. $y_j \geqq 0$ offenbar eine andere Behandlung erfahren als die übrigen Ungleichungen eines linearen Programms, wollen wir vereinbaren, daß wir unter den *Ungleichungen eines Programms* nur letztere verstehen wollen und die Bedingungen $x_i \geqq 0$ bzw. $y_j \geqq 0$ nur noch als *Beschränkungen für Variable* bezeichnen.

Man kann nun auch zu den allgemeinen Programmen jeweils ein duales Programm aufstellen. Dies geschieht nach folgender Regel:

Die Koeffizientenmatrix des dualen Programms ist die transponierte Koeffizientenmatrix des gegebenen Programms.

Jeder nichtnegativen Variablen des gegebenen Programms entspricht eine Ungleichung im dualen Programm; jeder Ungleichung im gegebenen Programm entspricht eine nichtnegative Variable im dualen Programm.

Jeder nicht beschränkten Variablen im gegebenen Programm entspricht eine Gleichung im dualen Programm; jeder Gleichung im gegebenen Programm entspricht eine nicht beschränkte Variable im dualen Programm.

Ferner ist natürlich das duale Programm ein Maximum-Programm, wenn das gegebene Programm ein Minimum-Programm ist und die Ungleichungen werden beim Maximum-Programm alle mit dem $\leqq$-Zeichen geschrieben, beim Minimum-Programm alle mit dem $\geqq$-Zeichen.

Am besten wird diese Regel aus der folgenden Übersicht deutlich:

allg. Minimum-Programm

$x_i \geqq 0$ für $i=1,2,\ldots,r$;

$$\begin{matrix} A_1\,\mathfrak{x} \geqq \mathfrak{b}_1 \\ A_2\,\mathfrak{x} = \mathfrak{b}_2 \end{matrix} \qquad \mathfrak{c}'\,\mathfrak{x} \overset{!}{=} \min.$$

$x_{r+1}, x_{r+2}, \ldots, x_n$ seien unbeschränkt. A_1 sei eine k,n-Matrix, A_2 eine $(m-k),n$-Matrix, also $A=\begin{pmatrix} A_1 \\ A_2 \end{pmatrix}$ eine m,n-Matrix.

dazu dual:

$y_j \geqq 0$ für $j=1,2,\ldots,k$;

$$\begin{matrix} B_1'\,\mathfrak{y} \leqq \mathfrak{c}_1 \\ B_2'\,\mathfrak{y} = \mathfrak{c}_2 \end{matrix} \qquad \mathfrak{b}'\,\mathfrak{y} \overset{!}{=} \max.$$

$y_{k+1}, y_{k+2}, \ldots, y_m$ sind unbeschränkt. $(B_1, B_2)=A$, wobei B_1 aus den ersten r Spalten von A besteht.
$\mathfrak{c}_1$ besteht aus den ersten r Komponenten von $\mathfrak{c}$, $\mathfrak{c}_2$ aus den restlichen. $\mathfrak{b}'$ ist gleich dem transponierten Vektor zu $\begin{pmatrix} \mathfrak{b}_1 \\ \mathfrak{b}_2 \end{pmatrix}$.

Also ist das duale Programm eines allgemeinen Minimum-Programms ein allgemeines Maximum-Programm.

Genauso können wir unsere Regel nun auf ein allgemeines Maximum-Programm anwenden und sehen, daß das dazu duale Programm ein allgemeines Minimum-Programm ist.

allg. Maximum-Programm

$y_j \geqq 0$ für $j=1,2,\ldots,r$;

$$\begin{matrix} B_1 \mathfrak{y} \leqq \mathfrak{c}_1 \\ B_2 \mathfrak{y} = \mathfrak{c}_2 \end{matrix} \qquad \mathfrak{d}' \mathfrak{y} \stackrel{!}{=} \max.$$

$y_{r+1}, y_{r+2}, \ldots, y_m$ unbeschränkt. B_1 sei eine k,m-Matrix, B_2 eine $(n-k), m$-Matrix, also $B = \begin{pmatrix} B_1 \\ B_2 \end{pmatrix}$ eine n,m-Matrix.

dazu dual:

$x_i \geqq 0$ für $i=1,2,\ldots,k$;

$$\begin{matrix} A_1' \mathfrak{x} \geqq \mathfrak{d}_1 \\ A_2' \mathfrak{x} = \mathfrak{d}_2 \end{matrix} \qquad \mathfrak{c}' \mathfrak{x} \stackrel{!}{=} \min.$$

$x_{k+1}, x_{k+2}, \ldots, x_n$ unbeschränkt; dabei ist die Matrix (A_1, A_2) gleich B und A_1 besteht aus den ersten r Spalten von B. $\mathfrak{c}'$ ist der transponierte Vektor zu $\begin{pmatrix} \mathfrak{c}_1 \\ \mathfrak{c}_2 \end{pmatrix}$, $\mathfrak{d}_1$ besteht aus den ersten r Komponenten von $\mathfrak{d}'$, $\mathfrak{d}_2$ aus den restlichen $m-r$ Komponenten von $\mathfrak{d}'$.

Man prüft leicht nach, daß auch nach dieser Regel die dualen Programme von Standard-Programmen wieder Standard-Programme sind, und zwar dieselben, die wir schon früher erhielten.

1. Beispiel: Gegeben sei das lineare Programm $x_1 \geqq 0$, x_2, x_3 unbeschränkt

$$6x_1 + x_2 - 2x_3 \stackrel{!}{=} \min. \qquad \begin{aligned} x_1 + x_2 - 3x_3 &\leqq 2 \\ 3x_1 - x_2 + 4x_3 &= 1 \\ 2x_1 + x_2 + x_3 &\geqq 0. \end{aligned}$$

Schreiben wir die Gleichung an dritter Stelle und multiplizieren wir die erste Ungleichung mit -1, dann bekommen wir das äquivalente allgemeine Minimum-Problem

$$x_1 \geqq 0 \qquad \begin{aligned} -x_1 - x_2 + 3x_3 &\geqq -2 \\ 2x_1 + x_2 + x_3 &\geqq 0 \\ 3x_1 - x_2 + 4x_3 &= 1 \end{aligned} \qquad 6x_1 + x_2 - 2x_3 \stackrel{!}{=} \min.,$$

das dazu duale, nach unserer Regel aufgestellte Programm lautet dann: $y_1 \geqq 0$, $y_2 \geqq 0$, y_3 unbeschränkt.

$$\begin{aligned} -y_1 + 2y_2 + 3y_3 &\leqq 6 \\ -y_1 + y_2 - y_3 &= 1 \\ 3y_1 + y_2 + 4y_3 &= -2 \end{aligned} \qquad -2y_1 + 0y_2 + 1 \cdot y_3 \stackrel{!}{=} \max.$$

Das duale Programm hierzu ist wieder das allgemeine Minimum-Programm, von dem wir ausgingen. Das gilt generell und nicht nur bei diesem Beispiel; anhand der Übersicht kann man nachprüfen, daß jedes allgemeine Maximum- oder Minimum-Programm selbst dual zu seinem dualen Programm ist.

Wir zeigen nun an dem dualen Programm unseres Beispiels, wie man durch Elimination von Variablen die Anzahl der Unbekannten vermindern kann, falls Gleichungen als Nebenbedingungen gegeben sind:

Aus der Gleichung $-y_1+y_2-y_3=1$ entnehmen wir $y_3=-y_1+y_2-1$ und setzen dies in die anderen Bedingungen *und* in die Zielfunktion ein. Dadurch erhalten wir das äquivalente Programm

$$y_1 \geqq 0, \quad y_2 \geqq 0; \qquad \begin{matrix} -4y_1+5y_2 \leqq 9 \\ -y_1+5y_2=2 \end{matrix}; \qquad -3y_1+y_2-1 \stackrel{!}{=} \max.$$

Nun können wir noch $y_1=5y_2-2$ aus der Gleichung dieses Programms entnehmen und in die Ungleichung und in die Zielfunktion einsetzen. Da die Bedingung $y_1 \geqq 0$ weiterhin beachtet werden muß, bekommen wir die neue Ungleichung $5y_2-2 \geqq 0$ oder $5y_2 \geqq 2$ mit hinzu.

Es ergibt sich nun das sehr einfache, dem ursprünglichen Programm äquivalente Programm

$$y_2 \geqq 0; \qquad \begin{matrix} -15y_2 \leqq 1 \\ 5y_2 \geqq 2 \end{matrix}; \qquad -14y_2+5 \stackrel{!}{=} \max.$$

Hier stellt sich noch die Ungleichung $-15y_2 \leqq 1$ als überflüssig heraus, da sie mit $y_2 \geqq 0$ ohnehin erfüllt ist.

Die Zielfunktion nimmt ihr Optimum für $y_2=\frac{2}{5}$ an, der gesuchte Wert des Programms ist also $-14\cdot(\frac{2}{5})+5=-\frac{3}{5}$.

Auch bei unserem ursprünglichen Programm muß der Wert $-\frac{3}{5}$ sein und $y_2=\frac{2}{5}$ für jede optimale Lösung.

Aus den Gleichungen

$$y_1=5y_2-2=5\cdot(\tfrac{2}{5})-2=0 \quad \text{und} \quad y_3=-y_1+y_2-1=-0+\tfrac{2}{5}-1=-\tfrac{3}{5}$$

erhalten wir die Komponenten y_1 und y_3 einer optimalen Lösung.

Also ist $(y_1, y_2, y_3)=(0, \frac{2}{5}, -\frac{3}{5})$ eine optimale Lösung für das duale Programm im 1. Beispiel, und der Wert ist gleich $-\frac{3}{5}$.

(Da nur y_1 und y_2 in diesem Programm nichtnegativ sein müssen, bedeutet der negative Wert von y_3 keine Verletzung der Bedingungen!)

Kanonische Programme

Neben den Standard-Programmen sind auch die sog. kanonischen Programme wichtige Spezialfälle der allgemeinen Programme. Ein Programm heißt *kanonisch*, wenn alle Variablen nichtnegativ sein müssen und sonst nur Gleichungen als Nebenbedingungen auftreten.

Also hat ein *kanonisches Minimum-Programm* die Form

$$\boxed{\mathfrak{x} \geqq \mathfrak{o}; \quad F\mathfrak{x} = \mathfrak{d}, \quad \mathfrak{c}'\mathfrak{x} \stackrel{!}{=} \min.}, \tag{3}$$

ein kanonisches Maximum-Programm hat die Form

$$\boxed{\mathfrak{y} \geqq \mathfrak{o}; \quad A\mathfrak{y} = \mathfrak{c}, \quad \mathfrak{d}'\mathfrak{y} \stackrel{!}{=} \max.}. \tag{4}$$

Man beachte aber, daß die dualen Programme kanonischer Programme nicht kanonisch sind!

Denn nach unserer Regel lautet das duale Programm zu (3):

$$F'\mathfrak{y} \leqq \mathfrak{c}, \qquad \mathfrak{d}'\mathfrak{y} \stackrel{!}{=} \max., \qquad \text{alle } y_j \text{ unbeschränkt}.$$

Das duale Programm zu (4) lautet:

$$A'\mathfrak{x} \geqq \mathfrak{d}, \qquad \mathfrak{c}'\mathfrak{x} \stackrel{!}{=} \min., \qquad \text{alle } x_i \text{ unbeschränkt}.$$

Satz 3.2.1 und das 1. Optimalitätskriterium gelten auch für die allgemeinen Programme und der Beweis dafür verläuft fast genauso. Es gilt also der allgemeinere

Satz 3.3.1: *Sind $\mathfrak{x}$ und $\mathfrak{y}$ zulässige Lösungen von zueinander dualen Programmen mit den Zielfunktionen $\mathfrak{c}'\mathfrak{x}$ und $\mathfrak{d}'\mathfrak{y}$, dann gilt stets $\mathfrak{d}'\mathfrak{y} \leqq \mathfrak{c}'\mathfrak{x}$, wenn $\mathfrak{y}$ zum Maximum- und $\mathfrak{x}$ zum Minimum-Programm gehört.*

Daraus folgt dann das allgemeinere 1. Optimalitätskriterium:

Sind $\mathfrak{x}^*$ und $\mathfrak{y}^*$ zulässige Lösungen von zueinander dualen Programmen und stimmen die Werte der Zielfunktionen für $\mathfrak{x}^*$ und $\mathfrak{y}^*$ überein, so sind $\mathfrak{x}^*$ und $\mathfrak{y}^*$ optimale Lösungen.

Weitaus bedeutendere Aussagen über die Beziehungen zwischen einem Programm und seinem dualen Programm macht der Dualitätssatz, den man auch mit Recht als Fundamentalsatz der linearen Optimierung bezeichnet.

Satz 3.3.2 (Dualitätssatz): Wenn ein Programm und das dazu duale beide zulässig lösbar sind, dann besitzen beide auch optimale Lösungen und haben denselben Wert; ist eines der beiden Programme nicht zulässig lösbar, dann ist keines der beiden optimal lösbar.

Beim 1. Beispiel dieses Abschnitts können wir nun also aus der Tatsache, daß wir eine optimale Lösung des dualen Programms gefunden haben, auf die Existenz einer optimalen Lösung für das gegebene Programm schließen, die denselben Wert $-\frac{3}{5}$ ergeben muß.

Beim 3. Beispiel des Abschnitts 3.2 hätten wir schon daraus, daß wir zwei zulässige Lösungen angeben konnten, schließen können, daß beide Programme optimal lösbar sind.

Einen der 2. Aussage des Dualitätssatzes entsprechenden Fall haben wir im 2. Beispiel des Abschnitts 3.2 kennengelernt.

Wir beweisen den Dualitätssatz nur für die Standard-Programme:

Sei $\mathfrak{x}$ eine zulässige Lösung des Standard-Minimum-Programms

$$\mathfrak{x} \geqq \mathfrak{o}, \quad F\mathfrak{x} \geqq \mathfrak{d}, \quad \mathfrak{c}'\mathfrak{x} \stackrel{!}{=} \min.,$$

$\mathfrak{y}$ eine zulässige Lösung des dazu dualen Standard-Maximum-Programms

$$\mathfrak{y} \geqq \mathfrak{o}, \quad F'\mathfrak{y} \leqq \mathfrak{c}, \quad \mathfrak{d}'\mathfrak{y} \stackrel{!}{=} \max.$$

Nach Satz 3.3.1 gilt dann $\mathfrak{d}'\mathfrak{y} \leqq \mathfrak{c}'\mathfrak{x}$; wenn wir nun zeigen können, daß es auch nichtnegative Vektoren $\mathfrak{x}, \mathfrak{y}$ mit $F\mathfrak{x} \geqq \mathfrak{d}$ und $F'\mathfrak{y} \leqq \mathfrak{c}$ geben muß, für die $\mathfrak{d}'\mathfrak{y} \geqq \mathfrak{c}'\mathfrak{x}$ gilt, dann sind diese nach dem 1. Optimalitätskriterium optimale Lösungen und die 1. Aussage des Dualitätssatzes ist bewiesen.

Die letztgenannten Bedingungen lassen sich auch in der Form

$$\begin{pmatrix} \mathfrak{x} \\ \mathfrak{y} \end{pmatrix} \geqq \mathfrak{o}, \quad \begin{pmatrix} -F, & (0) \\ (0), & F' \\ \mathfrak{c}', & -\mathfrak{d}' \end{pmatrix} \begin{pmatrix} \mathfrak{x} \\ \mathfrak{y} \end{pmatrix} \leqq \begin{pmatrix} -\mathfrak{d} \\ \mathfrak{c} \\ 0 \end{pmatrix} \tag{a}$$

schreiben. Die Vektoren

$$\begin{pmatrix} -\mathfrak{d} \\ \mathfrak{c} \\ 0 \end{pmatrix} \quad \text{und} \quad \begin{pmatrix} \mathfrak{x} \\ \mathfrak{y} \end{pmatrix}$$

und die Matrix entstehen durch Untereinander- bzw. Nebeneinanderschreiben der angegebenen Bestandteile, wobei (0) jeweils eine passende Nullmatrix bedeuten soll. $\mathfrak{x}$ sei n-, $\mathfrak{y}$ m-dimensional.

Wenn das System (a) nicht lösbar ist, dann gibt es nach Satz 2.3.7 zu der

$$(n+m), (n+m+1)\text{-Matrix} \begin{pmatrix} -F, & (0) \\ (0), & F' \\ \mathfrak{c}', & -\mathfrak{d}' \end{pmatrix}' = \begin{pmatrix} -F', & (0), & \mathfrak{c} \\ (0), & F, & -\mathfrak{d} \end{pmatrix}$$

einen $(n+m+1)$-dimensionalen Vektor

$$\mathfrak{q} = \begin{pmatrix} u_1 \\ u_2 \\ \vdots \\ u_m \\ v_1 \\ v_2 \\ \vdots \\ v_n \\ w \end{pmatrix} \geqq \mathfrak{o} \quad \text{mit} \quad \begin{pmatrix} -F', & (0), & \mathfrak{c} \\ (0), & F, & -\mathfrak{d} \end{pmatrix} \mathfrak{q} \geqq \mathfrak{o}, \quad (-\mathfrak{d}', \mathfrak{c}', 0)\,\mathfrak{q} < 0.$$

Gleichbedeutend damit ist die Aussage, daß es einen Vektor

$$\mathfrak{u}=\begin{pmatrix} u_1 \\ u_2 \\ \vdots \\ u_m \end{pmatrix} \geqq \mathfrak{o} \quad \text{und einen Vektor} \quad \mathfrak{v}=\begin{pmatrix} v_1 \\ v_2 \\ \vdots \\ v_n \end{pmatrix} \geqq \mathfrak{o}$$

sowie eine Zahl $w \geqq 0$ mit den folgenden Eigenschaften gibt:

$$\begin{matrix} -F'\mathfrak{u}+w\mathfrak{c}\geqq\mathfrak{o}, & \text{d.h.} & F'\mathfrak{u}\leqq w\mathfrak{c}, \\ F\mathfrak{v}-w\mathfrak{b}\geqq\mathfrak{o}, & \text{d.h.} & F\mathfrak{v}\geqq w\mathfrak{b}, \end{matrix} \qquad (-\mathfrak{b}'\mathfrak{u}+\mathfrak{c}'\mathfrak{v})<0. \tag{b}$$

Wenn es nun zulässige Lösungen $\mathfrak{x}$ und $\mathfrak{y}$ mit $\mathfrak{x}\geqq\mathfrak{o}$, $F\mathfrak{x}\geqq\mathfrak{b}$ und $\mathfrak{y}\geqq\mathfrak{o}$, $F'\mathfrak{y}\leqq\mathfrak{c}$ gibt, dann kann die Zahl w nicht gleich 0 sein.

Denn wäre $w=0$, dann würde aus (b) $F'\mathfrak{u}\leqq\mathfrak{o}$ folgen und wegen $\mathfrak{x}'\geqq\mathfrak{o}'$ wäre dann $\mathfrak{x}'F'\mathfrak{u}\leqq 0$.

Aus $\mathfrak{b}\leqq F\mathfrak{x}$ und $\mathfrak{u}\geqq\mathfrak{o}$ folgern wir $\mathfrak{b}'\leqq\mathfrak{x}'F'$ und $\mathfrak{b}'\mathfrak{u}\leqq\mathfrak{x}'F'\mathfrak{u}$, also wäre dann $\mathfrak{b}'\mathfrak{u}\leqq 0$, d.h. $-\mathfrak{b}'\mathfrak{u}\geqq 0$.

Für $w=0$ könnten wir aus (b) auch $F\mathfrak{v}\geqq\mathfrak{o}$ entnehmen, also wäre wegen $\mathfrak{y}'\geqq\mathfrak{o}'$ $\mathfrak{y}'F\mathfrak{v}\geqq 0$.

Da nun aus $F'\mathfrak{y}\leqq\mathfrak{c}$ und $\mathfrak{v}\geqq\mathfrak{o}$ die Ungleichungen $\mathfrak{y}'F\leqq\mathfrak{c}'$ und $\mathfrak{y}'F\mathfrak{v}\leqq\mathfrak{c}'\mathfrak{v}$ folgen, können wir $\mathfrak{c}'\mathfrak{v}\geqq\mathfrak{y}'F\mathfrak{v}\geqq 0$ schließen.

Aus der Annahme $w=0$ folgt also $-\mathfrak{b}'\mathfrak{u}\geqq 0$ und $\mathfrak{c}'\mathfrak{v}\geqq 0$, also kann die dritte Ungleichung in (b) dann nicht erfüllt sein.

Wenn es also zulässige Lösungen der zueinander dualen Standard-Programme gibt, dann ist $w \neq 0$. Dann muß aber $w>0$ gelten. Für $w>0$ sind aber

$$\frac{1}{w}\mathfrak{u} \quad \text{und} \quad \frac{1}{w}\mathfrak{v}$$

ebenfalls zulässige Lösungen der Standard-Programme, wie man durch Einsetzen in (b) erkennt. Für diese muß dann nach Satz 3.3.1 gelten:

$$\mathfrak{b}'\left(\frac{1}{w}\mathfrak{u}\right)\leqq\mathfrak{c}'\left(\frac{1}{w}\mathfrak{v}\right), \quad \text{also} \quad \frac{1}{w}(\mathfrak{c}'\mathfrak{v}-\mathfrak{b}'\mathfrak{u})\geqq 0,$$

was wiederum der dritten Ungleichung in (b) widerspricht. Das bedeutet aber nach Satz 2.3.7, daß das System (a) immer lösbar ist, wenn es zulässige Lösungen zu den Standard-Programmen gibt und aus der Lösbarkeit von (a) folgt dann die Existenz optimaler Lösungen.

Damit ist die erste Aussage des Dualitätssatzes bewiesen.

Nehmen wir nun an, das Standard-Maximum-Programm

$$\mathfrak{y}\geqq\mathfrak{o}, \qquad F'\mathfrak{y}\leqq\mathfrak{c}, \qquad \mathfrak{b}'\mathfrak{y}\stackrel{!}{=}\max.$$

habe keine zulässige Lösung. Dann ist nach Satz 2.3.7 das System $\mathfrak{x} \geqq \mathfrak{o}$, $F\mathfrak{x} \geqq \mathfrak{o}$, $\mathfrak{c}'\mathfrak{x} < 0$ lösbar; sei $\bar{\mathfrak{x}}$ eine Lösung dieses Systems.

Mit jeder zulässigen Lösung $\mathfrak{x}$ des dualen Standard-Minimum-Programms ist dann auch $\mathfrak{x} + \lambda\bar{\mathfrak{x}}$ mit beliebigem $\lambda > 0$ eine zulässige Lösung, denn es gilt

$$\mathfrak{x} + \lambda\bar{\mathfrak{x}} \geqq \mathfrak{o}, \qquad F(\mathfrak{x} + \lambda\bar{\mathfrak{x}}) = F\mathfrak{x} + \lambda F\bar{\mathfrak{x}} \geqq \mathfrak{d},$$

weil $\bar{\mathfrak{x}} \geqq \mathfrak{o}$ und $F\bar{\mathfrak{x}} \geqq \mathfrak{o}$ ist.

Der Wert der Zielfunktion $\mathfrak{c}'(\mathfrak{x} + \lambda\bar{\mathfrak{x}}) = \mathfrak{c}'\mathfrak{x} + \lambda\,\mathfrak{c}'\bar{\mathfrak{x}}$ kann dann aber wegen $\mathfrak{c}'\bar{\mathfrak{x}} < 0$ beliebig klein gemacht werden, wenn wir nur λ hinreichend groß wählen. Also gibt es keinen Wert für das Minimum-Programm, denn zu jeder Schranke können wir eine zulässige Lösung finden, für die der Wert der Zielfunktion noch kleiner wird.

Nehmen wir an, das Standard-Minimum-Programm $\mathfrak{x} \geqq \mathfrak{o}$, $F\mathfrak{x} \geqq \mathfrak{d}$, $\mathfrak{c}'\mathfrak{x} \stackrel{!}{=} \min.$ habe keine zulässige Lösung; dann hat auch das damit äquivalente Standard-Maximum-Programm $\mathfrak{x} \geqq \mathfrak{o}$, $-F\mathfrak{x} \leqq -\mathfrak{d}$, $-\mathfrak{c}'\mathfrak{x} \stackrel{!}{=} \max.$ keine zulässige Lösung und wir können wie eben zeigen, daß dann das dazu duale Standard-Minimum-Programm $\mathfrak{y} \geqq \mathfrak{o}$, $-F'\mathfrak{y} \geqq -\mathfrak{c}$, $-\mathfrak{d}'\mathfrak{y} \stackrel{!}{=} \min.$ keine optimale Lösung besitzt.

Also besitzt dann auch das damit äquivalente Maximum-Programm $\mathfrak{y} \geqq \mathfrak{o}$, $F'\mathfrak{y} \leqq \mathfrak{c}$, $\mathfrak{d}'\mathfrak{y} \stackrel{!}{=} \max.$ keine optimale Lösung, und dieses Programm ist gerade wieder das duale von $\mathfrak{x} \geqq \mathfrak{o}$, $F\mathfrak{x} \geqq \mathfrak{d}$, $\mathfrak{c}'\mathfrak{x} \stackrel{!}{=} \min.$

Damit ist der Dualitätssatz für Standard-Programme bewiesen.

Für allgemeine Maximum- und Minimum-Programme kann man den Dualitätssatz beweisen, indem man von einem allgemeinen Programm zu einem äquivalenten Standard-Programm übergeht. Das zu dem Standard-Programm duale Standard-Programm ist dann äquivalent zu dem dualen Programm des gegebenen allgemeinen Programms. Somit folgt der Dualitätssatz für allgemeine Maximum- und Minimum-Programme aus dem Dualitätssatz für die Standard-Programme. Nähere Einzelheiten findet man bei Gale, S. 80f.

Satz 3.3.3 (2. Optimalitätskriterium): *Ist $\mathfrak{x}_0$ zulässige Lösung eines allgemeinen Minimum-Programms und $\mathfrak{y}_0$ zulässige Lösung des dazu dualen allgemeinen Maximum-Programms, dann sind $\mathfrak{x}_0$ und $\mathfrak{y}_0$ genau dann optimal, wenn das folgende Kriterium erfüllt ist:*

Für jede der Ungleichungen des Minimum-Programms, die bei Einsetzen von $\mathfrak{x}_0$ mit dem $>$-Zeichen erfüllt ist, ist die dieser Ungleichung entsprechende Komponente von $\mathfrak{y}_0$ gleich 0; für jede der Ungleichungen des Maximum-Programms, die bei Einsetzen von $\mathfrak{y}_0$ mit dem $<$-Zeichen erfüllt ist, ist die dieser Ungleichung entsprechende Komponente von $\mathfrak{x}_0$ gleich 0.

Der k-ten Ungleichung entspricht jeweils die k-te Variable des dualen Programms, also auch die k-te Komponente einer zulässigen Lösung des dualen Programms.

Wir machen uns die Bedeutung des 2. Optimalitätskriteriums an einem Beispiel klar:

2. Beispiel: Gegeben seien die zulässigen Lösungen

$$\mathfrak{x}_0 = \begin{pmatrix} 0 \\ 5 \\ 15 \\ 0 \end{pmatrix} \quad \text{und} \quad \mathfrak{y}_0 = \begin{pmatrix} 14 \\ 0 \\ 10 \end{pmatrix}$$

der zueinander dualen Standard-Programme

$$\begin{aligned} \mathfrak{x} \geqq \mathfrak{o}; \qquad x_1 - 2x_2 + x_3 - x_4 &\leqq 5 \\ 2x_1 + x_2 - 3x_3 + x_4 &\leqq 2 \\ -x_1 + 3x_2 - x_3 + 2x_4 &\leqq 0 \\ x_1 + 2x_2 + 4x_3 &\stackrel{!}{=} \max. \end{aligned}$$

und

$$\begin{aligned} \mathfrak{y} \geqq \mathfrak{o}; \qquad y_1 + 2y_2 - y_3 &\geqq 1 \\ -2y_1 + y_2 + 3y_3 &\geqq 2 \\ y_1 - 3y_2 - y_3 &\geqq 4 \\ -y_1 + y_2 + 2y_3 &\geqq 0 \\ 5y_1 + 2y_2 &\stackrel{!}{=} \min. \end{aligned}$$

Für $\mathfrak{x} = \mathfrak{x}_0$ ist die zweite Ungleichung des Maximum-Programms mit dem $<$-Zeichen erfüllt, die beiden anderen mit dem $=$-Zeichen. Die der zweiten Ungleichung entsprechende Komponente y_2 von $\mathfrak{y}_0$ ist gleich 0.
Beim dualen Programm ist für $\mathfrak{y} = \mathfrak{y}_0$ die erste und die letzte Ungleichung mit dem $>$-Zeichen erfüllt, die beiden anderen mit dem $=$-Zeichen. Die erste und die letzte Komponente von $\mathfrak{x}_0$ sind gleich 0.
Also sind $\mathfrak{x}_0$ und $\mathfrak{y}_0$ nach dem 2. Optimalitätskriterium beide optimal.
Freilich hätten wir dies schneller dadurch feststellen können, daß $\mathfrak{x}_0$ und $\mathfrak{y}_0$, in die Zielfunktionen eingesetzt, dieselben Werte ergeben. In der Tat ist

$$1 \cdot 0 + 2 \cdot 5 + 4 \cdot 15 + 0 \cdot 0 = 5 \cdot 14 + 2 \cdot 0 + 0 \cdot 10 = 70.$$

Das 2. Optimalitätskriterium hat wenig praktische Bedeutung. Immerhin kann man aber mit seiner Hilfe leichter eine optimale Lösung für ein Programm finden, wenn bereits eine optimale Lösung des dualen Programms bestimmt ist; man weiß dann nämlich, welche Variablen von vorneherein gleich 0 zu setzen sind.
Für theoretische Zwecke ist die Bedeutung des 2. Optimalitätskriteriums jedoch erheblich. Wir wollen es nun für den Spezialfall beweisen, daß eines der beiden Programme ein kanonisches Programm ist.

Ist $\mathfrak{y} \geqq \mathfrak{o}$; $A\mathfrak{y} = \mathfrak{c}$, $\mathfrak{d}'\mathfrak{y} \stackrel{!}{=} \max.$ gegeben, also ein kanonisches Maximum-Programm, dann lautet das duale Programm $A'\mathfrak{x} \geqq \mathfrak{d}$, $\mathfrak{c}'\mathfrak{x} \stackrel{!}{=} \min.$, alle x_i unbeschränkt.
Da nur in diesem Programm Ungleichungen auftreten, lautet die Aussage von Satz 3.3.3 in diesem Fall:
Zulässige Lösungen $\mathfrak{x}_0$ und $\mathfrak{y}_0$ sind genau dann optimal, wenn folgendes Kriterium erfüllt ist:
Für jede der Ungleichungen $A'\mathfrak{x} \geqq \mathfrak{d}$, die mit dem $>$-Zeichen erfüllt ist, ist die entsprechende Komponente in $\mathfrak{y}_0$ gleich 0.

Beweis: Wenn $\mathfrak{y}_0$ zulässig ist, dann gilt $A\mathfrak{y}_0 = \mathfrak{c}$, also $\mathfrak{c}' = \mathfrak{y}_0' A'$ und $\mathfrak{c}'\mathfrak{x}_0 = \mathfrak{y}_0' A'\mathfrak{x}_0$.
Für den Spaltenvektor $A'\mathfrak{x}_0$ gilt $A'\mathfrak{x}_0 \geqq \mathfrak{d}$; ist nun immer dann, wenn eine Komponente von $A'\mathfrak{x}_0$ größer als die entsprechende Komponente von $\mathfrak{d}$ ist, die entsprechende Komponente von $\mathfrak{y}_0$ gleich 0, dann ist $\mathfrak{y}_0' A'\mathfrak{x}_0 = \mathfrak{y}_0'\mathfrak{d} = \mathfrak{d}'\mathfrak{y}_0$.
Also gilt dann $\mathfrak{c}'\mathfrak{x}_0 = \mathfrak{d}'\mathfrak{y}_0$ und aus dieser Übereinstimmung der Zielfunktionen folgt nach dem Dualitätssatz die Optimalität für $\mathfrak{x}_0$ und $\mathfrak{y}_0$.
Sind andererseits $\mathfrak{x}_0$ und $\mathfrak{y}_0$ optimal, dann muß, wieder nach dem Dualitätssatz, $\mathfrak{c}'\mathfrak{x}_0 = \mathfrak{d}'\mathfrak{y}_0$ gelten und wegen $\mathfrak{c}' = \mathfrak{y}_0' A'$ auch $\mathfrak{y}_0' A'\mathfrak{x}_0 = \mathfrak{d}'\mathfrak{y}_0$ oder $\mathfrak{y}_0' A'\mathfrak{x}_0 = \mathfrak{y}_0'\mathfrak{d}$, weil $\mathfrak{d}'\mathfrak{y}_0 = \mathfrak{y}_0'\mathfrak{d}$ ist.
Daraus folgt aber $\mathfrak{y}_0'(A'\mathfrak{x}_0 - \mathfrak{d}) = 0$ und da hier links ein Produkt von zwei nichtnegativen Vektoren steht, kann dies nur gelten, falls immer dann, wenn eine Komponente von $A'\mathfrak{x}_0 - \mathfrak{d}$ größer ist als 0, die entsprechende Komponente von $\mathfrak{y}_0$ gleich 0 ist.
Ganz analog beweist man das 2. Optimalitätskriterium für den Fall, daß eines der beiden zueinander dualen Programme ein kanonisches Minimum-Programm ist.

3.4 Basislösungen

Eine Matrix A bestehe aus n Spalten $\mathfrak{a}_1, \mathfrak{a}_2, \ldots, \mathfrak{a}_n$. Jedes Gleichungssystem $A\mathfrak{x} = \mathfrak{b}$ kann dann auch in der ausführlicheren Form

$$\mathfrak{a}_1 x_1 + \mathfrak{a}_2 x_2 + \cdots + \mathfrak{a}_n x_n = \mathfrak{b}$$

geschrieben werden. Eine Lösung besteht also aus den Koeffizienten einer Linearkombination der Spalten von A, die den Vektor $\mathfrak{b}$ darstellt.

Zur Komponente x_i gehört die Spalte $\mathfrak{a}_i$.

Definition: *Eine Lösung $\mathfrak{x}$ des Gleichungssystems $A\mathfrak{x} = \mathfrak{b}$ heißt* Basislösung, *wenn die Spalten, die zu den von 0 verschiedenen Komponenten von $\mathfrak{x}$ gehören, linear unabhängig sind.*

1. Beispiel:

$$\begin{aligned} 2x_1 - x_2 + 3x_3 - x_4 &= 0 \\ x_1 + x_2 - 2x_3 + 5x_4 &= 1; \end{aligned}$$

die Lösungen

$$\mathfrak{x}_1 = \begin{pmatrix} \frac{1}{3} \\ \frac{2}{3} \\ 0 \\ 0 \end{pmatrix} \quad \text{und} \quad \mathfrak{x}_2 = \begin{pmatrix} 0 \\ -0{,}25 \\ 0 \\ 0{,}25 \end{pmatrix}$$

sind Basislösungen, denn die erste und die zweite Spalte der Koeffizientenmatrix sind unabhängig und ebenso die zweite und vierte Spalte.

Dagegen kann die Lösung

$$\mathfrak{x}_3 = \begin{pmatrix} \frac{1}{7} \\ \frac{1}{7} \\ 0 \\ \frac{1}{7} \end{pmatrix}$$

keine Basislösung sein, da es keine drei zweidimensionalen Vektoren geben kann, die linear unabhängig sind (s. Satz 2.1.1).

Satz 3.4.1: *Wenn ein Gleichungssystem $A\mathfrak{x}=\mathfrak{b}$ lösbar ist, so gibt es auch eine Basislösung.*

Beweis: Sei $\mathfrak{x}$ eine Lösung von $A\mathfrak{x}=\mathfrak{b}$; durch Umnumerierung der Variablen und Vertauschen der entsprechenden Spalten von A können wir immer erreichen, daß gerade die ersten Komponenten $x_1, x_2, \ldots, x_r$ von $\mathfrak{x}$ alle $\neq 0$ sind, während für die restlichen Komponenten

$$x_{r+1} = x_{r+2} = \cdots = x_n = 0$$

gilt.

Es gilt dann also $\mathfrak{a}_1 x_1 + \mathfrak{a}_2 x_2 + \cdots + \mathfrak{a}_r x_r = \mathfrak{b}$.

Sind $\mathfrak{a}_1, \mathfrak{a}_2, \ldots, \mathfrak{a}_r$ linear unabhängig, dann ist $\mathfrak{x}$ bereits Basislösung. Sind $\mathfrak{a}_1, \mathfrak{a}_2, \ldots, \mathfrak{a}_r$ linear abhängig, dann läßt sich eine davon, sagen wir $\mathfrak{a}_r$, als Linearkombination der übrigen ausdrücken:

$$\mathfrak{a}_r = \alpha_1 \mathfrak{a}_1 + \alpha_2 \mathfrak{a}_2 + \cdots + \alpha_{r-1} \mathfrak{a}_{r-1}.$$

Dann gilt also auch

$$\mathfrak{a}_1 x_1 + \mathfrak{a}_2 x_2 + \cdots + \mathfrak{a}_{r-1} x_{r-1} + (\alpha_1 \mathfrak{a}_1 + \alpha_2 \mathfrak{a}_2 + \cdots + \alpha_{r-1} \mathfrak{a}_{r-1}) x_r = \mathfrak{b}$$

oder

$$\mathfrak{a}_1(x_1 + \alpha_1 x_r) + \mathfrak{a}_2(x_2 + \alpha_2 x_r) + \cdots + \mathfrak{a}_{r-1}(x_{r-1} + \alpha_{r-1} x_r) = \mathfrak{b}.$$

Damit haben wir dann eine weitere Lösung, bei der höchstens $r-1$ von 0 verschiedene Komponenten auftreten. Diese Lösung ist Basislösung, wenn die zu diesen Komponenten gehörenden Spalten linear unabhängig sind. Sind sie es nicht, dann wiederholen wir den eben vorgeführten Schritt und gelangen dadurch zu einer Lösung mit höchstens $r-2$ von 0 verschiedenen Komponenten usw.

Ist $\mathfrak{b} \neq \mathfrak{o}$, dann müssen wir so schließlich zu einer Basislösung mit mindestens einer von 0 verschiedenen Komponente gelangen.

Ist $\mathfrak{b}=\mathfrak{o}$, dann ist $\mathfrak{x}=\mathfrak{o}$ die einzig mögliche Basislösung. $\mathfrak{x}=\mathfrak{o}$ ist Basislösung, denn da hier gar keine von 0 verschiedenen Komponenten vorkommen, können die zu den von 0 verschiedenen Komponenten gehörenden Spalten nicht linear abhängig sein. (Solche Schlüsse muten vielleicht etwas sonderbar an, sind aber üblich und logisch richtig. Man erspart sich dadurch lästige Fallunterscheidungen.)

Satz 3.4.2: *Gibt es zu einem Gleichungssystem $A\mathfrak{x}=\mathfrak{b}$ eine Lösung $\mathfrak{x}\geqq\mathfrak{o}$, dann gibt es auch eine nichtnegative Basislösung.*

Beweis: Wir führen den Beweis durch Induktion nach der Anzahl n der Variablen.
Für $n=1$ ist der Satz richtig, denn dann bedeutet

$$A\mathfrak{x}=\mathfrak{b} \quad \text{nur} \quad \mathfrak{a}_1 x_1=\mathfrak{b}.$$

Als Induktionsannahme setzen wir nun voraus, der Satz sei bewiesen für $1, 2, \ldots, n-1$ Variable.
Hat dann ein Gleichungssystem der Form

$$\mathfrak{a}_1 x_1+\mathfrak{a}_2 x_2+\cdots+\mathfrak{a}_n x_n=\mathfrak{b} \tag{1}$$

eine Lösung $\mathfrak{x}\geqq\mathfrak{o}$ und ist eines der $x_i=0$, so können wir (1) auf ein Gleichungssystem in $n-1$ Variablen zurückführen, indem wir die Spalte $\mathfrak{a}_i$ weglassen. Nach Induktionsannahme gibt es für dieses Gleichungssystem dann eine Basislösung, und diese muß dann zugleich Basislösung für das gegebene Gleichungssystem sein.
Sind aber alle $x_i \neq 0$, d.h. größer als 0, so ist $(x_1, x_2, \ldots, x_n)$ Basislösung, falls $\mathfrak{a}_1, \mathfrak{a}_2, \ldots, \mathfrak{a}_n$ linear unabhängig sind.
Sind $\mathfrak{a}_1, \mathfrak{a}_2, \ldots, \mathfrak{a}_n$ aber linear abhängig, dann gibt es eine Linearkombination $\lambda_1 \mathfrak{a}_1+\lambda_2 \mathfrak{a}_2+\cdots+\lambda_n \mathfrak{a}_n=\mathfrak{o}$, bei der nicht alle $\lambda_i=0$ sind.
Wir können erreichen (nötigenfalls durch Multiplikation der Linearkombination mit -1), daß mindestens eines der λ_i größer als 0 ist.
Multiplizieren wir nun die Linearkombination mit einem zunächst beliebigen Faktor τ und ziehen sie von der linken Seite in (1) ab, dann erhalten wir die Gleichung

$$\mathfrak{a}_1(x_1-\lambda_1\tau)+\mathfrak{a}_2(x_2-\lambda_2\tau)+\cdots+\mathfrak{a}_n(x_n-\lambda_n\tau)=\mathfrak{b}. \tag{2}$$

Nun wählen wir τ so, daß $1/\tau$ gleich dem Maximum der Quotienten λ_i/x_i wird. Da alle $x_i>0$ sind, existiert dieses Maximum und weil mindestens ein $\lambda_i>0$ ist, gilt $1/\tau>0$.
Wenn nun z.B. $1/\tau=\lambda_1/x_1$ ist, so folgt aus dieser Gleichung, daß der erste Koeffizient in (2) verschwindet.
Da außerdem $1/\tau \geqq \lambda_i/x_i$ für alle i gilt, folgt daraus durch Multiplikation mit der positiven Zahl $x_i\tau$, daß $x_i \geqq \lambda_i\tau$ für alle i gilt.

Also ist dann $(0, x_2-\lambda_2\tau, x_3-\lambda_3\tau, \ldots, x_n-\lambda_n\tau)$ eine nichtnegative Lösung des Gleichungssystems mit höchstens $n-1$ von 0 verschiedenen Komponenten.
Gleichzeitig ist $(x_2-\lambda_2\tau, x_3-\lambda_3\tau, \ldots, x_n-\lambda_n\tau)$ eine nichtnegative Lösung des Gleichungssystems in $n-1$ Variablen, das man durch Weglassen der 1. Spalte von A erhält. Nach Induktionsannahme gibt es hierzu dann auch eine nichtnegative Basislösung und diese ist zugleich nichtnegative Basislösung des gegebenen Gleichungssystems in n Variablen.
Genauso verläuft der Beweis natürlich, wenn $\tau=\lambda_i/x_i$ für irgendein $i=2,3,\ldots,n$ ist.

Der nun folgende Satz bildet die Grundlage für das bekannteste Verfahren der linearen Optimierung, nämlich für das Simplexverfahren.

Satz 3.4.3: *Wenn ein kanonisches Programm optimal lösbar ist, so besitzt es auch eine optimale Basislösung.*

Dabei verstehen wir unter einer *Basislösung* eines kanonischen Programms eine Basislösung des zum Programm gehörenden Gleichungssystems. Eine Basislösung ist *zulässig*, wenn sie nichtnegativ ist, sie ist optimal, wenn sie zulässig ist und der zu ihr gehörende Wert der Zielfunktion gleich dem Wert des Programms ist.

Beweis: Sei $A\mathfrak{x}=\mathfrak{b}$ das System der Gleichungen eines kanonischen Programms und $\mathfrak{x}_0$ eine optimale Lösung dieses Programms.
Nach dem Dualitätssatz muß es dann auch eine optimale Lösung $\mathfrak{y}_0$ des dualen Programms geben. Beim dualen Programm bestehen die Nebenbedingungen nur aus Ungleichungen.
Nach Satz 3.3.3 muß jeder Ungleichung, die beim Einsetzen von $\mathfrak{y}_0$ nicht mit dem Gleichheitszeichen erfüllt ist, eine 0 bei den Komponenten von $\mathfrak{x}_0$ entsprechen.
Wenn $\mathfrak{x}_0$ nun keine Basislösung ist, dann folgt aus Satz 3.4.2 und insbesondere aus dem Beweisgang dieses Satzes, daß es dann auch eine nichtnegative Basislösung von $A\mathfrak{x}=\mathfrak{b}$ gibt, bei der alle Komponenten gleich 0 sind, die auch bei $\mathfrak{x}_0$ gleich 0 sind und bei der zusätzlich noch Nullen auftreten können, wo bei $\mathfrak{x}_0$ von 0 verschiedene Komponenten stehen.
Diese Basislösung erfüllt dann aber ebenso wie $\mathfrak{x}_0$ das 2. Optimalitätskriterium aus Satz 3.3.3 und muß deshalb auch optimal sein.

Man kann also eine optimale Lösung für ein kanonisches Maximum- oder Minimum-Programm bestimmen, indem man sämtliche Basislösungen berechnet; gibt es eine optimale Lösung, dann gibt es auch eine, eventuell sogar mehrere Basislösungen, für die die Zielfunktion das Optimum annimmt. Gibt es allerdings keine optimale Lösung, dann ist auch keine der Basislösungen optimal.

Man kann der Menge der Spaltenvektoren einer Matrix A nur endlich viele Teilmengen linear unabhängiger Spaltenvektoren entnehmen. Sind $\mathfrak{a}_{\gamma_1}, \mathfrak{a}_{\gamma_2}, \ldots, \mathfrak{a}_{\gamma_k}$

linear unabhängige Spaltenvektoren und gibt es eine Lösung $\mathfrak{x}$ mit $A\mathfrak{x}=\mathfrak{b}$, bei der x_i gleich 0 ist, wenn i nicht einer der Indizes $\gamma_1, \gamma_2, \ldots, \gamma_k$ ist, dann ist diese Basislösung eindeutig bestimmt. Gilt nämlich sowohl

$$\mathfrak{a}_{\gamma_1} x_{\gamma_1} + \mathfrak{a}_{\gamma_2} x_{\gamma_2} + \cdots + \mathfrak{a}_{\gamma_k} x_{\gamma_k} = \mathfrak{b}$$

als auch

$$\mathfrak{a}_{\gamma_1} x'_{\gamma_1} + \mathfrak{a}_{\gamma_2} x'_{\gamma_2} + \cdots + \mathfrak{a}_{\gamma_k} x'_{\gamma_k} = \mathfrak{b},$$

dann kann man die beiden Gleichungen voneinander subtrahieren und wegen der linearen Unabhängigkeit der Spaltenvektoren sofort schließen, daß

$$x_{\gamma_1} = x'_{\gamma_1}, \; x_{\gamma_2} = x'_{\gamma_2}, \ldots, x_{\gamma_k} = x'_{\gamma_k}$$

sein muß.

Wenn der Rang von A gleich r ist und wenn es n Spaltenvektoren gibt, dann müssen in jeder Basislösung mindestens $n-r$ Komponenten gleich 0 sein.

Man kann also je $n-r$ Komponenten gleich 0 setzen und das Gleichungssystem $A\mathfrak{x}=\mathfrak{b}$ nach Streichung der zugehörigen Spalten als Gleichungssystem in den r übrigen Variablen zu lösen versuchen. Sind die verbleibenden r Spalten linear unabhängig, dann erhält man eine Basislösung, falls das System $A\mathfrak{x}=\mathfrak{b}$ überhaupt lösbar ist; denn dann ist auch für das durch die Streichung der $n-r$ Spalten entstandene Gleichungssystem der Rang der erweiterten Matrix gleich dem Rang der einfachen Matrix, nämlich gleich r, und das bedeutet, daß es lösbar ist.

Sind allerdings die verbleibenden r Spalten linear abhängig, dann müßte man prüfen, ob man $\mathfrak{b}$ auch mit einer linear unabhängigen Teilmenge dieser r Spalten, also mit weniger als r Spalten, linear kombinieren kann. Das wird nur in Ausnahmefällen möglich sein.

Die Bestimmung sämtlicher Basislösungen führt also zur Behandlung von $\binom{n}{n-r} = \binom{n}{r}$ Gleichungssystemen, denn das ist die Anzahl der Möglichkeiten, die es gibt, wenn $n-r$ von n Variablen gleich 0 gesetzt werden sollen (vgl. die Ausführungen zum binomischen Satz in 1.3.2).

2. Beispiel: Das Standard-Programm

$$\mathfrak{x} \geqq \mathfrak{o}; \qquad \begin{aligned} -2x_1+3x_2+x_3 &\leqq 1 \\ x_1+2x_2-x_3 &\leqq 4 \end{aligned}$$

$$x_1+2x_2-3x_3 \stackrel{!}{=} \max.$$

läßt sich durch Einführung von zwei Schlupfvariablen ζ_1 und ζ_2 in ein äquivalentes kanonisches Programm umformen:

$$\begin{aligned} -2x_1+3x_2+x_3+\zeta_1 &= 1 \qquad x_1 \geqq 0, \quad x_2 \geqq 0 \\ x_1+2x_2-x_3+\qquad \zeta_2 &= 4 \qquad x_3 \geqq 0, \quad \zeta_1 \geqq 0, \quad \zeta_2 \geqq 0; \end{aligned}$$

$$x_1+2x_2-3x_3 \stackrel{!}{=} \max.$$

Für dieses kanonische Programm in 5 Variablen bestimmen wir sämtliche Basislösungen und müssen dazu, weil der Rang der Koeffizientenmatrix 2 ist, $\binom{5}{2}=10$ Gleichungssysteme untersuchen:

1. $\begin{array}{r}-2x_1+3x_2=1\\ x_1+2x_2=4\end{array};\quad x_3=\zeta_1=\zeta_2=0;$

   Basislösung: $x_1=\frac{10}{7},\ x_2=\frac{9}{7},\ x_3=0,\ \zeta_1=0,\ \zeta_2=0;$
   diese Basislösung ist zulässig,
   der Wert der Zielfunktion ist $\frac{10}{7}+2\cdot\frac{9}{7}=4.$

2. $\begin{array}{r}-2x_1+x_3=1\\ x_1-x_3=4\end{array};\quad x_2=\zeta_1=\zeta_2=0;$

   Basislösung: $(x_1,x_2,x_3,\zeta_1,\zeta_2)=(-5,0,\ -9,0,0)$ nicht zulässig!

3. $\begin{array}{r}-2x_1+\zeta_1=1\\ x_1\qquad=4\end{array};\quad x_2=x_3=\zeta_2=0;$

   Basislösung: $(4,0,0,9,0)$ ist zulässig,
   Wert der Zielfunktion $4+2\cdot0-3\cdot0=4.$

4. $\begin{array}{r}-2x_1=1\\ \zeta_2=4\end{array};\quad x_2=x_3=\zeta_1=0;$

   Basislösung: $(-0{,}5,0,0,0,4)$ nicht zulässig.

5. $\begin{array}{r}3x_2+x_3=1\\ 2x_2-x_3=4\end{array};\quad x_1=\zeta_1=\zeta_2=0;$

   Basislösung: $(0,1,\ -2,0,0)$ nicht zulässig.

6. $\begin{array}{r}3x_2+\zeta_1=1\\ 2x_2\qquad=4\end{array};\quad x_1=x_3=\zeta_2=0;$

   Basislösung: $(0,2,0,\ -5,0)$ nicht zulässig.

7. $\begin{array}{r}3x_2\qquad=1\\ 2x_2+\zeta_2=4\end{array};\quad x_1=x_3=\zeta_1=0;$

   Basislösung: $(0,\frac{1}{3},0,0,\frac{10}{3})$ ist zulässig,
   Wert der Zielfunktion: $0+2\cdot\frac{1}{3}-3\cdot0=\frac{2}{3}.$

8. $\begin{array}{r}x_3+\zeta_1=1\\ -x_3\qquad=4\end{array};\quad x_1=x_2=\zeta_2=0;$

   Basislösung: $(0,0,\ -4,5,0)$ nicht zulässig.

9. $\begin{array}{l} x_3 \quad =1 \\ -x_3+\zeta_2=4 \end{array}; \quad x_1=x_2=\zeta_1=0;$

Basislösung: (0, 0, 1, 0, 5) ist zulässig,
Wert der Zielfunktion: $0+2\cdot 0-3\cdot 1=-3$.

10. $\begin{array}{l} \zeta_1=1 \\ \zeta_2=4 \end{array}; \quad x_1=x_2=x_3=0;$

Basislösung: (0, 0, 0, 1, 4) ist zulässig,
Wert der Zielfunktion: $0+2\cdot 0-3\cdot 0=0$.

Die besten Basislösungen sind die unter 1. und 3. berechneten, denn sie führen beide zum Wert 4 für die Zielfunktion. Wenn es also eine optimale Lösung gibt, dann sind auch diese beiden Basislösungen optimal und der Wert des Programms ist 4.
Wenn wir das duale Programm aufstellen und dafür eine zulässige Lösung finden, dann sind wir nach dem Dualitätssatz sicher, daß es für beide Programme optimale Lösungen gibt.
Das duale Programm zu unserem ursprünglich gegebenen Standard-Programm lautet

$$\mathfrak{y}\geqq \mathfrak{o}, \quad y_1+4y_2\overset{!}{=}\min. \quad \begin{array}{r} -2y_1+\ y_2\geqq 1 \\ 3y_1+2y_2\geqq 2 \\ y_1-\ y_2\geqq -3. \end{array}$$

Eine zulässige Lösung ist z.B. $y_1=0{,}5$, $y_2=2$.
Die ersten drei Komponenten einer jeden zulässigen Basislösung des kanonischen Programms bilden eine zulässige Lösung des ursprünglich gegebenen Standard-Programms.
Da also für dieses und das dazu duale zulässige Lösungen existieren, sind beide optimal lösbar.
Wegen der Äquivalenz des kanonischen Programms zu dem gegebenen Programm sind dann beide optimal lösbar und nun wissen wir, daß die Basislösungen

$$(\tfrac{10}{7}, \tfrac{9}{7}, 0, 0, 0) \quad \text{und} \quad (4, 0, 0, 9, 0)$$

optimal sind für das kanonische Programm.
Das heißt aber, daß die zulässigen Lösungen $(\tfrac{10}{7}, \tfrac{9}{7}, 0)$ und $(4, 0, 0)$ optimal sind für das gegebene Programm. Da beim Übergang zum kanonischen Programm die Zielfunktion nicht verändert wurde, ergibt sich auch für das gegebene Programm der Wert 4.

Das Aufsuchen aller Basislösungen ist meistens sehr zeitraubend. Das nun zu besprechende Simplexverfahren beginnt mit einer zulässigen Basislösung und führt bei jedem Rechenschritt zu einer weiteren zulässigen Basislösung, die i. allg. besser, niemals aber schlechter ist als die vorangehende Basislösung. Ein Kriterium läßt erkennen, wann es zu einer zulässigen Basislösung keine bessere zulässige Basislösung mehr gibt und dann bricht man das Verfahren ab, denn nach Satz 3.4.3 ist die betreffende Basislösung optimal, falls das Programm überhaupt optimale Lösungen besitzt.

3.5 Das Simplexverfahren

Wir gehen aus von einem Standard-Maximum-Programm

$$\mathfrak{x} \geqq \mathfrak{o}, \qquad A\mathfrak{x} \leqq \mathfrak{c}, \qquad \mathfrak{d}'\mathfrak{x} + d \stackrel{!}{=} \max.$$

A sei eine m, n-Matrix (a_{ik}), also sind $\mathfrak{x}$ und $\mathfrak{d}$ n-dimensional, der Vektor $\mathfrak{c}$ ist m-dimensional.

Wir führen für jede Ungleichung eine Schlupfvariable y_i ein und gelangen so zu einem äquivalenten kanonischen Maximum-Programm, das in ausführlicher Schreibweise folgendermaßen lautet:

$$\begin{array}{llllllllll}
x_k \geqq 0, & k=1,2,\dots,n & a_{11}x_1 & + a_{12}x_2 & + \cdots & + a_{1n}x_n & + y_1 & & & = c_1 \\
y_i \geqq 0, & i=1,2,\dots,m & a_{21}x_1 & + a_{22}x_2 & + \cdots & + a_{2n}x_n & & + y_2 & & = c_2 \\
 & & \vdots & \vdots & & \vdots & & & & \vdots \\
 & & a_{m1}x_1 & + a_{m2}x_2 & + \cdots & + a_{mn}x_n & & & + y_m & = c_m
\end{array}$$

$$z = d_1 x_1 + d_2 x_2 + \cdots + d_n x_n + d \stackrel{!}{=} \max.$$

Um später Schreibarbeit zu sparen, setzen wir nun $d_k = -a_k$ für $k = 1, 2, \dots, n$.

Dieselbe Zielfunktion z wird nun mit den a_k

$$z = -a_1 x_1 - a_2 x_2 - \cdots - a_n x_n + d \stackrel{!}{=} \max.$$

geschrieben. Wir könnten die Konstante d in der Zielfunktion wie bisher einfach weglassen und erst nach Ermittlung einer optimalen Lösung wieder hinzuaddieren; dadurch würde aber im folgenden keine Vereinfachung bewirkt, weshalb wir die Konstante beibehalten wollen.

Wir nehmen zunächst an, daß alle $c_i > 0$ sind; in diesem Fall gibt es immer eine zulässige Lösung in den Schlupfvariablen, nämlich

$$x_k = 0 \quad \text{für } k = 1, 2, \dots, n, \qquad y_i = c_i \quad \text{für } i = 1, 2, \dots, m.$$

Zu jeder Schlupfvariablen gehört in der Koeffizientenmatrix ein Einheitsvektor und da die Einheitsvektoren linear unabhängig sind, ist die angegebene zulässige Lösung zugleich Basislösung.

Wir können die Gleichungen des kanonischen Programms nach den Schlupfvariablen auflösen und erhalten so das Gleichungssystem

$$
\begin{aligned}
y_1 &= -a_{11}x_1 - a_{12}x_2 - \cdots - a_{1n}x_n + c_1 \\
y_2 &= -a_{21}x_1 - a_{22}x_2 - \cdots - a_{2n}x_n + c_2 \\
\vdots \;\; & \quad \vdots \qquad\quad \vdots \qquad\qquad\quad \vdots \qquad \vdots \\
y_m &= -a_{m1}x_1 - a_{m2}x_2 - \cdots - a_{mn}x_n + c_m,
\end{aligned}
\tag{1}
$$

das sich auch durch das folgende Schema ausdrücken läßt, welches als *Simplextableau* bezeichnet wird.

	y_1	y_2		y_m	z
$-x_1$	a_{11}	a_{21}	$\dots$	a_{m1}	a_1
$-x_2$	a_{12}	a_{22}	$\dots$	a_{m2}	a_2
$\vdots$	$\vdots$	$\vdots$		$\vdots$	$\vdots$
$-x_n$	a_{1n}	a_{2n}	$\dots$	a_{mn}	a_n
1	c_1	c_2	$\dots$	c_m	d

Jedes y_i ist gleich dem Skalarprodukt der darunter stehenden Spalte mit der links stehenden Spalte

$$
\begin{pmatrix} -x_1 \\ -x_2 \\ \vdots \\ -x_n \\ 1 \end{pmatrix}.
$$

Dasselbe gilt für die Zielfunktion z, für die rechts eine Spalte angefügt ist. Wir bemerken noch, daß bei diesem Schema einfach die transponierte Matrix A' einzusetzen ist.

Die durch das Simplextableau ausgedrückten Gleichungen müssen für jede Lösung des Gleichungssystems gelten; wenn wir nicht nur zulässige Lösungen betrachten würden, dann könnten wir den Variablen x_k beliebige Werte erteilen und die y_i wären dann festgelegt.

Setzen wir alle x_k gleich 0, dann erhalten wir eine zulässige Basislösung in den Schlupfvariablen y_i. Es ist dann $y_i = c_i$ für $i = 1, 2, \dots, m$ und die Zielfunktion hat für diese Basislösung den Wert d. Diese Lösung und der Wert der Zielfunktion stehen in der untersten Zeile des Tableaus.

Unsere Annahme, daß alle $c_i > 0$ sind, eröffnet also die Möglichkeit, das Verfahren mit einer zulässigen Basislösung in den Schlupfvariablen zu starten. Von dieser Annahme werden wir uns später befreien.

Wir wollen nun bessere zulässige Basislösungen aufsuchen, d.h. solche mit größeren Werten der Zielfunktion z. Jede andere Basislösung muß mindestens ein von 0 verschiedenes x_k enthalten.

Satz 3.5.1: *Wenn ein Koeffizient* $a_{i_0 k_0}$ *des Simplextableaus von* 0 *verschieden ist, dann gibt es eine Basislösung in den Variablen* $y_1, y_2, \ldots, y_{i_0-1}, x_{k_0}, y_{i_0+1}, \ldots, y_m$, *d.h. alle anderen Variablen sind dabei gleich* 0.

Die im Satz genannte Basislösung muß nicht wieder zulässig sein; wir werden aber bald sehen, wie die Auswahl unter den von 0 verschiedenen Elementen des Tableaus vorzunehmen ist, damit die neue Basislösung wieder zulässig ist und außerdem zu keinem geringeren Wert der Zielfunktion führt als die alte.

Haben wir ein Element $a_{i_0 k_0}$ ausgewählt, dann nennen wir es das *Pivotelement*⁾*, die Zeile k_0 und die Spalte i_0 werden *Pivotzeile* bzw. *Pivotspalte* genannt.

Beweis: Sei beispielsweise $a_{i_0 k_0}$ das Element a_{2n}. Wegen $a_{2n} \neq 0$ kann man dann die Gleichung

$$y_2 = -a_{21} x_1 - a_{22} x_2 - \cdots - a_{2n} x_n + c_2$$

nach x_n auflösen:

$$x_n = -\frac{a_{21}}{a_{2n}} x_1 - \frac{a_{22}}{a_{2n}} x_2 - \cdots - \frac{a_{2,n-1}}{a_{2n}} x_{n-1} - \frac{y_2}{a_{2n}} + \frac{c_2}{a_{2n}}. \tag{2}$$

Setzen wir diesen Ausdruck für x_n in die anderen Gleichungen ein, dann erhalten wir nach Zusammenfassung der zu den einzelnen Variablen gehörigen Koeffizienten beispielsweise für y_1 die Gleichung

$$y_1 = -x_1 \left(a_{11} - \frac{a_{1n} a_{21}}{a_{2n}}\right) - x_2 \left(a_{12} - \frac{a_{1n} a_{22}}{a_{2n}}\right) - \cdots$$
$$- x_{n-1} \left(a_{1,n-1} - \frac{a_{1n} a_{2,n-1}}{a_{2n}}\right) - y_2 \frac{(-a_{1n})}{a_{2n}} + c_1 - \frac{a_{1n} c_2}{a_{2n}}$$

und allgemein

$$y_i = \sum_{k=1}^{n-1} - x_k \left(a_{ik} - \frac{a_{in} a_{2k}}{a_{2n}}\right) - y_2 \frac{(-a_{in})}{a_{2n}} + c_i - \frac{a_{in} c_2}{a_{2n}} \tag{3}$$

für $i = 1, 2, \ldots, m$, außer $i = 2$.

Die Gleichungen (2) und (3) bilden zusammen ein Gleichungssystem, das dem System (1) und damit dem Gleichungssystem des kanonischen Programms äquivalent ist.

*⁾ Vom französischen, auch im Englischen gebräuchlichen Wort pivot, das soviel wie Angelpunkt oder Drehzapfen bedeutet.

Setzen wir nun $x_1 = x_2 = \cdots = x_{n-1} = 0$ und $y_2 = 0$, so ergibt sich

$$y_i = c_i - \frac{a_{in} c_2}{a_{2n}} \quad \text{für } i \neq 2,\ i = 1, 2, \ldots, m$$

und

$$x_n = \frac{c_2}{a_{2n}}$$

als Lösung des Gleichungssystems.

Daß diese Lösung wieder eine Basislösung ist, folgt daraus, daß die $m-1$ Einheitsvektoren, die in der Koeffizientenmatrix (A, E) des kanonischen Programms zu den Schlupfvariablen $y_1, y_3, y_4, \ldots, y_m$ gehören, zusammen mit der zu x_n gehörenden Spalte der Matrix A eine linear unabhängige Vektorenmenge bilden.

Denn wegen $a_{2n} \neq 0$ folgt aus dem Ansatz

$$\lambda_1 \begin{pmatrix} 1 \\ 0 \\ 0 \\ \vdots \\ 0 \end{pmatrix} + \lambda_2 \begin{pmatrix} a_{1n} \\ a_{2n} \\ \vdots \\ a_{mn} \end{pmatrix} + \lambda_3 \begin{pmatrix} 0 \\ 0 \\ 1 \\ 0 \\ \vdots \\ 0 \end{pmatrix} + \cdots + \lambda_m \begin{pmatrix} 0 \\ 0 \\ \vdots \\ 0 \\ 1 \end{pmatrix} = \mathfrak{o}$$

zunächst $\lambda_2 = 0$ und wegen der linearen Unabhängigkeit der Einheitsvektoren folgt dann, daß hier $\lambda_i = 0$ für $i = 1, 2, \ldots, m$ gelten muß.

Schreiben wir die Gleichungen (2) und (3) wieder als Tableau, dann setzen wir in der obersten Zeile an die Stelle von y_2 jetzt x_n und links $-y_2$ an die Stelle, wo zuvor $-x_n$ stand. Den Übergang zu diesem neuen Tableau bezeichnet man daher als *Austausch* von y_2 und x_n.

Statt der a_{ik} stehen im neuen Tableau andere Koeffizienten, die aus den Gleichungen (2) und (3) abgelesen werden können:

In der vorigen x_n-Zeile stehen jetzt statt $a_{1n}, a_{2n}, \ldots, a_{mn}$ die Elemente

$$-a_{1n}/a_{2n},\ 1/a_{2n},\ -a_{3n}/a_{2n}, \ldots, -a_{mn}/a_{2n}.$$

In der vorigen y_2-Spalte stehen jetzt statt der Elemente

$$\begin{matrix} a_{21} & & a_{21}/a_{2n} \\ a_{22} & & a_{22}/a_{2n} \\ \vdots & \text{unter } x_n \text{ die Zahlen} & \vdots \\ a_{2,n-1} & & a_{2,n-1}/a_{2n} \\ a_{2n} & & 1/a_{2n}. \end{matrix}$$

Für die Elemente a_{ik}, die weder in der 2. Spalte noch in der n-ten Zeile stehen, ist jeweils

$$a_{ik} - \frac{a_{in} a_{2k}}{a_{2n}}$$

einzusetzen, wie aus (3) zu ersehen ist.

Die unterste Zeile $c_1, c_2, \ldots, c_m$ wird ersetzt durch

$$c_1 - \frac{a_{1n} c_2}{a_{2n}},\ c_2/a_{2n},\ c_3 - \frac{a_{3n} c_2}{a_{2n}}, \ldots, c_m - \frac{a_{mn} c_2}{a_{2n}}.$$

Diese Transformation entspricht völlig dem Übergang der a_{ik} zu den neuen Elementen.

Daß a_{ik} übergeht in $a_{ik} - \frac{a_{in} a_{2k}}{a_{2n}}$ und c_i in $c_i - \frac{a_{in} c_2}{a_{2n}}$, wird auch als *Rechteckregel* bezeichnet. Die Elemente a_{in} und a_{2k} bilden nämlich im alten Tableau zusammen mit a_{ik} und dem Pivotelement a_{2n} ein Rechteck und dasselbe gilt für die vier Elemente c_i, a_{in}, c_2 und a_{2n}.

Setzen wir schließlich noch (2) in die Zielfunktion ein, dann erhalten wir

$$z = -x_1 \left(a_1 - \frac{a_n a_{21}}{a_{2n}}\right) - x_2 \left(a_2 - \frac{a_n a_{22}}{a_{2n}}\right) - \cdots$$

$$- x_{n-1} \left(a_{n-1} - \frac{a_n a_{2,n-1}}{a_{2n}}\right) - y_2 \left(\frac{-a_n}{a_{2n}}\right) + d - \frac{c_2 a_n}{a_{2n}}.$$

Also gilt auch für die Elemente der z-Spalte die Rechteckregel, soweit sie nicht in der Pivotzeile stehen. Das Element a_n der Pivotzeile wird wie die übrigen Elemente der Pivotzeile mit $-1/a_{2n}$ multipliziert.

Das aus den Gleichungen (2) und (3) bestehende System ist von derselben Form wie das Gleichungssystem (1). Wir können nun jedes von Null verschiedene Element des neuen Tableaus als Pivotelement für einen Austausch wählen und dadurch zu einem neuen Tableau kommen, in dessen unterster Zeile die Komponenten einer Basislösung für das aus (2) und (3) bestehende System stehen. Daß diese Basislösung zugleich Basislösung für unser ursprüngliches Gleichungssystem ist, folgt aus dem nachstehenden

Lemma: *Sind $A\mathfrak{x} = \mathfrak{b}$ und $B\mathfrak{x} = \mathfrak{c}$ äquivalente Gleichungssysteme, so ist jede Basislösung des einen Systems auch Basislösung des anderen Systems und umgekehrt.*

Beweis: $\mathfrak{x}_0$ sei Basislösung von $A\mathfrak{x} = \mathfrak{b}$ und wir nehmen der Einfachheit halber an, die ersten r Komponenten $x_1, x_2, \ldots, x_r$ seien von 0 verschieden, die restlichen gleich 0.

Da $A\mathfrak{x}=\mathfrak{b}$ und $B\mathfrak{x}=\mathfrak{c}$ äquivalent sind, haben sie genau dieselbe Lösungsgesamtheit (vgl. 2.3.3). $\mathfrak{x}_0$ ist also Lösung von $B\mathfrak{x}=\mathfrak{c}$. Wäre nun $\mathfrak{x}_0$ keine Basislösung von $B\mathfrak{x}=\mathfrak{c}$, dann könnten wir genau wie beim Beweis von Satz 3.4.1 eine Basislösung von $B\mathfrak{x}=\mathfrak{c}$ finden, bei der ebenfalls nur $x_1, x_2, \ldots, x_r$ von 0 verschieden sein können, wobei aber mindestens eine dieser Komponenten gleich 0 ist. Diese Basislösung wäre zugleich Lösung von $A\mathfrak{x}=\mathfrak{b}$ und aus der Tatsache, daß es zwei verschiedene Lösungen von $A\mathfrak{x}=\mathfrak{b}$ in den Komponenten $x_1, x_2, \ldots, x_r$ gäbe (d.h. die restlichen Komponenten sind alle gleich 0), könnten wir schließen, daß die ersten r Spalten von A linear abhängig sind; dann könnte aber $\mathfrak{x}_0$ keine Basislösung sein. Aus diesem Widerspruch folgt das Lemma.

Wir sind nun also sicher, daß auch alle weiteren Austauschschritte immer wieder zu einer Basislösung des kanonischen Programms führen.

Beispielshalber hatten wir angenommen, das Pivotelement $a_{i_0k_0}$ sei gleich a_{2n}. Wir erhalten nun die Transformationsformeln für ein allgemeines Pivotelement $a_{i_0k_0}$, indem wir für 2 den Index i_0, für n den Index k_0 in die Gleichungen (2) und (3) und in die daraus gefolgerten Beziehungen einsetzen.

Dann lauten die *Austauschregeln* für den Austausch der über der Spalte i_0 stehenden Variablen mit der neben der Zeile k_0 stehenden Variablen folgendermaßen:

1. an die Stelle des Pivotelements $a_{i_0k_0}$ tritt $\dfrac{1}{a_{i_0k_0}}$,
2. die übrigen Elemente der Pivotspalte werden mit $\dfrac{1}{a_{i_0k_0}}$ multipliziert,
3. die übrigen Elemente der Pivotzeile werden mit $\dfrac{-1}{a_{i_0k_0}}$ multipliziert,
4. an die Stelle eines Elements a_{ik}, das weder in der Pivotzeile noch in der Pivotspalte steht, tritt
$$a_{ik}-\frac{a_{ik_0}\,a_{i_0k}}{a_{i_0k_0}} \quad \text{(Rechteckregel)},$$
5. die Elemente der z-Spalte und die der untersten Zeile des Tableaus werden wie die übrigen Elemente behandelt.

Bevor wir diese Regeln in einem allgemeinen Schema zusammenstellen, wenden wir sie auf ein kleines Beispiel an:

1. Beispiel: Das Standard-Maximum-Programm

$$\mathfrak{x}\geqq\mathfrak{o}; \qquad \begin{aligned} x_1-\ x_2&\leqq 2\\ 3x_1+4x_2&\leqq 7\end{aligned}; \quad 2x_1+x_2\stackrel{!}{=}\max.$$

führt zu dem äquivalenten kanonischen Programm

$$x_1 \geqq 0, \quad x_2 \geqq 0, \quad y_1 \geqq 0, \quad y_2 \geqq 0; \qquad \begin{aligned} x_1 - x_2 + y_1 &= 2 \\ 3x_1 + 4x_2 + y_2 &= 7 \end{aligned}$$

$$2x_1 + x_2 \overset{!}{=} \max.$$

Das nach y_1 und y_2 aufgelöste Gleichungssystem und die Zielfunktion können wir in der nachstehenden Tableauform schreiben:

	y_1	y_2	z
$-x_1$	1	3	-2
$-x_2$	-1	④	-1
1	2	7	0

Aus diesem Tableau kann man die Basislösung $y_1 = 2$, $y_2 = 7$, $x_1 = 0$, $x_2 = 0$ entnehmen, für die z gleich 0 ist.

Wählen wir nun die 4 in der zweiten Zeile als Pivotelement, was wir durch Umrandung andeuten, dann erhalten wir als neues Tableau:

	y_1	x_2	z
$-x_1$	1,75	0,75	$-1{,}25$
$-y_2$	0,25	0,25	0,25
1	3,75	1,75	1,75

Dabei brauchen wir nicht mit Indizes zu rechnen. Die Elemente der Pivotzeile und der Pivotspalte werden ohnehin nur mit dem Faktor $\frac{1}{4}$ bzw. $-\frac{1}{4}$ multipliziert, mit Ausnahme des Pivotelements selbst, das in $\frac{1}{4} = 0{,}25$ übergeht. Die anderen Elemente werden alle nach der Rechteckregel berechnet. So sucht man z.B. zu der 2 in der untersten Zeile die beiden Elemente -1 und 7, die zusammen mit der 2 und dem Pivotelement ein Rechteck bilden und berechnet das neue Element zu

$$2 - \frac{(-1)7}{4} = 3{,}75.$$

Unser neues Tableau steht für das Gleichungssystem und die Zielfunktion, die wir erhalten, wenn wir oben x_2 mit Hilfe der zweiten Gleichung durch x_1 und y_2 ausdrücken und dies in die erste Gleichung und in die Zielfunktion einsetzen.

Dem neuen Tableau kann man die Basislösung $x_1 = 0$, $x_2 = 1{,}75$, $y_1 = 3{,}75$, $y_2 = 0$ entnehmen, für die $z = 1{,}75$ ist.

Zufälligerweise haben wir also wieder eine zulässige Basislösung erhalten und noch dazu eine mit besserem Wert der Zielfunktion! Wir wollen im folgenden durch geeignete Auswahlregeln für das Pivotelement sicherstellen, daß dies immer so ist.

30. Übungsaufgabe: Man wähle im Starttableau des 1. Beispiels der Reihe nach statt 4 die noch übrigen in Frage kommenden Elemente $-1, 1, 3$ als Pivotelemente und gebe jeweils an, zu welcher Basislösung man durch den dazugehörigen Austausch gelangt. Welche dieser Basislösungen sind zulässig?

Zunächst verdeutlichen wir die Austauschregeln nochmals durch eine schematische Übersicht:

altes Tableau

	y_1	…	y_i	…	y_{i_0}	…	y_m	z
$-x_1$	a_{11}	…	a_{i1}	…	$a_{i_0 1}$	…	a_{m1}	a_1
⋮	⋮		⋮		⋮		⋮	⋮
$-x_k$		…	a_{ik}	…	$a_{i_0 k}$	…		a_k
⋮								⋮
$-x_{k_0}$		…	a_{ik_0}	…	$\boxed{a_{i_0 k_0}}$	…		a_{k_0}
⋮			⋮				⋮	⋮
$-x_n$					⋮			
1	c_1	…	c_i	…	c_{i_0}	…		d

neues Tableau

	y_1	…	y_i	…	x_{k_0}	…	y_m	z
$-x_1$			⋮					
⋮								
$-x_k$		…	$a_{ik}-\frac{a_{i_0k}a_{ik_0}}{a_{i_0k_0}}$	…	$\frac{a_{i_0k}}{a_{i_0k_0}}$	…		$a_k-\frac{a_{k_0}a_{i_0k}}{a_{i_0k_0}}$
⋮					⋮			
$-y_{i_0}$			$-\frac{a_{ik_0}}{a_{i_0k_0}}$	…	$\frac{1}{a_{i_0k_0}}$			$\frac{-a_{k_0}}{a_{i_0k_0}}$
⋮			⋮		⋮			⋮
$-x_n$								
1			$c_i-\frac{a_{ik_0}c_{i_0}}{a_{i_0k_0}}$	…	$\frac{c_{i_0}}{a_{i_0k_0}}$	…		$d-\frac{a_{k_0}c_{i_0}}{a_{i_0k_0}}$

Diesem Schema ist zu entnehmen, daß die neue Basislösung nur zulässig sein kann, wenn das Pivotelement $a_{i_0k_0}>0$ ist; denn für $a_{i_0k_0}<0$ wäre auch $\frac{c_{i_0}}{a_{i_0k_0}}$ im neuen Tableau negativ.

Damit auch die übrigen Komponenten der neuen Basislösung alle wieder größer als 0 sind, muß für alle $i \neq i_0$

$$c_i - \frac{a_{ik_0} c_{i_0}}{a_{i_0 k_0}} > 0$$

gelten. Das ist genau dann der Fall, wenn für alle positiven Elemente a_{ik_0} der Zeile k_0 die Ungleichung

$$\frac{c_i}{a_{ik_0}} > \frac{c_{i_0}}{a_{i_0 k_0}}$$

erfüllt ist, denn wenn $a_{ik_0} < 0$ ist, dann gilt wegen $c_i > 0$, $c_{i_0} > 0$ und $a_{i_0 k_0} > 0$ ohnehin

$$c_i - \frac{a_{ik_0} c_{i_0}}{a_{i_0 k_0}} > 0.$$

Für die positiven Elemente a_{ik_0} der Zeile k_0 muß also $a_{i_0 k_0}$ dasjenige sein, für das gilt:

$$\frac{c_{i_0}}{a_{i_0 k_0}} < \frac{c_i}{a_{ik_0}} \quad \text{für alle } i \neq i_0 \text{ mit } a_{ik_0} > 0.$$

Die Quotienten $\frac{c_i}{a_{ik_0}}$ werden *charakteristische Quotienten* genannt. Das Pivotelement soll also unter den positiven Elementen der Pivotzeile dasjenige mit minimalem charakteristischen Quotienten sein. Leider kann es natürlich mehrere solche Elemente in der Pivotzeile geben. Das würde bedeuten, daß im folgenden Tableau in der untersten Zeile eine 0 auftritt.

Wir sehen davon zunächst ab und nehmen an, daß in der Pivotzeile immer nur einer der charakteristischen Quotienten minimal ist.

Der Wert der Zielfunktion für die neue Basislösung ist gleich

$$d - \frac{a_{k_0} c_{i_0}}{a_{i_0 k_0}};$$

wegen $c_{i_0} > 0$ und $a_{i_0 k_0} > 0$ kann dies nur größer als d werden, wenn $a_{k_0} < 0$ ist.

Wir ergänzen nun unsere allgemeinen Austauschregeln durch die folgenden

Regeln für die Pivotauswahl

1. Suche in der z-Spalte ein Element $a_{k_0} < 0$; eine solche Zeile wird Pivotzeile. (Es können also mehrere Zeilen als Pivotzeile in Frage kommen.)
2. Wähle in der Pivotzeile k_0 unter den positiven a_{ik_0} als Pivotelement $a_{i_0 k_0}$ dasjenige aus, dessen charakteristischer Quotient minimal ist.

Es kommt vor, daß in der z-Spalte kein negatives Element a_{k_0} zu finden ist. Wir behaupten, daß dann die zum Tableau gehörende Basislösung optimal ist.

Um das einzusehen, erinnern wir uns, daß jedes Tableau ein dem ursprünglichen Gleichungssystem äquivalentes Gleichungssystem darstellt und daß auch an der

Zielfunktion bei den Austauschschritten nichts geändert wird, außer daß sie durch andere Variable ausgedrückt wird. Nennen wir nun die linksstehenden Variablen $\xi_1, \xi_2, \dots, \xi_n$ (es können sowohl Schlupfvariable y_i wie andere Variable x_k sein) und bezeichnen wir weiterhin die in der z-Spalte stehenden Elemente mit $a_1, a_2, \dots, a_n$ und d, so muß für *jede Lösung* des ursprünglichen Gleichungssystems gelten:

$$z = -\xi_1 a_1 - \xi_2 a_2 - \cdots - \xi_n a_n + d.$$

Für die zum Tableau gehörende Basislösung sind die ξ_k alle gleich 0, also ist der Wert der Zielfunktion für die Basislösung gleich d.

Für jede andere zulässige Lösung müssen die ξ_k alle $\geqq 0$ sein, da sowohl die Schlupfvariablen wie auch die anderen Variablen $\geqq 0$ sein müssen.

Sind also alle $a_k \geqq 0$, so kann man den Wert d der Zielfunktion nicht mehr verbessern und daher gilt das

3. Optimalitätskriterium: *Hat man beim Simplexverfahren ein Tableau erreicht, bei dem in der z-Spalte nur Elemente* $a_k \geqq 0$ *vorkommen, so ist die zu diesem Tableau gehörende Basislösung optimal.*

Es kann aber auch vorkommen, daß in einer Zeile k_0 mit $a_{k_0} < 0$ kein positives Element a_{ik_0} zu finden ist.

Wir behaupten, daß dann kein Wert für das Programm existiert, weil die Zielfunktion dann beliebig große Werte für zulässige Lösungen annehmen kann; dann existiert natürlich auch keine optimale Lösung.

Sei ξ_{k_0} die links neben der Zeile k_0 stehende Variable, $\eta_1, \eta_2, \dots, \eta_m$ seien die oben stehenden Variablen.

Die Elemente der untersten Zeile seien wieder mit $c_1, c_2, \dots, c_m$ und d bezeichnet. Wir können nun ξ_{k_0} beliebig groß wählen und die übrigen linksstehenden Variablen gleich 0 setzen; dadurch erhalten wir die zulässige Lösung

$$\eta_1 = c_1 - \xi_{k_0} a_{1k_0}, \quad \eta_2 = c_2 - \xi_{k_0} a_{2k_0}, \dots, \eta_m = c_m - \xi_{k_0} a_{mk_0};$$

diese Lösung ist zulässig, weil alle $a_{ik_0} < 0$, alle $c_i > 0$ sind und daher mit $\xi_{k_0} > 0$ auch alle η_i größer als 0 sind.

Zu dieser zulässigen Lösung gehört der Wert $z = -\xi_{k_0} a_{k_0} + d$; wegen $a_{k_0} < 0$ und weil wir ξ_{k_0} beliebig groß wählen können, gibt es keine Schranke K für die Zielfunktion, die nicht mit einer zulässigen Lösung überschritten werden könnte.

Wir können also das Verfahren abbrechen, wenn in einer Zeile mit negativem a_k *kein positives* a_{ik} *zu finden ist, weil dann keine optimale Lösung existiert.*

2. Beispiel: Gesucht sei das Maximum von $z = 2x_1 + 3x_2 - x_3$ unter den Nebenbedingungen

$$\mathfrak{x} \geqq \mathfrak{o}; \qquad \begin{aligned} 2x_1 - x_2 + 3x_3 &\leqq 4 \\ -x_1 + 5x_2 + x_3 &\leqq 3 \\ x_1 + x_2 - x_3 &\leqq 1. \end{aligned}$$

Wir führen drei Schlupfvariable y_1, y_2, y_3 ein und gehen zum äquivalenten kanonischen Programm über. Dadurch erhalten wir das folgende Starttableau:

	y_1	y_2	y_3	z
$-x_1$	2	−1	(1)	−2
$-x_2$	−1	5	1	−3
$-x_3$	3	1	−1	1
1	4	3	1	0
charakteristische Quotienten:	$\frac{4}{2}$		$\frac{1}{1}$	

Als Pivotzeile kommen hier die erste und die zweite Zeile in Frage.
Wir wählen willkürlich die erste Zeile und bilden die charakteristischen Quotienten für die positiven Elemente. Die 2. Regel für die Pivotauswahl bestimmt nun die 1 als Pivotelement. Es werden also y_3 und x_1 ausgetauscht und die allgemeinen Austauschregeln ergeben das nächste Tableau zu

	y_1	y_2	x_1	z
$-y_3$	−2	1	1	2
$-x_2$	−3	(6)	1	−1
$-x_3$	5	0	−1	−1
1	2	4	1	2
charakteristische Quotienten:		$\frac{4}{6}$	$\frac{1}{1}$	

Zu diesem Tableau gehört die Basislösung

$$x_1=1, \quad x_2=x_3=y_3=0$$
$$y_1=2, \quad y_2=4.$$

Die Zielfunktion nimmt für diese Basislösung den Wert 2 an. Wir können nun die zweite oder die dritte Zeile als Pivotzeile wählen. Nehmen wir die zweite, dann erhalten wir die 6 als Pivotelement und das nächste Tableau zu

	y_1	x_2	x_1	z
$-y_3$	−1,5	$\frac{1}{6}$	$\frac{5}{6}$	$\frac{13}{6}$
$-y_2$	$\frac{1}{2}$	$\frac{1}{6}$	$-\frac{1}{6}$	$\frac{1}{6}$
$-x_3$	(5)	0	−1	−1
1	4	$\frac{2}{3}$	$\frac{1}{3}$	$\frac{8}{3}$

Dieses Tableau liefert noch keine optimale Basislösung; in der z-Spalte ist noch ein negatives a_k zu finden und wir müssen nun die 3. Zeile als Pivotzeile nehmen. Da in dieser Zeile nur ein positives Element zu finden ist, wird es Pivotelement. Damit wird y_1 gegen x_3 ausgetauscht:

	x_3	x_2	x_1	z
$-y_3$	$-0{,}3$	$\frac{1}{6}$	$(\frac{5}{6}-0{,}3)$	$\frac{28}{15}$
$-y_2$	$0{,}1$	$\frac{1}{6}$	$(0{,}1-\frac{1}{6})$	$\frac{4}{15}$
$-y_1$	$0{,}2$	0	$0{,}2$	$0{,}2$
1	$0{,}8$	$\frac{2}{3}$	$\frac{17}{15}$	$\frac{52}{15}$

Daran, daß in der z-Spalte keine negativen a_k mehr auftreten, erkennen wir, daß die zu diesem Tableau gehörende Basislösung optimal ist.
Also ist $x_1=\frac{17}{15}$, $x_2=\frac{2}{3}$, $x_3=0{,}8$, $y_1=y_2=y_3=0$ eine optimale Basislösung für das kanonische Programm.
Daher ist $x_1=\frac{17}{15}$, $x_2=\frac{2}{3}$, $x_3=0{,}8$ eine optimale Lösung für das gegebene Standard-Programm. Der Wert des Programms ist $\frac{52}{15}$.

3. Beispiel: Wir ändern am 2. Beispiel nur die Bedingung

$$2x_1-x_2+3x_3\leqq 4 \quad \text{ab in} \quad 2x_1-x_2-3x_3\leqq 4$$

und behalten alles übrige bei. Wir erhalten dann bis auf eine Zahl dasselbe Anfangstableau und erhalten, wenn wir wieder die erste Zeile als Pivotzeile wählen, als nächstes das Tableau

	y_1	y_2	x_1	z
$-y_3$	-2	1	1	2
$-x_2$	-3	6	1	-1
$-x_3$	-1	0	-1	-1
1	2	4	1	2

Nun haben wir den Fall vorliegen, daß in einer Zeile mit negativem a_k, nämlich in der dritten, kein positives Element zu finden ist. Wir können daher das Verfahren abbrechen, weil keine optimale Lösung existiert. Dem Tableau ist zu entnehmen, daß x_3 beliebig groß gewählt werden kann und daß dann $x_1=x_3+1$ und $x_2=0$ zusammen mit $x_3>0$ eine zulässige Lösung sind, für die die Zielfunktion den Wert $2+x_3$ annimmt. Man prüfe dies an dem abgeänderten Standard-Programm nach!

Wir wollen nun nicht mehr voraussetzen, daß der Vektor $\mathfrak{c}$ in dem Standard-Maximum-Programm $\mathfrak{x}\geqq\mathfrak{o}$, $A\mathfrak{x}\leqq\mathfrak{c}$, $\mathfrak{b}'\mathfrak{x}+d\overset{!}{=}\max.$ nur positive Komponenten besitzt.

Wir lassen nun zu, daß einige Komponenten gleich 0 sind, halten aber vorläufig daran fest, daß die übrigen positiv sein müssen.

Der Übergang zum kanonischen Programm liefert dann ein Starttableau, bei dem einige der c_i in der untersten Zeile gleich 0 sein können. Da die übrigen c_i aber >0 sein müssen, stellt die unterste Zeile nach wie vor eine zulässige Basislösung in den Schlupfvariablen dar, nur sind dabei vielleicht weniger als m Komponenten von 0 verschieden.

Wir können nun auch die Voraussetzung, daß immer in der Pivotzeile nur ein positives Element mit minimalem charakteristischen Quotienten zu finden ist, fallenlassen. Wir machten ja diese Voraussetzung nur vorläufig, um zu verhindern, daß in der untersten Zeile Nullen auftreten. Nun soll dies schon beim Starttableau möglich sein.

Steht dann in jeder als Pivotzeile in Frage kommenden Zeile über einer solchen Null ein positives a_{ik}, dann muß ein solches a_{ik} als Pivotelement genommen werden, denn der charakteristische Quotient eines solchen a_{ik} ist immer gleich 0 und daher minimal. Der dann vorzunehmende Austausch läßt nun den Wert der Zielfunktion für die Basislösung unverändert.

Es ist oft möglich, nach einem solchen Schritt oder nach mehreren solchen Schritten ohne Verbesserung der Basislösung wieder einen Austausch vorzunehmen, der die Basislösung verbessert.

Es kommt auch vor, daß man ohne weitere Verbesserung der Basislösung zu einem Tableau kommt, bei dem kein negatives a_k mehr in der z-Spalte steht. Dann ist nicht nur die Basislösung optimal, die zu diesem Tableau gehört, sondern auch alle vorhergehenden, soweit sie zum selben Wert der Zielfunktion führen.

Manchmal kommt man nach einigen Austauschschritten ohne Verbesserung der Basislösung zu einem Tableau zurück, das schon vorher aufgetreten war. Ein Computer würde dann immer wieder denselben Zyklus von Tableaus durchlaufen, wenn man ihn nicht durch besondere Vorkehrungen daran hindert. Man sagt dann auch, das Simplexverfahren führe zu einer „Schleife" oder es „degeneriert".

Es gibt Erweiterungen des Simplexverfahrens, die die Vermeidung solcher „Schleifen" garantieren (vgl. etwa GALE, S. 123ff.). Die dabei zu beachtenden Modifikationen der Auswahlregeln für das Pivotelement sind aber ziemlich kompliziert und werden daher in der Praxis kaum verwendet.

Man kommt nämlich praktisch immer auch mit unseren einfachen Regeln für die Pivotauswahl zum Ziel; es gibt ja oft mehrere Möglichkeiten für die Auswahl der Pivotzeile und allein dadurch lassen sich Schleifen meistens vermeiden.

4. Beispiel: Das Standard-Maximum-Programm

$$x_1 \geqq 0, \quad x_2 \geqq 0; \qquad \begin{aligned} x_1 - x_2 &\leqq 0 \\ 2x_1 + x_2 &\leqq 1 \end{aligned}$$

$$x_1 \stackrel{!}{=} \max.$$

kann ersetzt werden durch das äquivalente kanonische Maximum-Programm

$$x_1 \geqq 0, \quad x_2 \geqq 0, \quad y_1 \geqq 0, \quad y_2 \geqq 0; \qquad \begin{aligned} x_1 - x_2 + y_1 \quad &= 0 \\ 2x_1 + x_2 + \quad y_2 &= 1 \end{aligned}$$

mit der zulässigen Basislösung $x_1 = x_2 = 0$, $y_1 = 0$, $y_2 = 1$, die zu dem Starttableau

	y_1	y_2	z
$-x_1$	(1)	2	-1
$-x_2$	-1	1	0
1	0	1	0

charakteristische Quotienten: $\frac{0}{1}$ $\frac{1}{2}$

gehört. Als Pivotzeile kommt nur die erste Zeile in Frage, die 1 wird Pivotelement.
Zum nächsten Tableau gehört eine Basislösung, für die die Zielfunktion ebenfalls den Wert 0 annimmt:

	x_1	y_2	z
$-y_1$	1	-2	1
$-x_2$	-1	(3)	-1
1	0	1	0

Nun aber kommt nur die umrandete 3 als Pivotelement in Frage und dies führt zu einer besseren zulässigen Basislösung, die sogar schon optimal ist, wie wir am nächsten Tableau erkennen:

	x_1	x_2	z
$-y_1$	$\frac{1}{3}$	$-\frac{2}{3}$	$\frac{1}{3}$
$-y_2$	$\frac{1}{3}$	$\frac{1}{3}$	$\frac{1}{3}$
1	$\frac{1}{3}$	$\frac{1}{3}$	$\frac{1}{3}$

Die optimale Basislösung ist also $x_1 = \frac{1}{3}$, $x_2 = \frac{1}{3}$, $y_1 = y_2 = 0$ und der Wert des Programms ist $\frac{1}{3}$.

Zur Rechenkontrolle kann man das Simplextableau noch um eine Kontrollspalte erweitern, die wir mit K überschreiben. Im Starttableau kommt zu jeder Zeile rechts als Kontrollelement das Negative der bisherigen Zeilensumme plus 1, so daß also nun die Elemente einer Zeile einschließlich des Kontrollelements die Summe 1 ergeben. Man kann zeigen, daß diese Eigenschaft der Zeilensummen bei allen Austauschschritten erhalten bleibt, wenn man die Kontrollelemente genauso transformiert wie die übrigen Elemente des Tableaus; dies folgt aus den Austauschregeln. Ergibt also im Verlauf der Rechnung einmal eine Zeilensumme nicht 1, dann hat man sich mit Sicherheit verrechnet.

5. Beispiel: Das Standard-Maximum-Programm

$$\begin{aligned} 3x_1+2x_2 &\leqq 2 \\ 2x_1-\ x_2 &\leqq 2 \\ -2x_1+\ x_2 &\leqq 1 \\ -x_1+x_2 &\overset{!}{=} \max. \end{aligned}$$

führt nach Einführung der drei Schlupfvariablen y_1, y_2, y_3 auf das Starttableau

	y_1	y_2	y_3	z	K
$-x_1$	3	2	−2	1	−3
$-x_2$	2	−1	①	−1	0
1	2	2	1	0	−4

Pivotzeile kann hier nur die zweite Zeile sein; die charakteristischen Quotienten der beiden positiven Elemente dieser Zeile sind nun gleich. Also erhalten wir im neuen Tableau unweigerlich eine 0 in der untersten Zeile, ob wir nun 2 oder 1 als Pivotelement wählen. Wir wählen die 1 und erhalten als nächstes Tableau

	y_1	y_2	x_2	z	K
$-x_1$	⑦	0	−2	−1	−3
$-y_3$	−2	1	1	1	0
1	0	3	1	1	−4

Nun müssen wir die 7 in der ersten Zeile als Pivotelement wählen, obwohl wir dadurch unsere Basislösung nicht verbessern. Das nächste Tableau ist

	x_1	y_2	x_2	z	K
$-y_1$	$\frac{1}{7}$	0	$\frac{2}{7}$	$\frac{1}{7}$	$\frac{3}{7}$
$-y_3$	$-\frac{2}{7}$	1	$\frac{3}{7}$	$\frac{5}{7}$	$-\frac{6}{7}$
1	0	3	1	1	−4

Es ist optimal, weil in der z-Spalte keine negativen a_k mehr auftreten.
Also ist die Basislösung $x_1=0$, $y_2=3$, $x_2=1$, $y_1=y_3=0$ optimal und das erreichbare Maximum ist 1. Zugleich ist dies der Wert des ursprünglich gegebenen Standard-Programms und $x_1=0$, $x_2=1$ ist optimale Lösung für dieses Standardprogramm.

Aber auch die zum vorigen Tableau gehörende Basislösung muß bereits optimal sein, da sie zum selben Wert für die Zielfunktion führt. Die Optimalität dieser Basislösung konnten wir nicht aus dem vorigen Tableau erkennen, jedenfalls nicht nach dem 3. Optimalitätskriterium. Bei näherem Hinsehen bemerkt man, daß es sich um dieselbe Basislösung handelt wie beim letzten Tableau.

Wir haben bisher nur sehr spezielle Programme mit der Simplex-Methode gelöst, nämlich Standard-Maximum-Programme, bei denen auf der rechten Seite der Ungleichungen keine negativen Konstanten vorkamen. Für diese konnten wir stets von der zulässigen Lösung $\mathfrak{x}=\mathfrak{o}$ ausgehen, der im äquivalenten kanonischen Programm eine zulässige Basislösung in den Schlupfvariablen entsprach.

Wir könnten allerdings auch Standard-Minimum-Programme zu bearbeiten versuchen, indem wir sie in äquivalente Standard-Maximum-Programme umformen. Dazu wären lediglich die Ungleichungen mit dem $\geqq$-Zeichen alle mit -1 zu multiplizieren, woraus wir dann äquivalente Ungleichungen mit dem $\leqq$-Zeichen bekämen und statt der zu minimierenden Zielfunktion z könnten wir die Funktion $-z$ maximieren.

Meistens bekommt man jedoch dadurch auf der rechten Seite der Ungleichungen auch negative Konstante, worauf wir bis jetzt noch nicht vorbereitet sind.

Daher betrachten wir nun Standard-Maximum-Programme

$$\mathfrak{x}\geqq\mathfrak{o}; \qquad A\mathfrak{x}\leqq\mathfrak{c}, \qquad \mathfrak{d}'\mathfrak{x}+d\overset{!}{=}\max.,$$

bei denen der Vektor $\mathfrak{c}$ beliebig ist. Er kann also jetzt auch negative Komponenten enthalten. Gehen wir dann zum äquivalenten kanonischen Programm über, dann können wir nicht stets wie bisher sofort eine zulässige Lösung in den Schlupfvariablen angeben.

Der jetzt betrachtete Fall ist daher gleichbedeutend mit der Behandlung beliebiger kanonischer Maximum-Programme. Jedes beliebige Standard-Programm kann durch Einführung von Schlupfvariablen und gegebenenfalls durch Übergang von z zu $-z$ in ein äquivalentes kanonisches Maximum-Programm umgeformt werden. Auch jedes kanonische Minimum-Programm kann durch Übergang von z zu $-z$ in kanonische Maximum-Form übergeführt werden.

Man kann sogar jedes allgemeine Programm in ein äquivalentes kanonisches Maximum-Programm umformen. Man ersetzt dabei jede Variable, die auch negative Werte annehmen darf, durch die Differenz zweier nichtnegativer Variablen. Allerdings wäre dabei unser Äquivalenzbegriff für Programme leicht zu modifizieren und außerdem wird dadurch die Anzahl der Variablen oft stark vermehrt. Wir werden daher später noch einen Weg angeben, der die Anwendung des Simplexverfahrens auch auf solche Programme ermöglicht, bei denen nicht alle Variable $\geqq 0$ sein müssen, ohne daß dabei der eben genannte Kunstgriff nötig ist.

Wir betrachten also jetzt kanonische Maximum-Programme der Form

$$\mathfrak{x} \geqq \mathfrak{o}; \quad B\mathfrak{x} = \mathfrak{c}, \quad \mathfrak{d}'\mathfrak{x} + d \stackrel{!}{=} \max.$$

B sei eine m, n-Matrix; wenn $m < n$ ist und wenn es möglich ist, m Variable des Gleichungssystems durch die restlichen $n-m$ Variablen auszudrücken, dann sind die m Gleichungen für die m Variablen, nach denen aufgelöst wurde, ein zu $B\mathfrak{x} = \mathfrak{c}$ äquivalentes Gleichungssystem. Im äquivalenten System entspricht jeder der m Variablen ein Einheitsvektor als Spalte der Koeffizientenmatrix und diese Einheitsvektoren sind linear unabhängig. Setzen wir also die restlichen $n-m$ Variablen gleich 0, so erhalten wir eine Basislösung des äquivalenten Gleichungssystems, die nach unserem Lemma zugleich Basislösung des Systems $B\mathfrak{x} = \mathfrak{c}$ sein muß. Diese Basislösung ist zulässig, wenn die in den m Gleichungen für die m Variablen auftretenden Konstanten alle $\geqq 0$ sind. In diesem Fall können wir das Simplexverfahren mit dieser Basislösung starten, wobei die m Variablen, nach denen das Gleichungssystem aufgelöst wurde, wie bisher die Schlupfvariablen oben stehen, während die restlichen $n-m$ Variablen links am Tableau stehen. Im folgenden läuft dann das Verfahren ab wie bisher.

Hat man das kanonische Maximum-Programm als äquivalentes Programm für ein Programm mit Ungleichungen erhalten, dann können die Schlupfvariablen nun sowohl oben als auch links stehen; sie werden jetzt von Anfang an wie die übrigen Variablen behandelt.

6. Beispiel:

$$\mathfrak{x} \geqq \mathfrak{o}; \qquad \begin{aligned} x_1 + 6x_2 - x_3 - 2x_4 &= -2 \\ -x_1 - 4x_2 + 2x_3 \qquad &= 0 \\ z = x_2 - 1{,}5x_3 + x_4 &\stackrel{!}{=} \max. \end{aligned}$$

Aus der zweiten Gleichung entnehmen wir $x_1 = -4x_2 + 2x_3$ und erhalten durch Einsetzen in die erste Gleichung:

$$2x_2 + x_3 - 2x_4 = -2;$$

dies lösen wir nach x_4 auf, um rechts eine positive Konstante zu erhalten:

$$x_4 = x_2 + 0{,}5x_3 + 1.$$

Die beiden Gleichungen

$$\begin{aligned} x_1 &= -4x_2 + 2x_3 \\ x_4 &= \quad\; x_2 + 0{,}5x_3 + 1 \end{aligned}$$

sind dem gegebenen Gleichungssystem äquivalent. Setzen wir $x_2 = x_3 = 0$, dann erhalten wir die zulässige Basislösung $x_1 = x_2 = x_3 = 0$, $x_4 = 1$.
Wir müssen die Ausdrücke für x_1 und x_4 noch in die Zielfunktion einsetzen und erhalten $z = 2x_2 - x_3 + 1$.

Das Starttableau ist nun

	x_1	x_4	z	K
$-x_2$	(4)	-1	-2	0
$-x_3$	-2	$-0{,}5$	1	2,5
1	0	1	1	-1

und das nächste Tableau ist optimal, weil in der z-Spalte keine negativen a_k mehr auftreten:

	x_2	x_4	z	K
$-x_1$	0,25	0,25	0,5	0
$-x_3$	$-0{,}5$	-1	0	2,5
1	0	1	1	-1

Da sich aber der Wert für die Zielfunktion nicht vergrößert hat, muß bereits die Basislösung des Starttableaus optimal sein. Sie ist identisch mit der zum zweiten Tableau gehörenden.

31. Übungsaufgabe: Die Stückkosten bei Produktion eines Artikels A_1 seien 2 DM, bei einem Artikel A_2 seien diese Kosten 6 DM, bei einem Artikel A_3 4 DM.
Für die Produktion der drei Artikel sollen 6000 DM aufgewendet werden. A_1 sei nicht verkäuflich und es wird diesem Artikel daher ein Verlust von 2 DM pro Stück zugeschrieben, der den Stückkosten entspricht. A_1 wird aber für die Herstellung von A_2 und A_3 benötigt, und zwar je 2 Stück pro Einheit A_2 und je 1 Stück pro Einheit A_3. Außerdem fallen bei der Produktion von A_1 pro Stück 3 Einheiten eines Nebenprodukts an, das ebenfalls zur Produktion von A_2 und A_3 benötigt wird, und zwar zu je 3 Einheiten pro Einheit A_2 und zu je 4 Einheiten pro Einheit A_3.
Pro Einheit von A_2 wird ein Gewinn von 7 DM erzielt, pro Einheit von A_3 ein Gewinn von 4,5 DM. Der Verlust bei A_1 sei darin nicht berücksichtigt. Weder A_1 noch das Nebenprodukt sollen von außen bezogen werden können. Wie viele Einheiten von A_1, A_2 und A_3 wird man produzieren, um den Gesamtgewinn zu maximieren?

Man kann nicht immer m Variable eines kanonischen Programms mit m Gleichungen und $n>m$ Variablen so durch die restlichen Variablen ausdrücken, daß dabei nur noch nichtnegative Konstante auftreten. Oft kann man aber durch Probieren eine zulässige Basislösung finden.

Sei $\mathfrak{x}'_0=(\alpha_1,\alpha_2,\ldots,\alpha_n)$ eine zulässige Basislösung des Gleichungssystems $B\mathfrak{x}=\mathfrak{c}$. Für jedes $\alpha_k>0$ in $\mathfrak{x}'_0$ führen wir nun eine Zusatzgleichung

$$x_k=\alpha_k+\xi_k$$

ein. Die Variablen ξ_k sind durch keine weitere Bedingung beschränkt; sie können auch negative Werte annehmen.

Die Bedingungen $\mathfrak{x}\geqq\mathfrak{o}$; $B\mathfrak{x}=\mathfrak{c}$ und die Zusatzgleichungen sind dann äquivalent zu den Bedingungen $\mathfrak{x}\geqq\mathfrak{o}$ und $B\mathfrak{x}=\mathfrak{c}$ allein.

Wir formen dann das aus $B\mathfrak{x}=\mathfrak{c}$ und den Zusatzgleichungen bestehende System um, indem wir in $B\mathfrak{x}=\mathfrak{c}$ für die x_k der Zusatzgleichungen jeweils $\alpha_k+\xi_k$ einsetzen. Dadurch heben sich die Konstanten des Vektors $\mathfrak{c}$ weg.

Drücken wir dann möglichst viele der noch nicht durch die Zusatzvariablen ξ_k ausgedrückten x-Variablen mit Hilfe des Gleichungssystems durch die ξ_k und restliche x-Variable aus und schreiben wir dann das ganze System einschließlich der Zusatzgleichungen in Tableauform, dann stehen links sämtliche Zusatzvariablen ξ_k und eventuell noch einige x-Variablen und in der untersten Zeile steht unsere zulässige Basislösung.

Da jetzt links auch Variable stehen, die negative Werte annehmen können, ist das 3. Optimalitätskriterium hinfällig; solange solche Variable links stehen, kann man daraus, daß in der z-Spalte keine negativen a_k mehr stehen, nicht auf die Optimalität der zugehörigen Basislösung schließen.

Wir bringen daher alle ξ_k durch Austauschschritte nach oben. Gehört zu einem ξ_k ein negatives a_k in der z-Spalte, dann verläuft der Austausch wie üblich. Auch wenn das $a_k=0$ sein sollte, schaffen wir das ξ_k wie üblich nach oben.

Ist $a_k>0$, dann können wir a_k trotzdem nach oben schaffen, indem wir nun ein negatives Pivotelement wählen!

Zwar kann dann die folgende Basislösung eine negative ξ_k-Komponente aufweisen, doch da die Zusatzvariablen auch negative Werte annehmen dürfen, bedeutet das nicht, daß diese Basislösung unzulässig wäre.

Nach den Austauschregeln wird auch durch einen solchen Austausch der Wert der Zielfunktion nicht kleiner. Da die c_i in der letzten Zeile übergehen in $c_i-(c_{i_0}\,a_{ik_0})/a_{i_0k_0}$, soweit es sich nicht um das c_{i_0} der Pivotspalte handelt, bleiben sie nichtnegativ, wenn man nun das Pivotelement $a_{i_0k_0}$ unter den negativen Elementen der Pivotzeile so auswählt, daß der charakteristische Quotient $c_{i_0}/a_{i_0k_0}$ unter allen charakteristischen Quotienten c_i/a_{ik_0} mit negativem a_{ik_0} maximal ist. Da keiner dieser charakteristischen Quotienten positiv ist, suchen wir also auch hier den charakteristischen Quotienten mit minimalem Betrag.

Wir ergänzen nun unsere Regel für die Pivotauswahl:

Gehört die Pivotzeile zu einer nicht beschränkten Variablen und ist $a_{k_0}\leqq 0$, dann erfolgt die Auswahl des Pivotelements wie üblich unter den positiven Elementen a_{ik_0}; eine Zeile k_0 mit $a_{k_0}>0$ kann nur Pivotzeile werden, wenn sie zu einer unbeschränkten Variablen ξ_{k_0} gehört und dann wird das Pivotelement unter den negativen Zeilenelementen a_{ik_0} so gewählt, daß der Betrag des charakteristischen Quotienten minimal ist.

Stünden in einer Zeile k_0 mit $a_{k_0}\leqq 0$ nur Elemente $a_{ik_0}\leqq 0$, dann gäbe es keine optimale Lösung; der Fall, daß in einer Zeile k_0 mit $a_{k_0}>0$ nur Elemente $a_{ik_0}\geqq 0$ stehen, kann nicht eintreten, wenn die Zeile zu einer unbeschränkten Variablen ξ_{k_0} gehört. Denn daraus könnte man schließen, daß es zulässige Lösungen mit beliebig kleinem ξ_{k_0} gibt. Das würde aber den Gleichungen $x_{k_0}=\alpha_{k_0}+\xi_{k_0}$ und $x_{k_0}\geqq 0$

widersprechen, denn diese beiden Gleichungen haben $\xi_{k_0} \geqq -\alpha_{k_0}$ zur Folge. „Unbeschränkt“ nennen wir die ξ_k auch nur deshalb, weil sie keiner Bedingung $\xi_k \geqq 0$ unterliegen!

Es ist also immer möglich, alle ξ_k auf die geschilderte Weise nach oben zu bringen, wenn es eine optimale Lösung gibt. Ein obenstehendes ξ_k ist durch andere Variable ausgedrückt und da wir bei ξ_k nicht auf die Bedingung $\xi_k \geqq 0$ achten müssen, notieren wir die ξ_k-Spalte und streichen sie aus dem Tableau. Dadurch bekommen wir immer wieder in der untersten Zeile nur Elemente $c_i \geqq 0$ und können das Verfahren fortsetzen.

7. Beispiel:

$$\mathfrak{x} \geqq \mathfrak{o}; \qquad \begin{aligned} 4x_1 + x_2 + x_3 + x_4 \quad &= 1 \\ -x_1 + x_2 - 3x_3 + \quad x_5 &= -2 \\ 2x_1 + x_2 - x_3 &\stackrel{!}{=} \max. \end{aligned}$$

Man könnte hier alle Basislösungen durch die Behandlung von $\binom{5}{2} = 10$ Gleichungssystemen bestimmen, von denen jedes nur aus zwei Gleichungen für zwei Unbekannte besteht. Wir bestimmen jedoch nur die eine zulässige Basislösung

$$x_1 = x_2 = x_4 = 0, \qquad x_3 = 1, \qquad x_5 = 1$$

und wenden das Simplexverfahren an.

Die Zusatzgleichungen lauten $x_3 = 1 + \xi_3$, $x_5 = 1 + \xi_5$. Wir setzen dies in die beiden Gleichungen ein und lösen diese nach x_2 und x_4 auf. Dadurch erhalten wir das Gleichungssystem

$$\begin{aligned} x_3 &= 1 + \xi_3; \qquad & x_2 &= \quad x_1 + 3\xi_3 - \xi_5 \\ x_5 &= 1 + \xi_5; \qquad & x_4 &= -5x_1 - 4\xi_3 + \xi_5. \end{aligned}$$

Durch Einsetzen der Ausdrücke für x_2 und x_3 ergibt sich die Zielfunktion zu

$$z = 3x_1 + 2\xi_3 - \xi_5 - 1 \stackrel{!}{=} \max.$$

Wir können nun mit dem folgenden Tableau starten:

	x_3	x_5	x_2	x_4	z	K
$-x_1$	0	0	-1	5	-3	0
$-\xi_3$	-1	0	-3	4	-2	3
$-\xi_5$	0	-1	1	$\textcircled{-1}$	1	1
1	1	1	0	0	-1	0

charakteristische Quotienten $\quad \frac{1}{-1} \qquad \frac{0}{-1}$

Wir bringen zunächst ξ_5 nach oben; da $a_3 > 0$ ist, müssen wir als Pivotelement ein negatives Element mit maximalem charakteristischen Quotienten wählen.

Im nächsten Tableau streichen wir die ξ_5-Spalte; damit die Kontrolle weiterhin stimmt, müssen wir die gestrichenen Elemente zu den Kontrollelementen addieren.

	x_3	x_5	x_2	~~ξ_5~~	z	K
$-x_1$	0	-5	4	~~-5~~	2	$5+(-5)$
$-\xi_3$	-1	(-4)	1	~~-4~~	2	$7+(-4)$
$-x_4$	0	-1	1	~~-1~~	1	$1+(-1)$
1	1	1	0	~~0~~	-1	$0+(0)$

Nun sind alle $a_k > 0$, doch weil links noch eine unbeschränkte Variable steht, können wir nicht schließen, daß unsere Basislösung schon optimal ist.
Wir bringen nun ξ_3 nach oben und müssen wieder ein negatives Pivotelement wählen, weil das zugehörige a_k in der z-Spalte positiv ist. Da das gestrichene Element -4 der ξ_5-Spalte nicht mehr in Frage kommt, muß das Element -4 in der x_5-Spalte Pivotelement werden. Damit erhalten wir folgendes Tableau, in dem nun die ξ_3-Spalte zu streichen ist:

	x_3	~~ξ_3~~	x_2	z	K
$-x_1$	$\frac{5}{4}$	~~$\frac{5}{4}$~~	($\frac{11}{4}$)	$-0{,}5$	$-\frac{15}{4}+\frac{5}{4}$
$-x_5$	$-\frac{1}{4}$	~~$-\frac{1}{4}$~~	$\frac{1}{4}$	$\frac{1}{2}$	$\frac{3}{4}+(-\frac{1}{4})$
$-x_4$	$\frac{1}{4}$	~~$\frac{1}{4}$~~	$\frac{3}{4}$	$\frac{1}{2}$	$-\frac{3}{4}+\frac{1}{4}$
1	$\frac{3}{4}$	~~$-\frac{1}{4}$~~	$\frac{1}{4}$	$-\frac{1}{2}$	$\frac{3}{4}+(-\frac{1}{4})$

Nun läuft das Verfahren auf die gewöhnliche Weise noch einen Schritt weiter und liefert das optimale Tableau mit der optimalen Basislösung

$$x_1 = \tfrac{1}{11}, \quad x_2 = x_4 = x_5 = 0, \quad x_3 = \tfrac{7}{11}.$$

	x_3	x_1	z	K
$-x_2$	$-\frac{5}{11}$	$\frac{4}{11}$	$\frac{2}{11}$	$\frac{10}{11}$
$-x_5$	$-\frac{4}{11}$	$\frac{1}{11}$	$\frac{6}{11}$	$\frac{8}{11}$
$-x_4$	$-\frac{1}{11}$	$\frac{3}{11}$	$\frac{7}{11}$	$\frac{2}{11}$
1	$\frac{7}{11}$	$\frac{1}{11}$	$-\frac{5}{11}$	$\frac{8}{11}$

Der Wert des Programms ist $-\frac{5}{11}$.

Da wir nun auch Tableaus mit unbeschränkten Variablen zu behandeln wissen, können wir das Simplexverfahren auf jedes lineare Programm anwenden. Die Variablen x_k, die nicht durch die Bedingung $x_k \geqq 0$ beschränkt sind, werden behandelt wie eben die Zusatzvariablen ξ_k.

Wir müssen uns allerdings für den Start immer eine zulässige Basislösung des Gleichungssystems verschaffen, das man aus den gegebenen Gleichungen und Ungleichungen als äquivalentes System erhält.

Wenn man keine zulässige Basislösung errät, dann setzt man $n-r$ der n vorkommenden Variablen gleich 0 und versucht das Gleichungssystem mit den restlichen r Variablen zu lösen. Dabei ist r der Rang der Koeffizientenmatrix des Gleichungssystems. Dafür hat man $\binom{n}{r}$ Möglichkeiten. Würde man alle diese Möglichkeiten durchgehen, dann bekäme man alle Basislösungen und darunter auch mindestens eine optimale, falls das Programm optimale Lösungen besitzt. Meistens wird man jedoch nur einige Möglichkeiten, d.h. Gleichungssysteme in r Variablen, behandeln können, weil $\binom{n}{r}$ bei praktischen Problemen meistens zu groß ist.

Erhält man auf diese Weise keine zulässige Basislösung, dann kann der Verdacht aufkommen, daß das gegebene Programm überhaupt keine zulässigen Lösungen besitzt. Man wird dann zunächst versuchen, einen Widerspruch in den Nebenbedingungen zu entdecken.

Schließlich kann man das Simplexverfahren aber auch dazu benutzen, um sich in der sog. *Anlaufrechnung* eine zulässige Basislösung zu verschaffen. Umfangreiche Programme müssen ohnehin auf elektronischen Rechenanlagen gerechnet werden und dann dürfte man auf diese Weise oft am bequemsten zu einer zulässigen Basislösung kommen, da der Computer dann zweimal dasselbe Verfahren, nur mit anderen Eingabedaten, durchrechnet. Bei der Anlaufrechnung verfährt man folgendermaßen:

Gesucht sei eine zulässige Basislösung des Gleichungssystems $B\mathfrak{x}=\mathfrak{b}$.

Man multipliziert zunächst alle Gleichungen mit -1, bei denen rechts eine negative Konstante steht und erhält so ein äquivalentes System $A\mathfrak{x}=\mathfrak{c}$ mit $\mathfrak{c}\geqq\mathfrak{o}$; A sei eine m,n-Matrix, also $\mathfrak{x}$ n-dimensional und $\mathfrak{c}$ m-dimensional. Wir betrachten nun das Programm

$$(A,E)\begin{pmatrix}\mathfrak{x}\\ \mathfrak{y}\end{pmatrix}=A\mathfrak{x}+\mathfrak{y}=\mathfrak{c},\qquad \mathfrak{y}\geqq\mathfrak{o},\qquad -y_1-y_2-\cdots-y_m\overset{!}{=}\max.,$$

wobei die Komponenten von $\mathfrak{x}$ so beschränkt seien wie im ursprünglichen Programm (es muß also $\mathfrak{x}\geqq\mathfrak{o}$ gelten oder es müssen nur für einige Komponenten x_k die Ungleichungen $x_k\geqq 0$ erfüllt sein).

$\mathfrak{y}$ ist der Vektor

$$\begin{pmatrix}y_1\\ y_2\\ \vdots\\ y_m\end{pmatrix}$$

und E die m-reihige Einheitsmatrix. Der Vektor $\begin{pmatrix}\mathfrak{x}\\ \mathfrak{y}\end{pmatrix}$ entsteht durch Untereinanderschreiben von $\mathfrak{x}$ und $\mathfrak{y}$, ist also $(n+m)$-dimensional.

Für dieses Programm gibt es immer eine zulässige Basislösung, nämlich $\mathfrak{x}=\mathfrak{o}$, $\mathfrak{y}=\mathfrak{c}$. Daß dies eine Basislösung ist, folgt aus der linearen Unabhängigkeit der Einheitsvektoren in E.

Wegen $\mathfrak{y}\geqq\mathfrak{o}$ sind die Werte der Zielfunktion für dieses sog. *Anlaufprogramm* nach oben durch den Wert 0 beschränkt.

Daraus folgt nach dem Existenzsatz (s. Satz 3.1.1), daß das Anlaufprogramm auch eine optimale Lösung besitzt. Dann gibt es nach Satz 3.4.3 auch eine optimale Basislösung und eine solche können wir mit dem Simplexverfahren bestimmen.

Ist der Wert des Anlaufprogramms gleich 0, dann müssen in der optimalen Basislösung alle y_i gleich 0 sein und daraus folgt, daß eine optimale Basislösung $\begin{pmatrix}\mathfrak{x}\\ \mathfrak{y}\end{pmatrix}$ des Anlaufprogramms eine zulässige Basislösung $\mathfrak{x}$ für $A\mathfrak{x}=\mathfrak{c}$ enthält.

Ist der Wert des Anlaufprogramms kleiner als 0, dann gibt es keine zulässige Lösung von $A\mathfrak{x}=\mathfrak{c}$, denn wenn es eine solche gäbe, dann wäre sie zusammen mit $\mathfrak{y}=\mathfrak{o}$ eine zulässige Lösung des Anlaufprogramms, für die die Zielfunktion $-y_1-y_2-\cdots-y_m$ den Wert 0 annähme.

Der Wert des Anlaufprogramms zeigt also an, ob $A\mathfrak{x}=\mathfrak{c}$ eine zulässige Lösung besitzt; ist der Wert des Anlaufprogramms gleich 0, dann haben wir zugleich mit der optimalen Basislösung des Anlaufprogramms eine zulässige Basislösung für das System $A\mathfrak{x}=\mathfrak{c}$ bestimmt und können dann das gegebene Programm mit der Simplexmethode behandeln.

Meistens wird man aber versuchen, die Anlaufrechnung zu vermeiden.

32. Übungsaufgabe: Man bestimme eine optimale Lösung für das Programm

$$\begin{aligned} \mathfrak{x}\geqq\mathfrak{o};\quad & x_1-2x_2+x_3=5\\ & x_1+x_2\geqq 2\\ & x_2-3x_3\geqq 1\\ & 3x_1+2x_2-x_3\overset{!}{=}\min. \end{aligned}$$

3.6 Gleichzeitige Lösung des dualen Programms

Jedes Starttableau für ein Simplexverfahren ist eine tabellarische Schreibweise für ein Gleichungssystem der Form

$$\mathfrak{y}=A(-\mathfrak{x})+\mathfrak{c},\qquad z=(-\mathfrak{d}')(-\mathfrak{x})+d$$

oder (1)

$$\mathfrak{y}=-A\mathfrak{x}+\mathfrak{c};\qquad z=\mathfrak{d}'\mathfrak{x}+d.$$

Dabei ist $\mathfrak{y}$ der Vektor der obenstehenden Variablen, also der Variablen, nach denen das Gleichungssystem eines kanonischen Programms aufgelöst wurde. $\mathfrak{x}$ ist der Vektor der links am Tableau stehenden Variablen.

Wir wollen hier annehmen, daß alle Komponenten von $\mathfrak{x}$ und $\mathfrak{y}$ nichtnegativ sein müssen.

Statt $\mathfrak{y} = -A\mathfrak{x} + \mathfrak{c}$ kann man auch $(A, E)\begin{pmatrix}\mathfrak{x}\\ \mathfrak{y}\end{pmatrix} = \mathfrak{c}$ schreiben und statt $z = \mathfrak{d}'\mathfrak{x} + d$ kann man auch die Schreibweise

$$z = (\mathfrak{d}', \mathfrak{o}')\begin{pmatrix}\mathfrak{x}\\ \mathfrak{y}\end{pmatrix} + d$$

wählen.

Ist A eine m, n-Matrix, so entsteht (A, E) durch Anfügen der m-reihigen Einheitsmatrix von rechts. $\mathfrak{x}$ ist ein n-dimensionaler Vektor, $\mathfrak{y}$ ein m-dimensionaler und $\begin{pmatrix}\mathfrak{x}\\ \mathfrak{y}\end{pmatrix}$ der durch Untereinanderschreiben der beiden entstehende $(n+m)$-dimensionale Vektor. $(\mathfrak{d}', \mathfrak{o}')$ ist der durch Anfügen des m-dimensionalen Nullvektors an $\mathfrak{d}'$ entstehende Zeilenvektor.

Zu dem Programm

$$(A, E)\begin{pmatrix}\mathfrak{x}\\ \mathfrak{y}\end{pmatrix} = \mathfrak{c}, \quad \mathfrak{x} \geqq \mathfrak{o}, \quad \mathfrak{y} \geqq \mathfrak{o}; \quad z = (\mathfrak{d}', \mathfrak{o}')\begin{pmatrix}\mathfrak{x}\\ \mathfrak{y}\end{pmatrix} + d \stackrel{!}{=} \max.$$

ist das Programm $(A, E)'\mathfrak{u} \geqq \begin{pmatrix}\mathfrak{d}\\ \mathfrak{o}\end{pmatrix}$, $\tilde{z} = \mathfrak{c}'\mathfrak{u} + d \stackrel{!}{=} \min.$ dual.

(Eine Konstante in der Zielfunktion des gegebenen Programms muß auch in der Zielfunktion des dualen Programms auftreten, damit der Dualitätssatz richtig bleibt; man könnte natürlich d auch bei beiden Programmen weglassen und erst nachträglich wieder berücksichtigen!)

$(A, E)'\mathfrak{u} \geqq \begin{pmatrix}\mathfrak{d}\\ \mathfrak{o}\end{pmatrix}$ ist gleichbedeutend mit $\begin{pmatrix}A'\\ E\end{pmatrix}\mathfrak{u} \geqq \begin{pmatrix}\mathfrak{d}\\ \mathfrak{o}\end{pmatrix}$, oder $A'\mathfrak{u} \geqq \mathfrak{d}$, $\quad \mathfrak{u} \geqq \mathfrak{o}$.

Durch n Schlupfvariable $v_1, v_2, \ldots, v_n$ können wir die n Ungleichungen $A'\mathfrak{u} \geqq \mathfrak{d}$ sämtlich zu Gleichungen umformen und erhalten so das zum dualen Programm äquivalente Programm

$$\begin{aligned} & A'\mathfrak{u} - \mathfrak{v} = \mathfrak{d}, \\ \text{oder} \quad & \mathfrak{v} = A'\mathfrak{u} - \mathfrak{d}, \quad \tilde{z} = \mathfrak{c}'\mathfrak{u} + d \stackrel{!}{=} \min. \quad \mathfrak{u} \geqq \mathfrak{o}, \quad \mathfrak{v} \geqq \mathfrak{o}; \end{aligned} \tag{2}$$

$\mathfrak{v}$ ist ein n-dimensionaler Vektor mit den Komponenten $v_1, v_2, \ldots, v_n$, $\mathfrak{u}$ ist ein m-dimensionaler Vektor, dessen Komponenten wir mit $u_1, u_2, \ldots, u_m$ bezeichnen.

Setzen wir alle u_i gleich 0, so erhalten wir eine Basislösung des Programms (2), nämlich $\mathfrak{v} = -\mathfrak{d}$, $\mathfrak{u} = \mathfrak{o}$.

Diese Basislösung ist im allgemeinen nicht zulässig für das duale Programm. Der Vektor $-\mathfrak{d}$ steht aber in der z-Spalte unseres Starttableaus für das gegebene Programm!

Vergleichen wir (1) und (2), so stellen wir fest, daß unser Starttableau auch als Starttableau für das duale Programm betrachtet werden kann, wenn wir links die Variablen $-x_1, -x_2, \dots, -x_n$ der Reihe nach durch $v_1, v_2, \dots, v_n$ ersetzen und die obenstehenden Variablen $y_1, y_2, \dots, y_m$ der Reihe nach durch $u_1, u_2, \dots, u_m$. Gelesen wird dann das Tableau nicht mehr von oben nach unten, sondern von links nach rechts, also

$$v_k = a_{1k} u_1 + a_{2k} u_2 + \cdots + a_{mk} u_m - d_k \quad \text{für } k = 1, 2, \dots, n.$$

Man vergleiche dies mit dem Schema (1) von 3.5 und dem dortigen Tableau!

Für $-d_k$ können wir wieder a_k schreiben.

Die unterste Zeile des Starttableaus wird nun, von links nach rechts gelesen, für die Variablen des dualen Programms zu $\tilde{z} = c_1 u_1 + c_2 u_2 + \cdots + c_m u_m + d$, d.h. zur Zielfunktion des dualen Programms.

Wir kümmern uns zunächst nicht um die Zulässigkeit der Basislösung $\mathfrak{u} = \mathfrak{o}$, $\mathfrak{v} = -\mathfrak{d}$, die zu diesem Tableau gehört, sondern fragen nach den allgemeinen Austauschregeln für den Austausch eines v_k gegen ein u_i. Natürlich können wir auch hier jedes von 0 verschiedene Element a_{ik} des Tableaus für einen Austausch als Pivotelement benutzen.

Um die Analogie zwischen (1) und (2) vollständig zu machen, denken wir uns vorübergehend über dem Tableau nicht $u_1, u_2, \dots, u_m$, sondern $-u_1, -u_2, \dots, -u_m$ angeschrieben. Dann könnten wir (2) auch in der Form

$$\mathfrak{v} = -A'(-\mathfrak{u}) - \mathfrak{d}, \qquad z = -\mathfrak{c}'(-\mathfrak{u}) + d \stackrel{!}{=} \min. \qquad \mathfrak{v} \geqq \mathfrak{o}, \qquad \mathfrak{u} \geqq \mathfrak{o}$$

schreiben und folgern, daß im Tableau die Matrix $-A' = B'$ und unten statt $\mathfrak{c}'$ der Vektor $-\mathfrak{c}'$ stünde, wenn über dem Tableau statt $\mathfrak{u}$ der Vektor $-\mathfrak{u}$ angeschrieben wäre.

Nun entspricht die Matrix $B' = -A'$ völlig der Matrix A in (1) und der Vektor $-\mathfrak{d}$ entspricht dem Vektor $\mathfrak{c}$ in (1).

Die Elemente b_{ik} der Matrix B' müßten also so transformiert werden, wie es unseren bisherigen Austauschregeln entspricht, mit dem einzigen Unterschied, daß jetzt die Pivotzeile so transformiert werden müßte wie zuvor die Pivotspalte und die Pivotspalte so wie zuvor die Pivotzeile, da wir das Ganze jetzt von links nach rechts statt von oben nach unten lesen.

Da aber oben der Vektor $\mathfrak{u}$ und nicht $-\mathfrak{u}$ steht, erhalten wir die Elemente des neuen Tableaus, wenn wir zunächst die Elemente $b_{ik} = -a_{ik}$ nach den bisherigen Austauschregeln transformieren und das Ergebnis jeweils negativ nehmen.

Also geht beispielsweise das Pivotelement $a_{i_0 k_0}$ über in $-(1/b_{i_0 k_0})$, und wegen $b_{i_0 k_0} = -a_{i_0 k_0}$ ist dies gleich $1/a_{i_0 k_0}$.

Die Elemente $a_{i k_0}$ der Pivotzeile gehen über in

$$-(b_{i k_0}/b_{i_0 k_0}) = -(a_{i k_0}/a_{i_0 k_0}).$$

Die Elemente $a_{i_0 k}$ der Pivotspalte gehen über in

$$-(b_{i_0 k}/-b_{i_0 k_0})=a_{i_0 k}/a_{i_0 k_0},$$

und die übrigen a_{ik} gehen über in

$$-\left(b_{ik}-\frac{b_{ik_0}b_{i_0 k}}{b_{i_0 k_0}}\right)=a_{ik}+\frac{(-a_{ik_0})(-a_{i_0 k})}{-a_{i_0 k_0}}=a_{ik}-\frac{a_{ik_0}\cdot a_{i_0 k}}{a_{i_0 k_0}}.$$

Bis jetzt bedeutet also der Austausch zweier Variablen u_i und v_k für das Tableau dasselbe wie der Austausch von y_i und x_k im gegebenen Programm. Wir zeigen, daß sich auch für die unterste Zeile und die z-Spalte nichts ändert:

Stünde oben der Vektor $-u$, dann stünde $-c_{i_0}$ statt c_{i_0} in der untersten Zeile unter dem Pivotelement.

$-c_{i_0}$ ginge über in $-c_{i_0}/-b_{i_0 k_0}$ (weil die Pivotspalte jetzt eigentlich als Pivotzeile zu betrachten ist), also geht c_{i_0} über in $-(-c_{i_0}/-b_{i_0 k_0})=c_{i_0}/a_{i_0 k_0}$.

Die übrigen Elemente $-c_i$ der untersten Zeile gingen über in $-c_i-(-c_{i_0}b_{ik_0})/b_{i_0 k_0}$, also gehen die c_i über in

$$-\left(-c_i-\frac{(-c_{i_0})\,b_{ik_0}}{b_{i_0 k_0}}\right)=c_i-(c_{i_0}\cdot a_{ik_0})/a_{i_0 k_0}.$$

Die Komponente $a_{k_0}=-d_{k_0}$ des in der z-Spalte stehenden Vektors muß mit $1/b_{i_0 k_0}$, also mit $-1/a_{i_0 k_0}$ multipliziert werden und die übrigen a_k gehen über in

$$a_k-(a_{k_0}b_{i_0 k})/b_{i_0 k_0}=a_k-(a_{k_0}\cdot a_{i_0 k})/a_{i_0 k_0}.$$

Der Wert der Zielfunktion für die neue Basislösung des dualen Programms ist schließlich gleich

$$d-\frac{a_{k_0}(-c_{i_0})}{b_{i_0 k_0}}=d-(c_{i_0}a_{k_0})/a_{i_0 k_0}.$$

Da also die Austauschregeln für das duale Programm genauso lauten wie die für das gegebene Programm, *bewirkt jeder Austausch eines y_i gegen ein x_k zugleich einen Austausch der Variablen u_i gegen v_k für das duale Programm.*

Zu jedem Simplextableau gehören daher zwei Basislösungen, eine zulässige Basislösung für das gegebene Programm und eine Basislösung für das duale Programm. *Die Werte der Zielfunktionen z und $\tilde{z}$ stimmen für diese Basislösungen stets überein.* Daher folgt nach dem Dualitätssatz sofort der

Satz 3.6.1: *Die zu einem Simplextableau gehörende Basislösung für das duale Programm kann nicht zulässig sein, solange die zum Tableau gehörende zulässige Basislösung des gegebenen Programms noch nicht optimal ist. Haben wir aber eine optimale Basislösung für das gegebene Programm erreicht, dann gehört zu diesem Tableau auch eine optimale Basislösung für das duale Programm.*

Denn für ein optimales Tableau sind alle a_k der z-Spalte größer gleich 0 und daher erhalten wir stets eine zulässige Basislösung für das duale Programm, wenn wir die linksstehenden v_k bzw. u_i gleich diesen a_k setzen und die obenstehenden v_k bzw. u_i alle gleich 0 setzen. Da die Zielfunktionen stets für beide Basislösungen denselben Wert annehmen, folgt nun nach dem Dualitätssatz aus der Optimalität der einen Basislösung auch die Optimalität der anderen.

Das Simplexverfahren führt also für das gegebene Programm über lauter zulässige Basislösungen zum Maximum; für das duale führt es über lauter unzulässige Basislösungen, für die z Werte annimmt, die für zulässige Lösungen nicht erreichbar sind, zu einer zulässigen Basislösung mit minimalem Wert.

Wir untersuchen diesbezüglich nochmals das 5. Beispiel aus 3.5: Das Starttableau dort entspricht dem Gleichungssystem

$$\begin{aligned} y_1 &= -3x_1 - 2x_2 + 2 \\ y_2 &= -2x_1 + x_2 + 2; \qquad z = -x_1 + x_2 + 0 \overset{!}{=} \max., \\ y_3 &= 2x_1 - x_2 + 1 \end{aligned}$$

die x_k und die y_i mußten $\geqq 0$ sein. Dual dazu ist:

$$u_1 \geqq 0, \quad u_2 \geqq 0, \quad u_3 \geqq 0; \qquad \begin{aligned} 3u_1 + 2u_2 - 2u_3 &\geqq -1 \\ 2u_1 - u_2 + u_3 &\geqq 1 \end{aligned}$$

$$2u_1 + 2u_2 + u_3 \overset{!}{=} \min.$$

Die u_i entsprechen den y_i im Tableau; durch zwei Schlupfvariable v_1, v_2 können wir das duale Programm zu einem kanonischen umformen und v_1, v_2 entsprechen dann bei den Austauschvorgängen den Variablen x_1 und x_2.

Das optimale Tableau, das wir beim 5. Beispiel erhielten, war

	x_1	y_2	x_2	z	K
$-y_1$	$\frac{1}{7}$	0	$\frac{2}{7}$	$\frac{1}{7}$	$\frac{3}{7}$
$-y_3$	$-\frac{2}{7}$	1	$\frac{3}{7}$	$\frac{5}{7}$	$-\frac{6}{7}$
1	0	3	1	1	-4

Um eine optimale Lösung für das duale Programm aus diesem Tableau ablesen zu können, brauchen wir nur für die y_i und die x_k jeweils die entsprechende Variable des dualen Programms anzuschreiben:

	v_1	u_2	v_2	$1(z)$
u_1				$\frac{1}{7}$
u_3				$\frac{5}{7}$
$(1)\ \tilde{z}$	0	3	1	1

Aus der z-Spalte des gegebenen Programms ist nun abzulesen:

$$u_1 = \tfrac{1}{7}; \qquad u_3 = \tfrac{5}{7};$$

u_2 und v_1, v_2 werden gleich 0 gesetzt. Dies ist eine optimale Lösung für das duale Programm.

Mitunter ist es viel einfacher, eine zulässige Basislösung für das duale Programm zu bestimmen als für das gegebene. Man kann das Simplexverfahren dann für das duale Programm durchführen und aus einem optimalen Tableau dann nicht nur den Wert, sondern auch eine optimale Lösung für das gegebene Programm entnehmen.

33. Übungsaufgabe: Man bestimme eine optimale Lösung für das Programm

$$\begin{aligned} x \geqq 0: \quad x_1 - 2x_2 + x_3 &\geqq -1 \\ x_2 + x_3 &\geqq 2 \\ -x_1 + 4x_2 + x_3 - x_4 &= 0 \\ 2x_1 + 3x_2 + x_3 + x_4 &\stackrel{!}{=} \min . \end{aligned}$$

3.7 Anwendungsmöglichkeiten und abschließende Bemerkungen

Man kann die Vielfalt der praktischen Probleme, die mit den Methoden der linearen Optimierung behandelt werden können, nur auf mathematische Weise umfassend beschreiben: Es sind eben genau die Probleme, bei denen eine lineare Funktion ein Maximum oder ein Minimum annehmen soll, wobei lineare Nebenbedingungen zu beachten sind. Wir haben als Beispiele das Transportproblem und das Anbauproblem betrachtet, in der 31. Übungsaufgabe wurde ein lineares Produktionsproblem betrachtet.

Auch die Aufgabe, gegebene Rohstoffmengen optimal zu verwerten, kann häufig als lineares Programm formuliert werden.

Nur selten werden aber in praktischen Anwendungsfällen so wenige Variable und so wenige Nebenbedingungen zu beachten sein, daß eine Bearbeitung von Hand möglich ist. Man bedenke, daß bereits bei einem Transportproblem, bei dem ein Gut von drei Vorratsstellen zu vier Abnehmern geschafft werden soll, zwölf Variable und (im allgemeinen) 7 Nebenbedingungen außer den Beschränkungen der Variablen auftreten.

Aber auch sonst muß man oft viele Variable in das Programm einbeziehen, wenn man zu praktisch verwertbaren Ergebnissen gelangen will. Betrachten wir etwa einen landwirtschaftlichen Mastbetrieb, der die tägliche Futterration aus n in Frage kommenden Futtermitteln so zusammensetzen möchte, daß die Kosten minimal werden und die Mast trotzdem den modernen Erfordernissen entspricht. Die Anzahl der Variablen ist hier gleich der Anzahl der in Frage kommenden Futtermittel, jedes Erfordernis, z.B. hinsichtlich des Gehalts an Proteinen oder an Kohlehydraten, Vitaminen, Spurenelementen usw. ist eine Nebenbedingung. Solche Fütterungs- oder Diätprobleme sind Beispiele für sog. *Mischungsaufgaben*, die auch in der chemischen Industrie eine Rolle spielen.

Wir wollen hier noch ein Beispiel für eine Mischungsaufgabe durchrechnen:

Ein Weinhändler hat 100 hl Wein der Qualität A, 200 hl Wein der Qualität B und 300 hl Wein der Qualität C. Er kann jede Qualität unverschnitten weiterverkaufen und erzielt dann pro Liter bei A 6 DM, bei B 4 DM und bei C 2 DM.

Das Gesetz möge zulassen, daß B mit A maximal im Verhältnis 2:1 vermischt werden darf, d.h. man darf einem Teil A bis zu 2 Teile B zufügen. C soll mit B höchstens im Verhältnis 4:1 vermischt werden dürfen.

Für den ersteren Verschnitt erzielt man 5 DM pro Liter, für den letzteren 3 DM pro Liter.

Man möchte den Gesamterlös unter Einhaltung der gesetzlichen Bestimmungen maximieren.

Es ist wohl klar, daß man das erlaubte maximale Mischungsverhältnis in beiden Fällen ausnutzen wird, wenn die Herstellung von Verschnitt überhaupt lohnend erscheint. Denn statt einer Menge Verschnitt mit geringerem Mischungsverhältnis könnte man ja stets eine geringere Menge Verschnitt mit dem maximalen Mischungsverhältnis herstellen und hätte die Differenz der beiden Mengen als unvermischten Wein der höheren Qualität übrig, für den mehr erzielt wird als für den Verschnitt. So könnte man z.B. statt 100 Liter Verschnitt aus B mit A im Verhältnis 1:1 auch mit denselben Ausgangsmengen 75 Liter Verschnitt im Verhältnis 2:1 herstellen und hätte noch 25 Liter von A übrig.

Sei nun x_1 die Menge von A, die unverschnitten verkauft wird, x_2 die Menge von A, die mit einer Menge x_3 von B vermischt wird.

x_4 sei die Menge von B, die unverschnitten verkauft wird, x_5 die Menge von B, die zusammen mit einer Menge x_6 von C verschnitten wird.

x_7 sei die Menge von C, die unverschnitten verkauft wird.

Wählen wir 1 hl als Einheit für die x_i, dann gelten die folgenden Nebenbedingungen:

$$x_i \geqq 0 \quad \text{für } i=1,2,\ldots,7$$

$$x_1+x_2=100$$

$$x_2=\tfrac{1}{2}x_3$$

$$x_3+x_4+x_5=200$$

$$x_5=\tfrac{1}{4}x_6$$

$$x_6+x_7=300.$$

Die zu maximierende Zielfunktion ist

$$z=100(6x_1+(x_2+x_3)5+4x_4+(x_5+x_6)3+2x_7),$$

und natürlich können wir stattdessen auch die Funktion

$$z'=6x_1+(x_2+x_3)5+4x_4+(x_5+x_6)3+2x_7$$

maximieren.

Setzen wir $x_2=\frac{1}{2}x_3$ und $x_5=\frac{1}{4}x_6$ in die übrigen Gleichungen ein, dann erhalten wir

$$x_1+0{,}5x_3=100$$
$$x_3+x_4+\tfrac{1}{4}x_6=200$$
$$x_6+x_7=300.$$

Die Bedingungen $x_2\geqq 0$ und $x_5\geqq 0$ sind jetzt mit $x_3\geqq 0$ und $x_6\geqq 0$ automatisch erfüllt und ergeben nicht zusätzlich zu berücksichtigende Ungleichungen, wie dies sonst meist bei Elimination von Variablen der Fall ist (vgl. die Ausführungen zum 1. Beispiel in 3.3).

Die letzten drei Gleichungen lassen sich nach x_1, x_4 und x_7 auflösen:

$$x_1=100-0{,}5x_3$$
$$x_4=200-x_3-0{,}25x_6$$
$$x_7=300-x_6.$$

Nun können wir auch die Zielfunktion z' durch x_3 und x_6 ausdrücken:

$$\begin{aligned} z'&=6(100-0{,}5x_3)+5(0{,}5x_3+x_3)+4(200-x_3-0{,}25x_6)+3(1{,}25x_6)+2(300-x_6)\\ &=2000+0{,}5x_3+0{,}75x_6\overset{!}{=}\max. \end{aligned}$$

Setzen wir x_3 und x_6 gleich 0, dann erhalten wir eine zulässige Basislösung, die darin besteht, daß kein Verschnitt hergestellt wird. Wir können nun mit dem folgenden Tableau starten:

	x_1	x_4	x_7	z'	K
$-x_3$	0,5	1	0	$-0{,}5$	0
$-x_6$	0	0,25	①	$-0{,}75$	0,5
1	100	200	300	2000	-2599

Wenn wir die zweite Zeile als Pivotzeile wählen, dann müssen wir die umrandete 1 als Pivotelement nehmen und erhalten als nächstes Tableau:

	x_1	x_4	x_6	z'	K
$-x_3$	0,5	①	0	$-0{,}5$	0
$-x_7$	0	$-0{,}25$	1	0,75	$-0{,}5$
1	100	125	300	2225	-2749

Nun müssen wir die erste Zeile als Pivotzeile wählen und erhalten die umrandete 1 als Pivotelement, denn der charakteristische Quotient $\frac{125}{1}$ ist kleiner als 100/0,5; das nächste Tableau ist optimal:

	x_1	x_3	x_6	z'	K
$-x_4$	$-0{,}5$	1	0	$0{,}5$	0
$-x_7$	$\frac{1}{8}$	$-\frac{1}{4}$	1	$0{,}625$	$-0{,}5$
1	$37{,}5$	125	300	$2287{,}5$	-2749

Die optimale Lösung hat also die Komponenten $x_1=37{,}5$, $x_3=125$, $x_6=300$, $x_4=x_7=0$, woraus $x_2=x_3/2=62{,}5$ und $x_5=x_6/4=75$ folgen.

Man wird also 37,5 hl von A unverschnitten verkaufen und den übrigen Bestand restlos zu 187,5 hl Verschnitt aus A und B und 375 hl Verschnitt aus B und C verarbeiten. Man erzielt dadurch den Gesamterlös $2287{,}5 \cdot 100 = 228\,750$ DM.

Die lineare Optimierung findet auch innerhalb der Mathematik zahlreiche Anwendungsbereiche. Sehr wichtig und für ein tieferes Verständnis der Dualität grundlegend ist der Zusammenhang zwischen der Spieltheorie und der linearen Optimierung. Mit den Methoden der linearen Optimierung kann man nämlich den Hauptsatz der Spieltheorie beweisen, der aussagt, daß man zur Matrix eines sog. Zwei-Personen-Nullsummenspiels stets optimale gemischte Strategien finden kann; diese Strategien können bis auf einen gemeinsamen Normierungsfaktor als optimale Lösungen zweier zueinander dualer Programme aufgefaßt werden. Da zur Darstellung dieses Zusammenhangs eine ganze Reihe von Begriffen aus der Spieltheorie und aus der Wahrscheinlichkeitstheorie benötigt wird, müssen wir hier leider auf die Darstellung dieser wichtigen Ergebnisse verzichten.

Die optimalen Lösungen der linearen Programme sind i.allg. nicht ganzzahlig. Bei beliebig teilbaren Größen wie z.B. Flüssigkeiten spielt dies keine Rolle. Bei unteilbaren Größen wie z.B. Lastkraftwagen, Buslinien, Wohnungen und vielen anderen Objekten ist es nur dann unerheblich, wenn die Komponenten der optimalen Lösung alle relativ groß sind.

Hat man aber mit kleinen Anzahlen zu tun, dann kann eine mit der bisherigen Methode bestimmte optimale Lösung völlig unbrauchbar sein. Erhält man z.B. $x_1=1$, $x_2=2{,}45$, $x_3=7$ als optimale Lösung ohne Berücksichtigung der Ganzzahligkeit, dann könnte man etwa prüfen, ob $x_1=1$, $x_2=2$, $x_3=7$ oder $x_1=1$, $x_2=3$, $x_3=7$ zulässige Lösungen sind, aber beides muß nicht der Fall sein. Wenn aber einige solcher Versuche zu einer oder mehreren zulässigen Lösungen führen, dann ist unter Umständen keine davon optimal.

Die lineare Optimierung unter der zusätzlichen Bedingung, daß alle Lösungskomponenten oder nur einige davon ganzzahlig sein sollen, wird als *ganzzahlige lineare Optimierung* bezeichnet.

Ein von Gomory [1963] stammendes Verfahren ermöglicht die Anwendung des Simplexverfahrens auch bei ganzzahliger linearer Optimierung (s. auch W. Vogel, S. 216ff.). Man konstruiert dabei Zusatzgleichungen, die von den sich nach der gewöhnlichen Simplexmethode ergebenden optimalen Lösungen i. allg. nicht befriedigt werden, dagegen aber bei allen ganzzahligen zulässigen Lösungen erfüllt sind.

Es gibt aber auch graphentheoretisch orientierte Verfahren der ganzzahligen Optimierung, die meistens für spezielle Probleme konstruiert wurden, z.B. für Transportprobleme mit unteilbaren Einheiten. Sie führen oft schneller zum Ziel als das Simplexverfahren, sind aber nicht so allgemein anwendbar. Man findet Beispiele für solche Lösungswege bei BERGE/GHOUILA-HOURI, CHURCHMAN oder auch bei GALE.

Die Vielfalt der Anwendungsmöglichkeiten für die lineare Optimierung sollte nicht darüber hinwegtäuschen, daß praktische Optimierungsprobleme sehr häufig nicht linear sind.

Wenn man dann als Näherung die nichtlinearen Bedingungen oder Zielfunktionen durch lineare ersetzt, so ist die Frage, wie genau man dadurch das tatsächlich erreichbare Optimum bestimmen kann, i. allg. nicht leicht zu beantworten.

Man hat daher auch Verfahren für Programme entwickelt, bei denen Nebenbedingungen oder die Zielfunktion nichtlinear sind. Diese Rechenverfahren und die dazugehörige Theorie werden als *nichtlineare Optimierung* bezeichnet.

Ein Sonderfall sind die sog. *Fixkostenprobleme*. Bei diesen hat die Zielfunktion die Form

$$z=\sum_{i=1}^{n}(c_i x_i+a_i\delta_i),$$

wobei $\delta_i=0$, wenn $x_i=0$, und $\delta_i=1$, wenn $x_i>0$.

Die Symbole δ_i bewirken eine Unstetigkeit der sonst linearen Zielfunktion in jedem Punkt $(x_1, x_2, \ldots, x_n)$, bei dem mindestens ein x_i, für das $a_i \neq 0$ gilt, gleich 0 ist.

Fixkosten können bei Investitionsproblemen auftreten, aber auch bei gewöhnlichen Einkaufsproblemen; kauft man nichts, dann fallen auch keine Kosten für Korrespondenzen, Reisen etc. an. Kauft man aber etwas, so fallen diese Kosten an und da sie unabhängig von der gekauften Menge sind, nennt man sie Fixkosten. Auch bei industrieller Produktion gibt es Kosten, die unabhängig von der produzierten Menge sind; diese sind sogar das bekannteste Beispiel für Fixkosten. Sie fallen aber meist zwangsläufig an und werden nicht gleich 0, wenn man die Menge 0 des betreffenden Artikels produziert, es sei denn, man würde die Auflösung der gesamten Produktionseinrichtung als Alternative in Betracht ziehen. Daher erhält man bei Produktionsproblemen in der Regel keine Zielfunktion der obigen Art. Steht man aber vor der Alternative, ob man eine gewisse Produktionsanlage errichten und damit eine positive Menge x_i eines gewissen Artikels herstellen soll, oder ob diese Investition unterbleiben soll, dann haben die Kosten häufig die Form $c_i x_i + a_i \delta_i$; dabei sind dann $c_i x_i$ die mengenabhängigen Kosten und $a_i \delta_i$ die Fixkosten, wobei das Symbol δ_i die bereits angegebene Bedeutung besitzt. Durch einige Kunstgriffe kann man Fixkostenprobleme mit linearen Nebenbedingungen auf ganzzahlige lineare Programme zurückführen (vgl. HADLEY, Abschnitt 8.2), doch wird dadurch die Anzahl der Nebenbedingungen meistens erheblich vermehrt.

Im allgemeinen setzt man bei nichtlinearen Programmen die Differenzierbarkeit der Nebenbedingungen und der Zielfunktion voraus. Eine allgemeine Theorie und grundlegende Sätze für solche Programme stammen von H. W. KUHN und A. W. TUCKER. Eine Darstellung dieser Ergebnisse findet man etwa bei HADLEY. Das gesuchte absolute Extremum der Zielfunktion kann bei solchen Programmen auf dem Rand, aber auch im Innern des durch die Nebenbedingungen bestimmten Gebiets liegen. Es können auch relative Extrema auftreten, die nicht mit dem gesuchten absoluten Extremum übereinstimmen. Daher ist die Behandlung allgemeiner nichtlinearer Programme weitaus schwieriger als die der linearen Programme.

Immerhin gibt es eine Reihe von Lösungsverfahren für Spezialfälle, insbesondere für die sog. *quadratischen Programme*; darunter versteht man Programme mit linearen Nebenbedingungen und quadratischer Zielfunktion. Solche Verfahren werden bei KÜNZI/KRELLE, bei HADLEY und KÜNZI/TZSCHACH/ZEHNDER angegeben.

Schließlich ist noch die *dynamische Optimierung* zu erwähnen. Man betrachtet dabei die Optimierung einer von n Variablen abhängenden Zielfunktion als n-stufigen Entscheidungsprozeß. Hat man für jede mögliche Wahl der letzten Variablen x_n die übrigen $n-1$ Variablen rekursiv so bestimmt, daß die Zielfunktion hinsichtlich dieser $n-1$ Variablen unter den bei Berücksichtigung des gewählten x_n-Werts sich ergebenden Nebenbedingungen optimiert wird, dann gelangt man durch geeignete Wahl von x_n zum Optimum. Diese im Grunde sehr einleuchtende Aussage wird von R. BELLMAN als das Optimalitätsprinzip bezeichnet und dient zur Aufstellung von Rekursionsformeln, mit denen n-stufige Entscheidungsprobleme sukzessiv in Entscheidungsprobleme niedrigerer Stufe umgewandelt werden. Es gibt Probleme, die sich gut für die dynamische Optimierung eignen und darunter manche, bei denen die sonstigen Optimierungsverfahren versagen. Man findet dafür Beispiele bei HADLEY, der im Rahmen einer umfassenden Einführung auch die Leistungsfähigkeit der dynamischen Optimierung in verschiedenen Fällen beurteilt. Als das geeignetste Verfahren kann sich die dynamische Optimierung erweisen, wenn viele Variable auftreten, die alle nur relativ wenige diskrete Werte annehmen können und wenn außer den Beschränkungen für die einzelnen Variablen nur wenige Nebenbedingungen vorliegen.

Anhang: Differenzengleichungen

Im Abschnitt 1.2 haben wir bereits mehrere Beispiele für rekursiv gegebene Folgen betrachtet; hier wollen wir als Ergänzung eine Klasse von Rekursionsformeln kennenlernen, die man lineare Differenzengleichungen nennt.

Durch eine Rekursionsformel ist eine Folge noch nicht festgelegt; so gibt es z.B. zu der Rekursionsformel

$$a_{k+1} = a_k q, \quad k = 1, 2, \ldots, \tag{1}$$

unendlich viele Folgen, deren Glieder dieser Forderung genügen, denn man kann den Anfangswert a_1 beliebig wählen. Hat man ihn gewählt, dann sind alle weiteren Folgenglieder durch (1) festgelegt, denn zunächst folgt

$$a_2 = a_1 q, \quad \text{dann } a_3 = a_2 q = a_1 q^2, \ldots, a_k = a_1 q^{k-1}, \ldots\ldots \text{ usw.}$$

Zu beliebigem Anfangswert a_1 erhalten wir also mit Hilfe der Formel (1), die wir auch als *Rekursionsgleichung* bezeichnen, eine Folge, deren Glieder für *alle* $k = 1, 2, \ldots$ der Rekursionsgleichung (1) genügen und die wir *explizit* in der Form

$$a_k = a_1 q^{k-1}, \quad k = 1, 2, \ldots \tag{1'}$$

angeben können.

Definition: *Eine Folge, deren Glieder einer gegebenen Rekursionsgleichung genügen, heißt* Lösungsfolge *oder auch einfach* eine Lösung *der Rekursionsgleichung. Die Menge aller Lösungsfolgen, die es zu einer Rekursionsgleichung gibt, nennen wir deren* Lösungsgesamtheit *oder auch deren* allgemeine Lösung.

Offenbar ist die Lösungsgesamtheit zu (1) die Menge aller geometrischen Folgen; denn jede Lösung zu (1) hat einen Anfangswert a_1 und dann ergibt sich (1') aus (1). Also ist die Menge der Folgen

$$a_k = a_1 q^{k-1}, \quad k = 1, 2, \ldots, a_1 \text{ beliebig}, \tag{1*}$$

die Lösungsgesamtheit zu (1).

Nicht immer ist die Aufgabe, die Lösungsgesamtheit einer Rekursionsgleichung zu finden, so einfach wie bei (1). Man denke etwa an die als 3. Beispiel in 1.2.1 betrachtete Rekursionsgleichung $a_i = 1/(a_{i-1} + 1)$. Für Gleichungen, bei denen die Folgenglieder nur in der 1. Potenz und mit konstanten Koeffizienten auftreten, ist diese Aufgabe noch verhältnismäßig einfach. Man nennt solche Rekursionsgleichungen *lineare Differenzengleichungen* mit konstanten Koeffizienten. Zum

Beispiel ist (1) die homogene lineare Differenzengleichung mit konstanten Koeffizienten (a_{k+1} hat den Koeffizienten 1 und a_k den Koeffizienten q).

Da wir nur lineare Differenzengleichungen mit konstanten Koeffizienten betrachten werden, sagen wir kurz:

(1) ist die homogene Dgl. 1. Ordnung;

die Abkürzung Dgl. für „Differenzengleichung“ werden wir im folgenden laufend verwenden. „1. Ordnung“ ist (1), weil für die Berechnung von a_{k+1} nur der unmittelbare Vorgänger a_k benötigt wird und „homogen“ heißt sie im Gegensatz zur Rekursionsgleichung

$$a_{k+1}=a_k q+d, \quad d \neq 0, \quad k=1,2,\ldots; \text{ denn} \tag{2}$$

(2) heißt die inhomogene Dgl. 1. Ordnung

Zwischen den Differenzengleichungen und den sog. Differentialgleichungen, die in diesem Buch nicht behandelt werden, besteht eine analoge Beziehung wie zwischen Differenzen- und Differentialquotienten (vgl. 1.4.1); letztere können durch Grenzübergang aus ersteren gewonnen werden. Die Bezeichnung „Differenzengleichung“ rührt aber auch daher, daß man häufig durch die Betrachtung von Differenzen einer Größe, die man etwa in aufeinander folgenden Zeitpunkten beobachtet, auf derartige Rekursionsgleichungen kommt.

Um die Lösungsgesamtheit von (2) zu bestimmen, fragen wir uns zunächst, wie sich zwei verschiedene Lösungen unterscheiden. Wenn die Folgen a_k und b_k Lösungen sind, dann gilt

$$a_{k+1}=a_k q+d \quad \text{und} \quad b_{k+1}=b_k q+d \qquad \text{für } k=1,2,\ldots;$$

wenn wir daher jeweils die zweite von der ersten Gleichung subtrahieren, erhalten wir

$$(a_{k+1}-b_{k+1})=(a_k-b_k)q \qquad \text{für } k=1,2,\ldots,$$

d.h. die Differenzen a_k-b_k sind eine Lösungsfolge von (1).

Da a_k und b_k beliebige Lösungen von (2) sind, folgt nun, daß wir *jede* Lösung von (2) erhalten können, wenn wir zu einer beliebigen festen Lösung b_k, die wir eine *spezielle Lösung* nennen, eine geeignete Lösung $\bar{a}_k$ von (1) addieren:

$$a_k=b_k+\bar{a}_k, \qquad k=1,2,\ldots.$$

Umgekehrt ist eine Folge $b_k+\bar{a}_k$ immer eine Lösung von (2), wenn b_k Lösung von (2) und $\bar{a}_k$ Lösung von (1) ist. Denn dann gilt

$$(b_{k+1}+\bar{a}_{k+1})=(b_k q+d+\bar{a}_k q)=(b_k+\bar{a}_k)q+d, \qquad k=1,2,\ldots,$$

d.h. die Folge $(b_k+\bar{a}_k)$ erfüllt (2).

Die Lösungsgesamtheit von (2) ist also die Menge der Folgen, die durch Addition aus einer beliebigen festen Lösung b_k von (2) und je einer Lösung von (1) entstehen. Formelhaft drückt man das so aus:

$$\text{Lösungsgesamtheit von (2)} = \text{spezielle Lösung von (2)} + \text{allgemeine Lösung von (1)}$$

Als spezielle Lösung sucht man stets eine besonders einfache, z.B. eine konstante Folge; setzen wir versuchsweise

$$a_k = \text{const.} = c \text{ für alle } k,$$

dann ist auch $a_{k+1} = a_k = c$ und aus (2) wird

$$c = cq + d, \qquad \text{also } c = d/(1-q), \text{ falls } q \neq 1.$$

Im Fall $q = 1$ lautet (2): $a_{k+1} = a_k + d$, $d \neq 0$, $k = 1, 2, \ldots$ und damit ist klar, daß dann die Lösungsgesamtheit aus der Menge aller arithmetischen Folgen mit Zuwachs d besteht. Also gilt:

$$\begin{aligned} \text{Lösungsgesamtheit von (2)} &= \text{Menge aller Folgen } a_k = \frac{d}{1-q} + A q^{k-1}, \\ &\quad k = 1, 2, \ldots, A \text{ beliebig, falls } q \neq 1; \\ &= \text{Menge der Folgen } a_k = a_1 + d(k-1), \\ &\quad k = 1, 2, \ldots, a_1 \text{ beliebig, falls } q = 1. \end{aligned}$$

Übrigens ist die Konstante $c = 1/(1-q)$ auch der einzig mögliche Grenzwert einer jeden Folge a_k, die (2) erfüllt! Denn (2) gilt ja für alle $k = 1, 2, \ldots$ und wenn a_k gegen einen Grenzwert α konvergiert, dann gilt dies natürlich auch für a_{k+1}. Würde aber dann die Gleichung

$$\alpha = \alpha q + d$$

nicht gelten, dann könnte man einen Index k_0 finden, ab welchem auch (2), d.h.

$$a_{k+1} = a_k q + d$$

nicht mehr gelten würde. Aus diesem Widerspruch folgt $\alpha = \alpha q + d$, also $\alpha = \dfrac{d}{1-q}$

Daß die Folge konvergiert, ist aber mit der Berechnung des einzig *möglichen* Grenzwerts nicht gezeigt.

1. Beispiel:

$$a_{k+1} = a_k 2 - 3, \qquad k = 1, 2, \ldots.$$

Hier ist $c = -3/(1-2) = 3$; ist also der Anfangswert $a_1 = 3$, dann sind auch $a_2, a_3, \ldots$ alle gleich 3 und wir haben als Lösung eine konstante (und damit auch konvergente) Folge mit dem Grenzwert 3.

Ist aber a_1 etwa gleich 3,5, dann müssen wir in der allgemeinen Lösung

$$a_k = 3 + A \cdot 2^{k-1}$$

die dort willkürliche Konstante A so bestimmen, daß $a_1 = 3{,}5$ wird, d.h. so, daß $3{,}5 = 3 + A \cdot 2^0 = 3 + A$ gilt. Wir setzen daher $A = 0{,}5$ und erhalten

$$a_k = 3 + 0{,}5 \cdot 2^{k-1}$$

als die zum Anfangswert $a_1 = 3{,}5$ gehörende Lösung. Diese konvergiert nicht.

Es hängt also nicht nur von q und d ab, ob die Folge konvergiert, sondern auch vom Anfangswert a_1.

2. Beispiel: Das Produktivkapital K_t, das zu Beginn des Jahres t, $t = 1, 2, \ldots$, in einer Volkswirtschaft vorhanden ist, verringere sich durch Verschleiß und Veraltung im Laufe eines jeden Jahres um 10%; durch Investitionen werde jährlich für 1 Mrd. DM Produktivkapital entweder ersetzt oder neu geschaffen. Messen wir auch K_t in Mrd. DM, so führt dies zur folgenden inhomogenen Dgl. 1. Ordnung:

$$K_{t+1} = K_t \cdot 0{,}9 + 1, \qquad t = 1, 2, \ldots.$$

Aus der allgemeinen Lösung:

$$K_t = 1/(1 - 0{,}9) + A\,0{,}9^{t-1} = 10 + A\,0{,}9^{t-1}$$

ist zu ersehen, daß jetzt jede Lösung gegen 10 konvergiert. Die generelle Konvergenz ergibt sich daraus, daß $|q| < 1$ ist.

Geben wir $K_1 = 12$ als Anfangswert vor, dann müssen wir A so wählen, daß

$$12 = 10 + A$$

gilt. Also ist $A = 2$ und unsere Lösung ist $K_t = 10 + 2 \cdot 0{,}9^{t-1}$, $t = 1, 2, \ldots$. Diese Folge konvergiert monoton fallend gegen 10; die Verluste überwiegen also stets die Investitionen.

Setzen wir dagegen $K_1 = 7$, dann folgt $A = -3$ und unsere Lösung lautet

$$K_t = 10 - 3 \cdot 0{,}9^{t-1}, \qquad t = 1, 2, \ldots.$$

Diese Folge konvergiert monoton wachsend gegen 10, d.h. die Investitionen sind stets größer als die Verluste durch Verschleiß und Veraltung.

Die allgemeine Lösung ermöglicht die Angabe der zu einem beliebigen Anfangswert gehörenden Lösungsfolge in *expliziter Form*, d.h. man bekommt eine Formel, mit der man jedes Folgenglied direkt berechnen kann, ohne zuvor alle seine Vorgänger zu ermitteln. Letzteres müßte man tun, wenn man nur den Anfangswert und die Rekursionsgleichung hätte.

Rekursionsgleichungen vom Typ

$$a_{k+1} = b\,a_k + c\,a_{k-1}, \qquad k = 1, 2, \ldots, c \neq 0, \tag{3}$$

nennt man *homogene Dgl. 2. Ordnung*. Hier braucht man zur Berechnung von a_{k+1} nicht nur dessen Vorgänger a_k, sondern auch noch a_{k-1}; folglich ist die ganze Folge erst nach Vorgabe *zweier* Anfangswerte bestimmt. Es ist jetzt bequemer, das erste Folgenglied nicht a_1, sondern a_0 zu nennen. Der Folgenindex k durchläuft deshalb jetzt die Zahlen 0, 1, 2, ..., wobei die Gleichung (3) ab $k=1$ gelten muß. Aus den Anfangswerten a_0, a_1 ergeben sich dann alle weiteren mit Hilfe von (3).

Die Lösungsgesamtheit von (1) war die Menge aller geometrischen Folgen; daher wollen wir uns überlegen, ob eine geometrische Folge auch bei (3) als Lösung auftreten kann. Wir machen den Ansatz

$$a_k=\lambda^k, \qquad k=0,1,2,\ldots$$

und versuchen, λ so zu bestimmen, daß (3) erfüllt ist. Dazu muß offenbar

$$\lambda^{k+1}=b\lambda^k+c\lambda^{k-1} \qquad \text{für } k=1,2,\ldots$$

gelten. $\lambda=0$ ist keine Lösung (weil man gewöhnlich $0^0=1$ definiert, wäre die Rekursionsgleichung für $k=1$ nicht erfüllt); durch Division auf beiden Seiten mit λ^{k-1} erhalten wir die sog.

charakteristische Gleichung: $\lambda^2-b\lambda-c=0$

zu (3). Durch „quadratische Ergänzung" formen wir ihre linke Seite um in

$$\lambda^2-b\lambda+b^2/4-b^2/4-c=(\lambda-b/2)^2-b^2/4-c;$$

dies wird 0 für $\lambda-b/2=\pm\sqrt{b^2/4+c}$, also für

$$\lambda_1=\frac{b}{2}-\sqrt{b^2/4+c}=\frac{b-\sqrt{b^2+4c}}{2} \quad \text{und} \quad \lambda_2=\frac{b+\sqrt{b^2+4c}}{2}.$$

Hier sind nun die folgenden drei Fälle *), **) und ***) zu unterscheiden.

*Fall *)*: $$b^2+4c>0.$$

In diesem Fall steht unter dem Wurzelzeichen eine positive Zahl und daher sind die Lösungen λ_1 und λ_2 der charakteristischen Gleichung zwei verschiedene reelle Zahlen. Nun sind aber nicht nur die Folgen λ_1^k und λ_2^k Lösungen von (3), sondern auch jede Folge der Form

$$a_k=A\lambda_1^k+B\lambda_2^k, \qquad k=0,1,\ldots,$$

wobei A und B zwei völlig beliebige Konstanten sind. Denn in der Tat gilt – weil $\lambda_1^{k+1}=b\lambda_1^k+c\lambda_1^{k-1}$ und $\lambda_2^{k+1}=b\lambda_2^k+c\lambda_2^{k-1}$ ist – daß

$$\begin{aligned} a_{k+1}=A\lambda_1^{k+1}+B\lambda_2^{k+1}&=A(b\lambda_1^k+c\lambda_1^{k-1})+B(b\lambda_2^k+c\lambda_2^{k-1})\\ &=b(A\lambda_1^k+B\lambda_2^k)+c(A\lambda_1^{k-1}+B\lambda_2^{k-1})\\ &=ba_k+ca_{k-1}, \qquad \text{für } k=1,2,\ldots. \end{aligned}$$

Sind nun zwei Anfangswerte a_0, a_1 gegeben, dann können wir die Konstanten A und B immer so wählen, daß

$$a_0=A\lambda_1^0+B\lambda_2^0=A+B \quad \text{und} \quad a_1=A\lambda_1^1+B\lambda_2^1=A\lambda_1+B\lambda_2$$

gilt. Denn diese Gleichungen lassen sich wegen $\lambda_1 \neq \lambda_2$ stets nach A und B auflösen. Da aber andererseits jede Lösung wegen (3) nach Angabe der Anfangswerte a_0 und a_1 bestimmt ist, muß jede Lösung von (3) in der Menge der Folgen

$$a_k = A\lambda_1^k + B\lambda_2^k, \quad k=0,1,\ldots, A \text{ und } B \text{ beliebig,} \tag{3*}$$

enthalten sein. (3*) ist also die Lösungsgesamtheit zu (3) im Fall *).

Fall **): $$b^2+4c=0;$$

dann ist $\lambda_1 = \lambda_2$, d.h. die charakteristische Gleichung hat nur eine Lösung, nämlich $\lambda = b/2$.

Nun ist $a_k = (b/2)^k$, $k=0,1,\ldots$, eine Lösung von (3), weil $b/2$ Lösung der charakteristischen Gleichung ist. Aber auch die Folge

$$a_k = k(b/2)^k, \quad k=0,1,\ldots,$$

ist Lösung von (3), denn bei dieser Folge gilt

$$\begin{aligned} a_{k+1} = (k+1)(b/2)^{k+1} &= k(b/2)^{k+1} + (b/2)^{k+1} \\ &= k(b/2)(b/2)^k + (b/2)^2(b/2)^{k-1} \\ &= bk(b/2)^k - \frac{bk}{2}(b/2)^k + (b^2/4)(b/2)^{k-1} \\ &= ba_k + (b^2/4)(1-k)(b/2)^{k-1} \end{aligned}$$

und da hier $b^2/4 = -c$, ist der letzte Ausdruck gleich

$$ba_k - c(1-k)(b/2)^{k-1} = ba_k + c(k-1)(b/2)^{k-1} = ba_k + ca_{k-1}.$$

Analog wie im Fall *) kann man nun zeigen, daß nicht nur die Folgen λ^k und $k\lambda^k$ (mit $\lambda = b/2$) Lösungen sind, sondern auch jede Folge der Form

$$a_k = A\lambda^k + Bk\lambda^k, \quad k=0,1,\ldots, \lambda = b/2, \ A \text{ und } B \text{ beliebig.} \tag{3**}$$

Auch hier kann man A und B stets so wählen, daß gegebene Anfangswerte a_0, a_1 realisiert werden. Dabei sind jetzt die Gleichungen

$$a_0 = A, \quad a_1 = A\lambda + B\lambda \text{ (mit } \lambda = b/2)$$

nach A und B zu lösen, woraus sich $A = a_0$, $B = (a_1 - a_0\lambda)/\lambda$ ergibt. ($\lambda = b/2$ ist $\neq 0$, weil $c \neq 0$ und $b^2 = -4c \neq 0$ vorausgesetzt ist!) (3**) ist also die Lösungsgesamtheit zu (3) im Fall **).

Fall ***): $$b^2+4c<0;$$

jetzt hat die charakteristische Gleichung keine reelle, wohl aber zwei komplexe Lösungen, nämlich

$$\lambda_1 = \frac{b - i\sqrt{-b^2-4c}}{2} \quad \text{und} \quad \lambda_2 = \frac{b + i\sqrt{-b^2-4c}}{2},$$

wobei i die durch die Eigenschaft $i^2 = -1$ definierte sog. *imaginäre Einheit* ist. Für jede positive Zahl z wird nun $\sqrt{-z} = i\sqrt{z}$ gesetzt, z.B. ist $\sqrt{-3} = i\sqrt{3}$. Wir wollen uns hier nicht näher mit den Definitionen für die komplexen Zahlen und die mit ihnen möglichen Rechenoperationen befassen; eine kurze Darstellung findet man im Anhang I der Aufgabensammlung, die zu dieser Einführung erschienen ist (s. Vogt [1976]). Wir geben hier nur die wichtigsten Tatsachen an:
Jede komplexe Zahl ist von der Form $r+si$, wobei r und s reelle Zahlen sind. Wenn $s=0$, ist dies die reelle Zahl r. Die reellen Zahlen sind also eine Teilmenge der komplexen Zahlen.
Sämtliche Rechenregeln der Addition, Subtraktion, Multiplikation und Division gelten auch für komplexe Zahlen, wobei man jederzeit i^2 durch -1 ersetzen darf. So ist z.B. die Summe der komplexen Zahlen $r+si$ und $t+ui$ unabhängig von der Reihenfolge der Summanden gleich $(r+t)+(s+u)i$, während das Produkt von $r+si$ und $t+ui$ unabhängig von der Reihenfolge der Faktoren gleich der komplexen Zahl ist, die sich durch Ausmultiplizieren des Klammerprodukts $(r+si)(t+ui)$ ergibt, also

$$(r+si)(t+ui) = rt + sit + rui + sui^2 = (rt-su) + (st+ru)i.$$

Einer komplexen Zahl $r+si$ wird als ihr *Betrag* die nichtnegative reelle Zahl $\sqrt{r^2+s^2}$ zugeordnet. Man kann leicht nachrechnen, daß der Betrag eines Produkts stets gleich dem Produkt der Beträge ist.
Man bezeichnet r als den *Realteil*, si als den *Imaginärteil* der komplexen Zahl $r+si$.
Die Zahl $r-si$ heißt die zu $r+si$ *konjugierte* komplexe Zahl; natürlich ist dann auch $r+si$ konjugiert zu $r-si$, d.h. diese Beziehung ist wechselseitig. Sowohl die Summe, als auch das Produkt konjugiert komplexer Zahlen ist reell. Ferner kann man zeigen, daß ein Produkt immer konjugiert ist zum Produkt aus den entsprechenden konjugierten Faktoren. So ist z.B. $(r+si)^n$ konjugiert zu $(r-si)^n$ für $n=1, 2, \ldots$; darauf beruht die Verwendbarkeit unserer Lösungen λ_1 und λ_2 der charakteristischen Gleichung im Fall $***$); sie sind ja offensichtlich konjugiert komplex und daher können wir hoffen, daß wir mit ihrer Hilfe auch die reellen Lösungen von (3) sozusagen „vom Komplexen her" erhalten werden.
Zunächst läßt man jetzt als Lösung von (3) auch Folgen a_k zu, in denen komplexe Folgenglieder auftreten. Ebenso wie im Fall $*$) ist dann nachweisbar, daß jede beliebige Lösung von (3) in der Menge der Folgen

$$a_k = A\lambda_1^k + B\lambda_2^k, \quad k=0, 1, \ldots, \; A, B \text{ beliebig komplex,} \tag{3***}$$

enthalten ist und daß umgekehrt jede solche Folge eine Lösung von (3) ist. (3***) ist also die Lösungsgesamtheit im Fall $***$).
Sind nun die Anfangswerte a_0, a_1 reell, dann sind wegen der Rekursionsgleichung (3), in der ja nur reelle Parameter b und c vorkommen, auch alle weiteren a_k reell.

Das ergibt sich aber auch aus unserer allgemeinen Lösung (3***), denn dann werden A und B aus den beiden Bedingungen

$$a_0 = A + B, \qquad a_1 = A\lambda_1 + B\lambda_2,$$

als konjugiert komplexe Konstanten bestimmt und damit ist nach obigem $a_k = A\lambda_1^k + B\lambda_2^k$ reell für alle $k = 0, 1, \ldots$.

Der gemeinsame Betrag von λ_1 und λ_2 ist gleich

$$\sqrt{\frac{b^2}{4} + \frac{-b^2 - 4c}{4}} = \sqrt{-c};$$

dies ist >0, da $c<0$ im Fall ***). Wenn dieser Betrag kleiner als 1 ist, dann konvergiert jede Lösungsfolge von (3***) gegen den Grenzwert 0.

Der Fall ***) ist also kein pathologischer Ausnahmefall; die komplexen Zahlen dienen hier dazu, rekursiv gegebene Folgen *reeller* Zahlen explizit darzustellen. Er ist sogar ein besonders interessanter Fall, denn nur bei ihm treten periodische Schwankungen auf (vgl. Vogt [1976]).

Fassen wir nun schematisch die Ergebnisse zur Differenzengleichung (3) zusammen: die Lösungsgesamtheit der homogenen linearen Dgl. (3):

$$a_{k+1} = b a_k + c a_{k-1}, \qquad k = 1, 2, \ldots, \quad c \neq 0,$$

ist im Fall *): $a_k = A\lambda_1^k + B\lambda_2^k, \quad k = 0, 1, \ldots;$ A, B bel. reell; (3*)
$[b^2 + 4c > 0]$

im Fall **): $a_k = A\lambda^k + Bk\lambda^k, \quad k = 0, 1, \ldots;$ A, B bel. reell; (3**)
$[b^2 + 4c = 0]$ $\lambda = b/2$ ist die einzige Lösung der charakteristischen Gleichung $\lambda^2 - b\lambda - c = 0$.

im Fall ***): $a_k = A\lambda_1^k + B\lambda_2^k, \quad k = 0, 1, \ldots;$ A, B bel. komplex; (3***)
$[b^2 + 4c < 0]$ λ_1 und λ_2 sind hier die konjugiert komplexen Lösungen der charakteristischen Gleichung.

Als Lösungen lassen wir in diesem Fall auch komplexwertige Folgen zu.

3. Beispiel: Ein einfaches Konjunkturmodell:

Das Sozialprodukt des Jahres $k+1$ sei Y_{k+1}. Es setzt sich definitionsgemäß zusammen aus dem gesamten Konsum C_{k+1} und den gesamten Investitionen I_{k+1}. Konsumiert wird immer das γ-fache des im Vorjahr erzielten Sozialprodukts. Investiert wird immer das δ-fache des zuletzt festgestellten Zuwachses des Sozialprodukts. Also besteht unser Modell aus den Gleichungen

$$Y_{k+1} = C_{k+1} + I_{k+1}; \qquad C_{k+1} = \gamma Y_k; \qquad I_{k+1} = \delta(Y_k - Y_{k-1}); \qquad k = 1, 2, \ldots.$$

Setzen wir für C_{k+1} und I_{k+1} die rechten Seiten der 2. und der 3. Gleichung in die 1. Gleichung ein, dann erhalten wir

$$Y_{k+1} = (\gamma + \delta) Y_k - \delta Y_{k-1}, \qquad k = 1, 2, \ldots,$$

also eine Dgl. vom Typ (3), wobei hier $b = \gamma + \delta$, $c = -\delta$.

Fall $*$): Sei etwa $\gamma=1$, $\delta=0{,}4$; wir wollen die zu den Anfangswerten $Y_0=1$, $Y_1=1{,}1$ gehörende Lösung bestimmen. Wir erhalten als Dgl.

$$Y_{k+1}=1{,}4\,Y_k-0{,}4\,Y_{k-1}, \quad k=1,2,\ldots;$$

die char. Gleichung ist also $\lambda^2-1{,}4\lambda+0{,}4=0$; sie hat die Lösungen $\lambda_1=0{,}7-\sqrt{0{,}49-0{,}40}=0{,}4$ und $\lambda_2=1$. Die Lösungsgesamtheit (3*) lautet also hier:

$$Y_k=A(0{,}4)^k+B\,1^k, \quad k=0,1,\ldots, \; A, B \text{ bel.}$$

Die Anfangswerte $Y_0=1$, $Y_1=1{,}1$ werden realisiert, wenn $1=A+B$ und $1{,}1=A\,0{,}4+B$, woraus wir $A=-1/6$, $B=7/6$ erhalten. Die gesuchte Lösung ist also

$$Y_k=-\tfrac{1}{6}(0{,}4)^k+\tfrac{7}{6}, \quad k=0,1,\ldots;$$

diese Lösung konvergiert monoton wachsend gegen 7/6.

Fall $**$): Sei nun etwa $\gamma=0{,}91$, $\delta=0{,}49$ und wieder $Y_0=1$, $Y_1=1{,}1$; die Dgl. lautet nun: $Y_{k+1}=1{,}4\,Y_k-0{,}49\,Y_{k-1}$, $k=1,2,\ldots$; die char. Gleichung: $\lambda^2-1{,}4\lambda+0{,}49=0$ hat jetzt nur die eine Lösung $\lambda=0{,}7$. Die allgemeine Lösung lautet nun

$$Y_k=A(0{,}7)^k+Bk(0{,}7)^k, \quad k=0,1,\ldots, \; A, B \text{ bel.}$$

Die Lösung zu den gegebenen Anfangswerten erhalten wir, indem wir A und B aus den Bedingungen $1=A(0{,}7)^0+B\cdot 0(0{,}7)^0$ d.h. $1=A$ und $1{,}1=A\,0{,}7+B\cdot 1\cdot 0{,}7$, d.h. $1{,}1=0{,}7A+0{,}7B$ berechnen. Daraus folgt $A=1$, $B=4/7$. Die gesuchte Lösung ist also

$$Y_k=0{,}7^k+\tfrac{4}{7}k(0{,}7)^k, \quad k=0,1,\ldots.$$

Diese Folge konvergiert gegen 0. Um dies zu zeigen, setze man $0{,}7^k=(7/(3+7))^k$ und entwickle den Nenner nach dem binomischen Satz (vgl. Satz 1.3.5); die ersten drei Glieder der binomischen Summe genügen, um nicht nur die Konvergenz von $0{,}7^k$, sondern auch die von $k\cdot 0{,}7^k$ gegen 0 zu zeigen. In unserem Modell führen also die gegenüber dem zuerst betrachteten Fall verringerte Konsumneigung und die gesteigerte Investitionsneigung zu einem allmählichen Niedergang der Volkswirtschaft!

Fall $***$): Wir verringern γ noch ein wenig und vergrößern δ ein wenig, um eine charakteristische Gleichung mit komplexen Lösungen zu erhalten. Wir setzen $\gamma=0{,}9$ und $\delta=0{,}5$ und wählen wieder $Y_0=1$, $Y_1=1{,}1$ als Anfangswerte. Die Dgl. lautet nun

$$Y_{k+1}=1{,}4\,Y_k-0{,}5\,Y_{k-1}, \quad k=1,2,\ldots,$$

und die charakteristische Gleichung $\lambda^2-1{,}4\lambda+0{,}50=0$ hat die Lösungen $\lambda_1=0{,}7-0{,}1\,i$, $\lambda_2=0{,}7+0{,}1\,i$.
Die allgemeine Lösung lautet nun

$$Y_k=A(0{,}7-0{,}1\,i)^k+B(0{,}7+0{,}1\,i)^k, \qquad k=0,1,\dots,$$

wobei A und B beliebige komplexe Konstanten sind.

Wieder wählen wir A und B so, daß unsere Anfangswerte $Y_0=1{,}0$ und $Y_1=1{,}1$ angenommen werden, also so, daß $1{,}0=A\lambda_1^0+B\lambda_2^0=A+B$ und $1{,}1=A\lambda_1+B\lambda_2=A(0{,}7-0{,}1\,i)+B(0{,}7+0{,}1\,i)$ gilt. Wir setzen $A=1-B$ in die zweite Bedingung ein und erhalten

$$1{,}1=(1-B)(0{,}7-0{,}1\,i)+B(0{,}7+0{,}1\,i)$$

und daraus

$$B(0{,}2\,i)=1{,}1-(0{,}7-0{,}1\,i)=0{,}1\,i+0{,}4$$

also

$$B=0{,}1\,i/0{,}2\,i+0{,}4/0{,}2\,i=0{,}5-2\,i$$

(man darf mit i kürzen und erweitern; letzteres ergibt beim zweiten Summanden $0{,}4\,i/0{,}2\,i^2=0{,}4\,i/(-0{,}2)=-2\,i$). Also ist $A=0{,}5+2\,i$ und die gesuchte Lösung lautet:

$$Y_k=(0{,}5+2\,i)(0{,}7-0{,}1\,i)^k+(0{,}5-2\,i)(0{,}7+0{,}1\,i)^k,$$

$k=0,1,\dots$. Berechnen wir zur Probe Y_4 mit dieser Formel und dann über die Differenzengleichung! Für ersteres brauchen wir $(0{,}7-0{,}1\,i)^4$; $(0{,}7-0{,}1\,i)^2=0{,}49-0{,}14\,i-0{,}01=0{,}48-0{,}14\,i$, also ist

$$\begin{aligned}(0{,}7-0{,}1\,i)^4&=(0{,}48-0{,}14\,i)^2=0{,}2304-0{,}1344\,i-0{,}0196\\&=0{,}2108-0{,}1344\,i.\end{aligned}$$

$(0{,}7+0{,}1\,i)^4$ ist dazu konjugiert, also gleich $0{,}2108+0{,}1344\,i$. Also ist

$$\begin{aligned}Y_4&=(0{,}5+2\,i)(0{,}2108-0{,}1344\,i)+(0{,}5-2\,i)(0{,}2108+0{,}1344\,i)\\&=0{,}1054-0{,}2688\,i^2+0{,}1054-0{,}2688\,i^2\end{aligned}$$

(die Ausdrücke mit dem Faktor i heben sich weg) und wegen $i^2=-1$ erhalten wir $Y_4=2(0{,}1054+0{,}2688)=0{,}7484$.
Schneller geht dies bei diesem niedrigen Index $k=4$ mit Hilfe der Differenzengleichung:

$$\begin{aligned}Y_2&=1{,}4\,Y_1-0{,}5\,Y_0=1{,}4\cdot1{,}1-0{,}5\cdot1&&=1{,}04;\\Y_3&=1{,}4\,Y_2-0{,}5\,Y_1=1{,}4\cdot1{,}04-0{,}5\cdot1{,}1&&=0{,}906;\\Y_4&=1{,}4\,Y_3-0{,}5\,Y_2=1{,}4\cdot0{,}906-0{,}5\cdot1{,}04&&=0{,}7484.\end{aligned}$$

Der Vorteil der expliziten Formel für Y_k liegt zum einen darin, daß man Y_k für beliebiges k sofort anschreiben kann; zum anderen läßt sich die Konvergenzfrage sofort entscheiden: der Betrag von λ_1 und λ_2 ist $\sqrt{9{,}7^2+0{,}1^2}=\sqrt{0{,}50}$, also kleiner als 1 und daher konvergiert unsere Lösung gegen 0.

Rekursionsgleichungen vom Typ

$$a_{k+1}=b\,a_k+c\,a_{k-1}+d, \qquad k=1,2,\ldots, \; c\neq 0, \; d\neq 0, \tag{4}$$

heißen *inhomogene lineare Dgl. 2. Ordnung.*

Ebenso wie beim Typ (2) zeigt man hier, daß sich zwei beliebige Lösungen von (4) nur um eine Lösung der zugehörigen homogenen Dgl. $a_{k+1}=b\,a_k+c\,a_{k-1}$ unterscheiden. Man kann also *jede* Lösung von (4) erhalten, indem man zu einer beliebigen festen Lösung von (4), die man „spezielle Lösung" nennt, eine geeignete Lösung der zugehörigen Dgl. (3) addiert. Schematisch drückt man dies so aus:

allgemeine Lösung von (4): = spezielle Lösung von (4)
+ allgemeine Lösung von (3)

Wir brauchen also zunächst eine spezielle Lösung von (4) und natürlich suchen wir eine möglichst einfache. Der Versuch, eine konstante Lösung $a_k=\text{const.}=\alpha$ für $k=0,1,\ldots$ zu finden, führt zur Bedingung

$$\alpha=b\alpha+c\alpha+d$$

und zu deren Lösung $\alpha=d/(1-b-c)$, falls $b+c\neq 1$.

Falls $b+c=1$, setzen wir $b=1-c$ in (4) ein und können diese Dgl. dann in der Form

$$a_{k+1}-a_k=-c(a_k-a_{k-1})+d, \qquad k=1,2,\ldots,$$

schreiben. Wir führen die Bezeichnung y_k für a_k-a_{k-1}, y_{k+1} für $a_{k+1}-a_k$ ein und schreiben dann die letzte Gleichung in der Form

$$y_{k+1}=-c\,y_k+d, \qquad k=1,2,\ldots.$$

Dies ist vom Typ (2) und hat die konstante Lösung $y_k=d/(1+c)$, falls $c\neq -1$; falls $c=-1$, ist die arithmetische Folge $y_k=kd$ eine Lösung.

Da $a_k=a_0+y_1+y_2+\ldots+y_k$ und $a_0=0$ gewählt werden darf, erhalten wir im ersteren Fall

$$a_k=kd/(1+c), \qquad k=0,1,\ldots,$$

im letzteren Fall

$$a_k=d+2d+\ldots+kd=dk(k+1)/2$$

als spezielle Lösung. Wir fassen zusammen:

$a_k=\text{const.}=d/(1-b-c), \quad k=0,1,\ldots,$ ist spezielle Lösung zu (4),
falls $b+c\neq 1$;

$a_k = kd/(1+c)$, $\quad k=0,1,\ldots,$ ist spezielle Lösung zu (4), falls $b+c=1$ und $c \neq -1$;

$a_k = dk(k+1)/2$, $\quad k=0,1,\ldots,$ ist spezielle Lösung zu (4), falls $b+c=1$ und $c=-1$, das heißt $b=2$, $c=-1$.

4. Beispiel: Wir erweitern das Konjunkturmodell des 3. Beispiels durch die Annahme, daß außer den durch das Wirtschaftswachstum $Y_k - Y_{k-1}$ „induzierten“ Investitionen $\delta(Y_k - Y_{k-1})$ auch noch sog. „autonome“ Investitionen in Höhe von d Einheiten jährlich getätigt werden. Daraus ergibt sich die Differenzengleichung

$$Y_{k+1} = (\gamma+\delta)\,Y_k - \delta\,Y_{k-1} + d, \qquad k=1,2,\ldots, \text{ vom Typ (4).}$$

Wir wollen die zu den Parameterwerten $\gamma=0{,}66$, $\delta=0{,}74$ und $d=1{,}7$ bei gegebenen Anfangswerten $Y_0=4$, $Y_1=6$ gehörende Lösung bestimmen. Bei diesen Parameterwerten lautet die Dgl.

$$Y_{k+1} = 1{,}4\,Y_k - 0{,}74\,Y_{k-1} + 1{,}7, \qquad k=1,2,\ldots.$$

Eine spezielle Lösung ist die konstante Lösung $Y_k = 1{,}7/(1-1{,}4+0{,}74) = 5$ für $k=0,1,\ldots$; gleichzeitig ist dies der einzig in Frage kommende Grenzwert der Folge. Die zugehörige homogene Dgl. lautet

$$Y_{k+1} = 1{,}4\,Y_k - 0{,}74\,Y_{k-1}, \qquad k=1,2,\ldots;$$

ihre charakteristische Gleichung: $\lambda^2 - 1{,}4\lambda + 0{,}74 = 0$ hat die komplexen Lösungen

$$\lambda_1 = 0{,}7 - \sqrt{0{,}49-0{,}74} = 0{,}7 - i\sqrt{0{,}25} = 0{,}7 - 0{,}5\,i.$$
$$\lambda_2 = 0{,}7 + \sqrt{0{,}49-0{,}74} = 0{,}7 + i\sqrt{0{,}25} = 0{,}7 + 0{,}5\,i.$$

Die Lösungsgesamtheit unserer inhomogenen Dgl. ist also durch die Menge der Folgen

$$Y_k = 5 + A(0{,}7-0{,}5\,i)^k + B(0{,}7+0{,}5\,i)^k, \qquad k=0,1,\ldots,$$
$$A \text{ und } B \text{ beliebig komplex,}$$

gegeben.

Um zu der Lösung mit den Anfangswerten $Y_0=4$, $Y_1=6$ zu kommen, lösen wir die beiden Gleichungen

$$4 = 5 + A + B \quad \text{und} \quad 6 = 5 + A(0{,}7-0{,}5\,i) + B(0{,}7+0{,}5\,i)$$

nach A und B. Wir erhalten $A = -0{,}5 + 1{,}7\,i$ und $B = -0{,}5 - 1{,}7\,i$; die gesuchte Lösung lautet also

$$Y_k = 5 + (-0{,}5+1{,}7\,i)(0{,}7-0{,}5\,i)^k + (-0{,}5-1{,}7\,i)(0{,}7+0{,}5\,i)^k, \qquad k=0,1,\ldots.$$

λ_1 und λ_2 haben beide den Betrag $\sqrt{0{,}7^2+0{,}5^2} = \sqrt{0{,}74}$ und dies ist kleiner als 1. Also konvergiert die Lösung gegen den Grenzwert 5. Wenn man sich die Mühe macht und $Y_2, Y_3, \ldots, Y_{15}$ berechnet (mit Hilfe der Rekursionsgleichung geht

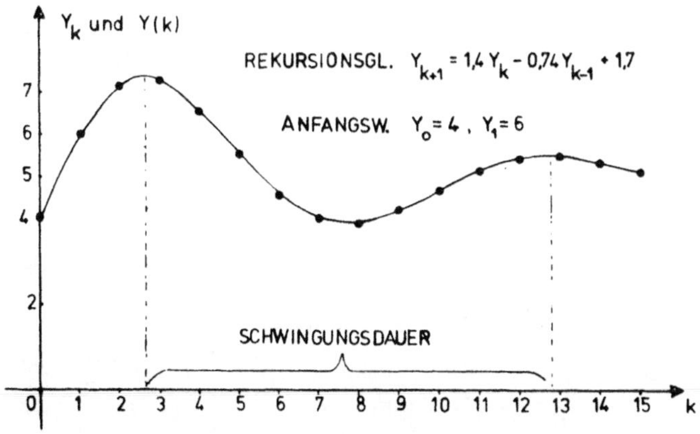

Figur 26

dies schneller als mit der soeben bestimmten expliziten Form), dann sieht man, daß es sich hier nicht um monotone Konvergenz, sondern um Schwingungen mit abnehmender Amplitude handelt (s. Figur 26). Die Schwingungsdauer läßt sich aus λ_1 oder λ_2 berechnen; dazu müßten wir jedoch noch Polarkoordinaten in der komplexen Zahlenebene einführen. Der daran interessierte Leser findet dies und ein Beispiel, bei dem eine solche Schwingungsdauer berechnet wird, in den „Aufgaben und Beispielen zur Wirtschaftsmathematik". Zunächst wäre auch noch der Begriff „Schwingungsdauer" zu definieren, da die Punkte (k, Y_k) ja keine stetige Kurve bilden. Faßt man jedoch in der Formel für Y_k das k nicht als Index, sondern als stetigen Zeitparameter auf, der alle reellen Zahlen $k \geqq 0$ durchläuft, dann ist mit derselben Formel eine stetige Funktion $Y(k)$ gegeben, auf deren Funktionskurve die sich für ganzzahlige k ergebenden Punkte (k, Y_k) liegen. In Figur 26 sind diese Punkte dick eingezeichnet und die Funktionskurve von $Y(k)$ ist ebenfalls skizziert. Als Schwingungsdauer definiert man nun den Abstand zweier aufeinander folgender Maximalstellen von $Y(k)$.

Literaturverzeichnis

ADAM, A., F. FERSCHL, A. KLAMECKER, A. KLINGST, O. PICHLER, J. ROPPERT, H. SCHOLZ, K. WENKE, W. WENZEL: Anwendungen der Matrizenrechnung auf wirtschaftliche und statistische Probleme, Würzburg 1963.

ALLEN, R. G. D.: Mathematik für Volks- und Betriebswirte, Berlin 1962.

–: Mathematische Wirtschaftstheorie, Berlin 1971.

BADER, H., S. FRÖHLICH: Einführung in die Mathematik für Volks- und Betriebswirte, München-Wien 1968.

BASLER, H.: Grundbegriffe der Wahrscheinlichkeitsrechnung und statistischen Methodenlehre, Würzburg 1968.

BECKMANN, M. J., H. P. KÜNZI: Mathematik für Ökonomen I, Berlin-Heidelberg 1969.

BELLMANN, R.: Dynamic Programming, Princeton N. J. 1957.

BERGE, C., A. GHOUILA HOURI: Programming, Games & Transportation Networks, London 1965.

BLUMENTHAL, B.: Die Anwendung mathematischer Methoden in der Wirtschaft, Basel 1967.

BRONSTEIN, I., K. SEMENDJAJEW: Taschenbuch der Mathematik, Zürich-Frankfurt M. 1965.

BROWN, R. G.: Statistical forecasting for inventory control, New York-Toronto-London 1959.

CARELL, E.: Allgemeine Volkswirtschaftslehre, Heidelberg 1964.

CHURCHMAN, C. W., R. L. ACKOFF, E. L. ARNOFF: Operations Research, Wien-München 1964.

COURANT, R.: Vorlesungen über Differential- und Integralrechnung, Bd. I u. II, Berlin-Göttingen-Heidelberg 1955.

DÜCK, W.: Diskrete Optimierung, Braunschweig 1977.

EICHHORN, W.: Deduktion der Ertragsgesetze aus Prämissen, Zeitschr. f. Nationalökonomie 28 (1968) 191 – 205.

EISELE, W.: Kapitaltheorie und Entwicklungsprozeß, Habilitationsschrift Würzburg 1971.

FICHTENHOLZ, G. M.: Differential- und Integralrechnung, Bd. I u. II, Berlin 1964.

GALE, D.: The theory of linear economic models, New York-Toronto-London 1960.

GOMORY, E. R.: Outline of an algorithm for integer solutions to linear programs, Bull. Am. Math. Soc. 64 (1958) 275 – 278.

GRÖBNER, W., N. HOFREITHER: Integraltafel, Wien 1965.

HADLEY, G.: Nichtlineare und dynamische Programmierung, Würzburg 1969.

KÄFER, K.: Kapazitätserweiterungen aus Anlagenutzung, Betriebswirtschaftliche Forschung in internationaler Sicht – Festschrift für E. KOSIOL zum 70. Geburtstag, Berlin 1969.

KLATT, S.: Zur Theorie der Industrialisierung, Köln-Opladen 1959.

KNOPP, K.: Elemente der Funktionentheorie, Berlin 1959.

KUHN, H. W., A. W. TUCKER: Nonlinear Programming, Proceedings of the II. Berkeley Symposium on Mathematical Statistics and Probability, J. Neyman editor, pp. 481 – 492, Berkeley Cal. 1951.

KÜNZI, H. P., W. KRELLE: Nichtlineare Programmierung, Berlin-Göttingen-Heidelberg 1962.

KÜNZI, H. P., H. G. TZSCHACH, C. A. ZEHNDER: Mathematische Optimierung, Stuttgart 1967.

MAAK, W.: Differential- und Integralrechnung, Göttingen 1963.

MÜLLER-MERBACH, H.: Die Inversion von Gozinto-Matrizen mit einem graphenorientierten Verfahren, Elektronische Datenverarbeitung (1969) Heft 7, 310 – 314.

ROTTMANN, K.: Mathematische Funktionstafeln, Mannheim 1959.

SCHNEIDER, E.: Einführung in die Wirtschaftstheorie, Bd. I, II u. III, Tübingen 1965.

SOMMER, F.: Einführung in die Mathematik für Studenten der Wirtschaftswissenschaften, Berlin-Heidelberg-New York 1967.

SPERNER, E.: Einführung in die Analytische Geometrie und Algebra, Bd. I u. II, Göttingen 1959.

TRUX, W.R.: Einkauf und Lagerdisposition mit Datenverarbeitung, München 1968.

VAZSONYI, A.: Die Planungsrechnung in Wirtschaft und Industrie, Wien-München 1962.

VOGEL, F.: Matrizenrechnung in der Betriebswirtschaft, Opladen 1970.

VOGEL, W.: Lineares Optimieren, Leipzig 1967.

VOGT, H.: Aufgaben und Beispiele zur Wirtschaftsmathematik, Würzburg 1976.

Lösungen der Übungsaufgaben

1. $W=\{z|-\infty<z<-1\}$.

2. Es wurde bereits gezeigt, daß die Differenzen a_i-a_{i-1} für $i=2,3,\dots,6$ abwechselnde Vorzeichen haben und daß aus $a_{i-1}=\frac{m}{n}$ die Gleichung $a_i=\frac{n}{n+m}$ folgt. a_i-a_{i-1} ist dann gleich $\frac{n^2-nm-m^2}{n(n+m)}$, und der Zähler des letzten Bruches war für die ersten fünf Differenzen abwechselnd gleich 1 oder gleich -1. Aus $a_i=\frac{n}{n+m}$ folgt nun $a_{i+1}=\frac{n+m}{2n+m}$ und

$$a_{i+1}-a_i=\frac{-2n^2-nm+(n+m)^2}{(2n+m)(n+m)}=\frac{-n^2+nm+m^2}{(2n+m)(n+m)}.$$

Ist also $a_i-a_{i-1}=\frac{1}{n(n+m)}$, so folgt $a_{i+1}-a_i=\frac{-1}{(2n+m)(n+m)}$; ist $a_i-a_{i-1}=\frac{-1}{n(n+m)}$, so ist $a_{i+1}-a_i=\frac{1}{(2n+m)(n+m)}$.

Daher können wir durch vollständige Induktion schließen, daß die Differenzen a_i-a_{i-1} für $i=2,3,\dots$ abwechselnde Vorzeichen besitzen; da der Nenner $(2n+m)(n+m)$ stets mehr als doppelt so groß ist wie der Nenner $n(n+m)$, kann man auch leicht die Konvergenz der Differenzen gegen 0 beweisen.

3. a) Verankerung: $\sum_{i=1}^{1} i=1=1(1+1)/2$.

   Wenn $\sum_{i=1}^{m-1} i$ im Einklang mit der zu beweisenden Formel gleich $(m-1)\,m/2$ ist, so ist

$$\sum_{i=1}^{m} i=(m-1)\,m/2+m=m(m+1)/2.$$

   b) Verankerung: $\sum_{i=1}^{1} i^2=1=1(1+1)(2\cdot 1+1)/6$.

   Gilt die Formel für $k=1,2,\dots,m-1$, dann ist

$$\sum_{i=1}^{m-1} i^2=(m-1)\,m(2(m-1)+1)/6=\frac{(m-1)\,m(2m-1)}{6}$$

   und $\sum_{i=1}^{m} i^2$ ist dann gleich $\frac{(m-1)\,m(2m-1)}{6}+m^2=\frac{m(m+1)(2m+1)}{6}$.

4. $R=2400\cdot\frac{0{,}005}{1-(1/1{,}005)^{36}}=73{,}01$ DM.

5. $S_n-qS_n=q+q^2+\cdots+q^n-n\,q^{n+1}=q\,\frac{1-q^n}{1-q}-n\,q^{n+1}$, also ist

$$S_n=\frac{q(1-q^n)}{(1-q)^2}-\frac{n\,q^{n+1}}{1-q};\qquad \lim_{n\to\infty} S_n=\frac{q}{(1-q)^2}.$$

6. Die Summe der Gewichte ist gleich

$$\alpha+\alpha(1-\alpha)+\alpha(1-\alpha)^2+\cdots+\alpha(1-\alpha)^{i-2}+(1-\alpha)^{i-1}$$
$$=\alpha(1+(1-\alpha)+(1-\alpha)^2+\cdots+(1-\alpha)^{i-2})+(1-\alpha)^{i-1}$$
$$=\frac{\alpha(1-(1-\alpha)^{i-1})}{1-(1-\alpha)}+(1-\alpha)^{i-1}=1.$$

7.

	J	F	M	A	M	J	J	A	S	O	N	D
mit 0,1:		71	70,4	70,4	70,3	69,0	68,9	68,5	68,95	68,2	69,3	70,5
mit 0,2:		71	69,8	69,8	69,6	67,1	67,3	66,8	68,0	66,6	69,1	71,5

8. $P(1{,}6)=3{,}2832$; $P(x):(x-1{,}6)=2x^3+4{,}2x^2+4{,}72x+9{,}552+3{,}2832/(x-1{,}6)$.

9. $P(x)=-2x^3+2{,}75x^2-1{,}5$.

10. Bei 0,5%iger monatlicher Verzinsung hat man nach 1 Jahr nicht $K(1+0{,}060)$, sondern

$$K(1+0{,}005)^{12}=K\cdot 1{,}0617;\qquad \lim_{n\to\infty}\left(K\left(1+\frac{0{,}06}{n}\right)^n\right)=K e^{0{,}06}=K\cdot 1{,}06184.$$

11. $\ln 2=0{,}69315$, $\ln\sqrt{2}=\frac{1}{2}\ln 2=0{,}34657$, $\ln 5=\ln 10-\ln 2=1{,}60945$,
$\log 0{,}08=\log\frac{8}{100}=3\log 2-2\log 10=0{,}90309-2$.

12. $f'(x)=\dfrac{-x}{\sqrt{1-x^2}}$; $\quad f''(x)=\dfrac{-1}{(1-x^2)^{3/2}}$.

$f(x)$ ist definiert im Intervall $[-1,1]$, die 1. und die 2. Ableitung dagegen nur im offenen Intervall $(-1,1)$.

13. $y(x)$ ist streng monoton wachsend und stetig im Bereich $x\geqq 0$; also gibt es eine eindeutig bestimmte Umkehrfunktion $x=g(y)$. Der Wert $y=4$ wird für $x=1$ angenommen. Daher ist

$$g'(y)|_{y=4}\quad\text{gleich}\quad \frac{1}{y'(x)}\bigg|_{x=1}=\frac{1}{6x^2+2x}\bigg|_{x=1}=\frac{1}{8}.$$

14. $E'(t)=(s'/k')\,E_0\,e^{(s'/k')t}$ ist als Wachstumsgeschwindigkeit zu interpretieren. $E'(t)$ ist (bei hinreichend klein gewählter Zeiteinheit) ungefähr gleich dem Einkommenszuwachs pro Zeiteinheit.

15. Die Höhenlinien sind Hyperbeln, deren eine Achse jeweils mit der x-Achse den Winkel $-22{,}5°$ einschließt.
a) $z(1,y)=1-y$; b) $z(3,y)=9-3y$; c) $z(x,0)=x^2$; d) $z(x,2)=x^2-2x$.

16. $z_{xx}=2$, $z_{yy}=0$, $z_{xy}=z_{yx}=-1$; $f_{xx}=e^{-xy}\cdot(xy^2-2y)$, $f_{yy}=x^3e^{-xy}$, $f_{xy}=f_{yx}=e^{-xy}(yx^2-2x)$.

17. $P=yN=\dfrac{bK^2}{N+cK}$; $\quad N\dfrac{\partial P}{\partial N}+K\dfrac{\partial P}{\partial K}=N\cdot\dfrac{-bK^2}{(N+cK)^2}+K\dfrac{bK(cK+2N)}{(N+cK)^2}=\dfrac{bK^2}{N+cK}=P(N,K)$.

18. Der Gesamterlös hat ein relatives Maximum für

$$(p_1,p_2)=((a_1+a_2)/3b_1,(a_1+a_2)/3b_2),$$

falls dieser Punkt sowohl für $g_1(p_1,p_2)$ als auch für $g_2(p_1,p_2)$ im Innern des Definitionsbereichs liegt.

19. Der Durchschnittsertrag $-0{,}5\,x^2+6x+10$ hat ein relatives Maximum für $x=6$; dieses ist zugleich absolutes Maximum, weil der Randwert $E(7)/7=27{,}5$ kleiner ist als $E(6)/6=28$ und weil der Durchschnittsertrag für $x\to 0$ gegen den Wert 10 strebt. Analog zeigt man, daß das absolute Maximum der Lohnsumme für $x=5{,}722$ angenommen wird.

20. $x\cdot p(x)=x\,\dfrac{(a-x)}{b}$ wird maximal für $x=a/2$.

21. $\dfrac{x^2}{2}+\ln x\Big|_2^5=11{,}416;\qquad -x^4/4+x\Big|_{-1}^2=-0{,}75.$

22. ———

23. Die Nullstelle ist etwa gleich 0,9101.

24. Mit $\Delta=0{,}5$ und $n=6$ erhält man durch die Simpsonsche Regel den Näherungswert 2,59.

25. Durch lineare Interpolation: 2,0987; der Betrag des absoluten Fehlers ist kleiner gleich

$$\tfrac{1}{8}\max_{9\leq z\leq 10}\left|-\tfrac{2}{9}z^{-5/3}\right|=\tfrac{1}{8}\cdot\tfrac{2}{9}\cdot 9^{-5/3}=0{,}00071.$$

Durch quadratische Interpolation: 2,0992; der Betrag des absoluten Fehlers ist hier kleiner gleich

$$\frac{1}{9\sqrt{3}}\max_{8\leq z\leq 10}\left|\frac{10}{27}z^{-8/3}\right|=\frac{10}{9\sqrt{3}\,27}\,8^{-8/3}=0{,}000093.$$

26.

$D=$

	E_1	E_2	E_3	Z_1	Z_2	Z_3	Z_4	Z_5	Z_6	a	b
E_1	0	0	0	0	2	0	0	0	0	1	0
E_2	0	0	0	0	0	0	4	2	0	0	0
E_3	0	0	0	0	0	3	0	0	8	0	0
Z_1	0	0	0	0	0	0	0	0	0	3	0
Z_2	0	0	0	0	0	0	0	0	0	2	1
Z_3	0	0	0	0	0	0	0	0	0	0	2
Z_4	0	0	0	1	3	2	0	0	0	0	0
Z_5	0	0	0	0	1	1	0	0	0	0	6
Z_6	0	0	0	0	0	2	0	1	0	0	0
a	0	0	0	0	0	0	0	0	0	0	0
b	0	0	0	0	0	0	0	0	0	0	0

Da höchstens 3 Zwischenschritte vorkommen, ist D^5 die Nullmatrix und $G=E+D+D^2+D^3+D^4$. G ist gleich

	E_1	E_2	E_3	Z_1	Z_2	Z_3	Z_4	Z_5	Z_6	a	b
E_1	1	0	0	0	2	0	0	0	0	5	2
E_2	0	1	0	4	14	10	4	2	0	40	46
E_3	0	0	1	0	8	27	0	8	8	16	110
Z_1	0	0	0	1	0	0	0	0	0	3	0
Z_2	0	0	0	0	1	0	0	0	0	2	1
Z_3	0	0	0	0	0	1	0	0	0	0	2
Z_4	0	0	0	1	3	2	1	0	0	9	7
Z_5	0	0	0	0	1	1	0	1	0	2	9
Z_6	0	0	0	0	1	3	0	1	1	2	13
a	0	0	0	0	0	0	0	0	0	1	0
b	0	0	0	0	0	0	0	0	0	0	1

Multipliziert man diese Matrix G von links mit dem Vektor

$$(15, 20, 25, 0, 0, 0, 0, 0, 0, 0, 0),$$

so erhält man den Vektor

$$(15, 20, 25, 80, 510, 875, 80, 240, 200, 1\,275, 3\,700),$$

dessen letzte beiden Komponenten den Rohstoffbedarf angeben. Man benötigt also 1 275 Einheiten von a und 3 700 Einheiten von b.

27. $\mathrm{Det}(A) = 74 \neq 0$, also existiert A^{-1}.

28.

x_1	x_2	$-R$	K
-1	2	-1	0 ;
	0	-5	-5

die Gleichung $0x_2 - 5 = 0$ ist nicht lösbar.

29. Es ist zweckmäßig, die 2. Gleichung zuerst zu schreiben und die erste Gleichung an dritter Stelle aufzuführen, wenn man das GAUSSsche Verfahren anwenden will. Man erhält dann das Schema

x_1	x_2	x_3	x_4	$-R$	K
-1	2	1	1	-1	2
	4	2	-3	-6	-3
	7	2	4	-3	10
	-1	$-0{,}5$	$0{,}75$	$1{,}5$	$0{,}75$
		$-1{,}5$	$9{,}25$	$7{,}5$	$15{,}25$
		-1	$\frac{37}{6}$	5	$\frac{61}{6}$

Man kann also x_4 gleich einer beliebigen Zahl τ wählen. Durch Einsetzen in die umrandeten Zeilen erhält man die Lösungsgesamtheit

$$(x_1, x_2, x_3, x_4) = (2, -1, 5, 0) + \tau\left(2{,}5\ ,\ -\tfrac{7}{3}, \tfrac{37}{6}, 1\right).$$

30. Mit -1 erhält man die unzulässige Basislösung

$$x_1 = 0, \quad x_2 = -2, \quad y_1 = 0, \quad y_2 = 15;$$

mit 1 erhält man die zulässige Basislösung

$$x_1 = 2, \quad x_2 = 0, \quad y_1 = 0, \quad y_2 = 1;$$

mit 3 erhält man die unzulässige Basislösung

$$x_1 = \tfrac{7}{3}, \quad x_2 = 0, \quad y_1 = -\tfrac{1}{3}, \quad y_2 = 0.$$

31. x_1, x_2, x_3 seien die Anzahlen der von A_1 bzw. A_2 bzw. A_3 produzierten Einheiten. Der Angabe kann das folgende lineare Programm entnommen werden:

$$\mathfrak{x} \geqq \mathfrak{o}; \quad \begin{aligned} 2x_1 + 6x_2 + 4x_3 &\leqq 6000 \\ x_1 &\geqq 2x_2 + x_3 \\ 3x_1 &\geqq 3x_2 + 4x_3 \end{aligned} \qquad -2x_1 + 7x_2 + 4{,}5x_3 \doteq \max.$$

Durch leichte Umformung der beiden letzten Ungleichungen erhält man das Programm in Standard-Maximum-Form und nach Einführung der Schlupfvariablen y_1, y_2, y_3 gelangt man zu folgendem Start-Tableau:

	y_1	y_2	y_3	z	K
$-x_1$	2	−1	−3	2	1
$-x_2$	6	2	3	−7	−3
$-x_3$	4	①	4	−4,5	−3,5
1	6000	0	0	0	−5999

wählt man die umrandete 1 als Pivotelement und tauscht man dann x_1 gegen y_3, dann x_2 gegen y_1 aus, dann erhält man das folgende Tableau mit der optimalen Basislösung

$$x_1 = 7\,500/7 \approx 1071, \quad x_2 = 1\,500/7 \approx 214, \quad x_3 = 4\,500/7 \approx 641, \quad y_1 = y_2 = y_3 = 0:$$

	x_2	x_3	x_1	z	K
$-y_3$	$-\frac{3}{14}$	$\frac{10}{28}$	$-\frac{2}{28}$	$\frac{1}{4}$	$\frac{19}{28}$
$-y_1$	$\frac{1}{28}$	$\frac{3}{28}$	$\frac{5}{28}$	$\frac{3}{8}$	$\frac{8,5}{28}$
$-y_2$	$\frac{10}{14}$	$-\frac{6}{7}$	$-\frac{3}{7}$	2	$-\frac{3}{7}$
1	$\frac{1\,500}{7}$	$\frac{4\,500}{7}$	$\frac{7\,500}{7}$	2250	$-4178+\frac{3}{7}$

Das Optimum ist also gleich 2250 DM.

32. Man kann die Gleichung nach x_1 auflösen und $x_1 = 5 + 2x_2 - x_3$ in die übrigen Nebenbedingungen und in die Zielfunktion einsetzen. Dadurch erhält man das äquivalente Programm

$$\begin{aligned} x_2 \geqq 0, \quad x_3 \geqq 0; \quad & 2x_2 - x_3 \geqq -5 \\ & 3x_2 - x_3 \geqq -3 \qquad 15 + 8x_2 - 4x_3 \doteq \min. \\ & x_2 - 3x_3 \geqq 1 \end{aligned}$$

Die Ungleichung $2x_2 - x_3 \geqq -5$ kommt wegen $x_1 \geqq 0$ hinzu; sie ist aber wegen $x_2 \geqq 0$, $x_3 \geqq 0$ stets erfüllt, wenn die letzte Bedingung $x_2 - 3x_3 \geqq 1$ erfüllt ist. Dasselbe gilt auch für die Ungleichung $3x_2 - x_3 \geqq -3$.

Wir können also diese beiden überflüssigen Bedingungen weglassen und gelangen so zu dem sehr einfachen Programm

$$x_2 \geqq 0, \quad x_3 \geqq 0; \quad x_2 - 3x_3 \geqq 1 \qquad 15 + 8x_2 - 4x_3 \doteq \min.,$$

bei dem ganz offenbar $x_2 = 1$, $x_3 = 0$ optimal ist. Damit haben wir die optimale Lösung

$$x_1 = 5 + 2 \cdot 1 - 0 = 7, \quad x_2 = 1, \quad x_3 = 0$$

und das Optimum 23 für das gegebene Programm bestimmt.

33. Man kann die Gleichung $-x_1+4x_2+x_3-x_4=0$ nach x_4 auflösen und $x_4=-x_1+4x_2+x_3$ in die Zielfunktion einsetzen. Dadurch erhält man das äquivalente Programm

$$x_1\geqq 0,\quad x_2\geqq 0,\quad x_3\geqq 0,\quad \begin{aligned} x_1-2x_2+x_3&\geqq -1\\ x_2+x_3&\geqq 2\\ -x_1+4x_2+x_3&\geqq 0\end{aligned}\qquad x_1+7x_2+2x_3\overset{!}{=}\min.$$

Dazu dual ist das Programm $y_1\geqq 0$, $y_2\geqq 0$, $y_3\geqq 0$,

$$\begin{aligned} y_1-y_3&\leqq 1\\ -2y_1+y_2+4y_3&\leqq 7\\ y_1+y_2+y_3&\leqq 2\end{aligned}\qquad -y_1+2y_2\overset{!}{=}\max.$$

Wir haben also nun den in 3.6 geschilderten Fall vorliegen, daß im gegebenen wie im dualen Programm alle Variablen nichtnegativ sind. Wir führen Schlupfvariable ξ_1, ξ_2, ξ_3 für das duale Programm ein und können sofort mit einer zulässigen Basislösung in den Schlupfvariablen starten. Das Start-Tableau ist

	ξ_1	ξ_2	ξ_3	z	K
$-y_1$	1	−2	1	1	0
$-y_2$	0	1	(1)	−2	1
$-y_3$	−1	4	1	0	−3
1	1	7	2	0	−9

Der Austausch von ξ_3 gegen y_2 bewirkt hier bereits das optimale Tableau

	ξ_1	ξ_2	y_2	z	K
$-y_1$	1	−3	1	3	−1
$-\xi_3$	0	−1	1	2	−1
$-y_3$	−1	3	1	2	−4
1	1	5	2	4	−11

dem die optimale Lösung $y_1=0$, $y_2=2$, $y_3=0$ des dualen Programms entnommen werden kann. Wir erinnern uns an die in 3.6 hergeleitete Entsprechung der Schlupfvariablen des dualen Programms einerseits und der Variablen des gegebenen Programms andererseits. Danach entspricht ξ_1 der Variablen x_1, ξ_2 entspricht x_2 und ξ_3 entspricht x_3.
Aus dem optimalen Tableau für das duale Programm lesen wir nun die optimale Lösung $x_1=0$, $x_2=0$, $x_3=2$ für das Standard-Minimum-Programm ab und mit Hilfe der Gleichung

$$x_4=-x_1+4x_2+x_3$$

erhalten wir die optimale Lösung $x_1=0$, $x_2=0$, $x_3=2$, $x_4=2$ des gegebenen Programms. Der Wert ist bei allen drei betrachteten Programmen derselbe, nämlich 4.

Sachverzeichnis

GPSR Compliance

The European Union's (EU) General Product Safety Regulation (GPSR) is a set of rules that requires consumer products to be safe and our obligations to ensure this.

If you have any concerns about our products, you can contact us on ProductSafety@springernature.com

In case Publisher is established outside the EU, the EU authorized representative is:

Springer Nature Customer Service Center GmbH
Europaplatz 3
69115 Heidelberg, Germany

Batch number: 10815962

Printed by Printforce, the Netherlands